JOSEF HOFMANN · DER TEICHWIRT

Der Teichwirt

Anleitung zur Zucht und Haltung
des Karpfens im Haupt- und Nebenbetrieb,
einschließlich der Nebenfische

Von
DR. JOSEF HOFMANN

Fünfte Auflage, völlig neu bearbeitet und erweitert
unter Mitwirkung von Dr. Josef Schmid
Mit 225 Abbildungen

Verlag Paul Parey · Hamburg und Berlin

CIP-Kurztitelaufnahme der Deutschen Bibliothek

Hofmann, Josef:

Der Teichwirt : Anleitung zur Zucht u. Haltung
d. Karpfens im Haupt- u. Nebenbetrieb, ein-
schl. d. Nebenfische / von Josef Hofmann. –
5. Aufl., völlig neu bearb. u. erw. unter Mitw.
von Josef Schmid, 28.–37. Tsd. – Hamburg, Berlin
: Parey, 1979.
ISBN 3-490-06814-9

28.–37. Tausend

ISBN 3–490–06814–9

 Anschriften: 2 Hamburg 1, Spitalerstraße 12; 1 Berlin 61, Lindenstraße 44–47. Printed in Germany by Westholsteinische Verlagsdruckerei Boyens & Co., Heide/Holst. Einbandgestaltung: Jan Buchholz und Reni Hinsch, Hamburg, unter Verwendung eines Photos von Herbert Brozio.

Vorwort zur fünften Auflage

Unser verehrter Herr Dr. JOSEF HOFMANN weilt nicht mehr unter uns. Der Verfasser hatte jedoch die fünfte Auflage dieses Buches schon weitgehend vorbereitet. Sie wurde nun noch komplettiert und auf den neuesten Stand gebracht.

Das Buch ist vor allem für den Praktiker geschrieben und möchte ihm bei seiner täglichen Arbeit und bei immer wieder neu auftretenden Fachfragen helfen. In dieser Auflage werden u. a. auch aktuelle Themen behandelt wie »Der Angelteich«, »Teichwirtschaft und Naturschutz«, »Grasfische«, »Hypophysieren« und »Gewässergüte«. Allen, die durch Anregungen an der weiteren Ausgestaltung dieses Werkes mitgeholfen haben, sei an dieser Stelle herzlich gedankt.

München, im Frühjahr 1979 JOSEF SCHMID

Inhalt

1 Die Teichwirtschaft, ihre Geschichte und ihre Bedeutung

Geschichte

Schon in früheren Jahrhunderten kam der Teichwirtschaft große Bedeutung zu. Nimmt man doch sogar an, daß es im ausgehenden Mittelalter in Zentraleuropa etwa drei- bis viermal soviel Weiher gab wie heutzutage. Alte Landkarten, Flurnamen und erhalten gebliebene Weiherdämme weisen darauf hin.

Künstliche Gewässer wurden aber nicht allein zur Fischnutzung geschaffen. So gab es kaum ein Dorf, das nicht einen Dorfweiher aufwies, wenn Bäche oder Flüsse fehlten. Gewässer dienten weiter der Befestigung mittelalterlicher Burgen und Städte.

Die Deckung des Energiebedarfes bildete schon im Mittelalter ein Problem. Man war entweder auf den Wind oder aufs Wasser angewiesen. In Süddeutschland erwies sich die Wasserkraft als zuverlässiger. Fehlten geeignete fließende Gewässer, so bot es sich an, Wasser in Teichen zu speichern. Ganze Ketten von Teichen lassen sich an den noch vorhandenen Überresten nachweisen. Am unteren Ende lag das Triebwerk. Oft waren die Triebwerke auch hintereinandergereiht, ähnlich wie in unserer Zeit die großen Flußkraftwerke mit ihren Stauseen. Namen wie Loh-, Walk-, Schleif-, Papier-, Pulver-, Ölmühle zeugen noch heute von der seinerzeitigen Verwendung dieser Teiche. Derartige Gewässer auch mit Fischen zu besetzen, lag nahe. Man war aber schon damals bestrebt, die für die Besetzung der Mühlweiher notwendigen Satzfische in den dazu geschaffenen kleineren Teichen heranzuziehen.

Der Teichbau erreichte in den Jahren 1350—1500 seine höchste Blüte. Fischpreise, die bis zum Mehrfachen des Fleischpreises stiegen, und fallende Getreidepreise waren der Anlaß, daß sich geistliche und weltliche Grundherren, Klöster und Reichsstädte, aber auch Bürger und Bauern auf die Teichwirtschaft verlegten, wo immer es Wasser- und Bodenverhältnisse nur zuließen.

Mit dem Wachstum der Bevölkerung seit der zweiten Hälfte des 16. Jahrhunderts zogen die Getreidepreise wieder an. Weiher neu anzulegen, war bei gleichbleibenden Fischpreisen uninteressant geworden. Die bereits vorhandenen wurden, nicht zuletzt durch Einwirkung des Dreißigjährigen Krieges, oft nur noch unzulänglich gepflegt und bewirtschaftet.

Der Niedergang der Teichwirtschaft begann in der zweiten Hälfte des 18. Jahrhunderts und erreichte um 1800 die größten Ausmaße. So wurde z. B. in Franken zwischen 1780 und 1820, also innerhalb von nur 40 Jahren, die Masse der Teiche trockengelegt. Unserer Zeit blieben vorwiegend solche Weiher erhalten, deren Böden sich am wenigsten für eine landwirtschaftliche Nutzung eigneten oder die außer der Fischerei noch anderen Zwecken dienten.

Größere Teichgebiete liegen heute ausschließlich in weniger fruchtbaren Gegenden. So findet man die Weiher in Franken vorwiegend auf die leichteren Sandböden des Burgsandsteins beschränkt, während sie früher auch im Bereich der anderen Schichten des Mittleren Keupers, insbesondere auf den tonig-sandigen Böden des Blasensandsteins, weit verbreitet waren.

Die Teichwirtschaft erholte sich erst ab 1880 wieder. Einfuhren billigen Getreides aus Übersee ließen die europäischen Getreidemärkte zusammenbrechen. Die Preise tierischer Erzeugnisse waren von Einfuhren weniger bedroht. Mit dem Aufblühen der Industrie, der Zunahme der Bevölkerung und der Vermehrung ihres Wohlstandes wuchs allgemein die Nachfrage nach tierischen Veredelungsprodukten und damit auch die Wertschätzung des Karpfens. Erhalten gebliebene Teiche wurden in Ordnung gebracht, trockengelegte wieder unter Wasser gesetzt, sofern deren landwirtschaftliche Nutzung sich als Fehlgriff erwies. Ein neuerer, noch größerer Auftrieb ist seit 1950 unverkennbar. Die Intensivierung aller landwirtschaftlichen Betriebszweige riß die Teichwirtschaft mit, zumal es durch den Einsatz von Baggern und Planierraupen rentabel wurde, alte Weiher von Auflandungen zu räumen und neue in geeignetem Gelände zu bauen.

Betrachten wir aber noch die Betriebsweise der mittelalterlichen Teichwirtschaft. Man hört nur zu oft vom Femelbetrieb (alle Altersklassen in einem Teich) und von minderwertigen Karpfen, die mit den heutigen Zuchtleistungen nicht zu vergleichen wären. Doch schon die mittelalterliche Teichwirtschaft kannte den Jahresklassenbetrieb. Die kleineren Teiche dienten zur Vermehrung und Aufzucht, die größeren zum Abwachsen der Karpfen zu Speisefischen. Nach J. L. Heger, der im Jahre 1727 als Sohn eines »Hochfürstlich Bambergischen Forstmeisters« ein Büchlein über die Teichwirtschaft schrieb, »sind die besten Karpfen, wenn deren 30–36 auf einen Zentner gehen«. Diese Verkaufsgröße ist heute noch unser Ziel. Der entscheidende Unterschied besteht allerdings darin, daß der heutige Teichwirt gleich dem Landwirt den Ertrag seiner Nutzfläche gegenüber früherer Zeit zu vervielfachen versteht.

Wirtschaftliche Bedeutung

Nicht zu Unrecht vergleicht man den Fang der Fische in Flüssen und Seen mit der Jagd und die planmäßige Erzeugung von Fischen in der Teichwirtschaft mit der Zucht und Haltung der Haustiere.

Wie das erlegte Wild nur noch einen geringen Teil zur menschlichen Ernährung beisteuert, so ist es auch mit dem Fischfang. Die Erträge aus den natürlichen Gewässern gehen infolge der zivilisatorischen Einwirkungen ständig zurück. Die Stelle der Flußfische nehmen in steigendem Maße die Fische aus den Teichen ein, insbesondere der Karpfen und die Regenbogenforelle.

Der Teichwirtschaft obliegt es aber nicht nur, die »wilden« Fische zu ersetzen, sie hat darüber hinaus noch die Aufgabe, den Mangel an Nachwuchs zu beheben, denn sonst wären heute nicht wenige Gewässer ohne Fische. Daß es sich lohnt, nicht nur Speisefische, sondern auch Satzfische für die freien Gewässer in Teichen heranzuziehen, haben die Teichwirte längst erkannt. Da die Zahl der Angler stetig steigt, nimmt deren Bedarf an Satzfischen von Jahr zu Jahr zu.

Die Teichwirtschaft steht bei diesen Gegebenheiten im Vergleich zu anderen landwirtschaftlichen Betriebszweigen in ihrer Rentabilität durchaus nicht an letzter Stelle; ist doch selbst eine äußerst intensiv betriebene Teichwirtschaft arbeitsextensiv. Für ihren Betrieb genügen, wie erwähnt, noch Böden, die eine landwirtschaftliche oder forstwirtschaftliche Nutzung nicht mehr lohnen. Selbst Ödungen ergeben brauchbare Teiche, vorausgesetzt, daß sie sich bewässern lassen.

Unsere Weiher sollen nicht nur dazu dienen, Fische zu erzeugen, sie sind darüber hinaus auch die Träger einer gesunden Wasserwirtschaft. Wie erwähnt, wurden bereits im Mittelalter Teiche als Wasserspeicher geschaffen. Bei fortschreitender Kultivierung von Feld und Flur und der dadurch bedingten stärkeren Entwässerung, bei dem sprunghaft ansteigenden Bedarf an Trink- und Brauchwasser in den Ballungsräumen von Fabriken und Wohnstätten müssen unsere Weiher als Wasserrückhaltebecken belassen werden; ja es ist sogar geboten, sie noch weiter zu mehren.

So werden bei Flurbereinigungen Teiche mit eingeplant, namentlich auf Böden, die sich durch ihre Nässe nicht anderweitig nutzen lassen. Hinzu kommen Speicherseen, um Flächen zu ersetzen, die infolge einer Flurbereinigung nicht mehr in der Lage sind, Niederschläge im ausreichenden Maß zurückzuhalten. Diese Seen sollen neben der Fischerei auch der Allgemeinheit dienen, wird doch bei dem geringen Angebot natürlicher Gewässer die Nutzung von Teichen zunehmend zu einer gesuchten Freizeitbeschäftigung.

2 Über das Wasser und die darin enthaltenen Gase

Chemisch reines Wasser gibt es in der Natur nicht. In der Atmosphäre mengt sich das von der Sonne destillierte Wasser mit den in der Luft enthaltenen Gasen sowie mit den gasförmigen Abfallprodukten der Industrie. Weiter nimmt es eine Unzahl von Schwebstoffen, wie Rauch, Staub usw., auf. Dringt das Regenwasser dann als Niederschlag in den Boden ein, gibt es einen großen Teil seiner atmosphärischen Verunreinigungen ab und reißt dafür andere Stoffe des Untergrundes an sich. Es lösen sich in ihm Mineralien, so z. B. Kalk, Gips, Eisen, Mangan. Das Regenwasser wird dadurch zu einem andersgearteten Wasser, dem Grundwasser.

Unsere Teiche werden teils mit Quellwasser (Grundwasser), teils mit Oberflächenwasser aus Rinnsalen, Bächen usw. gespeist, das dann zumeist nicht mehr als »sauber« angesprochen werden kann. Je mehr aber das zufließende Wasser die für die Entwicklung der Wasserpflanzenwelt wichtigen Nährstoffe in richtiger Menge und Zusammensetzung enthält, desto fruchtbarer ist der Teich.

Wie den Teichen Nährstoffe zugeführt, wie Schadstoffe abgewehrt werden können, mit anderen Worten, wie Teiche zu betreuen sind, damit sie optimale Erträge abwerfen, das zu beschreiben ist eine Hauptaufgabe dieses Buches. Zuvor aber sollten wir uns mit den Gasen befassen, die das Wasser neben den Mineralien gelöst enthält, auf denen das Leben im Wasser mitberuht.

Die in der Luft vorkommenden Gase sind im Wasser in einem anderen Mengenverhältnis enthalten.

Sauerstoff

Ausschlaggebend für das Leben im Wasser ist der Sauerstoff. Er stammt teils aus der Luft, teils wird er bei der Assimilation von den Wasserpflanzen ausgeschieden. Den Fischen als Kiemenatmern steht aber im Wasser je Rauminhalt nur ein Zwanzigstel der Sauerstoffmenge zur Verfügung, die den Lungenatmern in der Luft geboten wird, und von dieser kleinen Menge wirksam wiederum nur ein Bruchteil, berücksichtigt man noch die unterschiedliche Beweglichkeit des Sauerstoffes im Wasser gegenüber seiner Beweglichkeit in der Luft. Das Wasser vermag einfach größere Mengen nicht zu lösen, dessen sind wir uns viel zu wenig bewußt. Die Löslichkeit des Sauerstoffes im Wasser nimmt mit steigender Temperatur sogar noch erheblich ab. Wasser mit 1 °C enthält 13,77 mg/l, mit 25 °C 8,37 mg/l. Der normale Sauerstoffbedarf des Karpfens liegt bei 5 mg/l. 3 mg/l wirken sich negativ auf den Stoffwechsel aus, 0,5 mg/l wirken tödlich (1 mg = 0,001 g). Die Gefahr, daß Fische ersticken, tritt daher besonders bei hohen Temperaturen in den Sommerteichen auf. Verdauung und Stoffwechsel werden bei dem dann zu geringen Sauerstoffangebot überfordert. Aber auch im kalten Wasser, so in den Winterteichen, droht die Gefahr des Sauerstoffmangels, wenn Fische bei Eisüberdeckung, insbesondere wenn noch eine Schneedecke darauf liegt, auf engstem Raum beieinander stehen.

Der Sauerstoffgehalt kann mit Hilfe von Wasserprüfgeräten bestimmt werden. Bei der einfachsten Untersuchungsmethode füllt man eine Flasche mit 100 cm^3 des zu untersuchenden Wassers bis zum Rand und schließt sie mit dem dazugehörenden schräg geschliffenen Glasstopfen. Zur Untersuchung nimmt man den Stopfen wieder ab, gibt aus einer Pipette 3–4 Tropfen konzentrierte Natronlauge (konz. Natronlauge: 36 g Natriumhydroxyd in Tablettenform in 100 cm^3 destilliertem Wasser) und aus einer Tropfflasche Mangan-II-Chlorid (50 g Mangan-II-Chlorid in 62,5 cm^3 warmem, destilliertem Wasser) hinzu und setzt den Stopfen wieder auf. Beim Schütteln der Flasche entsteht ein Niederschlag, der bei Sauerstoffmangel weiß, bei ungenügendem Sauerstoffgehalt hellocker und bei ausreichendem Sauerstoffgehalt dunkel bis kaffeebraun gefärbt ist.

Soll später eine genaue chemische Untersuchung im Laboratorium vorgenommen werden, so verwendet man eine spezielle jodkaliumhaltige Natronlauge.

Stickstoff

Im Wasser ist ebenfalls Stickstoff gelöst. Sehr wichtig ist für das Leben im Wasser, daß gewisse Bakterien den Stickstoff aufzunehmen und umzusetzen vermögen. Diese nitrifizierenden (stickstoffbindenden) Bakterien gedeihen aber nur dann, wenn ausreichend Phosphor und Kalk vorhanden ist. Der Stickstoffkreislauf, in den auch die abgestorbenen Organismen mit ihren zerfallenden Eiweißbestandteilen einzureihen sind, stellt sich im Teich von selbst auf ein weitgehend stabiles Gleichgewicht ein. Der Pflanzenwelt im Süßwasser sind die notwendigen Stickstoffverbindungen zum Aufbau von Eiweiß, dem Ausgangsstoff des Lebens, schon von Natur aus gesichert. Deshalb kann in der Regel bei der Düngung der Teiche auf Stickstoffgaben verzichtet werden.

Kohlensäuregas (Kohlendioxyd, CO_2)

Niederschläge, auch Schneeschmelzwasser, sind mit dem in der Luft enthaltenen »Kohlensäuregas« (Kohlendioxyd) angereichert. Sie verbinden sich teilweise (0,7 %) mit diesem zur Kohlensäure und sind deshalb schwach sauer; es handelt sich um »weiches Wasser«. Versickert es im Boden, so geht die im Wasser enthaltene Kohlensäure Verbindungen mit Härtebildnern ein, d. h. sie löst vor allem den im Boden enthaltenen Kalk zu doppeltkohlensaurem Kalk, der im Wasser in Lösung bleiben kann. Dieser bestimmt neben einigen anderen »Salzen« die Härte des Wassers. Fehlen Kalk und andere Härtebildner im Boden, so bleibt das Wasser bis zum Quellenaustritt weich und fast immer mehr oder weniger sauer. Wird dieser Mangel nicht durch ausreichende Kalkung der Teiche oder Belüftung der Zuflüsse behoben, so ist die Fischhaltung gefährdet.

Die im Wasser wachsenden Pflanzen besitzen wie die Landpflanzen Blattgrün (Chlorophyll), das sie befähigt, mittels der Energie des Sonnenlichtes Kohlendioxyd zu assimilieren, d. h. dieses anorganische Gas zusammen mit Wasser in organische Stoffe umzuwandeln (Photosynthese). Die dabei entstehenden Kohlenstoffverbindungen dienen der Pflanze als Bau- und Betriebsstoff. Der freiwerdende Sauerstoff wird ins Wasser und in die Luft ausgeschieden.

Das im Wasser enthaltene Kohlendioxyd stammt nicht allein aus der Luft, es bildet sich darüber hinaus aus der Zersetzung abgelagerter organischer Stoffe. Reicht die vorhandene Menge für das Wachstum der Pflanze nicht aus, so entziehen die Pflanzen dem im Wasser gelösten doppeltkohlensauren Kalk einen Anteil seiner Kohlensäure und hinterlassen einen »einfachen« kohlensauren Kalk, der die Restkohlensäure fester gebunden enthält. Auf den Wasserpflanzen, z. B. auf den Laichkräutern, scheidet sich dabei häufig ein deutlich sichtbarer, heller, kalkiger Belag ab (biogene Entkalkung des Wassers). Bei übermäßigem Bestand an Unterwasserpflanzen wird schließlich, sofern die Zufuhr an doppeltkohlensaurem Kalk nachläßt, dem einfachen kohlensauren Kalk sogar die Restkohlensäure entzogen, und es entsteht als Endprodukt Kalklauge. Der Fisch empfindet eine starke Verlaugung des Wassers als unangenehm. Er sucht der alkalischen Umgebung dieser Pflanzenbestände auszuweichen. Auch Kleintiere meiden ganz auffällig die hohe Alkalität trotz der schützenden und nährenden Möglichkeiten, die normalerweise Wasserpflanzen bieten.

Im Wasser kann weit mehr Kohlendioxyd enthalten sein als in der Luft, sogar mehr als Sauerstoff. Ein sehr hoher Kohlendioxydgehalt bekommt auch den Fischen nicht zum Besten. Ist er etwa 16mal so hoch wie der an Sauerstoff, so gehen Fische zugrunde. Besonders bedenklich ist ein überhoher Kohlendioxydgehalt im kalten Wasser, also in Winterteichen. Mit einer übernormalen Anreicherung ist in eis- und schneebedeckten Winterteichen schon deshalb zu rechnen, weil die Pflanzen im Dunkeln nicht assimilieren. Dazu kommt das Kohlendioxyd, das von den Fischen und anderen Tieren beim Atmen ausgeschieden wird, weiteres Kohlendioxyd, das beim Zersetzungsprozeß organischer Stoffe entsteht. Droht den Fischen in den Winterteichen der Tod, so kann nicht allein Sauerstoffmangel die Ursache sein, sondern auch eine

Aufsteigen von Gasblasen beim Rühren im Faulschlamm. An der Wasseroberfläche treibende und vom Boden losgerissene Fladen von Algen, die sich vor dem Turbineneinlauf teppichartig zusammenballen

zu große Menge Kohlendioxyd. Deshalb ist es durchaus nicht absonderlich, das Wasser mit Sauerstoff anzureichern und gleichzeitig Kalk dazuzugeben. Kohlendioxyd verbindet sich mit Kalk zu doppeltkohlensaurem Kalk und wird dadurch als Gas dem Wasser entzogen, also unschädlich.

Methan (Sumpfgas) und Schwefelwasserstoff

In stehenden Gewässern reicht die Sauerstoffumwälzung in der Tiefe zumeist nicht aus, um die Massen an pflanzlichen und tierischen Rückständen, die während der Wachstumsmonate auf den Gewässerboden sinken, soweit abzubauen, daß sie unverzüglich wieder zur Grundlage neuen Lebens werden können. Es lagert sich Schicht auf Schicht von nicht genügend abgebauten organischen Stoffen, die in Fäulnis übergehen. Das normale pflanzliche und tierische Leben erlischt. Es bildet sich der berüchtigte Faulschlamm; er ist vom ausgeschiedenen Schwefeleisen schwarz gefärbt. Der faulende Schlamm gibt an das Wasser als Abbauprodukt im wesentlichen Gase ab, insbesondere Methan, Kohlendioxyd und Schwefelwasserstoff. Dieses Gasgemisch ist leicht nachzuweisen, wenn man den Gewässerboden mit einem Stock aufwühlt. Es steigen, besonders im Sommer, Gasblasen auf, so als koche das Wasser. Bei fallendem Luftdruck, insbesondere vor Sommergewittern, entweichen diese Gase durch die entstandene Druckentlastung vermehrt, und ein Fischsterben kann die Folge sein.

Im Gegensatz zu Methan ist Schwefelwasserstoff äußerst giftig. Er wirkt bereits bei 0,2–0,4 mg/l auf Fische tödlich. Seine Giftigkeit ist weitgehend abhängig vom pH-Wert des Wassers. Je höher aber dieser Wert ist, desto geringer ist die Giftwirkung, weil Schwefelwasserstoff ein saures Gas ist, das durch Basen chemisch gebunden (neutralisiert) wird. Bei einem pH-Wert von 8 liegt die schädliche Schwelle bei 0,01 g/l. Es ist deshalb möglich, durch eine Kalkung des Teichwassers ein Schwefelwasserstoff-Fischsterben zu verhindern bzw. zu verzögern. Schwefelwasserstoff wirkt aber nicht nur unmittelbar als Gift. Der darin enthaltene Schwefel geht in der Folge andere Verbindungen ein, wobei er dem Wasser Sauerstoff entzieht.

In Teichen, in denen sich zuviel Faulschlamm angesammelt hat, besteht nicht nur die Gefahr, daß Fische sterben, sondern auch die Gefahr, daß sie unter den unzuträglichen Atemverhältnissen leiden und für Erkrankungen anfälliger werden.

Ammoniak

Ammoniak ist, ähnlich wie Schwefelwasserstoff, ein gefährliches Fischgift. Das Gas wirkt in einer Menge von 1 mg/l auf Karpfen tödlich. Dieser Wert kann erreicht werden: durch Abbau von Stickstoffverbindungen in mit Abwässern belasteten Teichen, bei Verwendung von organischen Düngemitteln (Jauche und Mist) sowie von anorganischen, wenn sie Ammoniumsalze enthalten.

Die Möglichkeit einer Anreicherung des Teichwassers mit Ammoniak bis zur tödlichen Grenze besteht vor allem an sonnigen Tagen. Denn das Verhältnis Ammoniumgehalt zu Ammoniakgehalt ist stark vom pH-Wert abhängig, und zwar wandelt sich um so mehr Ammonium in Ammoniak um, je höher der pH-Wert des Teichwassers ist. Bei pH 8 haben sich bereits rd. 5 % des Ammonium zu Ammoniak umgewandelt, bei pH 8,5 rd. 15 %, bei pH 9,2 rd. 50 % und bei pH 10,5 rd. 95 %. Bei hohen pH-Werten und gleichzeitiger Anwesenheit größerer Ammoniumkonzentrationen im Wasser ist daher die Gefahr einer Ammoniakvergiftung besonders groß. pH-Werte von 10,5 führen ohnehin für sich allein bereits zu hochgradigen Schädigungen und in kurzer Zeit zum Tod der Karpfen.

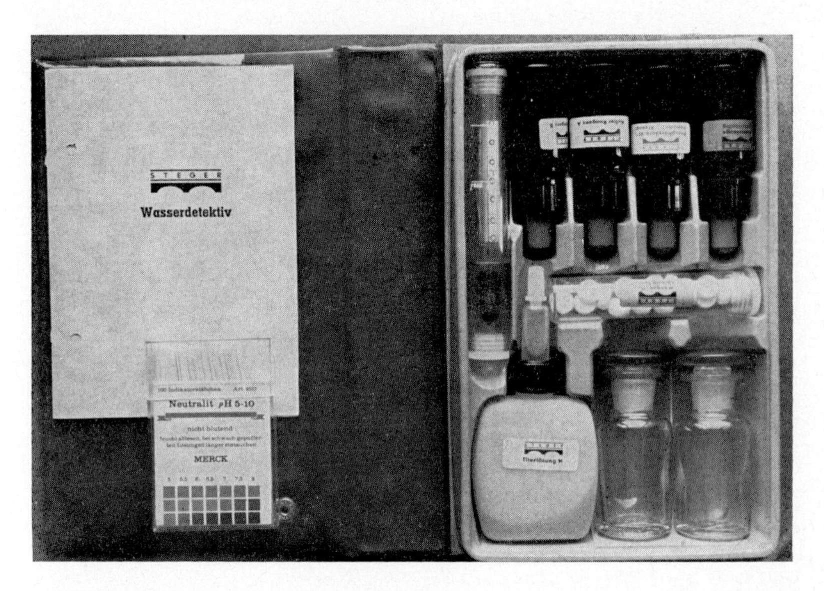

Wasserdetektiv der Firma Max Steger

Untersuchung des Wassers

Die neuzeitliche Teichwirtschaft mit ihrem hohen Besatz an Fischen erfordert eine sehr sorgfältige Beobachtung der Vorgänge im Wasser. Da es bei auftretenden Störungen nicht immer möglich ist, einen Sachverständigen heranzuholen, muß sich der Teichwirt selbst zu helfen wissen. Insbesondere sollte ihm geläufig sein, wie der Sauerstoffgehalt, das Säurebindungsvermögen und der pH-Wert festzustellen sind. Die hierzu notwendigen Reagenzien und Hilfsmittel nebst Anleitungen sind u. a. bei Max Steger, Wassermeßgeräte, 8330 Eggenfelden, in einer handlichen und platzsparenden Plastik-Taschenpackung als »Wasserdetektiv« oder in einer umfangreicheren Ausstattung, verpackt in einem Holzkästchen, als »Starnberger Wasserprüfgerät« zu haben.

3 Körperbau und Lebensweise des Karpfens

Körperform und Bewegung

Die Gestalt des Fisches ist dem Leben im Wasser angepaßt. Der stromlinienförmige Körper ermöglicht ein leichteres Durchschwimmen des Wassers (Forelle). Fische, die wie der Karpfen vorwiegend im ruhigen Wasser leben, sind seitlich zusammengedrückt. Ausgesprochene Bodenfische wie die Barben besitzen einen abgeplatteten Bauch. Eine runde Schlangenform ist für Fische, die sich mehr im Schlamm aufhalten, am zweckmäßigsten (Aal).

Der Fisch schwimmt, indem er den Körper, vor allem den Schwanzteil, nach rechts und links schlägt; er schlängelt sich also durchs Wasser. Rückenflosse und Afterflosse unterstützen das Einhalten der Richtung. Die paarigen Brust- und Bauchflossen ermöglichen die Haltung des Gleichgewichtes. Sie dienen auch als Höhen- und Tiefensteuer sowie zum Ändern der Schwimmrichtung und zum Bremsen.

Skelett und Muskulatur

Die *Knochen* sind leicht gebaut. Die Wirbelsäule besteht aus sanduhrförmig ausgehöhlten Wirbeln. An diese schließen sich die oberen und unteren Dornfortsätze und im Rumpfteil der Rippen an. Die sogenannten Gräten – und solche weist leider auch der Karpfen auf – lagern einzeln im Fleisch des Rückens, im oberen und unteren Teil des Schwanzstieles. Frei davon sind lediglich die Bauchlappen.

Im Kopfskelett des Karpfens sind die auf der Unterseite des Schlundes hinter den Kiemen liegenden *Schlundknochen* wichtig. Sie sind bezahnt und dienen zum Zerkleinern der Nahrung. Die Schlundzähne reiben aber nicht gegeneinander, sondern gegen eine darüberliegende Platte. Der Karpfen kann damit sogar Körner mit härterer Schale zerquetschen.

Die wichtigsten *Muskeln* sind die des Rumpfes. Sie verlaufen vom Kopf bis zum Schwanz und dienen der Fortbewegung. Sie bilden den für uns nutzbaren Teil des Karpfens, das Fleisch.

Haut

Die Haut besteht aus Ober- und Unterhaut. Im Gegensatz zu der verhornten *Oberhaut* der Landtiere ist die der Fische äußerst zart. Sie überdeckt die Unterhaut und die Schuppen als ein durchsichtiges Häutchen. Bestimmte darin enthaltene Zellen sondern Schleim ab, der die Fischhaut gegen Verletzungen schützt und sie geschmeidig hält. In der derberen *Unter- oder Lederhaut* befinden sich Nerven, Muskelfasern, Farbzellen und als auffallendes Gebilde die knöchernen *Schuppen.* Sie bilden einen Schutz gegen Verletzungen und liegen bei Schuppenfischen dachziegelartig neben- und übereinander.

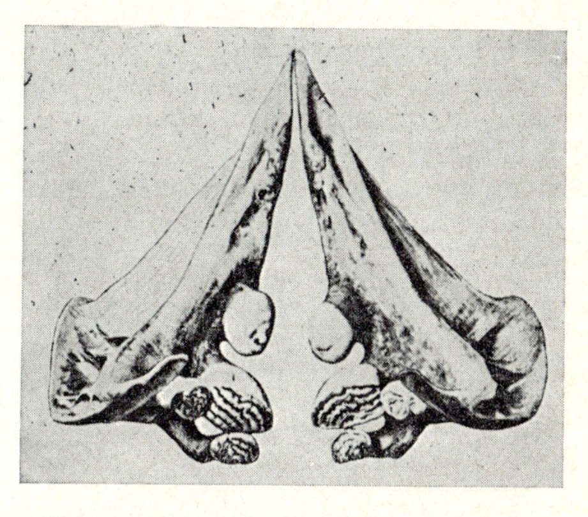

Schlundknochen eines älteren Karpfens

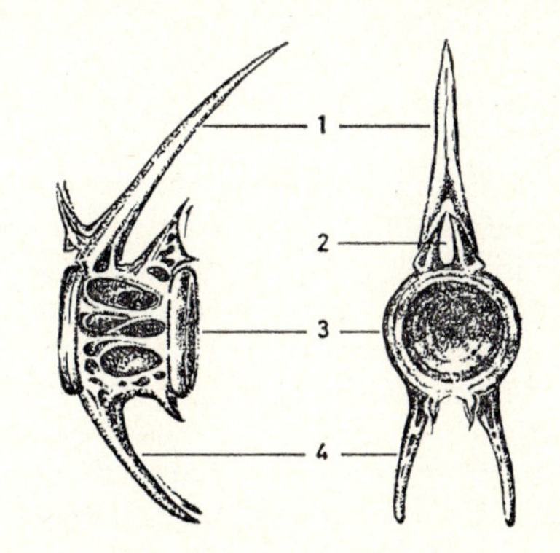

Wirbel des Karpfens links von der Seite, rechts von vorne. 1 oberer Dornfortsatz, 2 Öffnung für das Rückenmark, 3 eigentlicher Wirbelkörper, 4 Rumpfwirbel mit den unteren Fortsätzen, an denen die Rippen sitzen. Bei den Schwanzwirbeln gibt es nur einen Dornfortsatz

Halten wir eine Schuppe gegen das Licht, so erkennen wir um einen Mittelpunkt gelagerte Zonen. Die einen sind breiter und heller, die anderen schmaler und dunkler. Die Schuppe wächst, indem sich ein Ring an den anderen legt. Den Sommer über wächst der Karpfen schneller, die Ringe der Schuppe sind daher weiter auseinandergezogen und bilden insgesamt eine hellere Zone. Gegen Herbst und Winter zu wächst der Karpfen langsamer, die Ringe liegen daher dichter aneinander und bilden insgesamt eine dunklere Zone. Die Schuppe eines einjährigen Karpfens zeigt im Frühjahr eine helle und eine dunkle Zone, die eines zweijährigen zwei helle und zwei dunkle, die eines dreijährigen drei helle und drei dunkle Zonen usw. Der Kenner kann damit das *Alter des Karpfens* bestimmen. Am besten eignen sich hierzu die Schuppen zu beiden Seiten der Rückenflosse. Man muß aber bei der Bestimmung vorsichtig sein, da es möglich ist, daß das normale Wachstum des Fisches gestört war. So kann etwa eine helle Zone fehlen, wenn die Karpfen einen Sommer über wenig Nahrung fanden, oder die dunkle Zone zwischen dem 1. und 2. Sommer kann nur angedeutet sein, wenn es sich um einen in Schnellmast herangefütterten Zweisömmerigen handelt.

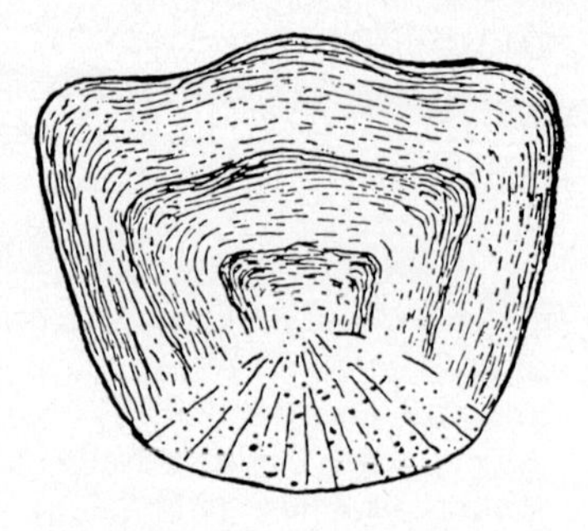

Schuppe eines dreisömmerigen Karpfens

Die in der Unterhaut liegenden *Farbzellen* ermöglichen es dem Fisch, sich den Lichtverhältnissen im Wasser anzupassen, so daß er sich möglichst wenig von seiner Umgebung abhebt. Seine Oberseite erscheint deshalb von oben gesehen dem dunklen Boden ähnlich, die Unterseite dagegen mehr silbrig hell, so wie der Wasserspiegel glänzt, wenn man im Wasser von unten nach oben blickt.

Gehirn und Sinnesorgane

Das *Gehirn* ist bei den Fischen verhältnismäßig klein, so daß die geistigen Fähigkeiten nicht allzu groß sind. Doch hat auch der Fisch ein Gedächtnis. Dies geht schon daraus hervor, daß er sich die Umstände einzuprägen vermag, die den Vorgang der Fütterung begleiten, wie etwa das Heranbringen des Futters. Ein Anhängsel des Hirns ist die Hypophyse, eine wichtige Drüse. Sie reguliert das hormonale Geschehen im Körper. Das Auge ist infolge der meist geringen Durchsichtigkeit des Wassers mehr auf das Sehen in der Nähe eingerichtet. Der Fisch kann hören. Besonders ausgeprägt für das Leben im dreidimensionalen Raum ist das Gleichgewichtsorgan. Neben dem Geruchssinn (Nasengruben) ist besonders der Geschmackssinn gut ausgebildet. Im Gegensatz zu den Landtieren sind bei den Fischen Geschmacksorgane an verschiedenen Stellen des Körpers zu finden, so an den Lippen, auf der Schleimhaut der Mundhöhle und an den Barteln. Der Karpfen kann also beim Gründeln seine Nahrung »schmecken«. Regionen einer gewissen Tastempfindlichkeit befinden sich an verschiedenen Stellen der Körperoberfläche. Ein für alle Fische sehr wichtiges Organ ist die *Seitenlinie.* Sie verläuft deutlich erkennbar vom Kopf bis zum Schwanz. Hier hat der Fisch ein Empfindungsorgan, mit dem er Strömungen, Widerstände, Hindernisse, Erschütterungen, auch die Tritte eines Menschen, wahrzunehmen vermag.

Atmung

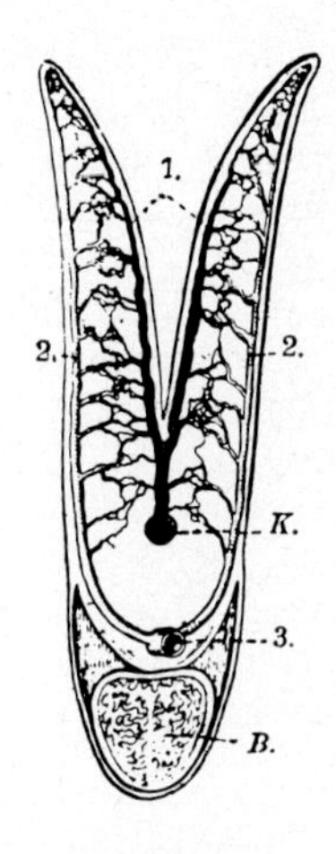

Schnitt durch ein Kiemenblättchen
B Kiemenbogen
K Kiemenarterie
1 Arterie
2 Vene
3 Kiemenvene

Im Gegensatz zu den Landtieren steht den Wassertieren, wie bereits in Kapitel 2 erwähnt, nur eine sehr beschränkte Menge Atemsauerstoff zur Verfügung. Denn das Wasser kann sich nur bis zu einer bestimmten Menge mit Sauerstoff sättigen. Mit steigender Temperatur nimmt diese Sättigungsmöglichkeit sogar ab. Reicht die Sauerstoffmenge für die Atmung der Fische nicht mehr aus, so kommen die Fische luftschnappend an die Oberfläche und sterben innerhalb kurzer Zeit, besonders bei hohen Temperaturen.

Untersuchen wir die Kiemen näher, so finden wir kleine Blättchen, die in zwei Reihen auf vier Bögen, den sogenannten Kiemenbögen, sitzen und mit dem Schlund durch Spalten, die sogenannten Kiemenspalten, in Verbindung stehen. Auf der Schlundseite der Kiemenbögen befinden sich kleine, zähnchenähnliche Gebilde. Da sie zusammen einen Seihapparat (Kiemenfilter) bilden, verhindern sie, daß Nahrungs- oder Schmutzteile durch die Kiemenspalten in die Kiemen geraten.

Beim *Atmen* drückt der Fisch das mit dem Maul aufgenommene Wasser durch die Kiemenspalten wieder hinaus. Dabei kommt das Wasser in innige Berührung mit den Kiemenblättchen, die nur mit einer dünnen Haut bedeckt sind. Sie sind noch dazu gerippt, so daß sich auf engstem Raum eine möglichst große Oberfläche ergibt. Auch durch Haut und Darm wird, je nach Fischart, in verschieden hohem Maße, Sauerstoff aufgenommen. Außerhalb des Wassers ersticken die Fische, obwohl die Luft weit mehr Sauerstoff enthält als das Wasser. Die sonst allseitig vom Wasser umspülten Kiemenblättchen legen sich in der Luft derart dicht aneinander, daß nur noch ein kleiner Bruchteil ihrer Oberfläche mit dem Luftsauerstoff in Berührung kommen kann. Gleichzeitig trocknen sie ein.

Der Sauerstoffbedarf der Fischarten ist verschieden groß. Fische mit weiter Kiemenspalte (Bachforelle, Hecht) ersticken schneller als Fische mit enger Kiemenspalte (Karpfen, Schleie). Der Aal, dessen Kiemenspalte fast nur ein Löchlein ist, hält es am längsten ohne Wasser aus.

Blutkreislauf

Beim Öffnen des eben getöteten Fisches fällt ganz vorn etwa in der Höhe der Brustflossen das noch schlagende Herz auf. Es besteht lediglich aus einer Vor- und einer Hauptkammer. Die Vorkammer nimmt aus dem Körper das »verbrauchte«, sauerstoffarme und kohlensäurereiche Blut auf und preßt es in die Kiemen, in denen der Gasaustausch stattfindet, und weiter in die Körperschlagader, die unter der Wirbelsäule verläuft. Die Fische besitzen nur eine geringe Blutmenge. Daraus erklärt sich ihr rasches Ermüden. Die Bluttemperatur liegt etwas höher als die des umgebenden Wassers.

Karpfen können Wassertemperaturen bis zu 35 °C (vorübergehend) vertragen, je nachdem, ob sie vorher verhältnismäßig hohen oder niedrigen Temperaturen angepaßt waren. Nähert sich das Wasser einer Temperatur von 4 °C, so bleiben sie ruhig am Boden stehen, sie halten gleichsam einen Winterschlaf.

Organe der Ernährung

Die Lippen sind beim Karpfen vorstülpbar, so daß sich das Maul zu einem Rüssel formt, mit dem der Fisch leicht im Schlamme wühlen kann. Der trichterförmige, innen längsgefaltete Schlund geht unmittelbar in den Darm über. Dieser verläuft in Schleifen in der Bauchhöhle und ist zwei- bis dreimal so lang als der Körper. Die rotbraune Leber liegt den Schleifen des Darmes an und ist verhältnismäßig groß. Auch die Gallenblase fällt durch ihre Größe auf, besonders bei leerem Darm. Unmittelbar unter der Wirbelsäule liegt die Niere, ein langgestrecktes, an der Einschnürung der Schwimmblase sehr verdicktes, dunkelrotes Organ. Der darin ausgeschiedene Harn sammelt sich in einer unscheinbaren Harnblase und fließt durch die Harnröhre ab. Diese endet unmittelbar hinter dem After. Kurz vorher vereinigt sie sich noch mit dem Ausführungsgang der Geschlechtsorgane.

In der Leibeshöhle gutgenährter Karpfen befinden sich besonders im Herbst noch erhebliche Mengen Fett, angelagert an Darm und Leber.

Schwimmblase

Beim Karpfen besteht die *Schwimmblase* aus zwei Kammern, deren hintere durch den sogenannten Schwimmblasengang mit dem Darm in Verbindung steht. Die mit Gasen gefüllte Schwimmblase ermöglicht es dem Fisch, der an sich schwerer als das Wasser ist, seinen Rauminhalt zu vergrößern oder zu verkleinern, also auf- und abzusteigen. Hierbei wirkt der Schwimmblasengang als Ausgleichsventil, so daß sich der Karpfen auf jede Wassertiefe einzustellen vermag.

Geschlechtsorgane und Fortpflanzung

Die Hoden der Männchen und die Eierstöcke der Weibchen sind paarig angelegt und liegen seitlich der Schwimmblase in der Bauchhöhle. Die Fische geben beim Laichen fast immer Samen (Milch) und Eier (Rogen) gleichzeitig ins Wasser ab. Die Befruchtung der Eier findet also im Wasser statt.

Beim Karpfen sind die Männchen (Milchner) in der Regel beim Eintritt in das dritte, die Weibchen (Rogner) beim Eintritt in das fünfte Lebensjahr geschlechtsreif. Eine zu frühe Geschlechtsreife ist besonders beim Weibchen unerwünscht. Die Eierstöcke würden sich auf Kosten des Fleisches entwickeln. Der Fisch ist im allgemeinen um so großwüchsiger, je später die Geschlechtsreife eintritt. Auch das geringere Gewicht des Karpfenmännchens hängt wohl damit zusammen, daß es früher geschlechtsreif wird. So ist ein drei Jahre alter Milchner um 100–200 g leichter als ein gleichaltriger Rogner, wenn beide Fische unter gleichen Bedingungen herangewachsen sind.

Der Karpfen laicht in der Regel im Monat Mai. Im Gegensatz zur Forelle, die ihre Eier in den Bachkies einbettet (Kieslaicher), legt der Karpfen seine Eier über Pflanzen ab (Krautlaicher). Da die Eier klebrig sind, bleiben sie an den Pflanzen haften. Günstige Laichplätze sind Altwasser oder überschwemmte Wiesen.

Auf 1 kg Körpergewicht eines Rogners rechnet man etwa 200 000 Eier. Aus dieser ungeheuren Zahl ist leicht zu schließen, daß der Nachwuchs von zahllosen Feinden bedroht ist. Es kann auch eine kalte Nacht den gesamten Laich vernichten. Entscheidender noch für das Hochkommen des Nachwuchses sind die Witterungsverhältnisse nach dem Schlüpfen. Folgt eine Reihe kalter Tage, so fehlt den kleinen Geschöpfen die lebensspendende Wärme, sie haben keinen Appetit, ihr Verdauungsvermögen ist gehemmt.

In unseren Flüssen ist deshalb ein ausreichender Nachwuchs nur unter sehr günstigen Verhältnissen zu erwarten, z. B. wenn im Mai ein Hochwasser längere Zeit auf den Wiesen stehenbleibt, was aber selten und in den regulierten Gewässern überhaupt nicht mehr der Fall ist. Die Karpfen in den Flüssen sind deshalb meist Ausreißer aus Teichen oder sie wurden eingesetzt. In wärmeren Gegenden bestehen für den Karpfen weit bessere Lebensmöglichkeiten. In Europa bietet die untere Donau hierfür die günstigsten Voraussetzungen.

Wachstum

Bei allen im Wasser lebenden Kaltblütern, also auch bei den Fischen, ist das Verlangen nach Nahrung, wie das Vermögen, sie auszuwerten, von der Wassertemperatur abhängig. Der Karpfen frißt zum Beispiel bei 25 °C reichlich doppelt soviel wie bei 15 °C. Die für ihn günstigste Temperatur liegt zwischen 20–25 °C. Sinkt die Temperatur, so nimmt die Freßlust ab.

Das Wachstum des Karpfens fällt somit in die warmen Sommermonate. Zu dieser Zeit ist auch sein Tisch am reichsten gedeckt. Beim Nahen des Herbstes haben die als Nahrung dienenden Tiere ihre Entwicklung meist abgeschlossen oder sich in die Winterruhe zurückgezogen. Hielte der Karpfen nicht selbst eine Winterruhe, so würde er während des Winters viel an Gewicht verlieren.

Das stärkere Wachstum im Sommerhalbjahr und das geringere im Winterhalbjahr ist, wie bereits erwähnt, an den Schuppen zu erkennen. Deshalb sprechen wir, wenn wir die Lebensabschnitte des Karpfens bezeichnen wollen, nicht von Jahren, sondern von Sommern, also von ein-, zwei- usw. -sömmerigen Fischen.

Mit einem Gewicht von 1250–1500 g ist der Karpfen am begehrtesten. Um dieses Gewicht zu erreichen, braucht ein Zuchtkarpfen in unserem Klima drei Sommer. Er ist also dreisömmerig, wenn er im Herbst als Speisefisch verkauft wird. Die Einsömmerigen, erreichen durchschnittlich ein Gewicht von 30–50 g und eine Größe von 9–12 cm. Die Zweisömmerigen sollen ein Gewicht von 200–400 g aufweisen. Landläufig werden die Einsömmerigen auch als »Brut«, die Zweisömmerigen als »Setzlinge« bezeichnet. Karpfen in den ersten Lebenstagen nennt man »Jungbrut«. Sind die jungen Karpfen in den Vorstreckteichen zu einer Länge von 2,5–4 cm herangewachsen, so spricht man von »vorgestreckter« Karpfenbrut.

Als Abkürzung ist es üblich, die Fischart mit dem Anfangsbuchstaben und den Jahrgang dahinter mit einer Ziffer anzugeben, z. B. zweisömmeriger Karpfen = K_2, für Karpfenjungbrut und Karpfenvorstreckbrut wählen wir die Bezeichnung K_0 (K-Null) bzw. K_v (K-Vau). Auch Schleien, Hechte und andere Fische bezeichnet man in ähnlicher Weise. Praktiker verwenden bisweilen römische Ziffern, z. B. KII.

In wärmeren Ländern wachsen die Karpfen bei länger anhaltender, optimaler Temperatur und reichlichem Nahrungsangebot weit schneller als bei uns. So sind die aus Ungarn oder Jugoslawien importierten Karpfen oft erst zwei Sommer alt.

In extrem heißen Sommern wachsen auch unsere Karpfen schneller. Die Teiche liefern dann Höchsterträge, namentlich die übergroßen.

Das maximale Alter, das ein Karpfen erreichen kann, liegt bei 40 Jahren. Er bringt dann ein Gewicht bis zu 20 kg und mehr auf die Waage. Wenn Angler Karpfen mit einem Gewicht von 10–15 kg fangen, so ist dies sonach nicht außergewöhnlich. Der Rekord liegt derzeit nach »Fisch und Fang« 4/1977 bei 26 kg, womit das Traumgewicht von 25 kg erreicht wurde.

4 Pflanzen im Teich

Ein guter Teichwirt sollte nicht nur die Tiere, sondern auch die Pflanzen seiner Weiher kennen. Sind sie doch ein untrügliches Kennzeichen, was von der Fruchtbarkeit eines Teiches zu halten ist. Sowohl Tiefe und Wärme des Wassers wie die im Wasser und Boden enthaltenen Nährstoffe bestimmen die Art und das Wachstum der Pflanzen. Gepflegte Teiche zeigen einen anderen Pflanzenwuchs als verwahrloste.

Wir unterscheiden:

1. im Wasser schwebende Kleinpflanzen, das sogenannte pflanzliche Plankton (Phytoplankton, Schwebeflora),
2. weiche Wasserpflanzen. Sie befinden sich entweder im Wasser oder auf der Oberfläche des Wassers. Ihre Blütenstände reichen noch über das Wasser hinaus,
3. harte Überwasserpflanzen. Sie wurzeln zwar im Teichboden, entfalten sich aber hauptsächlich über dem Wasser.

Fadenalge, Armleuchter, Wasserpest, Wasserlinse werden wegen ihrer schweren Bekämpfbarkeit am Schluß des Kapitels gesondert behandelt.

Kleinpflanzen

Wer einen Tropfen Wasser aus einem guten Weiher unter dem Mikroskop betrachtet, findet außer winzigen tierischen Organismen eine Fülle einzelliger Pflanzen. Sie gehören der artenreichen Gruppe der Algen an, die wegen ihrer unermeßlichen Zahl, in der sie auftreten, zu den wichtigsten Wasserpflanzen zählen. Sie besitzen ähnlich wie die höheren Pflanzen Chlorophyll (Blattgrün), das sie befähigt, unter Mitwirkung des Sonnenlichts Kohlensäure (CO_2) zu assimilieren, d. h. in Kohlenstoff und Sauerstoff zu zerlegen. Der Kohlenstoff wird aufgenommen und als Baustoff verwendet. Der Sauerstoff wird ausgeschieden.

Häufig ist das Chlorophyll rein vorhanden, und die Algen besitzen die schöne grüne Farbe, wie wir sie bei höheren Pflanzen kennen. Oft sind aber andere Farbstoffe beigemengt. Es gibt deshalb auch rote, blaue, braune und gelbe Algen. Die äußere Gestalt der Algen ist mannigfaltig. Entweder bestehen sie nur aus einer Zelle, oder es ist eine große Zahl von Zellen reihenweise zu Fäden oder anderen Gebilden verbunden.

Besonders wichtig für den Teichwirt sind zwei Blaualgenformen: die *Punktalge* (Anabaena) und die *Sichelalge* (Aphanizomenon). Beide Algenformen umfassen eine große Zahl in ihrer Gestalt einander ähnlicher Arten. Sie sind mit bloßem Auge zu erkennen. Meist tritt zunächst die Punktalge und dann erst die Sichelalge auf. Die eine sieht wie ein grüner Punkt aus, die andere ist $^1/_2$–1 cm lang und wie eine Sichel gekrümmt. Das Wasser kann von diesen beiden Algen derart durchsetzt sein, daß es einer grünen Suppe ähnlich wird. Man sagt, das Wasser »blüht« (Wasserblüte). Absterbende Punkt- und Sichelalgen, die am Ufer zusammengetrieben werden, bilden oft eine Schicht, die wie grüne oder blaue Farbe aussieht. Neben der grünen Wasserblüte gibt es zuweilen auch andersfarbige, z. B. eine rote. Das Wasser sieht dann an der Oberfläche wie Blut aus.

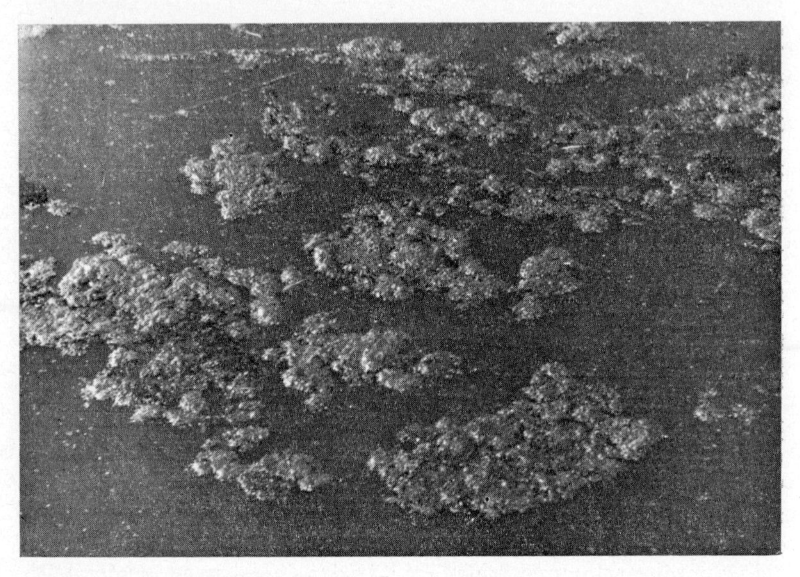

Fladen von Kiesel- und Schwingalgen (Braunblüte)

Zu den Algen zählen ferner die *Kieselalgen* (Diatomeen). Unter dem Mikroskop erfreuen uns ihre mannigfaltigen, zierlichen Formen. Sie bestehen aus 2 Hälften, wobei ähnlich wie bei einer Schachtel die eine Hälfte über die andere greift. Neben freischwebenden gibt es auch festsitzende Formen, die den Teichboden graubraun überziehen. Dazu gesellen sich, besonders im Vorfrühling, *Schwingalgen* (Oscillatorien) von dunkel blaugrüner Färbung, die den Kieselalgenaufwuchs durchweben. Mit zunehmender Besonnung und stärkerer Durchwärmung des Wassers assimilieren diese Pflanzenwucherungen so stark, daß sie durch die ausgeschiedenen Sauerstoffbläschen vom Untergrund losgerissen werden und an der Oberfläche des Wassers in kleinen braunen Fladen schwimmen (Braunblüte). Der Boden häutet sich gleichsam. Die Fladen werden durch Fäulnis mit der Zeit schwarz und riechen unangenehm.

Bekannt sind noch die *Kugelalgen* (Volvocales), die zu der großen Gruppe der Geißelalgen gehören. Eine große Anzahl Zellen vereinigt sich zu einer Hohlkugel, die sich mit Hilfe feiner Geißeln rollend im Wasser fortbewegen kann. Die Kugelalgen, die bis zu 0,7 mm im Durchmesser erreichen können, treten bisweilen in ähnlichen Mengen wie Punkt- und Sichelalgen auf.

Die aufgeführten Algengruppen umfassen nicht nur im Wasser schwebende Arten, also das Phythoplankton, sondern auch Arten, die ähnlich den Kieselalgen überall, wo es möglich ist, aufsitzen. Diese Pflanzen führen in ihrer Gesamtheit den Namen *Aufwuchs*.

Die lebenden und abgestorbenen Pflanzenmassen der Algen sind die wichtigste Nahrung der Tiere, von denen der Karpfen sich nährt. Wir fördern das Wachstum der Algen, wenn wir alle anderen Pflanzen, insbesondere die Überwasserpflanzen, niederhalten (s. Kap. Niederhaltung unerwünschter Wasserpflanzen).

Weiche Wasserpflanzen

Brunnenkresse (Nasturtium officinale). *Quellenehrenpreis oder Bachbunge* (Veronica beccabunga), *Wasserstern* (Callitriche) gedeihen nur in Quellwasser. Der Karpfenteichwirt sieht sie ab und zu in den Winterungen und im Zufluß. Wichtiger sind für ihn folgende Pflanzenarten:

Wassergras (Glyceria fluitans), auch Mannagras, Süßgras, Flutender Schwaden genannt. Es ist daran kenntlich, daß die Halme mit ihrem

Links: Wasserfenchel. Rechts: Süßgras mit Froschlöffel

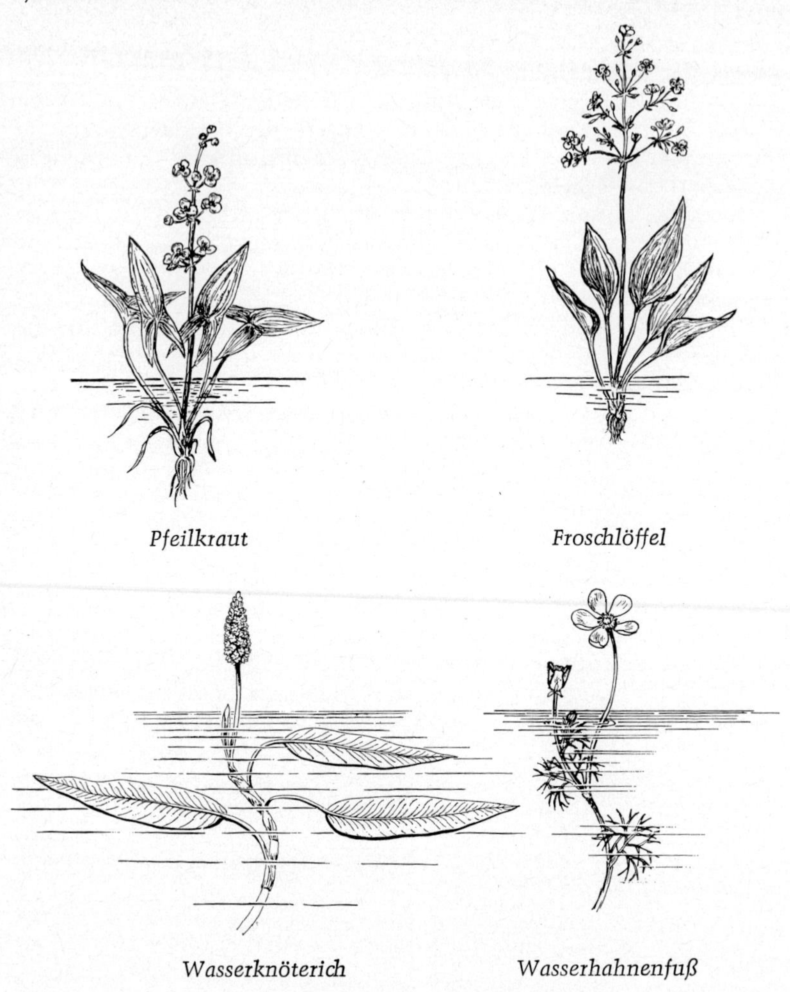

Pfeilkraut

Froschlöffel

Wasserknöterich

Wasserhahnenfuß

oberen Teil zuerst schwimmend auf dem Wasser liegen. Erst später, wenn sie blühen und reifen, stehen sie aufrecht.

Wasserfuchsschwanz (Alopecurus spec.) von blaugrüner Färbung mit später ziegelroten Staubgefäßen, ein Verwandter des Wiesenfuchsschwanzes.

Pfeilkraut (Sagittaria sagittifolia), kenntlich an den pfeilartigen Blättern. Es überwintert mit haselnußgroßen Knollen, die sich am Ende unterirdischer Ausläufer bilden. Beim Austreiben im Frühjahr entstehen zunächst einige bandförmige Wasserblätter, dann einige langgestielte Schwimmblätter und schließlich die charakteristischen, über das

Krauses Laichkraut

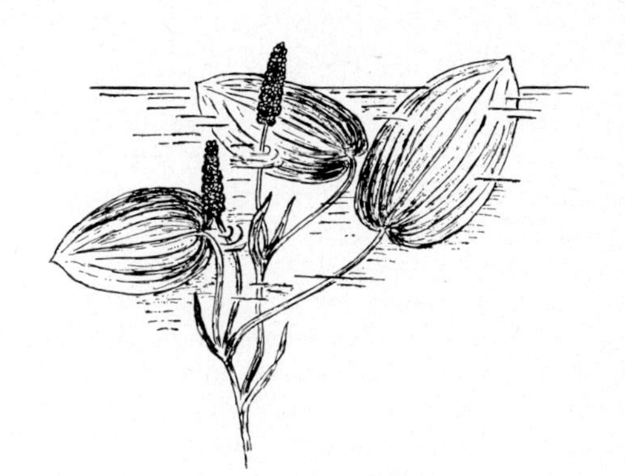

Schwimmendes Laichkraut

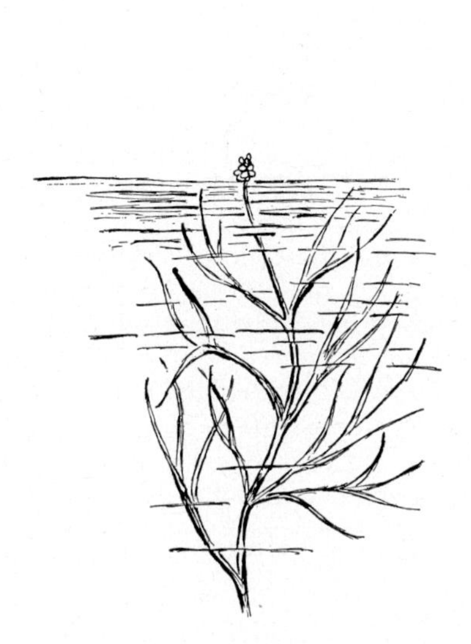

Feines Laichkraut

Ähriges Tausendblatt

Wasser herausragenden, pfeilförmigen Blätter. Die Beseitigung zu groß gewordener Bestände fällt nicht schwer.

Froschlöffel (Alisma plantago) mit eiförmigen, aufrechtstehenden Blättern, an den hohen Rispen kleine weißliche oder rötliche Blüten.

Wasserknöterich (Polygonum amphibium) mit rosa gefärbten, walzenförmigen Blütenständen und Schwimmblättern. Er lebt amphibisch, also nicht nur im Wasser, sondern auch auf dem Land. Dies kann man bei einer Trockenlegung des Teiches leicht feststellen. Die keimfähig gebliebenen Samen schlagen aus, und die jungen Pflanzen überwuchern den ganzen Teichboden. Ein Verwandter ist der Ackerknöterich.

Wasserhahnenfuß (Ranunculus spec.), dessen weiße Blüten bei massenhaftem Vorkommen von weitem wie Schnee erscheinen.

Laichkräuter (Potamogeton spec.) in verschiedenen Arten (Schwimmendes, Krauses, Durchwachsenes usw.). Alle Laichkräuter haben dieselbe Blütenform. Es sind kurze, unscheinbare Ähren, die aus dem Wasser ragen.

Unangenehm ist das *Feine Laichkraut* (Potamogeton pectinatus), auch kammförmiges genannt. In gutgedüngten Teichen wird es mit der Zeit zur vorherrschenden Pflanze. Es stirbt wohl im Juli mit als erste Unterwasserpflanze ab. Um diese Zeit sind aber die etwa pfefferkorngroßen Samenkörner bereits ausgereift. Wer die Pflanze verspätet mäht – wegen der fadenförmigen Stengel und Blätter fällt dies nicht leicht – oder gar glaubt, dies wäre überhaupt nicht notwendig, irrt sich. Er braucht sich nicht darüber zu wundern, wenn diese Pflanze im nächsten Jahr noch mehr wuchert und der Karpfen ihre Bestände meidet.

Das zarte *Tausendblatt* (Myriophyllum spec.) besitzt quirlförmig angeordnete, fein zerteilte Blätter. Die zierlichen Blütenähren ragen über das Wasser.

Wasserfenchel (Oenanthe aquatica), Roßkümmel, kenntlich an dem hohen, dicken und verästelten Stengel, den feingefiederten Blättern und weißen Schirmblüten. Er erscheint zumeist nach einer Teichsömmerung.

Die Weiße *Seerose* (Nymphae alba) und die Gelbe *Teichrose* (Nuphar luteum) kommen nur in Weihern vor, die ständig unter Wasser stehen, da die armstarken Wurzelstöcke gegen Frost sehr empfindlich sind.

Die weichen Wasserpflanzen werden von Insektenlarven gefressen. Dies gilt vor allem für Pflanzen, die nach dem Blühen absterben. Am frühesten ist dies beim Wasserhahnenfuß zu erwarten, der im Mai und Juni blüht. Die Laichkräuter blühen etwas später und sterben erst im Juli und August ab.

Überwasserpflanzen

In Teichen, denen jede Pflege fehlt, geht der Bestand an schwimmenden und untergetauchten Wasserpflanzen sehr schnell zurück. Vom Ufer her vordringend stellen sich Pflanzen ein, die wir unter dem Namen Überwasserpflanzen zusammenfassen.

Rohr (Phragmites communis), kenntlich an den 1–4 m hohen Halmen, an den graugrünen scharfrandigen Blättern und an der grasartigen Blütenrispe.

Schilf, auch Kolbenschilf genannt (Typha spec.), mit den bekannten, kolbenartigen Fruchtständen.

Wasserschwaden (Glyceria maxima), ein Verwandter des Wassergrases, im Gegensatz zu diesem aber rohrartig, mit großer Rispe und mit an der Spitze kappenförmig zusammengezogenen Blättern.

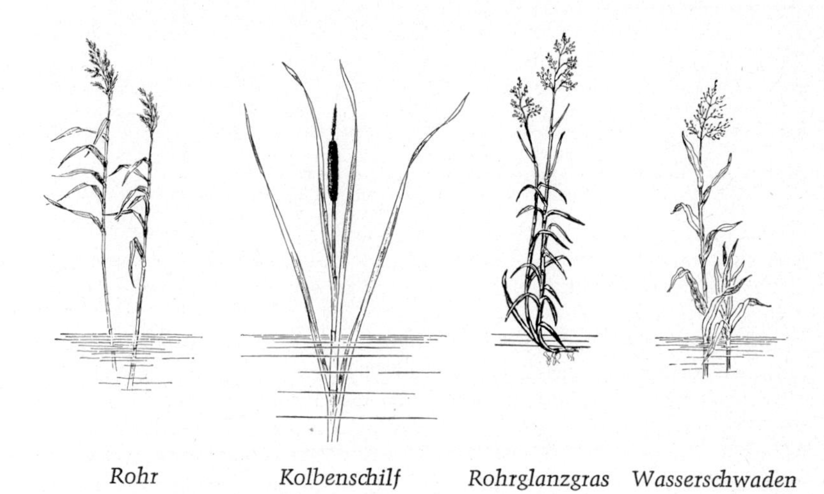

Rohr *Kolbenschilf* *Rohrglanzgras* *Wasserschwaden*

Rohrglanzgras (Phalaris arundinacea), ein volumenreiches Süßgras von sattgrüner Färbung mit großer Blütenrispe. Es wächst weniger im Wasser, sondern mehr an den Ufern. Als natürlicher Schutz der Dämme ist er deshalb gut geeignet.

Kalmus (Acorus calamus), kenntlich an seinem würzigen Geruch. Er wächst ebenfalls nur an Teichrändern.

Teichbinse (Juncus spec.), zu erkennen an den 1—1½ m hohen runden Stengeln, deren Inneres aus einem Gewebe von Luftkanälen besteht.

Die Überwasserpflanzen entziehen dem Teich Nährstoffc, tragen aber nichts zu dessen Ertragsfähigkeit bei, sondern wirken sich sogar schädlich aus. Mit ihren Wurzelstöcken und den sich schwer zersetzenden oberirdischen Teilen überlagern sie den Teichboden gleich einem Panzer und hindern die biologischen Wechselbeziehungen zwischen Boden und Wasser.

Mit dem »Altern« des Gewässers finden auch diese Pflanzen nicht mehr die ihnen zusagenden Lebensbedingungen. Es stellen sich an den Ufern noch typischere Verlandungspflanzen ein, die Riedgräser und Simsen (Scirpus lacustris bzw. Heleocharis palustris). Die Riedgräser (Seggen) erkennt man an ihren meist sehr scharfen, dreikantigen Stengeln und schneidenden Blatträndern. Ihre Wurzeln bilden mit der Zeit einen dichten Filz, dem nur schwer beizukommen ist. Besonders charakteristisch für verwahrloste Teiche ist die Steife Segge, deren Horste wir unter dem Namen »Pfauden« oder »Kaupen« kennen.

Bei sauren Böden zeigt sich als weiterer typischer Vertreter verwahrloster Teiche der *Sumpfschachtelhalm* (Equisetum spec.). Der Stengel besteht aus mehreren Gliedern (senkrecht gestellten Schachteln), die sich leicht auseinanderreißen lassen. Durch Kalken und gründliches Trockenlegen des Teichbodens ist die an sich tiefwurzelnde Pflanze mühelos auszurotten.

Schwer bekämpfbare Wasserpflanzen

Fadenalge, Armleuchter, Wasserpest, Wasserlinse und Zwergbinse lassen sich nicht mit den üblichen Mitteln (Abmähen unter Wasser) bekämpfen, weshalb sie hier abschließend in einem eigenen Kapitel behandelt werden.

Die *Fadenalge* in ihren verschiedenen Arten ist bei allen Fischzüchtern besonders verhaßt. Sie wächst bei gutem Licht sehr schnell und überzieht mit ihren feinen Fäden den ganzen Boden. Bei Erwärmung des Wassers lösen sie sich vom Boden ab, und an der Oberfläche zeigen sich watteartige grüne Fladen, die mit der Zeit gelb bis braun werden. Sind größere Fische im Weiher, die das Wasser trüben, so kommt die Fadenalge kaum zum Wachsen. Sie findet sich dann höchstens an quelligen Stellen, die der Karpfen zunächst meidet.

Nicht so häufig als die Fadenalge tritt die *Netzalge* (Hydrodictyon) auf. Sie ist aber fast noch unangenehmer als die Fadenalge. Die Fäden hängen in der Weise zusammen, daß sie ein Netz bilden, dessen Maschenweite 1 cm und mehr betragen kann. Wie die Fadenalge bildet sich die Netzalge auf dem Gewässerboden. Der beim Assimilieren ausgeschiedene Sauerstoff bleibt in kleinen Bläschen an den Fäden hängen und trägt die Pflanze an die Oberfläche. Während der Nacht kann sie wieder in tiefere Schichten absinken.

Am schädlichsten sind Fadenalge und Netzalge in Aufzucht-, insbesondere in Vorstreckteichen. Sie behindern die Entwicklung der Kleinalgen, die gerade für die Ernährung des tierischen Planktons, der Hauptnahrung der Jungfische, von ausschlaggebender Bedeutung sind. Ein weiterer Nachteil: die Brut verstrickt sich in den feinen Fäden. Da Kleinfische das Wasser kaum zu trüben vermögen, könnte man sich in kleineren Teichen durch Aufwühlen des Bodens helfen. Viel ist aber damit nicht auszurichten. Man hat auch schon versucht durch Streuen von Superphosphat (300—600 kg/ha) das Wasser zu enthärten und der Pflanze die Voraussetzungen für ihr Wachstum zu entziehen.

Ein altbewährtes Mittel, um Fadenalgen zu vernichten, ist angeblich die Anwendung von Kupfersulfat. Als Dosis werden empfohlen:

12 kg/ha in 3 Gaben, erste Gabe zwischen Mitte bis Ende Mai, zweite Gabe zwischen Mitte bis Ende Juni, dritte Gabe zwischen Mitte bis Ende Juli. Das Mittel ist vorher im Wasser zu lösen und über die Wasseroberfläche zu versprühen. Seine Wirksamkeit ist jedoch nach Mitteilung von G. Keiz beschränkt. Generell bilden sich nämlich im alkalischen pH-Bereich, namentlich in Gegenwart von gelöstem CO_2 bzw. Salzen der Kohlensäure aus dem wasserlöslichen Kupfersulfat wasserunlösliche Kupferverbindungen, die unwirksam sind.

Dem Teichwirt machen bisweilen die *Armleuchtergewächse* (Chara spec.) zu schaffen. Sie gehören zur großen Gruppe der Algen, gleichen aber in ihrem Aussehen höher organisierten Pflanzen. Die einzelnen Stengelstücke haben Ähnlichkeit mit den Armen eines Leuchters. Stirbt die Pflanze ab, so zerfällt sie wegen des reichlich eingelagerten Kalks zu weißem, mehlartigem Staub. Sie gedeiht nur in hartem, also kalkhaltigem Wasser. Es ist deshalb sehr wohl möglich, daß eine Kalkung des Teiches ihr Wachstum fördert.

Ähnlich der Wasserpest vermögen auch Armleuchtergewächse den Teichboden völlig zu überwuchern. Der Karpfen geht ihnen aus dem Weg, da sie offenbar für ihn sehr unangenehm riechen. Man findet den Armleuchter nur in kalten, nicht aber in warmen Teichen. Sie entwickeln sich deshalb vor allem in Teichen, denen ein Übermaß an Quellwasser zufließt, wie es z. B. in Winterungen der Fall sein kann, oder in tiefen Teichen, deren Wasser sich in kalten Sommern zu wenig erwärmt. Eine Trockenlegung des Weihers verspricht daher vor allem während des Sommers Erfolg, nicht aber während des Winters. Sogar ein heißer Sommer, in dem sich das Wasser übermäßig erwärmt, kann zur völligen Vernichtung führen.

Die *Wasserpest* (Elodea canadensis) ist eine der unangenehmsten Wasserpflanzen. Wir können sie leicht an den drei Blättchen erkennen, die jeweils im Quirl um den Stengel stehen. Ihre Heimat ist Kanada. Sie vermehrt sich bei uns nur durch Stecklinge, wuchert aber im Laufe eines Sommers oft derart, daß der im Herbst abgelassene Weiher mehr einer grünen Wiese gleicht. Selbst der Winter setzt ihrem Wachstum keine Grenzen. So plötzlich wie die Pflanze auftaucht, bleibt sie aber auch aus, wenn ihr die Lebensverhältnisse anscheinend wegen eines mangelnden Spurennährstoffes nicht mehr zusagen.

Neuerdings tritt auch eine im Mississippibecken heimische *Wasserpest* (Elodea nuttallii) auf. Gegenüber ihrer kanadischen Schwester erreicht sie eine Länge bis zu 2,5 m. Die Blättchen sind hellgrün, zudem schmaler und spitz zulaufend.

Seitdem die Weiher regelmäßig gekalkt werden, sind der Wasserpest ebenso wie anderen untergetauchten Wasserpflanzen bessere Lebensbedingungen geboten. Da die Wasserpest beim Assimilieren Kalklauge zurückläßt, sucht ihr der Karpfen auszuweichen. Er gründelt nicht, wo sie wächst. Die dadurch ausbleibende Trübung des Wassers kommt der

Pflanze weiter zustatten. Sie füllt schließlich mit ihren Massen den ganzen Wasserraum aus. Es ist deshalb nicht verwunderlich, wenn Teiche, in denen die Wasserpest wuchert, im Ertrag zu wünschen übrig lassen, ja es kann passieren, daß die Karpfen nicht ein Gramm zugenommen haben. Weiter ist bekannt, daß mit dem Abmähen der Wasserpest unter Wasser nichts auszurichten ist. Die kleinsten Stengelstücke wachsen sofort wieder zu neuen Pflanzen heran.

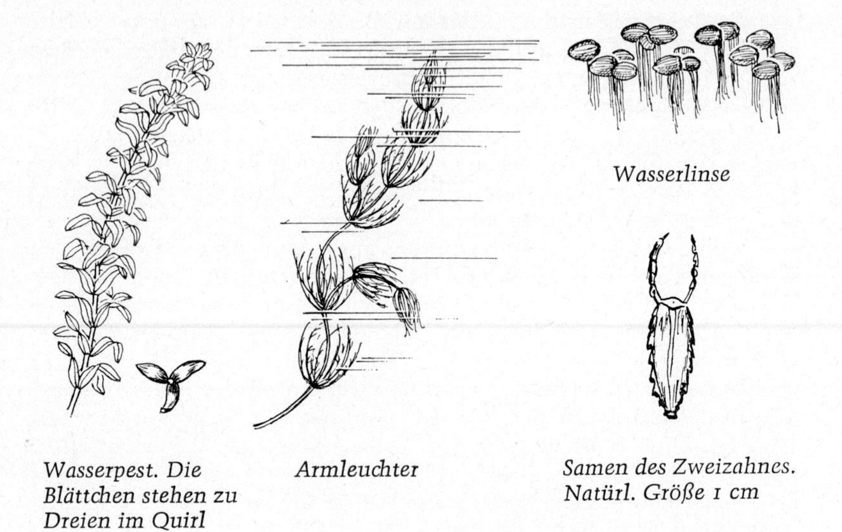

Wasserlinse

Wasserpest. Die Blättchen stehen zu Dreien im Quirl

Armleuchter

Samen des Zweizahnes. Natürl. Größe 1 cm

In Teichen, die regelmäßig und gründlich den Winter über trocken liegen, ist Wasserpest ein seltener Gast; ist sie doch gegen Frost außerordentlich empfindlich. Sie wächst aber in unter Wasser stehenden Teichen auch den Winter über weiter. Wir finden sie deshalb vornehmlich in Himmelsteichen, die frühzeitig, oft schon im Herbst, bespannt werden, um das aus anderen Teichen abfließende Wasser aufzufangen. In Winterungen reichert die Wasserpest zwar bei Klareis das Wasser mit Sauerstoff an. Ist ihr aber das Licht durch eine dicke Schnee- oder trübe Eisschicht entzogen, so gehen die Massen in Fäulnis über. Der Sauerstoff des Wassers wird aufgebraucht, und die Fische ersticken.

Stengel und Blätter der Wasserpest sind wohl frostempfindlich, nicht dagegen die eiförmigen, 4 bis 5 mm langen und 1,5 bis 2 mm dicken Winterknospen. Sie sollen sogar Fröste bis zu -22 °C überstehen. Man darf sich also nicht dadurch täuschen lassen, daß die oberirdischen Pflanzenteile beim ersten Reif abgestorben sein können. Als Faustregel kann gelten: Ist der Teichboden derart gefroren, daß man beim Begehen nicht einsinkt, kann auch eine Vernichtung der Winterknospen angenommen werden, besonders, wenn durch Ziehen von Gräben das Wasser abgeleitet ist und der Frost tief in die Teichkrume einzudringen vermag. Man sollte sich aber auf die Wirkung des Frostes nicht allein verlassen, sondern gefährdete Teiche im nächsten Frühjahr mit großen K_2, auch mit Schleien besetzen, die das Wasser nachhaltig trüben und den Unterwasserpflanzen das Licht entziehen. Dem Wuchern der Wasser-

Entenhaltung auf Teichen als Nebennutzung

pest wird nur zu oft dadurch Vorschub geleistet, daß nicht rechtzeitig der Besatz von jüngeren auf ältere Tiere umgestellt wird. Man sollte weiter nicht versäumen, den Teich vor seiner Bespannung nach einzelnen Pflanzen abzusuchen. Schließlich wäre in besonders hartnäckigen Fällen sogar eine Sömmerung des Weihers anzuraten.

Auf Teichen, die windgeschützt liegen, stellt sich leicht die *Wasserlinse* (Lemna spec.) ein. Wir finden sie deshalb häufig in Dorfteichen, zumal wenn organische Abwässer zufließen, und noch häufiger in Abwasserteichen. Meist ist die gesamte Oberfläche überwuchert. Die normalen Lebensvorgänge sind gestört, da die grüne Decke den Lichteintritt behindert. Der Sauerstoff nimmt ab, es besteht die Gefahr, daß Fische ersticken. Man muß vor allem die Bedingungen, die das Wuchern der Wasserlinse begünstigen, zu ändern suchen. So ist der Zufluß von Abwässern abzustellen. Schilf, Hecken und Bäume sind zu entfernen, falls sie in der Hauptwindrichtung stehen. Nur zu oft bleibt nichts anderes übrig, als die Wasserlinsen laufend abzuschöpfen. Man wartet, bis sie der Wind in eine Ecke des Weihers zusammentreibt, oder man schiebt sie mit Schwimmbalken zusammen. Oft bietet sich auch die Möglichkeit des Abschwemmens über das oberste Staubrett im Mönch.

Unter Umständen ist die Haltung von Enten zu empfehlen. Daß sich die Ente gerne von Wasserlinsen ernährt, geht schon aus dem Namen Entengrütze hervor. Es werden 50 Stück je ha gesetzt und nach 2¹/₂ Monaten, wenn sie schlachtreif sind, durch neue ersetzt. Eine Zufütterung ist nur dann geboten, wenn der Teich frei von Linsen ist. Ein weiterer Vorteil: die Exkremente düngen das Wasser. Damit die Enten einerseits nicht entweichen können, andererseits vor Raubtieren geschützt sind, kann es notwendig sein, den Teich mit Maschendraht zu umzäunen. Eine Fischhaltung, planmäßig kombiniert mit Entenhaltung, möchten wir wegen der daraus sich ergebenden Überdüngung des Teiches nicht empfehlen, es sei denn, man räumt den Enten nur einen Teil des Teiches zum Putzen ihres Gefieders ein.

Die Enten stellen als Allesfresser auch kleineren Fischen nach. Ferner schädigen sie beim Gründeln die Böschungen, die deshalb befestigt sein sollten.

Die *Zwergbinse* (Trichophorum), die nur handhoch wird und vielfach auch als Haargras bezeichnet wird, wuchert rasenartig meist auf sterilen Böden, in denen der Karpfen keine Nahrung findet. Mit dem Abmähen ist nicht viel ausgerichtet. Das beste Gegenmittel ist das Auflockern des Bodens im Herbst und Düngen mit Mist oder Kompost.

Erwähnenswert ist noch der *Zweizahn* (Bidens tripartitus), der an den Ufern der Weiher anzutreffen ist. Er fällt dem Teichwirt durch seine Samen auf, die sich mit ihren Zacken (davon der Name) an den Kleidern festhängen und in Franken unter dem Namen »Bubenläuse« bekannt sind. Nur zu oft findet man Fische, deren Kiemen durch festsitzende Zweizähne entzündet sind. Es ist deshalb gut, die Pflanzen wenigstens an den Winterungen rechtzeitig zu entfernen, um ein Ausfallen der Samen in das Wasser zu verhüten.

Pflanzen, die dem Teichwirt lästig fallen, lassen sich ähnlich wie in der Landwirtschaft auf einfachere Art mit Kalkstickstoff und Herbiziden bekämpfen, neuerdings am einfachsten mit den aus Ostasien stammenden pflanzenfressenden Fischen.

5 Nahrung des Karpfens

Der Karpfen ist ein Allesfresser. Seine Hauptnahrung bilden kleinere, im Wasser lebende Tiere. Er frißt aber auch Wasserpflanzen, insbesondere deren Samen, sowie vom Menschen gebotene Nahrungsmittel (Abfälle aus Schlächtereien, insbesondere Blut, dann Getreide, Hülsenfrüchte, Kartoffeln, Brot usw.). Die Nahrung des Karpfens wird meist in vier Gruppen eingeteilt:

1. Schwebetiere, das sogenannte tierische Plankton (Zooplankton), das sind in der Hauptsache frei im Wasser schwebende und schwimmende Kleinkrebse,
2. Insekten. Es handelt sich vor allem um Insektenlarven, die auf Wasserpflanzen und auf dem Boden des Weihers leben,
3. Bodentiere, die sich im Boden des Teiches aufhalten,
4. pflanzliche Stoffe.

Schwebetiere

Streifen wir mit einem aus feinem Stoffgewebe (Mull) gefertigten Kescher einige Male im Wasser hin und her und leeren den Inhalt des Kescherbeutels in ein Glas mit Wasser, so erkennen wir im Wasser schwimmende und schwebende Tiere. Man faßt sie unter dem Namen tierisches Plankton (Zooplankton) zusammen. Das pflanzliche Plankton (Phytoplankton) wurde bereits erwähnt. In einem frisch bespannten Teich treten in gesetzmäßiger Reihenfolge bestimmte Wassertiere auf. Zunächst sind es die Rädertiere, winzig kleine Lebewesen, die das Wasser lediglich trüben. Das Mikroskop zeigt uns kleine, kaum einige Zehntelmillimeter große Tierchen. Auffallend ist am Vorderende des Körpers ein Kranz von lebhaft sich bewegenden Wimpern, mit denen sie sich im Wasser fortbewegen. Wegen ihrer geringen Größe und relativen Unbeweglichkeit sind sie für die Karpfen in den ersten Lebenstagen eine wichtige Nahrung.

Schon nach kurzer Zeit kommen Hüpferlinge hinzu. Ihr Name rührt daher, daß sie sich ruckweise im Wasser fortbewegen. Die Hüpferlinge gehören wie die Wasserflöhe zu der Gruppe der Krebse, deren größter Vertreter in unserer heimischen Tierwelt der Flußkrebs ist. Von den Hüpferlingen sind für uns zwei Gattungen wichtig, Cyclops und Diaptomus. Gleichzeitig mit den Hüpferlingen oder kurze Zeit darauf treten die Wasserflöhe auf. Es gibt sehr viele Kleinkrebsarten. Zu den kleinsten zählen die Rüsselkrebschen (Bosmina) und die Linsenkrebse (Chydorus). Je größer die Wasserflöhe, desto nahrhafter sind sie und desto lieber frißt sie der Karpfen. Die wichtigsten Vertreter sind Daphnia pulex und Daphnia longispina.

Die erste Generation der Wasserflöhe schlüpft im Frühjahr aus hartschaligen Wintereiern. Ihre Hauptnahrung sind Schwebalgen, von de-

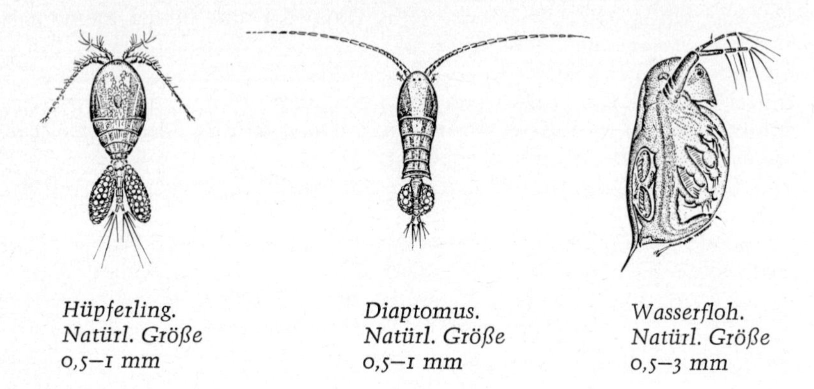

Hüpferling. Natürl. Größe 0,5–1 mm — *Diaptomus. Natürl. Größe 0,5–1 mm* — *Wasserfloh. Natürl. Größe 0,5–3 mm*

nen sie derartige Mengen aufnehmen, daß ihr Körper grün erscheinen kann. Sie vermehren sich außerordentlich rasch, entstehen doch zunächst durch Jungfernzeugung aus den Eiern nur weibliche Tiere. Erst später, wenn sich die Lebensbedingungen verschlechtern, entwickeln sich aus den Eiern Weibchen und Männchen. Die Weibchen bilden dann in ihrem Brutraum nur noch je ein Ei, das sogenannte Winter- oder Dauerei, das befruchtet wird. Dieses Ei ist äußerst fest gebaut und kann alle Unbilden des Winters, selbst ein Austrocknen des Weihers überstehen.

Insekten und andere Tiere

Hat die Entwicklung des Planktons Ende Juni den Höhepunkt überschritten, so ist in einem guten Weiher der Tisch des Karpfens bereits auf andere Weise reichlich gedeckt. Wie aus dem vorigen Kapitel bekannt, sterben die weichen Wasserpflanzen ab Juli nach und nach ab, und auf den faulenden Pflanzenmassen siedeln sich Insektenlarven, insbesondere die Larven der Zuckmücken (Chironomiden) an. Es gibt viele Arten. Die wurmähnlichen Larven haben weißliche, grünliche, rötliche oder bräunliche Färbung und sind ca. 0,5 cm lang und größer. Die Zuckmücke, eine nahe Verwandte der Stechmücke, hat keinen Stechrüssel. Sie trägt ihren Namen nach ihrem sonderbaren Verhalten beim Ausruhen. Sie zuckt dabei ständig mit den

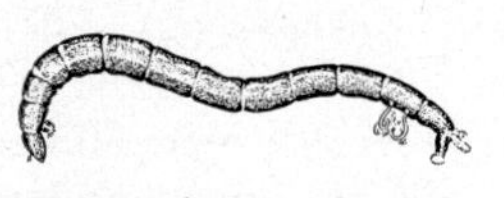

Larve der Zuckmücke. Nat. Größe 0,5–2 cm

Vorderbeinen. In welch unermeßlicher Zahl Zuckmücken als Larven im Wasser leben, darauf weisen die Schwärme von Mücken hin, die uns an warmen Sommerabenden als Wolken oder Rauchfahnen auffallen.

Sehen wir uns an solchen Tagen an den Teichen um, so können wir unschwer leere Puppenhüllen finden, oder beobachten, wie aus einer an

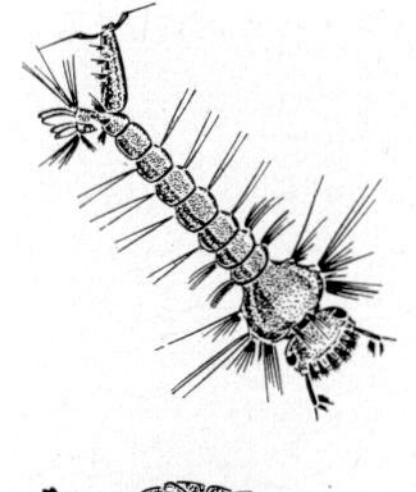

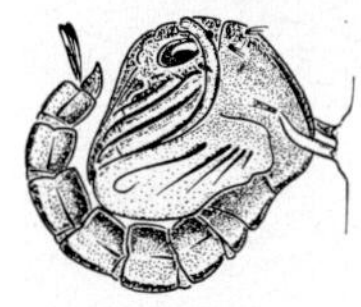

Larve und Puppe der Stechmücke. Natürl. Größe 1–2 cm

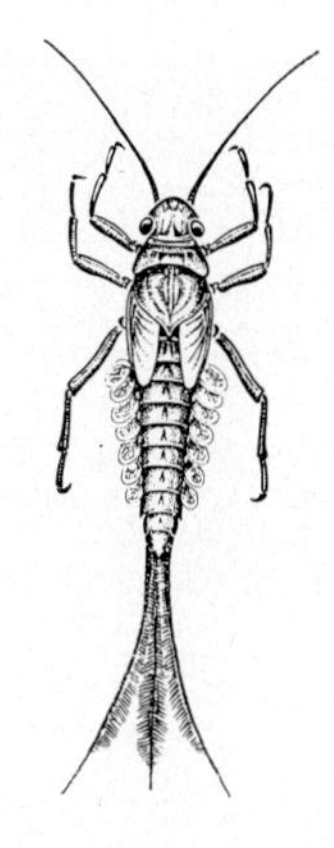

Larve der Eintagsfliege. Natürl. Größe 1–5 cm

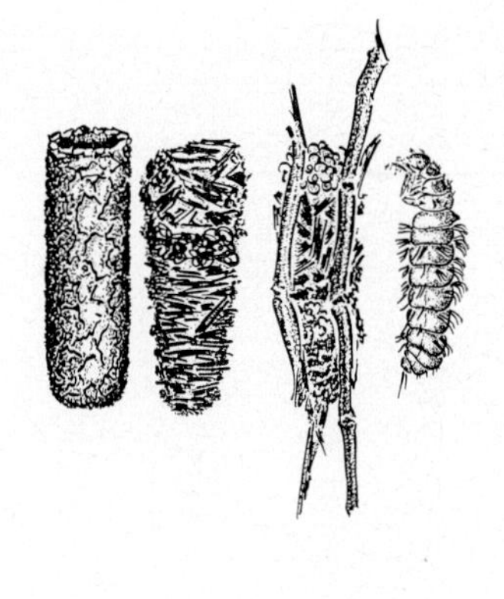

Köcher verschiedener Arten der Köcherfliegenlarve und eine Larve (rechts außen)

die Oberfläche des Wassers kommenden Puppe das fertige Insekt ausschlüpft und sich in die Luft erhebt.

Zu den im Wasser schwebenden Tieren rechnet noch die Larve der *Büschelmücke* (Corethra plumicornis). Sie fällt nur einem geübten Auge auf, da sie fast ganz durchsichtig ist. Die waagerecht im Wasser liegende Larve nährt sich von Kleinkrebsen.

Die Larve der *Stechmücke* (Schnake) ist leicht daran zu erkennen, daß sie von der Wasseroberfläche, an der sie mit ihrem Hinterleib luftatmend hängt, mit purzelnden Bewegungen ins Wasser taucht. Die Larve der *Eintagsfliege* ist kenntlich an drei langen Schwanzborsten. Während sich das Tier als fliegendes Insekt kaum einige Tage des Lebens erfreut, lebt es als Larve zwei bis drei Jahre auf dem Grunde der Gewässer. Die Larve der *Köcherfliege* nährt sich von gröberen Pflanzenteilen und bildet zum Schutz ihres Körpers ein Gehäuse aus kleinen Steinen oder Überresten von Pflanzen.

Aus der Gruppe der Weichtiere kommen als Nahrung schließlich die *Schnecken* und *Muscheln* in Betracht.

Daß der Karpfen auch *Wirbeltiere* frißt, ist allgemein bekannt. Warum sollten in einem überbesetzten Teich größere Karpfen ihre kleineren und kleinsten Artgenossen verschmähen, wenn größere Karpfen sogar an Molche (Salamander) herangehen und sich in Schaubecken mit kleinen Weißfischen füttern lassen.

Die *Luftnahrung* spielt für den Karpfen bei weitem nicht die Rolle wie für die Forelle. Es ist verständlich, daß er das eine oder andere Tier

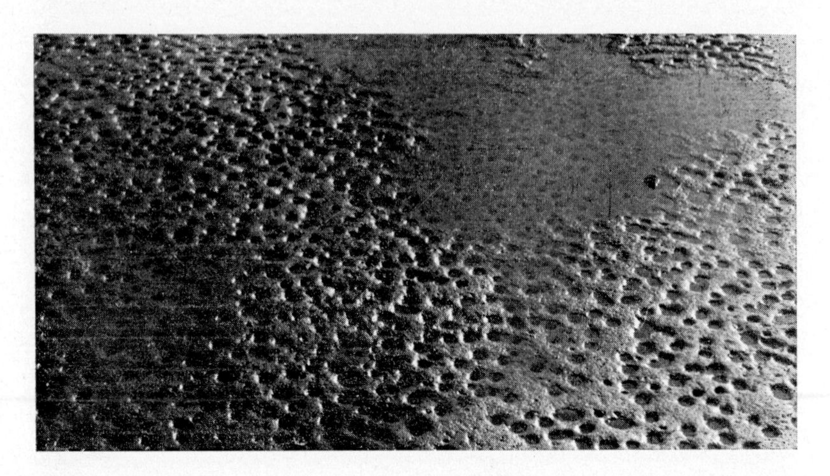

Sandige Teichböden weisen im Herbst trichterförmige Vertiefungen auf. Sie sind ein Beweis für das Durchwühlen des Teichbodens. Die Größe der Trichter läßt sogar einen Schluß auf die Größe der Karpfen zu

nimmt, das sich an der Wasseroberfläche zeigt. Ähnlich wie die Forelle springt er dazu sogar aus dem Wasser, wie es an warmen Sommerabenden zu beobachten ist. Das Springen kann aber auch als ein Ausdruck des Wohlbefindens oder des Unbehagens gedeutet werden.

Bodentiere

Gegen den Herbst zu nährt sich der Karpfen hauptsächlich von der Bodennahrung. Die wichtigste ist die rote Zuckmückenlarve, *Chironomus plumosus.* Sie wird 2 cm lang und ist wegen ihrer blutroten Farbe wohl schon den meisten Teichwirten aufgefallen. Der *Schlammröhrenwurm* (Tubifex), der ebenfalls sehr begehrt ist, zeigt sich häufig in Dorfteichen, z. B. an der Einmündung von Gräben, die Abwasser führen. Die Würmchen, die aus dem Boden hervorragen und mit ihrem fadenförmigen, roten Körper schwingende Bewegungen ausführen, gleichen in ihrer Gesamtheit einem roten Rasen. Ihre Nahrung bilden abgestorbene Pflanzen und Tiere, die aufgearbeitet und umgesetzt werden. In ähnlicher Weise lebt auch die rote Zuckmückenlarve. Wie sehr der Karpfen der Bodennahrung nachgeht, kann man noch im Herbst beim Abfischen der Weiher erkennen. Der Boden zeigt kleine trichterförmige Vertiefungen, die durch das »Gründeln« des Karpfens entstanden sind.

Pflanzliche Stoffe

Reste von Pflanzen findet man immer wieder im Karpfendarm. Sie können zufällig beim Fressen von Tieren mit in den Darm geraten. Im zeitigen Frühjahr enthält der Darm meist nur einen Pflanzenbrei. Da tierische Nahrung zunächst kaum zur Verfügung steht, sucht der Karpfen zunächst mit pflanzlicher Kost seine Verdauung wieder in Gang zu bringen. Der Nährwert solcher Pflanzenteile ist jedoch gering. Es gibt einige Wasserpflanzen, deren Samen der Karpfen als Nahrung sucht. Als Allesfresser nimmt er aber auch alle Futtermittel an, die wir ihm zu seiner Ernährung reichen.

6 Teichbau

Allgemeine Grundsätze

Trägt man sich mit der Absicht, ein Grundstück als Teich zu nutzen, so sind folgende Überlegungen anzustellen:

1. Erdarbeiten sind kostspielig. Läßt sich eine Mulde durch Schütten eines Dammes und Aufstauen des Wassers in einen Teich umwandeln, so ist dies die billigste Lösung.
2. Je wärmer das Wasser, desto mehr Naturnahrung entwickelt sich, und desto größer ist die Freßlust des Karpfens. Zu seichte Weiher haben den Nachteil, daß sie sehr schnell zuwachsen. Das Wasser kühlt sich auch rascher ab als in tieferen Teichen.
3. Je geringer das Längsgefälle, desto größer ist die Fläche, die mittels eines Dammes unter Wasser gesetzt werden kann. Bei stärkerem Gefälle ergibt sich zwangsläufig eine Kette von Teichen. Auf völlig ebenem Gelände lassen sich keine ablaßbaren Teiche bauen. Sehr

zu beachten ist: Fremde Grundstücke dürfen durch den Aufstau des Weihers nicht gefährdet und beeinträchtigt werden.

4. Das Wasser muß sich für die Haltung von Fischen eignen. Bedenklich ist eisenhaltiges Wasser. Es ist daran zu erkennen, daß es beim Austreten aus dem Boden in Regenbogenfarben schillert und daß die schillernde Fläche bei Berührung »bricht« und einen rostbraunen Niederschlag absetzt. Wasser aus Mooren und Wäldern, insbesondere aus Nadelwäldern, kann sauer sein. Auch Fabriken können das Wasser in gefährlicher Weise durch Säuren und Laugen verändern. Ein Weiher darf auch nicht zu viel häusliche oder landwirtschaftliche Abwässer erhalten. Besondere Vorsicht ist beim Bau von Teichen unterhalb von Ortschaften geboten. In jedem Falle sollte ein Sachverständiger mit der Überprüfung der Wasserverhältnisse beauftragt werden.
5. Zur Speisung des Weihers muß genügend Wasser zur Verfügung stehen. Um allein die Menge zu ersetzen, die bei einer Wasserfläche von 1 ha im Sommer verdunstet und versickert, ist ein Zufluß von 0,5–1,5 l/s erforderlich. Zum Füllen des Weihers braucht man erheblich mehr. Die Größe eines Weihers muß deshalb der aus dem Einzugsgebiet zu erwartenden Wassermenge angepaßt sein. Teiche, die ober- oder unterhalb bereits bestehen, haben bei der Füllung den Vorrang.

   Teiche mit undurchlässigem Boden benötigen nicht unbedingt einen regelmäßigen Zufluß. Zur Bespannung genügen die Wassermengen, die bei der Schneeschmelze und bei Regengüssen aus dem umliegenden Gelände zufließen (Himmelsweiher). Nach schneearmen Wintern und in regenarmen Sommern kann es in Himmelsteichen an Wasser mangeln.
6. Der Weiherboden muß das Wasser zu halten oder, besser gesagt, zu tragen vermögen. Dies ist um so eher möglich, je mehr ein Weiher auf dem Grundwasser aufsitzt, und desto weniger, je höher sein Wasserspiegel über dem umliegenden Gelände liegt. Weiter ist zu beachten: Unmittelbar seitlich oder unterhalb des Weihers dürfen keine Dränstränge oder undichte Rohrleitungen vorbeiführen.
7. Je zuverlässiger der Wasserstand in heißen Sommern gehalten werden kann, desto sicherer ist der Fischertrag. Es ist deshalb nicht ungewöhnlich, Teiche durch Pumpen von Wasser aus Gewässern oder aus Brunnen aufzufüllen, insbesondere wenn Notstände vorliegen.
8. Steht nach Fertigstellung des Teiches roher Boden an, so läßt der Ertrag so lange zu wünschen übrig, bis sich eine nährstoffreiche Schlammschicht aus der abgestorbenen Kleinlebewelt, aus Zuschwemmungen oder Düngung gebildet hat. Um dem vorzubeugen, sollte zum Schluß guter Boden etwa handhoch obenauf liegen.
9. Der Weiher soll hochwasserfrei liegen. Zwar kann man Hochwasser

um den Weiher oder über den Weiher abführen. Derartige Anlagen erfordern aber erhebliche Aufwendungen, und selbst dann sind bei einem Katastrophenhochwasser schwere Zerstörungen möglich.

10. Die Teichanlage muß sich rentieren. Sie soll nicht nur das Grundstück nach seinem bisherigen Wert, sondern auch die für den Bau aufgewandten Kosten verzinsen.

Planung von Teichen

Der Bau von neuen Teichen, selbst eine wesentliche Änderung eines schon bestehenden (Änderung der Stauhöhe, des Zu- und Abflusses usw.), bedarf der wasserrechtlichen Genehmigung des Landratsamtes. Es ist deshalb ratsam, sich vom Wasserwirtschaftsamt und vom Fischereirat rechtzeitig beraten zu lassen und den Bau auf keinen Fall ohne Genehmigung des Landratsamtes zu beginnen. Unangenehme öffentlich- und privatrechtliche Einsprüche und Entschädigungsansprüche könnten die Folge sein. Das Landratsamt benötigt zum wasserrechtlichen Verfahren: Erläuterung des Vorhabens, Übersichts- und Lageplan, Längs- und Querschnitt, Beteiligtenverzeichnis usw., in drei- bis vierfacher Ausfertigung. Liegen die Pläne vor, so wird das Vorhaben im Amtsblatt mit der Aufforderung ausgeschrieben, Einsprüche innerhalb von einem Monat zu erheben.

Beim Bau mehrerer Teiche ist die Zu- und Ableitung des Wassers wohl zu überlegen. Als Ideal gilt, wenn alle Teiche unabhängig voneinander bespannt und abgelassen werden können. Bei Kettenteichen wird man in der Regel das Wasser auf der einen Seite in einer Rohrleitung zu- und auf der anderen Seite in einem offenen Graben abführen. Um jeden Teich bei Bedarf speisen zu können, ist die Hauptzuleitung durch sogenannte Verteiler in Form eines rechteckigen Schachtes zu unterbrechen, aus dem die Zuleitung zu den einzelnen Teichen abzweigt. Ist bei Kettenteichen eine getrennte Wasserzu- und -ableitung nicht möglich, so sollte wenigstens der Staubereich des unterliegenden Teiches sich nicht bis in den des oberen erstrecken.

Das Wasser soll den Teich möglichst diagonal durchströmen. Es ist also in einer oberen Ecke zu- und in der gegenüberliegenden unteren Ecke abzuführen. Einzelheiten, insbesondere über den Durchmesser der Rohre sind dem beigefügten Plan zu entnehmen.

Dem Anfänger wird dringend geraten, sich bei anderen Teichwirten nach der zweckmäßigen Ausführung der von ihm geplanten Anlage umzusehen. Gleiches gilt für den Fertiger des Planes, falls ihm Erfahrungen im Weiherbau fehlen sollten.

Als Grundlage des abgebildeten Planes diente ein Betrieb, der erst in den letzten Jahren geschaffen wurde. Hans Beck in Rottnersdorf bei Bechhofen, 20 km südwestlich von Ansbach übernahm im Jahre 1957 einen landwirtschaftlichen Betrieb mit 10 ha und einen Mühlweiher mit 4 ha, der bis auf eine Fläche von etwa 1 ha verlandet war und dessen Ertrag zwischen 200–300 kg schwankte. Die Mühle war längst außer Betrieb.

Im Rahmen des Weiherprogrammes der Teichgenossenschaft Bechhofen, das 1959–1960 lief, wurden aus dem ehemaligen Mühlweiher 3 neue Teiche geschaffen. Auf diese Weise ließen sich die Verlandungen, bestehend aus den torfartigen Zersetzungen der Wasserpflanzen, am leichtesten und auch am zweckmäßigsten unterbringen, ohne die Reichweite des Baggers mit etwa 25 m zu überfordern. Ein Umlauf, bestehend aus dem Altbach war bereits vorhanden, und es war lediglich notwendig, den Zulauf mit einzuplanen. Es kann also jeder Teich für sich gespeist und abgelassen werden. Allerdings sind die neu geschütteten Dämme infolge des verwendeten Materials etwas durchlässig. Dies ist im vorliegenden Fall kaum von Nachteil, denn der Wasserspiegel aller 3 Teiche liegt so hoch wie der des ehemaligen Mühlweihers. Weiter war notwendig, zur Bewirtschaftung der geschaffenen 3 Abwachsteiche noch die nötigen Aufzucht- und Winterteiche im Verlauf weiterer Jahre zu bauen. Da das Speisungswasser durch eine oberhalb liegende Ortschaft etwas belastet wird, ist in Notfällen bereits vorgesehen, die Aufzucht- und Winterteiche durch Pumpen von Grundwasser zu speisen.

Abwachs des ehemaligen Mühlweihers 1000–1200 kg/ha, davon reiner Zuwachs 800–900 kg/ha.

Die Teichfläche

Steht kein Techniker für das Nivellement zur Verfügung, so kann man sich in folgender Weise helfen: Man setzt zwei Pfähle in der Nähe der künftigen Ablaufrinne mit einem Abstand von 2 m derart, daß ihre Köpfe die angenommene Wasserhöhe bezeichnen. Auflegen einer Richtlatte sowie einer Wasserwaage und Ausgleichen dieser Pfähle, bis die Köpfe genau in einer Ebene liegen! Hierauf visiert man über die Richtlatte. Die Stelle, an der das Auge den Boden trifft, wird noch vom Wasser berührt werden. Man kennzeichnet diese Stelle durch einen Pfahl. In gleicher Weise verfährt man beim Einmessen weiterer Punkte.

Für den Bau eines Weihers gelten folgende Maße als Regel: Mindesttiefe an den Rändern etwa 80 cm, Höchsttiefe am Ablauf 1,5–2 m, Sohlengefälle in der Längsrichtung 0,3–1 %. Das Längsgefälle soll aber nicht gleichmäßig sein, sondern gegen den Ablauf hin zunehmen, insbesondere bei größeren Teichen. Bei kleineren (bis zu 1 ha) genügt eine Mindesttiefe von 80 cm und eine Höchsttiefe von 1–1,5 m.

Neuerdings neigt man dazu, intensiv bewirtschaftete Teiche sogar noch tiefer zu machen; ist doch der Zuwachs je ha nicht nur von der bespannten Fläche, sondern mit vom Wasserraum abhängig.

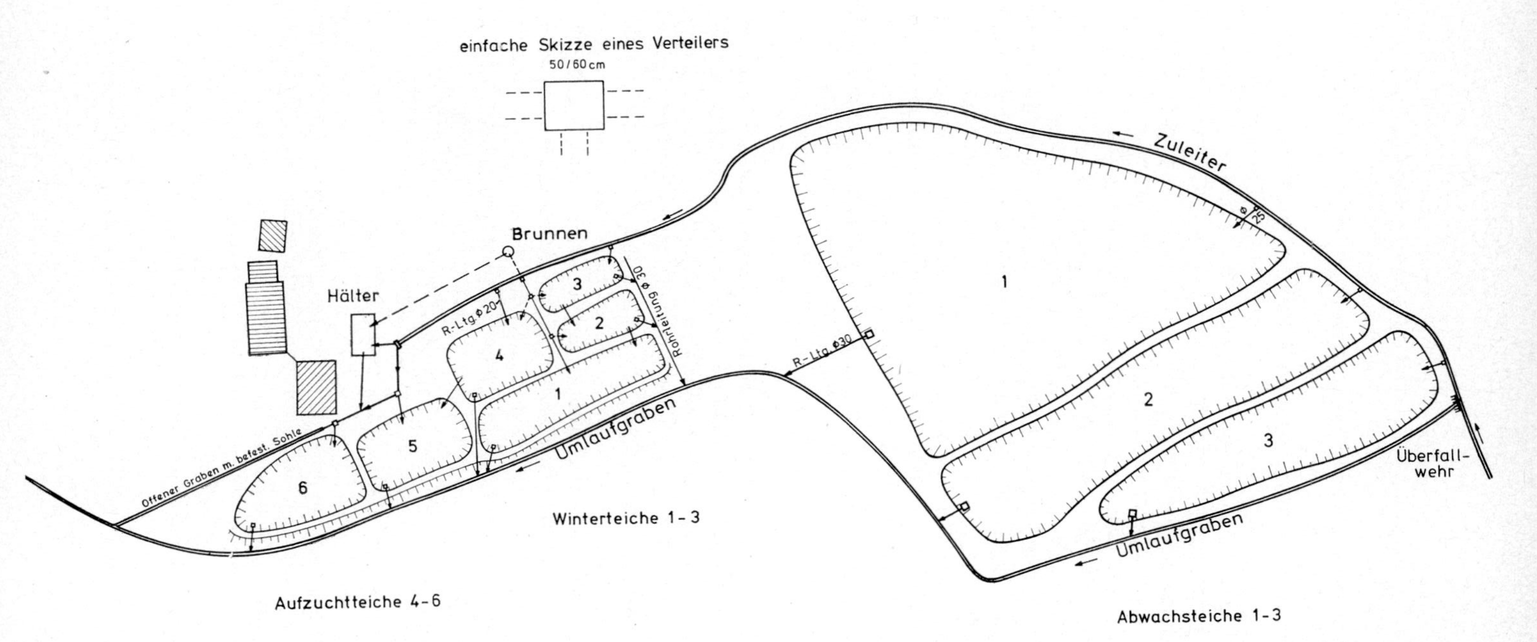

Teichwirtschaftlicher Betrieb (5 ha), bestehend aus Aufzucht-, Abwachs- und Winterteichen

Eine Mindesttiefe von 80 cm an den Rändern ist erwünscht, damit bei sinkendem Wasserstand nicht Teile des Weihers vorzeitig trocken fallen, wie es besonders bei Himmelsteichen möglich ist. Je mehr Wasser für den Sommer gespeichert werden kann, desto eher reicht es bis zum Herbst.

Diese Ausführungen dürfen allerdings nicht in der Weise verstanden werden, nun die Weiher möglichst tief zu machen. Es ist lediglich abzuwägen, wie die beiden Forderungen an das Wasser: hinreichende Erwärmung und ausreichende Menge, in Einklang gebracht werden können. Ist ein Mönch als Ablaufvorrichtung vorhanden, so macht es selbst bei größerem Wasserfassungsvermögen eines Weihers keine Schwierigkeiten, dessen Tiefe den jeweiligen Bedürfnissen anzupassen.

Um die erwünschten Tiefen herzustellen, muß in der Regel an den Rändern und im oberen Teil des Teiches Erdreich abgetragen werden. Wir brauchen es ohnehin zum Schütten des Dammes, weiter zum Auffüllen der angrenzenden Flächen, die bei gestautem Teich unter Nässe zu leiden hätten. Aufgefülltes Land setzt sich, muß also genügend aufgehöht werden. Lassen es die natürlichen Gegebenheiten zu, sollte man bestrebt sein, dem Teich eine möglichst große Fläche einzuräumen. Die Grenzen müssen nicht unbedingt gerade verlaufen. Der Teich ist jedoch so zu gestalten, daß er maschinell gepflegt werden kann. Hierzu gehört auch eine Zufahrt in den Teich, namentlich bei größeren Teichen. Von Vorteil ist es weiter, wenn wenigstens ein Teil der Teichränder befahrbar ist.

Wie die Erdbewegungen durchzuführen sind, geht aus dem Längs- und Querschnitt des Regelplanes hervor. Zu beachten ist: Nach der Fertigstellung des Teiches sollte möglichst überall guter Boden obenauf liegen, also auf der Teichsohle, den Dämmen und den Randflächen. Gegebenenfalls sollte sich auch ein Angrenzer mit der Auffüllung der Randflächen einverstanden erklären. Aufgefüllte Flächen sind fruchtbarer, dazu kommt ein leichter Einsatz landwirtschaftlicher Maschinen.

Falls die Gegebenheiten es erlauben, kann man die Teiche auch in der Weise bauen, daß die Gräben längs der Teichränder verlaufen. Die Teichfläche gleicht dann mehr einem großen Beet. Läßt sich der Zufluß nicht abstellen, so ist unter Umständen noch ein Graben vorzusehen, der etwa durch die Mitte des Teiches verläuft. Wir haben dann zwei Beete. Diese Bauart hat vor allem den Vorteil, daß sich das Grabenziehen von Hand durch einen geeigneten Bagger ersetzen läßt.

Ist der Untergrund sandig und fehlt eine wassertragende Schicht, muß man mit Wasserverlusten rechnen, auch wenn der Damm gut geschüttet ist und dicht hält. Vielfach dichtet sich der Teichboden von selbst, da Massen an pflanzlichen und tierischen Rückständen die Poren des Teichbodens in verhältnismäßig kurzer Zeit schließen. Eine sachgemäße Düngung des Teiches beschleunigt diesen Prozeß. Ein wirksames Mittel ist weiter das Einbringen einer 20 cm dicken, plastischen, also quellfähigen Lehmschicht, die mittels einer Walze oder eines Stampfers zu verdichten ist. Weist jedoch der Teichboden in einem felsigen Untergrund Klüfte auf, so bleibt solchen Maßnahmen ein Erfolg versagt. Die Klüfte wären festzustellen, mit Beton zu verpressen oder mit plastischem Lehm zu verdichten.

Oft hört man die Frage, ob es sich empfehle, eine *Insel* einzubauen. Bei Teichen inmitten eines Parkes kann es angebracht sein, allein schon, um Wasservögeln eine Unterkunft zu bieten. In normal genutzten Teichen leisten jedoch derartige Inseln der Ansiedlung von Fischfeinden geradezu Vorschub.

Bagger des Fischereiverbandes Mittelfranken beim Bau eines neuen Teiches

Zum Herrichten der Teichfläche gehört weiter das *Ziehen von Gräben.* Wichtig ist vor allem ein Hauptgraben, der annähernd durch die Mitte des Teiches verläuft. Liegt die Teichfläche fast horizontal, so müssen mindestens die Gräben gegen den Ablauf zu fallen.

Der Weiher hat das richtige Gefälle, wenn sich die Fische beim Öffnen der Ablaufrinne mit dem zurückgehenden Wasser an der tiefsten Stelle des Weihers, also vor dem Ablauf, sammeln. Es empfiehlt sich, dort den Hauptgraben zu einer *Fanggrube* (Fischgrube) zu erweitern und diese mit Dielen, Stangen oder noch besser mit Steinen einzufassen.

Größere Erdbewegungen, wie sie der Bau eines Teiches erfordert, werden heutzutage mit einem *Bagger* oder einer *Planierraupe* ausgeführt. Früher verwendete man für den Bau größerer Teiche Rollwagen (Loren) und legte dazu Gleise, bei kleineren nahm man Radkarren, die man auf Dielen schob. Heute ist die geeignetste Maschine ein weitausladender Bagger, selbst wenn das weg- und heranzuschaffende Material mehrmals umgesetzt werden muß. Ist der Untergrund völlig fest und das Wetter trocken, so läßt sich auch eine Planierraupe oder ein Frontlader mit Erfolg benutzen. Man kann auch Bagger und Planierraupe miteinander koppeln und die Planierraupe vor allem zum Einebnen der vom Bagger herausgeschafften Erdmassen verwenden. Dies dürfte gerade bei größeren Bauvorhaben sehr zweckmäßig sein. Die Vor- und Nachteile beider Maschinen sind im Kapitel »Instandsetzung verwahrloster Teiche« näher behandelt.

Der Damm

Ausmaße

Die Herstellung des Teichdammes erfordert besondere Sorgfalt. Zunächst ist es wichtig, den Untergrund zu untersuchen, denn der Damm hält am sichersten dicht, wenn es gelingt, ihn auf einer wasserundurchlässigen Schicht aufzubauen. Größte Vorsicht ist bei Bodenschichten mit einer gleichmäßig großen Kornzusammensetzung (Fließsand!) und bei quelligem Boden geboten.

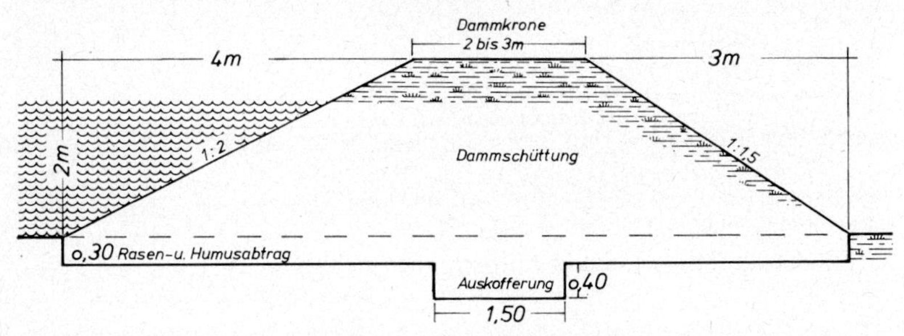

Querschnitt durch einen richtig gebauten Weiherdamm

Die Dammkrone soll selbst bei kleineren Teichen so breit werden, daß darauf gefahren werden kann, also mindestens 2,5 m.

Bei größeren Teichen ist sogar eine Breite von 3 – 6 m erwünscht, um die Dämme mit Maschinen landwirtschaftlich nutzen zu können. Befahrene Dämme halten auch dichter, da sich Ungeziefer nicht so leicht festsetzt.

Die Dammkrone soll nach den gültigen Regeln den Wasserspiegel um 0,5–0,6 m, bei sehr großen Teichen um 1 – 3 m überragen, auch

Die Planierraupe schiebt das Material heran und der Bagger schüttet damit den Damm

Sicherung der Böschung durch Stangen

deshalb, um im Frühjahr Wasser speichern zu können. Überragt die Dammkrone den Wasserspiegel nur um 0,3 m, so fände allerdings der Bisam kaum eine Möglichkeit, sich eine Wohnhöhle einzurichten.

Haben wir die Maße der Dammkrone abgesteckt, so sind noch die

Böschungen festzulegen. Die innere Böschung ist, insbesondere wegen der möglichen Abschwemmung durch Wellenschlag, 2—3malig, die äußere 1½—2malig auszuführen, d. h. die Dammsohle soll nach der Wasserseite die 2—3malige und nach der Landseite die 1½—2malige Dammhöhe aufweisen. Ein Damm, der 2 m hoch und oben 2,5 m breit ist, muß demnach an seinem Fuß mindestens 9,5 m breit sein. Bei kleineren Teichen und bei standfestem Boden genügen etwas geringere Maße. Der Kleinteichwirt legt ohnehin Wert darauf, daß möglichst die ganze zur Verfügung stehende Fläche zu nutzbarer Wasserfläche wird. Die Karpfen suchen auch in den Böschungen nach Nahrung. Wie bei der Haltung von Enten sacken die Ränder der Dammkrone mit der Zeit ab. Steilere Böschungen mit Stangen zu sichern, ist immer noch das Billigste, selbst wenn sie nicht allzulange halten. Reichen sie bis auf die Teichsohle, so bilden sie gleichzeitig einen Schutz gegen das Eindringen des Bisams.

Dammschütten

Auf der Grundfläche des geplanten Dammes ist der Rasen samt dem Humus zu entfernen. Der rohe Boden wird, damit er sich mit der Schüttung des Dammes innig verzahnt, auf eine Breite von 1—1,5 m und eine Tiefe von 0,3—0,4 m ausgekoffert (abgehoben). War das Grundstück dräniert, so sind die Stränge, die durch den Damm führen, unbedingt auf einer größeren Strecke zu beseitigen.

Damit der Damm dicht hält, ist die Erde gleichmäßig zu schütten und von Lage zu Lage zu stampfen. Als Maschine eignet sich am besten ein Bagger. Man läßt den Inhalt des Schürfkübels auf das Schüttgut fallen und erreicht dadurch eine außerordentliche Dichtung. Auch der leere Schürfkübel kann noch nachhelfen, so daß sich weitere Maßnahmen zum Abdichten des Dammes erübrigen. Planierraupen allein arbeiten nicht zuverlässig genug.

Nasser Boden bindet sich leichter als trockener. Das Erdreich ist deshalb gegebenenfalls anzufeuchten. Bei sehr nasser Witterung kann es ratsam sein, den Dammbau vorübergehend einzustellen. Gefrorener Boden, Holz und Steine dürfen nicht verwendet werden.

Der Damm muß stets höher geschüttet werden, als er später tatsächlich werden soll, denn er setzt sich oft schon nach kurzer Zeit, selbst wenn die Erde gestampft wurde. Als Sackmaß ist etwa ein Fünftel der Dammhöhe anzunehmen. Ist z. B. die größte Höhe des Dammes 2 m, so führt man ihn an dieser Stelle 2,40 m aus, d. h. man erhöht ihn um das Sackmaß. Ein unsicherer Untergrund wird häufig durch das Gewicht des Dammes zur Seite gedrückt. Mit Senkungen muß selbst nach Jahren noch gerechnet werden. Sind derart ungünstige Verhältnisse gegeben, so ist der Damm besonders in seinem mittleren Teil überdurchschnittlich hoch und breit auszuführen.

Die Schüttung des Dammes geht in der Regel Hand in Hand mit dem Herrichten der Teichfläche. Sind, wie heute üblich, Maschinen eingesetzt, so lassen sich Dämme in einer Höhe und Breite schütten, wie es früher in Handarbeit nicht einmal lohnend gewesen wäre. Grundsätzlich wird man zum Dammbau den Boden verwenden, der in der Nähe zur Verfügung steht und der beim Herrichten der Teichfläche ohnehin anfällt. Bisweilen kann es sogar geboten sein, den Damm höher und breiter zu gestalten, als ursprünglich vorgesehen war, wenn z. B. trotz der Auffüllung der an den Teich angrenzenden Flächen noch Material übrigbleiben sollte. Am besten eignet sich sandiger Lehm. Je geringer der Anteil an Lehm, desto breiter und sorgfältiger ist der Damm zu schütten. Selbst Fließsand, Moor- und Humusboden lassen sich zur Not verwenden, wenn sie durch Umsetzen miteinander gemischt werden. Bei kleineren Teichen mit weniger breiten Dämmen sollte man zumindest den Kern des Dammes mit möglichst undurchlässigem Material aufbauen. Ist geeigneter Boden nicht ausreichend zur Hand, so können wir uns so behelfen: Man entnimmt mit dem Schürfkübel geeignetes Material an einer anderen Stelle und füllt die entstehende Vertiefung mit Material auf, das sich wegen seines hohen organischen Gehaltes weniger für einen Dammbau eignet.

Ein Schwitzen des Dammes (Austritt von Druckwasser an der Außenseite), besonders in den ersten Jahren, läßt sich selbst bei sorgfältiger Arbeit nicht immer verhindern. Um angrenzende Grundstücke vor Nässe zu schützen, genügt ein 30–40 cm tiefer Entwässerungsgraben auf der Rückseite des Dammes (Fanggraben) oder Fanggedrän mit 10 cm ∅ in einer Tiefe von 70–80 cm.

Bepflanzen

Ist der Damm geschüttet, müssen die Böschungen, um sie vor Auswaschungen zu schützen, mit Rasen abgedeckt werden. Ist keiner vorhanden, sät man Ober- und Untergräser an, die einen dichten landwirtschaftlich nutzbaren Rasen ergeben. Geeignete Obergräser sind: Wiesenschwingel, Rohrglanzgras, geeignete Untergräser: kriechender Rotschwingel, Straußgras, deutsches Weidelgras. Besteht die Oberfläche des Dammes zur Hauptsache aus sterilem Boden, ist es unerläßlich, den Boden vor der Aussaat zu düngen. Sind bei größeren Teichen, die in der Hauptwindrichtung liegen, Sicherungen gegen den Wellenschlag nötig, wird Böschungspflaster aus großen Steinen empfohlen. Pflanzt man zusätzlich zwischen die Fugen der Steine Wurzelstöcke von Rohrglanzgras bis zur Höhe des Wasserspiegels ein, so wachsen diese überraschend schnell an und bilden einen wirksamen natürlichen Schutz.

Einen Damm mit Bäumen oder Sträuchern zu bepflanzen, ist stets von Nachteil. Bäume befestigen nicht den Damm, wie manche annehmen, im Gegenteil, sie lockern ihn durch den Zug, den sie bei Stürmen

Links: Mit Pappeln bepflanzter Damm, landschaftlich sehr schön, aber ...
Rechts: Natürlicher Dammschutz durch Rohrglanzgras

auf die Wurzeln ausüben. Da die Erde abrutscht, stehen die Bäume mit der Zeit nicht mehr auf, sondern neben dem Damm. Werden die Bäume schließlich gefällt, so hat man noch Unannehmlichkeiten mit den faulenden Wurzeln. Besonders gefährlich sind Bäume, die in der Nähe der Ablaufrinne stehen. Die Wurzeln finden selbst durch den kleinsten Ritz Eingang in die Rinne. Nachteilig wirkt sich auch das im Herbst in den Teich fallende Laub aus. So wird z. B. das Abfischen durch Verlegen der Ablaßvorrichtung erheblich behindert. In Winterteichen kommen noch die schädlichen Einwirkungen auf das Wasser durch Fäulnis und Bildung von Gerbsäure hinzu. Gegen Nadelhölzer auf der Nordseite von Teichen ist weniger einzuwenden, ggf. auch gegen ein Bepflanzen der Dämme, sofern sie mindestens 10 m breit sind.

Viele Teiche sind allein deshalb aufgelassen worden, weil die Dämme infolge der daraufstehenden Bäume nicht mehr dicht hielten.

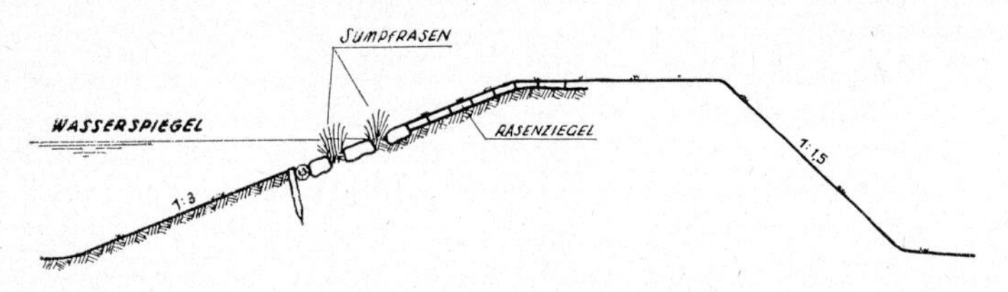

Böschungspflaster in Höhe des Wasserspiegels mit Sumpfrasen verfugt

Selbst Sträucher sind unerwünscht, denn sie bieten Schädlingen willkommenen Unterschlupf.

Pflege und Instandhaltung der Teichdämme ist daher eine wichtige Aufgabe. Sie müssen planiert und so breit sein, daß man darauf mit

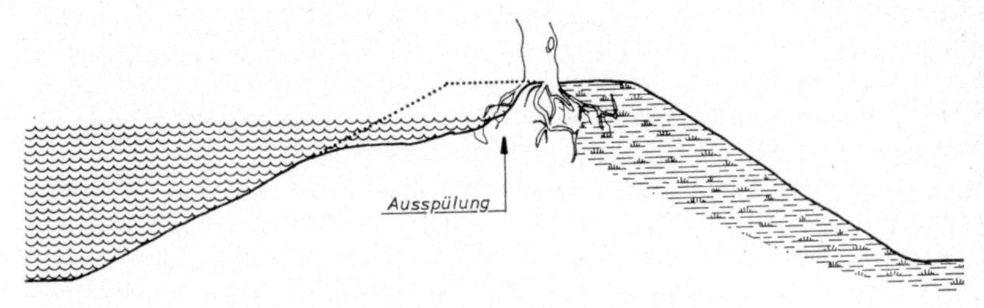

Zerstörung des Dammes durch Bepflanzung mit Bäumen

Maschinen mähen kann. In größeren geschlossenen Teichwirtschaften ist die Haltung von Schafen die einfachste und zugleich rentabelste Lösung. Texelschafe sollen sich am besten eignen.

Dichten des Dammes

Rinnt ein Damm, so hebt man auf seiner Innenseite an den Sickerstellen etwa in der Höhe des normalen Wasserspiegels einen mannsbreiten Graben aus. Dieser muß möglichst noch tiefer als bis zur Sickerstelle ausgehoben werden. Aufgefundene Sickerstellen werden etwas erweitert, dann mit Lehm, der von Lage zu Lage gestampft wird, sorgfältig gedichtet.

Das Wasser läuft oft nicht auf dem kürzesten Weg, sondern schräg durch den Damm. Man findet die schadhafte Stelle am leichtesten, wenn man an der Innenseite des Dammes so lange an verschiedenen Stellen den Boden aufrührt, bis sich an der Austrittsstelle hinter dem Damm trübes Wasser zeigt. Dies ist ein Hinweis, daß an der schadhaften Stelle gerührt wurde. Handelt es sich aber um einen Damm, der schwere Zerstörungen aufweist, z. B. durch Wühlarbeit des Bisams, oder weil er mit Bäumen bestanden war, so ist es zweckmäßiger, ihn völlig neu zu schütten, insbesondere dann, wenn ohnehin eine Maschine zur Entlandung des Weihers eingesetzt ist.

Bei neuen Dämmen ist zu beachten: Das Wasser darf nur nach und nach bis zur endgültigen Höhe aufgestaut werden, damit die Erde Zeit hat, sich zu setzen. Etwaige Sickerstellen lassen sich dann auch leichter entdecken.

Die Ablaufrinne

Material

In alten Teichen besteht die Ablaufrinne aus Eichen- oder Föhrenholz. Von einem entsprechend langen und dicken Baumstück wurde eine Seite abgeplattet und das Innere ausgehöhlt. Als Deckel diente eine dicke Bohle (Diele). Beim Verlegen einer solchen Rinne war es wichtig, daß das Stammende gegen den Weiher zu gerichtet war. Das ablaufende Wasser durfte an den Holzfasern keine Angriffspunkte finden. Bei den Ablaufrinnen alter Art ging gerade das beste Holz, das Kernholz verloren. Später baute man deshalb hölzerne Rinnen in der Weise, daß 5—10 cm starke Bohlen zu einer Rinne zusammengenagelt wurden.

Heute verwendet man in der Regel Zementrohre. Sie sind nicht teurer als Holz und dazu haltbarer, vorausgesetzt, daß sie von bester Qualität sind. Man verlange *Zementrohre der Güteklasse I,* die aus einem besonders geeigneten kalkarmen Zement (Hochofenzement) hergestellt sind und eine hohe Druckfestigkeit und geringe Wasserdurchlässigkeit gewährleisten.

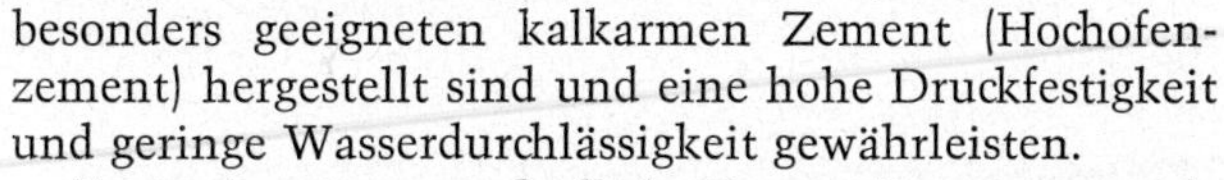

Gütezeichen für Betonrohre

Beton ist säureempfindlich. Betonrohre eignen sich deshalb nicht für Weiher, deren Zufluß zeitweise sauer ist. Auch normales Teichwasser enthält freie Kohlensäure. Ton- und Steingutrohre sind wohl etwas teurer, aber dafür unbegrenzt haltbar. Man sollte deshalb solche weit mehr als bisher verwenden. Sie werden auch nicht durch rollenden Sand angegriffen, da sie viel härter sind. Kunststoffrohre (PVC-Rohre) und die noch besseren Asbestzement-Rohre (AZ-Rohre), wie sie jetzt zumeist

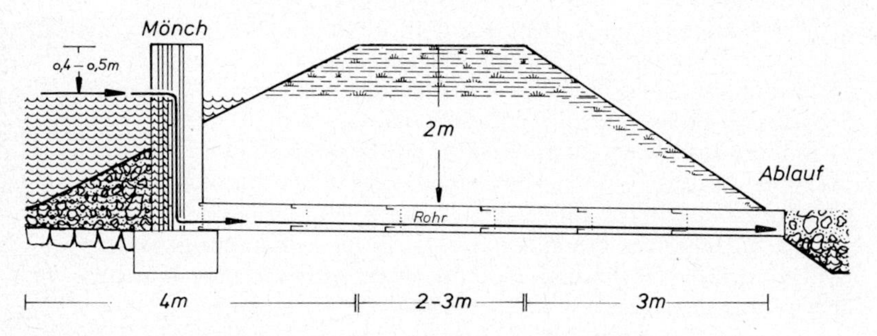

Querschnitt durch den Damm mit Mönch und Ablaufrinne

an Stelle anderer Rohre verwendet werden, haben den Vorteil, daß sie in größeren Längen bis zu 5 m gefertigt werden. Sind zwei Rohre notwendig, so werden sie in eine dichtschließende Muffe geschoben. Verletzungen der Fische durch einen Knick, wie sie bei Verwendung anderer Rohre vorkommen können, sind kaum möglich. Kunststoff verbindet sich nicht mit Beton. Man versucht allerdings, durch Aufrauhen diesen Mangel zu beheben. Eine bessere Lösung: Man schiebt über das PVC-Rohr, soweit es auf dem Fundament aufliegt, ein kurzes Stück Asbestzement-Rohr. Ein Gummiwulst, wie in Baustoffhandlungen erhältlich, dichtet beide Rohre hinreichend ab.

Größe

Die Weite der Rinne richtet sich nach der Größe des Teiches, nach der des Einzugsgebietes sowie nach der Leistungsfähigkeit des Vorfluters. Selbst bei kleineren Teichen sollte die lichte Weite 20–25 cm betragen, bei größeren 30 cm, um ein Verstopfen durch Fische zu verhindern.

Das Verlegen

Die Rohre werden auf Holzdielen (20 cm breit, 5 cm stark) verlegt, die etwas Gefälle erhalten. Bei wenig tragfähigem Untergrund rammt man Pfähle ein und legt die Dielen darauf. Noch besser ist eine Betonsohle (20 × 50 cm). Zementrohre dürfen nicht nur zusammengesteckt werden. Sie sind durch elastische Dichtungsmittel miteinander zu verbin-

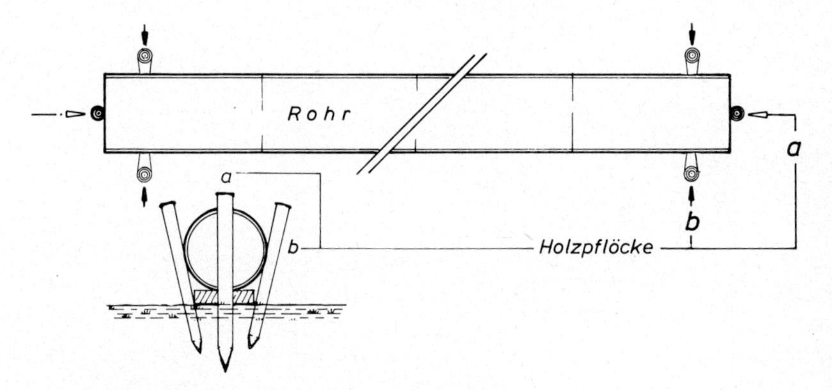

Sicherung der Rohre beim Schütten des Dammes

den. Weiter wird dringend empfohlen, die Ablaufrinne im Dammbereich mit Beton zu ummanteln, um den Verdichtungsdruck bei der Herstellung des Dammes aufzufangen.

Die Rohre sind mit aller Sorgfalt in Lehm einzubetten, Knickungen dürfen nicht entstehen. Dies gilt besonders für Tonrohre, da sie nur mit denM uffen auf der Diele liegen. Irgendwelche Mängel rächen sich bitter. Um sie zu beheben, müßte der Damm an seiner höchsten und breitesten Stelle wieder aufgegraben werden.

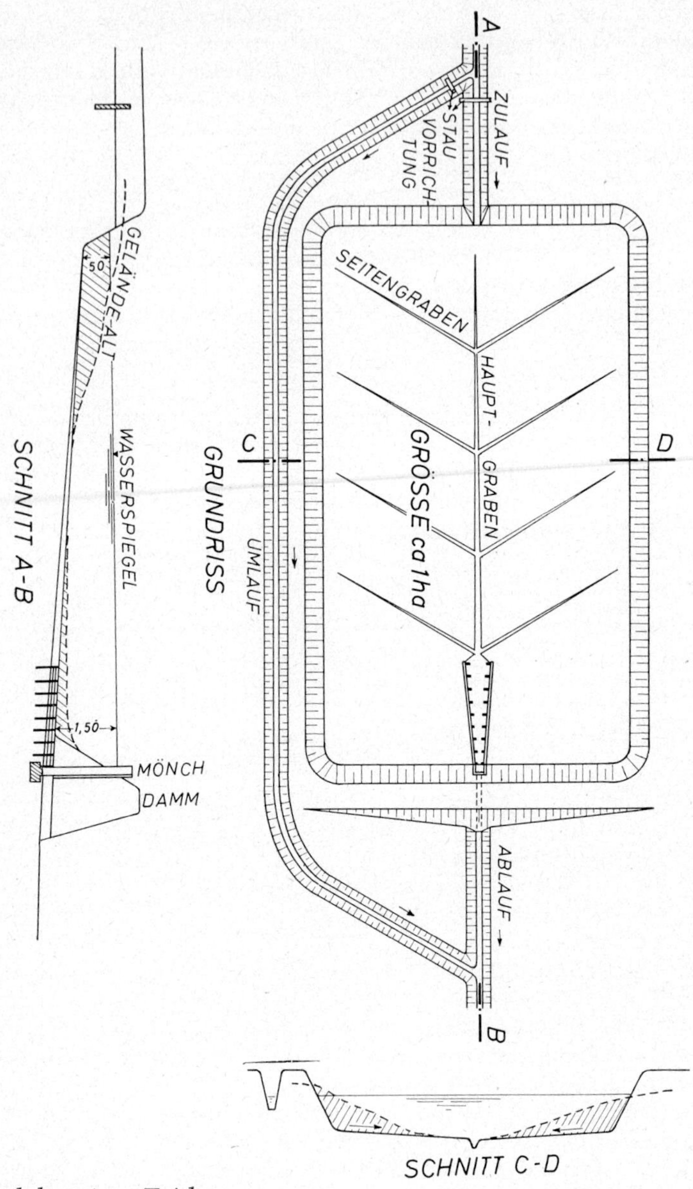

Regelplan eines Teiches

Baut man den Damm mit einer Planierraupe oder einem Bagger, so kommt es häufig vor, daß die äußersten Rohre der Rinne dem Druck etwas ausweichen und aus den Muffen rutschen. Die Folge ist, daß die Rinne nicht dicht hält und das Wasser nach dem Schließen des Mönches unmittelbar in die Rinne zwischen dem ersten und zweiten Rohr dringt. Damit sich die Rohre nicht verschieben, sichern wir die beiden äußersten mit einem Holzpflock. Zwei weitere Pflöcke, die rechts und links hiervon schräg eingeschlagen werden, unterstützen noch diese Wirkung. Die Pflöcke verhindern gleichzeitig, daß beim Schütten der Böschungen die Enden der Rinne überdeckt werden. Der Mönch soll ja ohnehin so weit an den Damm herangerückt sein, daß er mit etwa der Hälfte seiner Höhe im Damme sitzt und durch den Eisdruck nicht gefährdet wird.

Ablaufrinne, mit Beton ummantelt, vor Schüttung des Dammes

Das erste Rohr muß mindestens 30 cm auf dem Fundament aufliegen. Ist das Fundament zu schwach, so setzt es sich, und die Ablaufrinne bricht hinter dem Mönch. Nach strengen Wintern hört man nur zu oft, der Mönch hätte sich vom Fundament gelöst oder die Rinne wäre hinter dem Mönch gerissen. Einer Schlegelrinne aus Holz kann selbst der strengste Winter wenig anhaben. Bei einer Rinne aus Zement- oder Tonrohren besteht aber diese Möglichkeit. Da der Frost nicht gleichmäßig tief in den Teichboden und Damm eindringt, kommt es zu Spannungen, so daß die Rinne hinter dem Mönch reißt.

Dieser wunde Punkt an der Nahtstelle zwischen Mönch und Rinne hat wohl die meisten Praktiker bereits beschäftigt. A. WERDIN verbindet Mönch und Rinne mit einem 1–2 m langen Eisenrohr. Auf der einen Seite ist es einbetoniert, auf der anderen steckt es mit einer elastischen Dichtung in der Rinne. K. MEHLER nimmt, wenn die Rinne aus Tonrohren besteht, ein Rohrstück, das auf 40–50 cm verkürzt ist und durch Teerstricke mit der Muffe des anschließenden Rohres abgedichtet wird. Sollte der Mönch bei strengem Frost gehoben werden, so geben derart eingebaute Rohre einem auftretenden Druck nach. Will man die Nahtstelle zwischen Mönch und Rinne nicht elastisch gestalten, so ist zum mindesten bei der Erstellung des Fundamentes für das erste, unter Umständen auch noch für das zweite Rohr oder noch besser für die ganze Rinne ein Auflager für die Rohre in der Stärke von 20–30 cm zu erstellen und um die Rohre noch ein Mantel aus Beton zu legen. Die beste Ausführung zeigt die Abbildung. Das Fundament reicht über das erste Rohr noch hinaus und ist obendrein armiert.

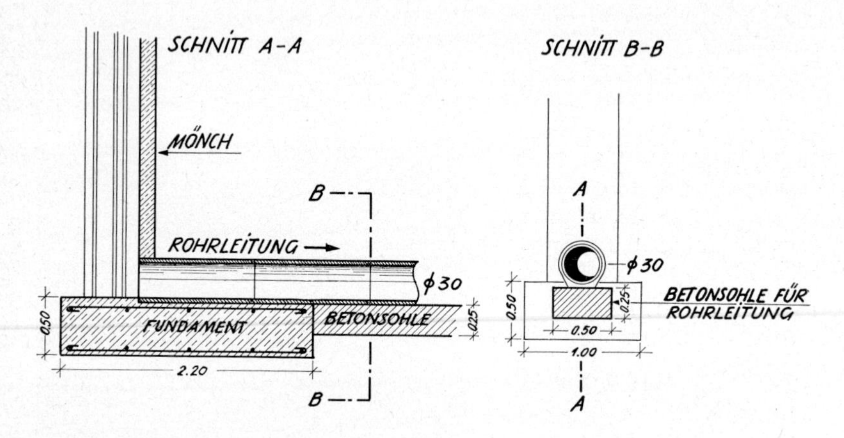

Sicherung der Rohrleitung durch Betonsohle

Die Höhenlage der Rinne bedarf besonderer Überlegung. Der Teichboden soll völlig trockenzulegen sein und deshalb 30–40 cm über der Sohle der Rinne liegen. Die Rinne darf aber auch nicht im Rückstau vom Ablaufgraben liegen. Bleibt in ihr Wasser zurück, so wird das Abfischen erschwert. Die Alten legten die Schlegelrinne nur deshalb so tief, um sie vor Fäulnis zu schützen. Die beste Lösung wird erreicht, wenn der Einlauf 5–10 cm tiefer als die Grabensohle des Teiches und der Auslauf etwas über dem Wasserspiegel des Vorfluters liegt.

Der Graben, der an die Rinne anschließt, wird durch Sohl- und Böschungspflaster gesichert.

Das Verlegen der Rinne sollte beim Bau eines Teiches die erste Arbeit sein. Kommt man erst nach dem Schütten des Dammes dazu, so können sich Schwierigkeiten mit der Ab- und Umleitung des Wassers ergeben.

Betonmönch

Der Mönch hat gegenüber dem früher üblichen Schlegelverschluß außerordentliche Vorteile:

1. Die Stauhöhe des Weihers kann beliebig eingestellt werden.
2. Wird er richtig gebaut, läuft nicht wie bei einem Überlauf das warme Wasser der oberen Schichten ab.
3. Der Mönch ist leichter zu schließen und zu öffnen als ein Schlegel.
4. Das Eindringen und Abwandern von Fischen wird unmöglich, denn der Überlauf erübrigt sich, vorausgesetzt, daß der Weiher nicht großen Hochwassern ausgesetzt ist.

Der Mönch hat nur einen Nachteil: Ungeübte vermögen ihn kaum zu bauen. Man sieht alle möglichen Modelle, oft dazu in einer Ausführung, die manches zu wünschen übrig läßt. Der Mönch ist deshalb trotz seiner eindeutigen Vorteile in Verruf geraten. Die Schwierigkeiten des Baues in der Weise zu meistern, daß man von einer Zementwarenfabrik den Mönch entweder in einem Stück oder in einzelnen Teilen bezieht, hat sich bis auf eine Ausnahme nicht bewährt. Besteht er aus einem Stück und verringert man die Maße, um ihn leichter transportieren zu können, so wird er zum Minimönch und jede Weiherabfischung wird zur Qual, wenn die lichte Weite nicht annähernd doppelt so groß ist wie die der anschließenden Rinne mit der erforderlichen Weite von 20–25 cm. Noch bedenklicher sind Minimönche, falls mit Hochwasser zu rechnen ist. Baut man den Mönch aus einzelnen Teilen auf, so zeigen sich nach wenigen Wintern in den Fugen und Nuten bedenkliche Risse. Leider gibt es immer wieder Unkundige, die sich derartige Mönche aufhängen lassen.

Mönch nach dem Baukastensystem mit Schadstellen

Minimönche und auch die aus einzelnen Steinen zusammengesetzten Mönche sind nicht gerade billig, allein schon wegen der Transportkosten. In großen Teichen, die den Winter über unter Wasser stehen, sind derartige Mönche schon deshalb fehl am Platze, weil sie den Einwirkungen eines strengen Winters kaum gewachsen sind.

Zuweilen sieht man auch Mönche aus Holz. Da man hierzu starke Eichen- oder Föhrendielen benötigt, sind die Herstellungskosten nicht gerade niedrig, ganz abgesehen davon, daß das Holz springt und wasserdurchlässig wird. Holz hat auch eine kürzere Lebensdauer als Beton.

Wie kam es überhaupt zur Bezeichnung »Mönch«? Die richtige wäre wohl Ständerabfluß. Da er von weitem an einen Mönch in seiner Kutte erinnert, lag es nahe, diesen kurzen Namen auf ihn zu übertragen, um so mehr als sich Mönche frühzeitig mit der Teichwirtschaff befaßten. Um Teichwirten mit etwas handwerklichem Können den Bau eines Betonmönches zu ermöglichen, ist es notwendig, daß wir uns ausführlicher damit befassen; der Schlegel als Weiherverschluß ist längst überholt.

Beschreibung des Mönches

Der in den Plänen dargestellte Mönch ist für Bauhöhen von 1,20, 1,60, 1,80 und 2,20 m entwickelt. Eine Ausführung in diesen verschiedenen Höhen ist deshalb möglich, weil die Schalung aus einzelnen Stockwerken besteht. Die lichte Weite (Überfallbreite) des Mönches ist 0,44 m, seine Tiefe 0,52 m und seine Wandstärke 0,13 m. Runde Maße also 0,45, 0,60 und 0,15 wären an sich vorzuziehen. Das erste Stockwerk soll nicht höher als 1,20 m sein, um beim Einfüllen des Betons an den Teil des Mönches leicht heranzukommen, dessen Ausführung besondere Sorgfalt erfordert: an die Verbindung des Mönches mit dem Fundament, die durch Eisen gesichert sein muß. Es hat auch wenig Sinn, eine Schalung für einen 2 m hohen Mönch aufzubauen, wenn ein weit niedrigerer betoniert wird. Die vorgeschlagene Schalung erleichtert nicht nur den Bau von Mönchen verschiedener Höhe, ihre Teile sind auch handlicher.

Der Mönch hat auf beiden Seiten drei *Nuten*, die beiden inneren sind für die Staubretter, die äußere für das Verschlußbrett und den Rechen bestimmt. Zwei Reihen Staubretter sind notwendig, damit der Mönch durch Einbringen von Sägemehl oder Lehm zwischen die Staubretter völlig wasserdicht geschlossen werden kann. In die vordere Nute kommt der Rechen. Dieser braucht nicht die ganze Höhe des Mönches einzunehmen, es genügen 30–40 cm. Den über dem Rechen freibleibenden Raum schließen wir mit Staubrettern oder bei kleinen Mönchen am besten mit einem Brett aus einem Stück ab. Unberufene haben dann keine Möglichkeit, bei geschlossenem Deckel etwas an den Staubrettern zu ändern. Gleichzeitig wird dadurch erreicht, daß das Wasser von unten her abfließt und daß der Rechen sich nicht durch Treibzeug verlegt.

Am zweckmäßigsten ist es, den Mönch so nahe an den Damm heranzurücken, daß er mit etwa der Hälfte seiner Höhe im Damm steht und ein Steg, um ihn zu bedienen, entbehrlich wird. So geschützt kann ihm der Winter wenig anhaben. Diese Anordnung hat weiter den Vorteil, daß sich Mönch und Rinne weit zuverlässiger miteinander verbinden lassen, als wenn der Mönch verhältnismäßig frei steht.

Setzt man den Mönch in den Damm, so wird er zu einem Schacht. Dieser ist wohl gegen die Einwirkungen des Winters besser geschützt als ein freistehender Mönch. Der Schacht muß aber derartige Ausmaße erhalten, daß man hineinsteigen kann, um Reparaturen durchzuführen. Ein weiterer Nachteil: Wir brauchen noch ein Rohr vom Schacht zum Weiher und vor diesem Rohr einen Rechen, an den man bei bespanntem Teich nicht herankann.

Links: Mönchbau mit genormter Schalung. Rechts: Der Mönch nach der Ausschalung. Man sieht an den Konturen, daß die Schalung aus drei Stockwerken bestand

Steht der Mönch mit etwa der Hälfte seiner Höhe im Damm, so ist es notwendig, den Dammfuß gegen den Mönch und den zu ihm führenden Hauptgraben zu befestigen. Am dauerhaftesten ist eine Sicherung aus Steinen oder aus Beton (sogenannte Flügelmauern). Man sieht auch Bretter oder Stangen, die durch Pflöcke gehalten werden, die nach hinten mit starkem Draht verzurrt sind.

Größe und Weite des Mönches sowie der Ablaufrinne sind in erster Linie von der Größe des Einzugsgebietes und in zweiter von der Größe und Tiefe des Weihers abhängig. Die Maße des Regelplanes eignen sich für Teiche bis zu 2 ha, vorausgesetzt, daß diese hochwasserfrei liegen. Für Mönche mit einer Ablaufrinne von über 25 m sind folgende Maße zu empfehlen: lichte Weite 0,50 m, Tiefe 0,70 m, Wandstärke 20 cm (s. Grundriß B).

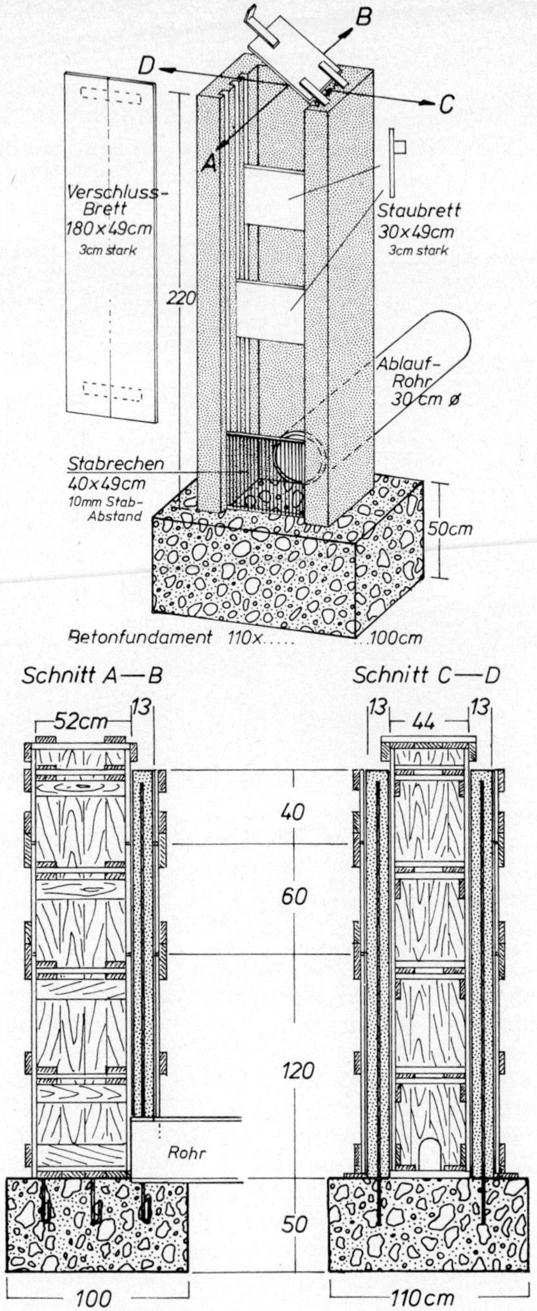

Betonmönch, Ansicht, Schnitte durch Mönch und Schalung

Noch stabiler wird der Mönch, schließen wir seine vordere Seite und belassen nur unten eine Öffnung. Er muß dann aber derartige Ausmaße erhalten, daß man hineinsteigen kann. Folgende Maße sind zu empfehlen: lichte Weite 55 cm, Tiefe 1,10 m. Die vordere Seite weist eine

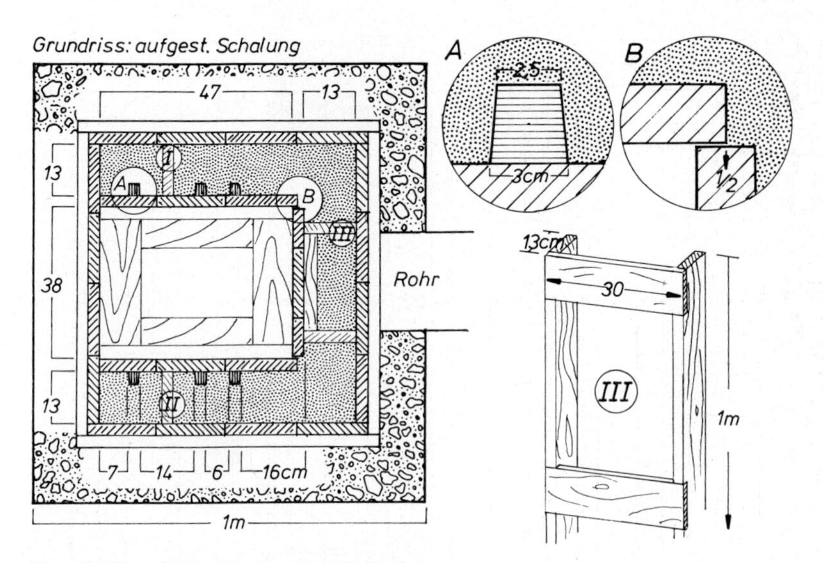

Grundriß und Details der Mönchschalung.
Alle Schalungs-Nuten und Abstandshölzer = 3 cm stark. A Nutleisten-Querschnitt/Holzmaserung beachten. B Die um 1/2 Brettstärke zurückgesetzte Rückwand erleichtert das Herausnehmen der Innenschalung.
III Die Abstandshölzer I, II u. spez. III ergeben eine gleichmäßige Wandstärke von 13 cm und werden beim Beton-Schütten dem Arbeitsvorgang entsprechend nach oben gezogen.

55 cm breite und 60 cm hohe Öffnung auf (s. Grundriß C). Für sehr große Teiche, insbesondere für solche, durch die Hochwasser mitabfließen, kommt ein Mönch mit dem Grundriß D und einer lichten Weite von 60 cm in Frage. Die Durchflußöffnung ist 60 cm breit und 80 cm hoch.

Nun sind bei einer lichten Weite von 60 cm Staubretter mit einer Länge von 70 cm notwendig. Derart lange Staubretter sind unhandlich. Man braucht auch viel Dichtungsmittel, um den Raum zwischen den Staubrettreihen aufzufüllen. Für eine sichere Abführung von Hochwasser ist es durchaus nicht notwendig, daß die Staubretter die ganze Breite des Mönches einnehmen. Man kann die Maße durch Einbauten verringern, wie sie der Grundriß D zeigt. Die Oberkante dieser Einbauten muß sich aber mit der normalen Stauhöhe des Weihers decken.

Für die Anfertigung des *Rechens* eignen sich am besten Rundeisen, an denen sich die Fische nicht verletzen. Sie behindern auch den Abfluß des Wassers weniger als eckige Flacheisen. Für Rechen mit einer Stablänge bis zu 40 cm genügt eine Stabstärke von 10 mm. Sehr hohe Gitter

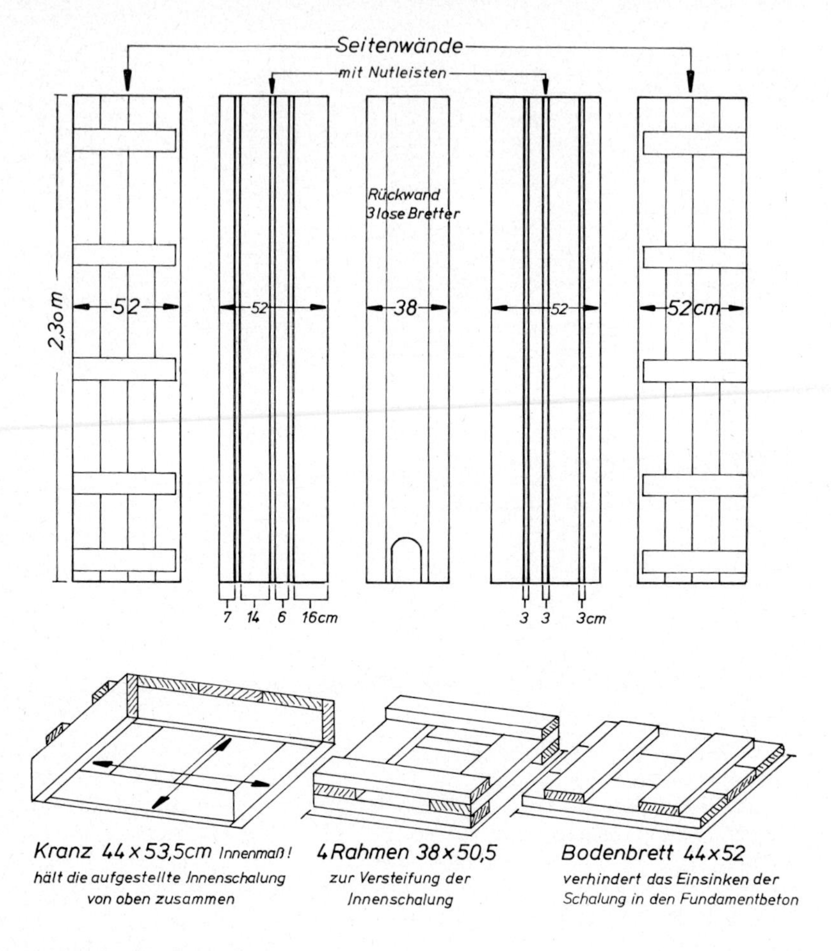

Betonmönch. Innenschalung

sind unhandlich, lieber zwei Gitter mit einer Höhe von 40 cm übereinander, als ein Gitter mit 80 cm. Soll bei kleineren Teichen Fischbrut zurückgehalten werden, so ersetzt man den Rechen durch gelochtes Zinkblech, wie es Spezialfabriken liefern.

Herstellung des Fundaments

Um beim Ausschachten nicht behindert zu sein, dämmt man den Hauptgraben so weit auf, daß kein Wasser in die Baugrube fließen kann. Einen Tag vor dem Aufstellen des Mönches soll das Fundament

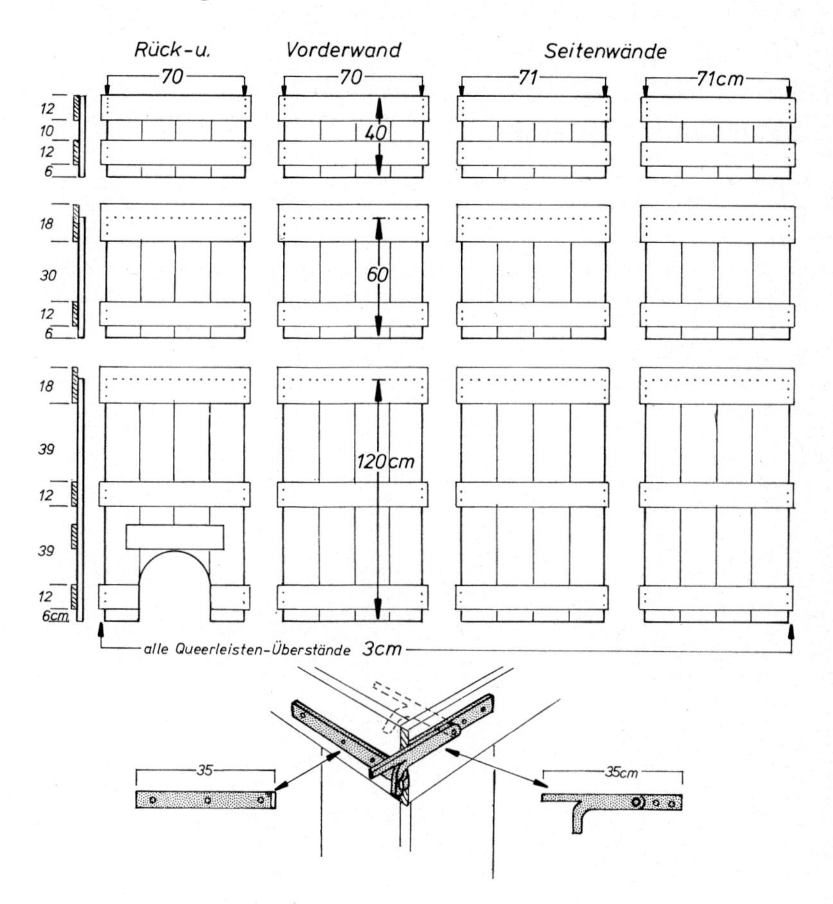

Betonmönch. Außenschalung

fertig sein. Je höher und schwerer der Mönch, um so stärker muß es werden. Dabei ist weniger auf die Grundfläche (etwa 1 m²) als auf die Dicke des Fundamentes zu achten. Bei strengem Frost kann sich das Fundament heben, so daß es zu dem berüchtigten Rohrbruch hinter dem Mönch kommt. Mindestens 60–80 cm tief sollte deshalb das

Fundament in den Boden hineinreichen. Seine Dicke richtet sich außerdem nach der Ablaufrinne, die auf dem Fundament in einer Länge von 30 cm aufliegen soll. Fehlt fester Untergrund, so setzt man das Fundament auf eingerammte Pfähle. Die billigste, aber auch schlechteste Ausführung sind Bruchsteine, die mit Zementmörtel ausgegossen werden. Weit besser ist Beton mit einem Mischungsverhältnis: ein Teil Zement, zwei Teile Sand, drei Teile Kies.

Aufstellen der Schalung

Man stellt zunächst die Wände der Innenschalung auf und lotet sie ein. Die abgebildete hat entsprechend der drei Stockwerke eine Höhe von 2,20 m + 0,10 m für den oben aufgesetzten Kranz, der die Schalung zusammenhält. Da die Innenschalung mehr strapaziert wird als die Außenschalung, kann es zweckmäßig sein, eine zweite Innenschalung für eine Höhe von 1,60 m anzufertigen, vor allem wenn eine größere Zahl kleinerer Mönche gebaut werden soll.

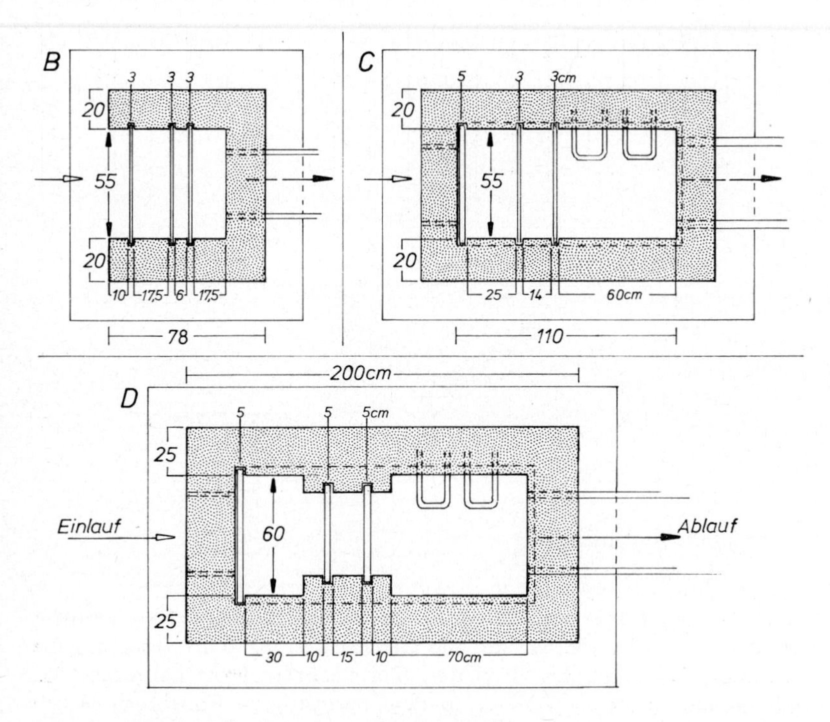

Grundrisse B, C, D für den Bau größerer Mönche

Auf den beiden Seitenwänden müssen vorher noch die Leisten zum Aussparen der Nuten für Staubretter angeheftet werden. Statt dieser Leisten, wie man es ab und zu sieht, U-Eisen zu nehmen und einzubetonieren, hat nicht viel Sinn, denn Eisen rostet und behindert das Gleiten der Staubretter.

An dic Rückeninnenwand stößt die Ablaufrinne an, die mit einbetoniert wird. Für sie muß in der Rückwand der Außenschalung eine entsprechende Aussparung vorgesehen werden.

Damit das Wasser nach Fertigstellung des Mönches ungehindert abfließen kann, muß die Rückwand der Innenschalung ein Loch erhalten. Bei der Vorderwand der Außenschalung reichen aus demselben Grund

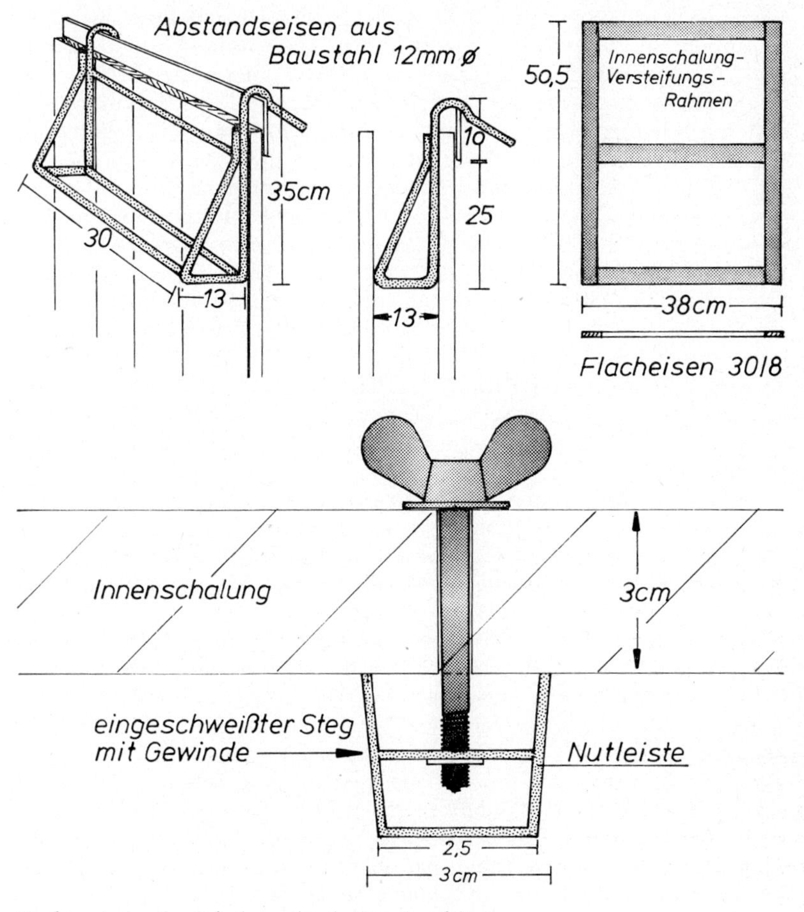

Verbesserung der Schalung durch Eisenbeschläge

die beiden Bretter in der Mitte nicht bis zur Sohle des Mönches. Bei einem größeren Zufluß kann es sogar geboten sein, die Baugrube von Wasser in der Weise freizuhalten, daß es mittels eines Rohres durch die Schalung hindurch abgeleitet wird.

Die Außenschalung läßt sich mit den angebrachten kräftigen Haken sehr schnell und sicher zusammenstellen. Sie ist zudem derart stabil, daß sich seitliche Stützen und Verstrebungen erübrigen. Die oberen Querleisten der Stockwerke stehen etwas über, so daß die Stockwerke auch unter sich den nötigen Halt finden.

Die Absteifung der inneren Schalung – um eine Auswölbung nach innen zu verhindern – wird dadurch gewährleistet, daß Rahmen dazwischengeklemmt werden, die auf den Leisten der Seitenwände aufliegen. Indem wir zunächst Bretter in Breite der Betonstärke zwischen die äußere und innere Schalung klemmen (sogenannte Abstandshölzer) und entsprechend dem Fortschreiten der Schüttung nach oben ziehen, erreichen wir auch die nötige Versteifung der inneren gegenüber der äußeren Schalung. Da die innere Rückwand nicht aus einer Brettafel, sondern aus losen Brettern besteht, verbindet man zur Absteifung dieser Wand zwei Abstandshölzer durch einen Rahmen.

Die Anfertigung einer Schalung kostet Geld. Um sie für den Bau weiterer Mönche verwenden zu können, muß sie so beschaffen sein, daß das Ausschalen leichtfällt. Die Außenwände lassen sich ohne Schwierigkeiten entfernen. Bei den Innenwänden ist zu beachten: Die Innenrückwand muß mindestens aus drei Brettern bestehen; sie lassen sich dann bei der Ausschalung leicht entfernen, vor allem wenn die Kanten gebrochen sind. Um die Seitenwände der Innenschalung, die aus zwei Brettafeln bestehen, leicht nach innen klappen zu können, setzt man die Innenrückwand um eine halbe Brettbreite zurück (s. Regelplan).

Für die Schalung eignen sich Bretter aus Föhren- und Fichtenholz. Sie sollen 3 cm stark und gehobelt sowie wegen des geringeren Schwundmaßes nicht zu breit sein. Tränkt man sie auf der Innenseite des öfteren mit Altöl, so saugen sie weniger Wasser an und lösen sich leichter aus dem abgebundenen Beton.

Die Leisten, die die Führungsnuten für die Staubretter aussparen, müssen konisch geschnitten sein, sonst sind sie aus dem abgebundenen Beton nicht herauszulösen, selbst wenn sie zuvor gut eingeölt wurden. Konische Nuten haben zudem den Vorteil, daß die Staubretter weniger klemmen. Wegen des kleineren Schwundmaßes müssen die Jahresringe quer zur Nute stehen. Ganz Schlaue quellen die Leisten vor Gebrauch ein. Sollte die eine oder andere Leiste nicht zu lösen sein, so läßt man sie im Beton zunächst haften. Sie ist ja nur an die Schalung angeheftet. Klopft man dann einige Male von oben her auf die Leiste, so löst sie sich aus dem Beton, ohne daß Schäden an der Nute entstehen.

Wie die Nuten anzuordnen sind, darüber könnten die Meinungen auseinandergehen. Die erste Nute muß von der vorderen Kante des Mönches auf jeden Fall so weit entfernt sein, daß keine Gefahr für ein Ausbrechen besteht. 5 cm sind fast zuwenig, besser sind 7 cm. Die beiden Nuten für die Staubretter placieren wir nicht ganz in die Mitte des noch freien Raumes. Der Raum, in dem das Wasser aufsteigt, soll kleiner sein, als der, in dem es abfällt. Um beim Ziehen der Staubretter nicht zu sehr beengt zu sein, kann man dem Mönch von vornherein eine etwas größere Tiefe geben. Auch Änderungen in der Anordnung der Nuten fallen bei der losen Befestigungsart der Leisten an der Schalung nicht schwer.

Eine Schalung, die laufend im Gebrauch ist, sollte möglichst solide gebaut sein. Insbesondere erweist es sich als notwendig, sehr in Anspruch genommene Teile nicht aus Holz, sondern aus Eisen zu fertigen, schon deshalb, weil sich Holz verzieht. Dies gilt zunächst für die Leisten, die die Nuten aussparen, selbst für solche aus Eschenholz. U-Eisen, wie sie zum Einfassen von Bordwänden in Gebrauch sind (sogenannte Bordwandeisen, 1,5 mm stark, 30 mm breit und tief), lassen sich bei ihrer geringen Stärke leicht konisch formen, am besten auf folgende Weise: Man legt auf das Bordwandeisen ein Rundeisen mit einem um 5—10 mm größeren Querschnitt als die lichte Weite des U-Eisens beträgt, spannt beide Eisen in den Schraubstock und preßt sie ineinander. Derart geformte Eisen halten unbegrenzt; sie haben noch den Vorteil, daß sie sich aus dem abgebundenen Beton leichter lösen als Holzleisten.

Es kann vorkommen, daß die Schalung nicht richtig eingefettet war oder daß gerade an den U-Eisen noch Reste von Beton klebten. Diese sitzen dann fest und hindern das Ausschalen. Ich empfehle deshalb, die U-Eisen in folgender Weise zu befestigen: 80er Nägel verwenden, davon 2,5 cm abzwicken, so daß sie nur mit 2,5 cm im Brett stecken, alle 40 cm ein Nagel, die Löcher für die U-Eisen müssen vorher gebohrt sein. Sitzt nun beim Ausschalen ein U-Eisen zu fest, so löst es sich bei dieser Befestigungsart unschwer von der Schalung. Noch zweckmäßiger ist eine Befestigung mit 3—4 Flügelschrauben (s. Zeichnung).

Weiter liegt der Gedanke nahe, die oberen Querleisten der Stockwerke, die etwas überstehen und der ganzen Schalung den nötigen Halt geben, durch Flacheisen 100 × 8 mm zu ersetzen und mit Schloßschrauben an den Schalbrettern zu befestigen. Auch die Rahmen, die eine Auswölbung der inneren Schalung verhindern, lassen sich leichter handhaben, wenn sie aus Flacheisen zusammengeschweißt sind. Das gleiche gilt für die Abstandshölzer. Sind sie aus Holz, so bleiben mit der Zeit Betonreste kleben, und man hat Mühe, sie zu verschieben (s. Zeichnung).

Die Tanzenhaider Schalung — wir wollen ihr diesen Namen geben; denn im wesentlichen wurde sie im Forst- und Teichgut Tanzenhaid bei Neustadt/Aisch erdacht — ist unbestritten die beste, die bisher konstruiert wurde. Sie ist in 10–15 Minuten zusammengestellt. Sie benötigt keine Verstrebungen. Es ist nicht einmal ein Gerüst zum Einfüllen des Betons notwendig; eine vom Damm auf die Schalung gelegte Diele genügt, besonders wenn die oberen Querleisten aus Flacheisen gefertigt sind.

Betonieren des Mönches

Die Standfestigkeit des Mönches hängt von seiner Verbindung mit dem Fundament ab. Wenn der Mönch an den Damm herangerückt wird, so ist er gegen Eisdruck schon relativ gut gesichert. Trotzdem darf der Mönch nicht einfach auf das Fundament gestellt werden. Um völlig sicher zu gehen, muß der Mönch mit dem Fundament durch eine *Armierung* verbunden werden. Die Herstellung dieser Verbindung fällt nicht allzu schwer. Sobald das Fundament gestampft ist, werden sechs bis acht Betoneisen (8—10 mm Ø) in den noch nassen Beton etwa 30 cm tief eingeklopft. Die vier in den Ecken stehenden sollen fast so lang sein, wie der Mönch hoch wird. Querbänder erhöhen noch den Wert der Armierung.

Welche Wandstärke soll der Mönch erhalten? Einige Zentimeter mehr oder weniger spielen keine Rolle, weit wichtiger ist, daß es sich um erstklassigen Beton handelt. Da es aber oft daran fehlt, fühlt man sich verpflichtet, für die Normalmönche eine Stärke von 12—15 cm zu empfehlen.

Mit dem Betonieren des Mönches ist erst zu beginnen, wenn das Fundament hart genug ist (1—2 Tage). Bei sehr tragfähigem Boden kann man Fundament und Mönch in einem Arbeitsgang fertigen oder nur eine Nacht dazwischenlegen. Erfahrene Mönchbauer verfahren meist in dieser Weise: erstens um Zeit zu sparen, zweitens weil sich Fundament und Mönch dann besser verbinden. Der Beton für das Fundament wird nur erdfeucht gemischt. Es besteht dann keine Gefahr, daß die Schalung einsinkt. Im übrigen besteht die Möglichkeit, die innere Schalung auf ein Brett zu stellen, auf dem die untere Querleiste aufsitzt (s. Regelplan). Auch der Fuß der äußeren Schalung läßt sich durch eine angenagelte Leiste um einige Zentimeter verbreitern.

Das Fundament zieht von selbst Wasser aus dem Erdreich an, dazu kommt noch Sickerwasser aus dem Beton des Mönches, der im Gegensatz zu dem des Fundamentes nasser gemischt wird; der Mönch wird »gegossen«. Um möglichst glatte Wände zu erreichen und die Bildung von Hohlräumen zu verhindern, genügt ein Stochern innerhalb der Schalung und ein Klopfen von außen an die Schalung.

Zum Bau des dargestellten 2 m hohen Mönches mit einem Fundament von 0,50 m Höhe und einer Fläche von 1 m² benötigen wir etwa 1 m³ Beton. Wird kein Transportbeton verwendet und der Beton auf der Baustelle gemischt, so sind erforderlich: 300 kg Zement (6 Sack) und als Zuschlagstoffe Sand der Korngruppe 0–7 mm und Kies der Korngruppe 7–30 mm zu etwa gleichen Anteilen. Hochofenzement ist kalkarm und sollte vor allem dann an Stelle des üblichen verwendet werden, wenn mit saurem Wasser gerechnet werden muß.

Um den Mönch mit einem Deckel schließen zu können, spart man oben Löcher in der Weise aus, daß man Holzdübel in einer Stärke von 3 cm und einer Länge von 10 cm mit einbetoniert. Diese müssen schon am nächsten Tag, bevor der Beton völlig abgebunden hat, herausgezogen werden. Sind sie in Papier eingewickelt, fällt dies sehr leicht. Läßt man sie aus Versehen stecken, so können sie durch Quellen den Beton sprengen. Noch einfacher als Holzdübel sind Glasflaschen, die nach dem Abbinden des Betons zertrümmert werden.

Ausschalen darf man im Sommer nach 3–4 Tagen, sonst nach 5–6. Der Beton ist gegen Sonnenbestrahlung durch Abdecken zu schützen. Er wird des weiteren öfters angefeuchtet, damit er nicht reißt. Auch bei Frostgefahr sind Vorkehrungen geboten.

Der Mönch ist nach der Fertigstellung, soweit er im Damm sitzt, sorgfältig mit Lehm zu ummanteln, ebenso das anschließende Stück der Ablaufrinne. Nur zu oft kommt es vor, daß das Wasser einen Weg um den Mönch herum unmittelbar in die Rinne findet, besonders wenn der Mönch verhältnismäßig frei steht.

Schließen des Mönches (Zusetzen)

Die Staubretter sind etwa 20 cm hoch. Bei einer konischen Nute, die sich von 2,5 cm auf 3 cm erweitert, sind einzöllige Bretter das Richtige. Um ein Verklemmen durch Quellen des Holzes zu verhindern, sollte man die Staubretter nach der Hirnseite zu auf beiden Seiten in einer Breite von etwa 3–5 cm bestoßen (abhobeln). Zum leichteren Ziehen nagelt man Holzklötzchen auf oder bringt Eisenhaken an. Wichtig ist, daß die beiden untersten Bretter satt aufsitzen. Der Boden des Mönches muß deshalb möglichst glatt sein. Hat er eine rauhe Oberfläche, ist es notwendig, die Bretter in einen alten Rupfen oder dergleichen einzuschlagen, oder zwischen Beton und Brettunterkante Moos einzulegen. Sollte Eis das Schließen des Mönches erschweren, kann man sich durch Streuen von Viehsalz helfen. Es darf nicht der Stoß der einen mit dem Stoß der anderen Brettreihe auf gleicher Höhe liegen. Man beginnt deshalb auf einer Seite mit einem Staubrett von etwa 10 cm Höhe.

Damit der Mönch keinen Tropfen Wasser durchläßt, füllen wir den Raum zwischen den Staubrettern mit Weiherschlamm, Pferdemist oder am besten mit trockenem Sägemehl. KARL MEHLER, Tirschenreuth, verfährt in folgender Weise: »Ich nehme zwei Eimer Sägespäne, die mit Wasser vermischt eingeschüttet werden. Dann schütte ich so viel Wasser nach, bis der ganze Zwischenraum zwischen den beiden Staubrettern ausgefüllt ist. Sobald das Wasser durch Versickern weniger wird, gieße ich Wasser nach, bis es aufs neue oben ansteht. Diesen Vorgang wiederhole ich zwei- bis dreimal. Die Späne werden dadurch in sämtliche Fugen gedrückt, und der Mönch hält völlig dicht. Mein Verfahren hat noch den Vorteil, daß ich jederzeit mit einem Stock die Sohle des Mönches erreichen kann, um undichte Stellen zu beheben. Denn die Späne füllen zum Schluß den Raum zwischen den Staubrettern nur bis zu einer Höhe von etwa 50 cm. Die Dichtung mit Sägespänen ermöglicht es auch, die Bretter leicht zu ziehen. Hebe ich das erste Brett, dann kommen die Bretter der vorderen Reihe fast von selbst hoch.«

In dem Regelplan beträgt der Zwischenraum zwischen den beiden Staubrettern 6 cm. Macht man ihn größer, so braucht man mehr Füllmaterial, ganz abgesehen davon, daß Teile hiervon beim Ablassen des Weihers im Graben liegenbleiben. Hat der Mönch größere Ausmaße, so muß auch der Zwischenraum zwischen den beiden Staubrettern zunehmen. Aber selbst für sehr große Mönche genügen 12 cm. Dieses Maß erlaubt sogar, das Füllmaterial mit dem Fuß einzustampfen.

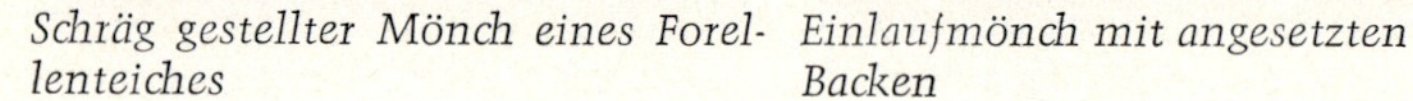

Schräg gestellter Mönch eines Forellenteiches

Einlaufmönch mit angesetzten Backen

Ein-, Auslaufmönche in Forellenteichen

Der starke Durchfluß verlangt Siebe, die die ganze Länge des Mönches einnehmen. Da bei der Aufzucht von Forellensetzlingen sehr feine Siebe notwendig sind, ist regelmäßiges Reinigen geboten. Erleichtert wird diese Arbeit, wenn die vordere Wand des Mönches nicht senkrecht steht. Geneigte Siebe verlegen sich auch weniger. Um die Neigung zu erreichen, wird die Schalung bei einer Mönchhöhe von 1 m gegen die rückwärtige Seite zu um 15 cm gekürzt.

Diese Schrägstellung ist in Brutteichen möglich, nicht aber in tieferen Teichen, denn die Standfestigkeit nimmt mit der Höhe des Mönches ab. Zweckmäßiger ist es dann, den Mönch senkrecht zu stellen und ihm nach der Tiefe hin größere Ausmaße zu geben, damit das schräggestellte Sieb ausreichend Platz findet. Ein weiterer Vorteil dieser Ausführung: Die Schalung läßt sich nach demselben Modell wie für Karpfenteiche nur mit etwas veränderten Maßen anfertigen.

Bei Forellenteichen, weniger in Karpfenteichen, brauchen wir auch Einlaufmönche. Im Gegensatz zum Auslaufmönch wird der weit kleinere Einlaufmönch in einem Stück als Fertigteil betoniert. Wegen des geringen Gewichtes ist ein Fundament nicht notwendig. Auch das Rohr zum Teich, eine lichte Weite von 15 cm genügt zumeist, wird nicht mit einbetoniert, sondern erst beim Verlegen in Lehm gebettet. Wie die Schalung zu fertigen ist, geht aus den Zeichnungen hervor. Sie ist in der Weise konstruiert, daß der Einlaufmönch auf dem Kopf stehend betoniert wird. Wer will, kann die Schalung noch in der Weise verbessern, daß er die Anschlagleisten des Bodenbrettes durch Winkeleisen und den Versteifungsrahmen der Innenschalung durch Flacheisen ersetzt.

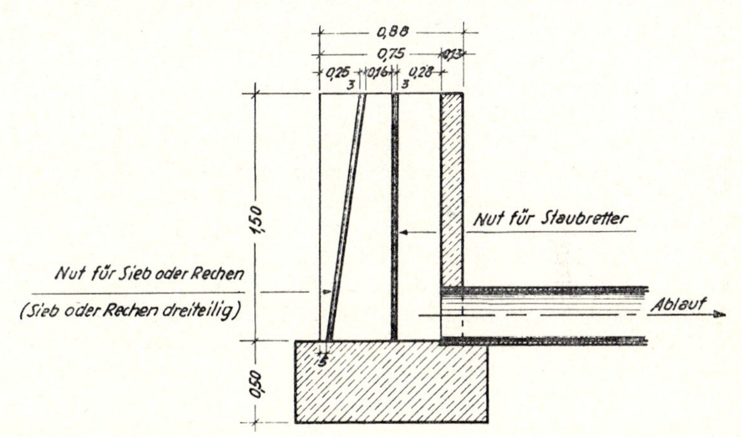

Mönch für Forellenteiche

Man stellt die Schalung in folgender Reihenfolge zusammen: Zunächst ist das Bodenbrett sorgfältig in die Waage zu legen, um seitliche Verschiebungen beim Einbringen des nassen Betons hintanzuhalten. Darauf stellt man die Rückwand und die beiden Seitenteile der Außenschalung und schließt die Hakenverschlüsse. Darnach hängt man die Abstandshölzer aus Holz oder Eisen an die Innenseite der Außenschalung, stellt die beiden Seitenteile der Innenschalung auf und schiebt zu deren Versteifung den vorgesehenen Rahmen ein. Jetzt erst ist die Rückwand der Innenschalung an der Reihe, die aus drei losen Brettern besteht, um leichter ausschalen zu können. Auch den Raum zwischen der Innenschalung schließt man nur mit zwei oder drei losen Brettern, als deren Auflage zwei mit Flügelschrauben befestigte Winkeleisen dienen. Zum Schluß ist die Vorderwand einzuhaken und noch ein Rundholz in den Ausmaßen des Rohres (nicht lichte Weite) durch die Schalung zu stecken.

Der Einlaufmönch gewinnt an Stabilität durch Einfügen eines Baustahlgewebes, das den Abmessungen entsprechend zu einer U-Form gebogen wird und das beim Betonieren möglichst genau in der Mitte der Wände bzw. des Bodens liegen sollte. Beim Ausschalen nimmt man zuerst die Außenschalung ab. Dann kippt man das Baustück vorsichtig über zwei kräftige Rundhölzer auf die Rückwand (Einlaufseite). Nach Abheben der Bodenplatte lassen sich auch die Teile der Innenschalung ohne besondere Schwierigkeiten entfernen.

Normung der Mönche

Die Kosten für die Anfertigung einer Schalung sind verhältnismäßig hoch. Sie betragen das Drei- bis Vierfache dessen, was das Betonieren des Mönches kostet. Wer wird sich die Möglichkeit entgehen lassen, eine Schalung auszuleihen, wenn er nicht selbst eine solche zu fertigen versteht?

Nicht wenige Teichgenossenschaften verfügen seit geraumer Zeit über eigene Schalungen und über Spezialisten, die den Bau der Mönche bei den Mitgliedern übernehmen. Auch Wasserwirtschaftsämter, die sehr viel mit Weiherbau zu tun haben, sollten nicht versäumen, einen Angestellten im Mönchbau zu schulen. Wenn Ungeübte die Schalung erstellen und anschließend den Mönch bauen, läßt nicht nur die Ausführung sehr oft zu wünschen übrig, auch die Kosten können die 1000-DM-Grenze erreichen, während sie bei leihweiser Beschaffung der Schalung höchstens 150–200 DM betragen. Wer selbst betonieren kann, dem entstehen im wesentlichen nur noch Kosten für die Beschaffung der erforderlichen Baustoffe. Zunehmend bietet sich auch die Möglichkeit, fertigen Beton, sogenannten Transportbeton (Fertigbeton), bei einem Baugeschäft zu beziehen, und zwar jeweils in der für Fundament und Mönch entsprechenden Mischung, eine Erleichterung, die sogar das umständliche Anfahren und Mischen von Sand, Kies und Zement erspart.

Mancher Wasserbauingenieur, auch mancher Kulturmeister glaubte früher einen eigenen Mönchstil entwickeln zu können. Die Mönche entsprachen dann zwar den wasserbautechnischen, nicht aber den fischereitechnischen Anforderungen. Die Verwendung einer Standardschalung

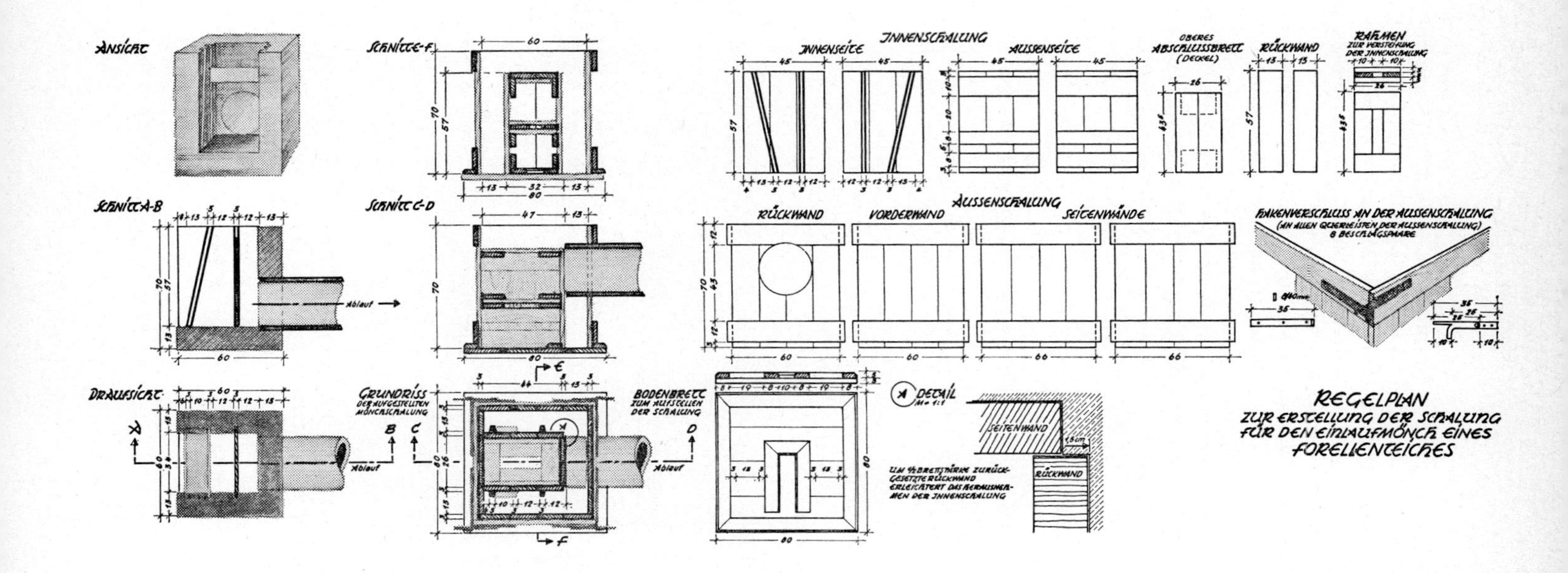

Einlaufmönch für Forellenteiche

hat von selbst eine gewisse Normung des Mönchbaues zur Folge. Führen Spezialisten den Bau aus, so ist der solide Mönchbau kein Problem, und man wird dann kaum noch einen Mönch zu Gesicht bekommen, dem die richtige Größe fehlt, der oben zu eng und unten zu weit geraten ist und in den kein Staubrett paßt.

Mit einer einzigen Standardschalung reichen wir allerdings nicht aus. Für die üblichen Teiche sollten mindestens 2 Schalungen mit einer lichten Weite von 0,35 und 0,45 und einer Tiefe von 0,45 und 0,60 m zur Hand sein. Für übergroße Teiche, noch dazu mit größerem Einzugsgebiet sind auf Seite 66 nur die Grundrisse B, C und D aufgezeichnet, wie sie sich in der Praxis bereits bewährt haben.

Hama-Mönche

In Fachzeitungen werden Mönche aus einem Stück, sogenannte Hama-Mönche angeboten, die sich, aus der verkauften Stückzahl zu schließen, sehr bewähren. Deshalb soll auf diese Fertigmönche näher eingegangen werden.

»Hama«-Mönchköpfe

Durch Verwendung hochwertigen Betons (B 300) ließ sich die Wandstärke auf 8 cm verringern. Auch die Verankerung des Mönches mit dem Fundament, die wichtigste Voraussetzung für die Standfestigkeit eines Mönches, ist sinnvoll verwirklicht. Der Mönch wird je nach seiner Größe mit 1 oder 2 Baustahlgeweben armiert. Am unteren Ende des Mönches steht das äußere auf beiden Seiten als sog. Fundamentanker 12 cm vor. 4 Rundeisen (10—12 mm ⌀), im Fundament mit einbetoniert, ragen 30 cm aus dem Fundament heraus. Sie werden über die Fundamentanker gebogen und miteinander bis etwa 25 cm hoch in Beton eingebettet. Dadurch besteht eine solide Verbindung des Mönches mit dem Fundament, die auch strengem Frost standhält.

Im Innern ist der Mönch je nach Rohrstärke 4—6 cm auszubetonieren. Rohrsohle und Mönchboden müssen plan sein. Am einfachsten ist es, man nimmt zur Probe ein Staubrett, das satt aufliegen soll. In den Nuten darf kein Beton hängenbleiben.

Es gibt Mönche mit 24, 34 und 76 cm lichter Weite (Überfallbreite) und für verschiedene Höhen bis zu 250 cm. Die Gewichte: Höhe 150 cm und Rohr 20 ⌀: 270 kg. Höhe 200 cm und Rohr 30 ⌀: 440 kg.

Um die Mönche leichter aufstellen zu können, legt man sie beim Abladen an der Böschung des Dammes nieder. Sie lassen sich dann verhältnismäßig leicht auf das Fundament stellen. Ein etwa vorhandener Bagger erleichtert die Arbeit.

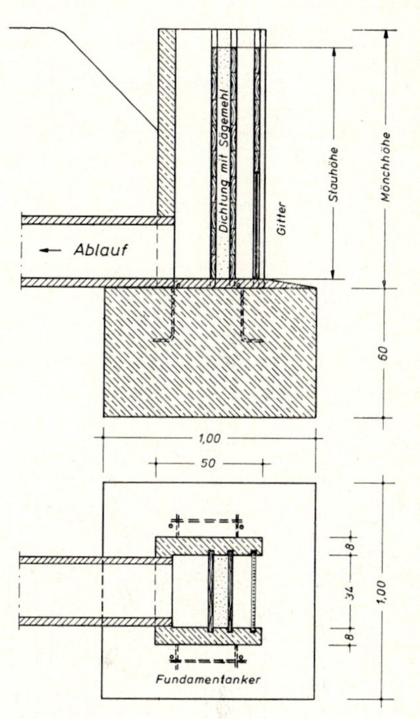

Hama-Mönch aufgestellt

Für den Mönch mitgeliefert werden: Staubretter, Deckel mit Verschlußeinrichtung und das Gitter (Rundstäbe 8 mm, lichte Weite 14 mm), sowie ein Plan mit Baubeschreibung. Alle Eisenteile sind feuerverzinkt.

Der Mönch soll so weit an den Damm herangerückt sein, daß er mit etwa der Hälfte seiner Höhe im Damme sitzt. Sogenannte Flügelmauern sind hierbei unentbehrlich. Zur soliden Verbindung mit ihnen hat der Hama-Mönch noch zwei dreieckige Schlitze auf jeder Seite.

Instandhaltung des Mönches

Je besser der Mönch konstruiert, je sorgfältiger er gebaut ist, desto länger hält er. Für die Baukosten ist es unerheblich, ob die Wände etwas stärker werden als vorgeschlagen.

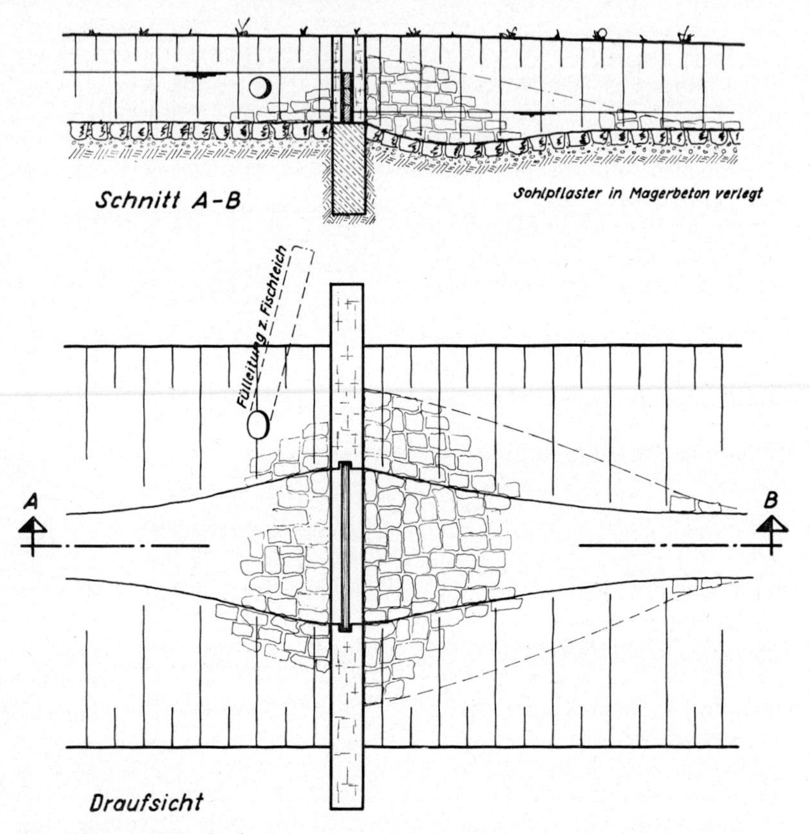

Stauanlage mit Tosbecken

Häufig sieht man Mönche, die unten wie angefressen erscheinen. Der Frost hat den Beton an dieser Stelle angegriffen, während der Weiher trockenlag. Noch gefährlicher sind Einwirkungen durch saures Wasser. Wir streichen den Mönch deshalb mit Inertol oder mit einem anderen geeigneten Mittel an.

Steht ein Weiher den Winter über unter Wasser, so wird das Eis dem Mönch kaum etwas anhaben, vorausgesetzt, daß er mit etwa der Hälfte seiner Höhe im Damme sitzt. Bei länger anhaltendem strengem

Frost ist es aber doch ratsam, das Eis um den Mönch aufzuhacken. Handelt es sich um kleinere Teiche, insbesondere um Winterungen, so helfen sich manche Praktiker in folgender Weise: Sie schlagen 4 Pfähle im Geviert um den Mönch, verbinden diese mit Latten und legen darüber eine Haube aus Streu oder Mist, die das Einfrieren verhindert.

Der Teichzulauf

Die Zuführung des Wassers zum Teich erfordert bei kleineren Rinnsalen meist keine besonderen Vorrichtungen. Bei Himmelsteichen ist es wichtig, durch Offenhalten der Gräben möglichst alles Wasser aus dem Einzugsgebiet zu erfassen. Wird der Weiher aus größeren Vorflutern gespeist, so kann ein Wehr notwendig werden. Stauanlagen bedürfen der wasserrechtlichen Genehmigung. Es ist deshalb geboten, das Wasserwirtschaftsamt rechtzeitig um Rat anzugehen.

Größere Stauanlagen lassen sich mit einzelnen Brettern leichter schließen und öffnen als mit einer Stechschütze aus einem Stück.

Um ein Entweichen eigener und das Eindringen fremder Fische am Einlauf zu verhindern, sind Sicherungen notwendig. Man setzt entweder einen Rechen oder man fertigt aus Steinen einen Filter. Bei kleineren Teichen hilft ein Einlauftisch, durch dessen durchlöcherten Boden das Wasser in den Teich fällt.

Der Teichumlauf

Karpfenteichen soll nach der Bespannung nur soviel Wasser zufließen, wie durch Versickerung und Verdunstung verlorengeht. Das übrige Wasser muß schon deshalb herumgeleitet werden, damit sich das Weiherwasser erwärmen kann. Schwieriger wird die Umleitung, wenn es sich um Vorfluter mit größerer Wasserführung handelt und wenn obendrein mit Hochwasser zu rechnen ist. Je größer das Einzugsgebiet ist, desto größer muß der Querschnitt des Umlaufgrabens werden, um eine Überflutung des Teiches auszuschließen.

Der Umlauf braucht Gefälle. Es ist deshalb möglich, daß seine Sohle gegen den Damm zu unter dem Wasserspiegel des Weihers liegt und der Weiher dadurch Wasser verliert, z. B. bei durchlässigem Boden. Um diese Gefahr zu bannen, kann man statt des offenen Grabens eine gutgedichtete Rohrleitung mit ausreichenden Kontrollschächten wählen. Je größer das Gefälle, desto geringer braucht ihre Weite zu sein. Ein weiterer Vorteil wäre, daß kein Graben zu unterhalten ist. Hingegen ist aber einzuwenden: Eine sichere Abführung von Hochwasser, auch eine etwa notwendige Vorlandentwässerung ist mit einer Rohrleitung

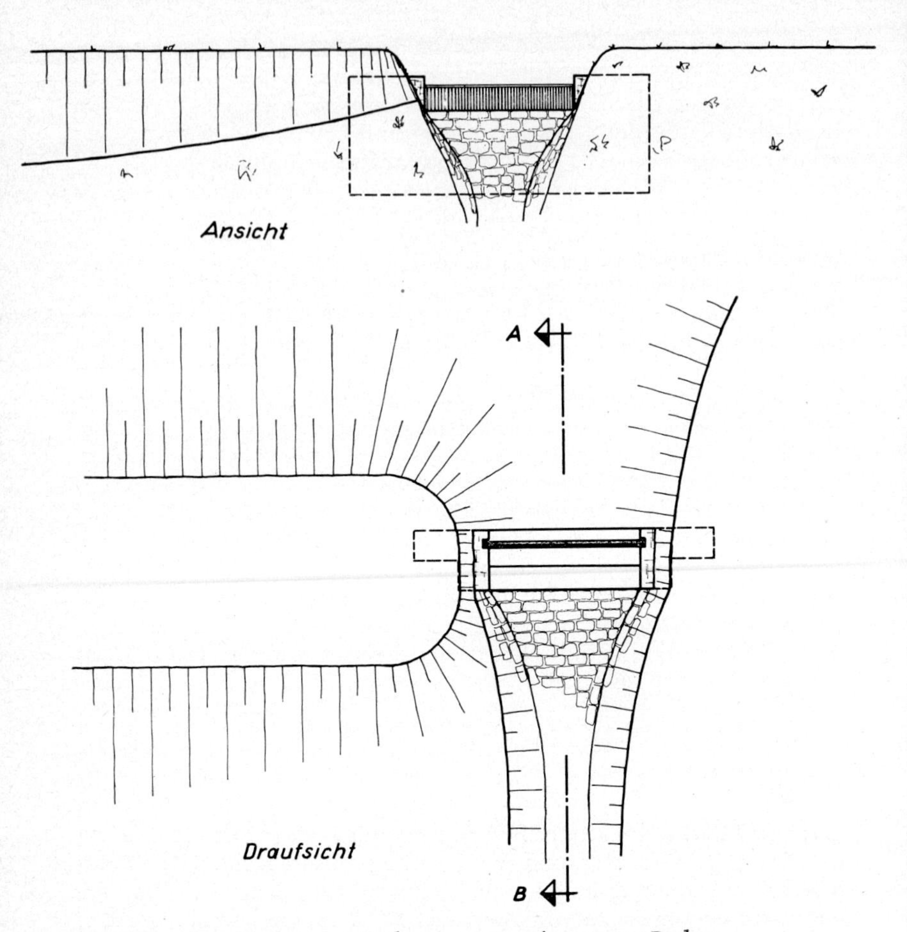

Regelplan einer Hochwasser-Entlastung mit aufgesetztem Rechen

nicht gewährleistet, da es sehr schwer fällt, Ablagerungen (Verstopfungen) zur rechten Zeit mit herkömmlichen Mitteln zu entfernen.

Die zur Umleitung des Hochwassers erforderlichen Maßnahmen stehen oft nicht im richtigen Verhältnis zu dem hierzu notwendigen Aufwand, z. B. wenn ein verhältnismäßig langer Teich in einer engen Talsohle liegt. In einem solchen Fall kann es ratsamer sein, das normal zufließende Wasser mit einer Rohrleitung längs des Teiches zu führen und das Hochwasser nach wie vor durch den Weiher zu leiten. Diese Lösung empfiehlt sich insbesondere dann, wenn unterhalb des Teiches kleinere Hälter- und Winterteiche zu speisen sind und der Teich selbst den Winter über trockenliegen soll.

Abflußgraben
Böschungs- u. Sohlpflaster
im Bereich des Dammes
1:1,5
Schnitt A-B

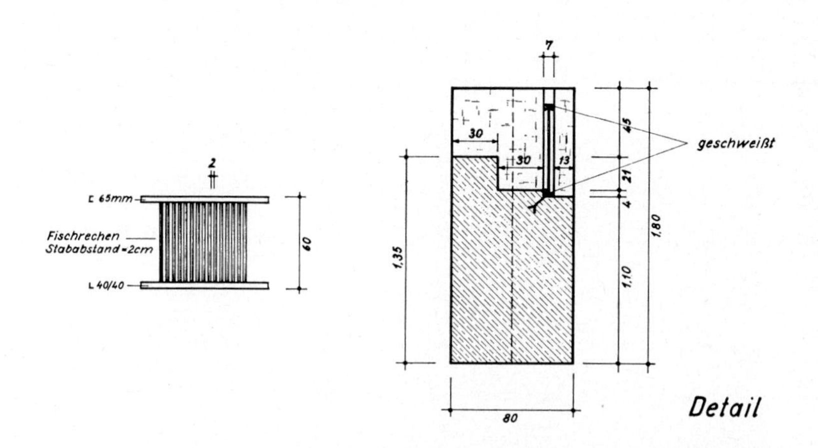

Die Anordnung und Ausführung des Überlaufes sind falsch. Auch steht der Rechen viel zu hoch

Der Überlauf (Hochwasserentlastung)

Bei Teichen mit einem Mönch als Verschluß erübrigt sich meist der Überlauf, vorausgesetzt, die Ablaufrinne ist genügend weit. Lassen sich bei größeren Teichen Hochwasser weder durch den Umlauf noch durch die Ablaufrinne sicher abwehren, so ist der Bau eines Überlaufes notwendig.

Die Ausmaße richten sich nach dem zu erwartenden Hochwasser. Da auf der Schwelle des Überlaufes noch ein Rechen sitzen muß, um ein Entweichen der Fische zu verhindern, erhöht sich die Breite der Überlaufschwelle noch um die Maße (Querschnitt) der Rechenstäbe.

Umlaufgraben durch Sohlschalen geschützt

Weiter ist zu beachten: Der Überlauf gehört nicht in den mittleren Teil des Dammes, sondern möglichst weit seitlich oder noch besser überhaupt nicht auf den Damm, sondern rechts oder links davon. Dadurch erübrigen sich kostspielige Bauten und laufend hohe Kosten zu deren Instandhaltung, wobei nicht einmal die Gewähr gegeben ist, daß der Überlauf bei einem Katastrophenhochwasser auch tatsächlich hält. Je weiter seitlich daher der Überlauf angebracht wird, um so leichter ist er zu bauen und um so weniger ist er gefährdet, sitzt er doch auf gewachsenem Boden auf. Selbst wenn er unterspült wird und zusammenbricht, läuft der Weiher nicht leer. Lediglich die Führung des Grabens, der das Wasser vom Überlauf aufnimmt, bedarf einer gewissen Überlegung. Notwendig ist, das Gefälle zwischen Überlauf und Grundablaß auf eine längere Strecke zu verteilen. Sohle und Böschungen werden mit Bruchsteinpflastr gesichert. Eine andere Lösung sind auch Sohlabstürze oder ein Absturzbauwerk.

Die gefürchteten Dammbrüche

Dammbrüche entstehen meist auf folgende Weise: Mit zunehmender Dammhöhe wächst die Kraft des Wassers, sofern es über den Damm herunterstürzt. Es kommt zu einer Auskolkung am Fuß der Dammaußenseite, die sehr schnell an Umfang zunimmt, bis schließlich der ganze Damm einstürzt. Je niedriger ein Damm, desto geringer ist auch die Kraft des Wassers. Es sollte deshalb jeder Damm in seinem mittleren Abschnitt leicht überhöht gebaut sein. Bei einer Überflutung wird dann das Wasser nicht über dem mittleren und somit gefährdeteren

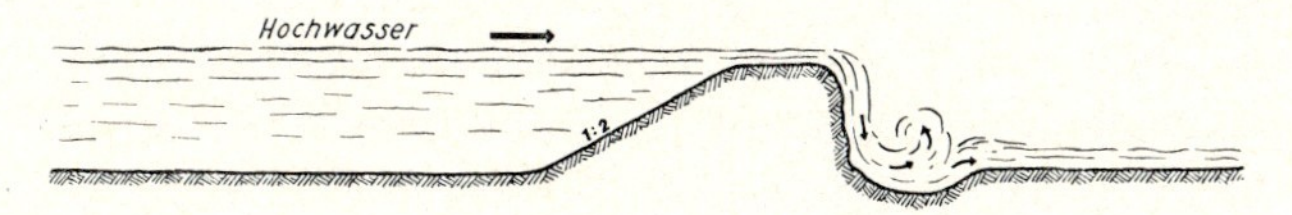

Überfluten des Dammes und Auskolkung des Dammfußes

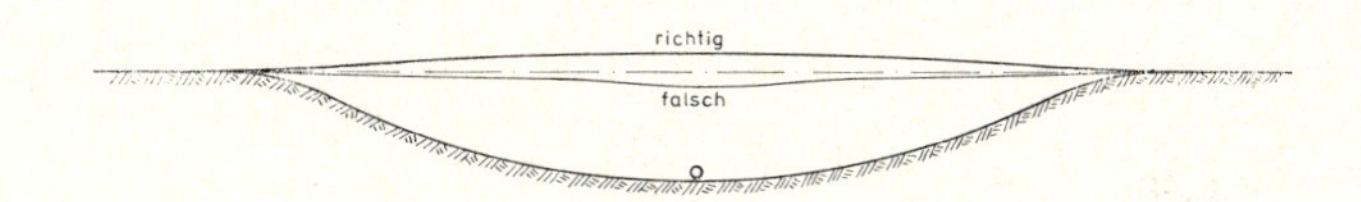

Längsschnitt durch einen richtig und falsch geschütteten Damm

Teil, sondern seitlich an einer Weiherecke abfließen. Häufig jedoch sieht man Teiche, deren Damm sich gerade über der Ablaufrinne bedenklich gesenkt hat. Oft hat man an das Setzen des Dammes nicht gedacht oder bei der Erneuerung der Ablaufrinne die ausgehobene Grube nicht hoch genug aufgefüllt. Man muß deshalb jedem Teichwirt dringend raten, seine Teiche daraufhin zu überprüfen, welchen Weg ein Hochwasser nehmen wird. Es kann eine Katastrophe allein schon dadurch ausgelöst werden, daß ein oberhalb liegender Weiher aus irgendwelchen Gründen durchbricht.

Überlaufrechen

Um das Entweichen von Fischen zu verhindern, ist ein Rechen am Überlauf notwendig. Die Alten setzten den Rechen meist vor den Überlauf und wählten die Form eines Winkels, um den Abfluß des Wassers möglichst wenig zu behindern. Setzt man den Rechen auf den Überlauf, so soll er nicht senkrecht, sondern schräg stehen, damit er sich weniger durch Treibzeug verlegt. Noch besser als eine Schrägstellung ist folgende Lösung:

Der Rechen muß mit einem Drittel seiner Höhe im Wasser stehen. Dies erreichen wir, wenn die Überlaufschwelle hinter dem Rechen um etwa 30 cm erhöht und um dasselbe Maß vom Rechen abgerückt wird. Sammelt sich vor dem Rechen Treibzeug an, so wird es durch die Strömung des Wassers nach oben gehoben, und zwar desto mehr, je stärker die Strömung ist. Ein derartiger Rechen muß daher selten geputzt werden, ein großer Vorteil; denn man kann nicht Tag und Nacht bereitstehen, um bei Hochwasser rechtzeitig einschreiten zu können. Die Rampe hinter dem Rechen muß, um Auskolkungen zu verhindern, befestigt werden. Eine Betonplatte ist nicht zu empfehlen. Es siedelt sich doch darunter alles mögliche Ungeziefer an, und die Folge wären Unterspülungen und Brüche. Die beste Ausführung ist eine Pflasterung aus kräftigen Wasserbausteinen auf einem Filter aus Gesteinsgemisch (Mineralbeton) oder Kiessand.

Für die Rechenstäbe nimmt man Rundeisen. Werden kantige Holzstäbe verwendet, so sind diese mit einer Kante gegen das Wasser zu richten, damit das Wasser weniger Widerstand findet. Den Zwischenraum von Stab zu Stab wähle man nicht zu eng, lichte Weite mindestens 20 mm!

Ein gesunder Fisch stellt sich gegen die Strömung. Der beste Beweis dafür ist das Verhalten der Karpfen bei einer Abfischung. Sie verbleiben bis auf einige wenige Ausreißer so lange im Weiher, bis sie nahezu auf dem Trockenen liegen. Wird bei einem größeren Hochwasser der Damm überflutet, so sind die Karpfen erfahrungsgemäß weniger unterhalb des Dammes, sondern eher hinter dem Damm des oberen Weihers oder gar in diesem selbst zu suchen. Einen Maschendraht über die Rechenstäbe zu ziehen, um ein Ausreißen der Karpfen zu verhindern, ist meist nicht nötig und insbesondere bei hochwassergefährdeten Teichen wegen der möglichen Verlegung des Rechens nicht anzuraten. Die obere Kante des Rechens soll stets einige Handbreit unter der Dammkrone liegen. Das Hochwasser fließt dann zunächst über den Rechen und erst zuletzt über den Damm.

Wie bereits betont, ist die Gefahr gering, daß Fische entrinnen. Sollten einige durchgehen, so ist dies nebensächlich. Ungleich schwerer sind die Folgen, wenn der Damm infolge falscher Anordnung des Überlaufs oder des Rechens überflutet und abgerissen wird.

Bei einem Überlauf muß damit gerechnet werden, daß fremde Fische in den Weiher einwandern, besonders bei Hochwasser. Die Schleie findet leicht diesen Weg. Hat sich ein Hecht eingeschlichen, sind viele Jungfische verloren. Auch größere Aale sind gefährlich. Selbst bei sehr enger Stellung der Rechenstäbe läßt sich das Eindringen junger Fische kaum verhindern. Folgt der Überlaufschwelle ein größerer Absturz, über den Fische nicht hochkommen, so ist dies noch die beste Lösung.

Ab und zu sieht man den Überlauf mit dem Grundablaß verkoppelt. Derartige Bauwerke sind sinnlos. Man sehe sich nur Weiher an, die solche Einrichtungen erhielten. Das Wasser hat längst einen Weg um das Mauerwerk in die Ablaufrinne gefunden. Der Weiher hält das Wasser nicht mehr und verkommt. Ebenso sinnlos ist es, eine Lücke im Damm durch eine Mauer schließen zu wollen.

Ziehen von Gräben

Gräben, die das Wasser heran- und abführen, sind instand zu halten. Nur zu oft zeigt sich, wie wenig sachgemäß dabei verfahren wird. Je tiefer der Graben, desto flacher sollten die Böschungen sein. Falsch ist es auch, den Aushub unmittelbar am Grabenrand abzulagern. Bei neuen Gräben befestigt man die Sohle und den Böschungsfuß mit Bruchsteinen. Noch zweckmäßiger sind Sohlschalen oder ein Rauhschotterbett (Mindestkörnung 80/120 mm). Sind sehr lange Gräben instand zu halten, empfiehlt sich das Räumen mit der Grabenfräse. Hierbei darf aber die Sohle nicht befestigt sein. Soll Wasser lediglich zum Speisen der Teiche herangeführt werden, so sind Rohre und Schläuche aus Kunststoff zweckmäßiger. Dadurch entfällt die mühsame Instandhaltung der Gräben. Voraussetzung hierzu ist jedoch ausreichendes Gefälle, um ein Verstopfen der Rohrleitungen zu vermeiden.

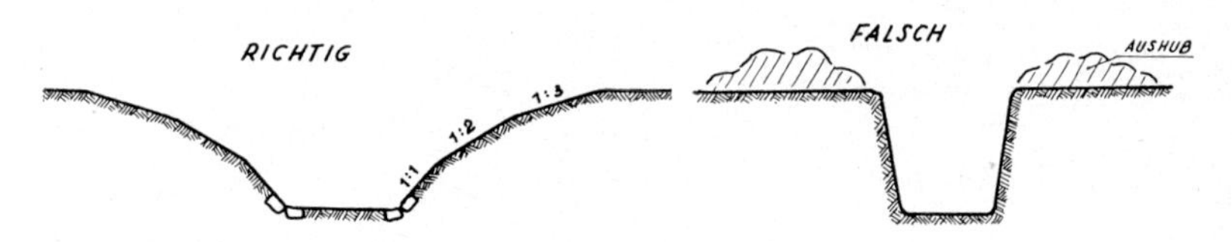

Richtiger und falscher Bau der Gräben

Instandsetzung verwahrloster Teiche

Verwahrloste Teiche gleichen mehr einem Sumpf. Die flacheren Teile sind von Rohr, Schilf und Riedgräsern überwuchert. Derartige Teiche lassen sich nicht nach neuzeitlichen Gesichtspunkten bewirtschaften, insbesondere verfehlt eine Düngung ihren Zweck.

Zunächst ist es nötig, die Überwasserpflanzen durch Abmähen unter Wasser zu vernichten. Da sich dadurch auch die Wurzelmassen zersetzen, nimmt die Wassertiefe zu. Laufen aber die Ufer, wie es bei alten Weihern meist der Fall ist, flach aus, so haben wir Randzonen, die zu seicht sind und es auch bleiben, selbst wenn es gelingen sollte, die unerwünschten Pflanzen auszurotten. Der Ertrag eines Weihers hängt aber, was zu bedenken ist, nicht allein von der Wasserfläche, sondern mit vom Wasserraum ab. Eine Fläche mit einer Tiefe von 80 cm bietet den erwünschten Kleinpflanzen und Kleintieren mehr Lebensraum als die gleiche Fläche mit einer Wassertiefe von nur 30 bis 40 cm, ganz abgesehen davon, flache Randzonen liefern beim Zurückgehen des Wassers im Hochsommer überhaupt keinen Ertrag. Es bleibt deshalb nichts anderes übrig, als die seichten Stellen zu vertiefen!

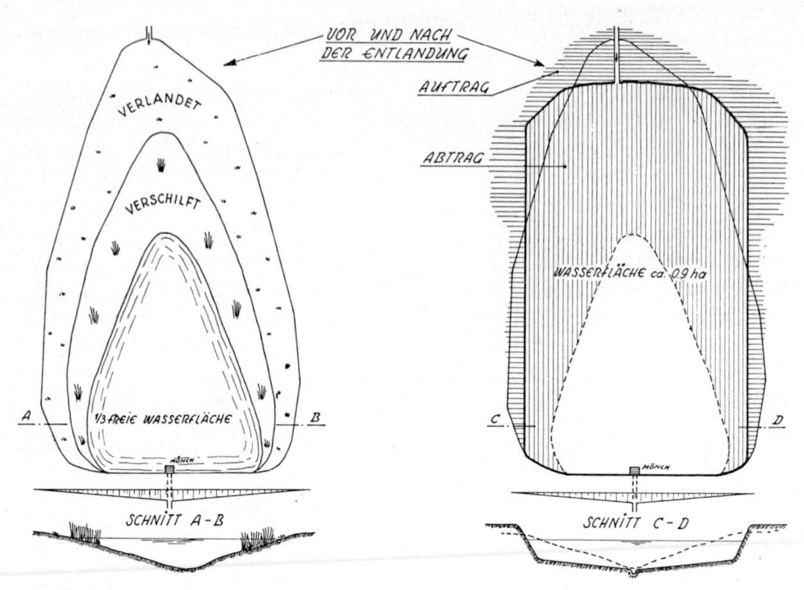

Muster einer Entlandung

Bagger des Wasserwirtschaftsamtes Ansbach bei der Entlandung

Wieviel Erdreich dabei weggenommen werden muß, ist auch ohne Nivellement leicht zu erkennen. Die Überwasserpflanzen gedeihen bis zu einer Tiefe von 60–70 cm. Der Weiher ist deshalb möglichst bis auf

80 cm zu vertiefen. Unbedingt ist darauf zu achten, daß das Gefälle zur Ablaufrinne erhalten bleibt. Meistens ist es nicht möglich, alles Öd- und Sumpfland für die Wasserfläche zu gewinnen. Die anfallenden Erdmassen müssen irgendwie untergebracht werden. Wir brauchen also Land zum Auffüllen. Die Nutzfläche der Weiher wird hernach nicht gleich der Katasterfläche sein. Falls sich die herausgeschaffte Weihererde dazu eignet, kann sie auch kompostiert werden. Bei kleineren Teichen ist dies oft üblich, um die Teichfläche nicht zu verringern.

Falscher Einsatz einer Planierraupe. Sie war nicht in der Lage, einen klaren Teichrand zu schaffen und das bisherige Sumpfland aufzufüllen

Die Instandsetzung ist gut gelungen, wenn sie folgendes Bild zeigt: Der Teich hat deutlich abgesetzte Grenzen und das Land um den Teich ist so hoch aufgefüllt, daß es als Acker, Wiese oder Wald genutzt werden kann.

Wird das herausgeschaffte Erdreich nicht eingeebnet, bleibt vielmehr der Aushub in Haufen am Weiherrand liegen, so bildet der Weiher alles andere als eine Zierde der Landschaft. Mit Recht werden derartige Versäumnisse gerügt. Die Aufsichtsbehörde wird nicht bereit sein, den Weiher abzunehmen, und ein etwaiger Zuschuß entfällt.

Wer sich noch an den Zustand der Teiche vor 30–40 Jahren erinnern kann, weiß, in welch schlechtem Zustand sich damals die Mehrzahl der Teiche befand. Nur wenige Teichwirte waren bereit, in mühsamer

Handarbeit die Versäumnisse von Jahrhunderten gutzumachen. Eine Ausnahme bildeten lediglich die Aischgründer Fischbauern. Ihre Weiher, mit ihr Stolz, waren seit jeher besser gepflegt als die Weiher in anderen Teichgebieten. Ein Umschwung in der Weiherinstandsetzung bahnte sich allerorten erst an, als es möglich wurde, die Hand des Menschen durch Maschinenkraft zu ersetzen.

Die *Planierraupe,* deren spezielle Aufgabe es ist, Erdbewegungen auf größeren Flächen durchzuführen, erscheint zunächst geeigneter, da die für die Entlandung aufzuwendenden Kosten um etwa 30–50 % geringer zu veranschlagen sind als beim Einsatz eines Baggers.

Es gibt verschiedene Arten von Planierraupen. Kopflastige, die auf verhältnismäßig schmalen Ketten laufen, sind zwar sehr stoßkräftig, können jedoch nur auf festen Böden benutzt werden. Eher eignen sich Maschinen mit möglichst breiten Raupen, deren Bodendruck geringer ist (sogenannte Moorraupen). Unkundige lassen sich oft genug überreden, irgendeine Planierraupe zu mieten, noch dazu mit einer Bedienung, die im Teichbau völlig unerfahren ist.

Planierraupen versagen bei stauender Nässe. Ihr Einsatz ist deshalb möglichst in den Herbst oder noch besser in den Sommer zu verlegen. Wenn der Grundwasserstand bei länger ausbleibenden Niederschlägen sinkt, lassen sie sich sogar an zunächst fraglichen Stellen verwenden. Auch leichter, anhaltender Frost kann ihren Einsatz ermöglichen.

Es läßt sich wohl der Gefahr des Versinkens einer Maschine in der Weise begegnen, daß zwei Maschinen gleichzeitig arbeiten, wobei die eine die andere wieder auf standfesten Boden ziehen kann. Dies lohnt sich jedoch nur beim Bau und der Instandsetzung größerer Teichflächen.

Meist kommt der Teichwirt, besonders bei kleineren Flächen, mit einem *Bagger* eher zurecht. Stellen wir die Maschine auf Matratzen — das sind Eichenkanthölzer, die in einem Rahmen aus U-Eisen gefaßt sind —, vermag sie selbst dort zu arbeiten, wo eine Planierraupe hoffnungslos versinkt. Für den Teichbau eignen sich allerdings Baggertypen, wie sie meist von Baufirmen verwendet werden, nicht; wir brauchen Bagger mit möglichst langem Ausleger (10–13 m) und auswerfbarem Schürfkübel, der die Reichweite auf das Doppelte verlängert. Hat der Schürfkübel obendrein ein Fassungsvermögen von mindestens 0,5 cbm, so arbeitet der Bagger selbst dann noch wirtschaftlich, wenn das Räumgut zweimal aufgenommen werden muß. Einiges über die Matratzen:

Erforderlich sind 9—10 Stück. Länge 3,20 m, Breite 1 m. Stärke der Eichenkanthölzer 12—15 cm. Der Rahmen aus U-Eisen wird noch durch aufgeschweißte 10 cm breite Flacheisen verstärkt, 3 Stück oben, 2 Stück unten. Die Kanthölzer sollen die U-Eisen und Flacheisen noch um 2 cm überragen, damit die Raupen des Baggers besser greifen. An jeder Ecke ein kräftiger Ring zum Einhängen der Kette beim Umsetzen der Matratzen.

Neuere Baggertypen sind um einige Tonnen leichter und haben

75 cm breite Raupen, so daß sie sich sogar ohne Matratzen auf weniger tragfähigem Boden verwenden lassen. Die Leistung ist mindestens dieselbe wie die der schwereren Baggertypen, namentlich wenn das Umsetzen der Matratzen entfällt.

Der Einsatz eines Baggers gewährleistet eine saubere Ausführung, insbesondere die Schaffung sich klar abhebender Teichränder mit einer Tiefe von mindestens 80 cm, auf die wir besonderen Wert legen. Beim Einsatz einer Planierraupe muß man sich nur zu oft mit halber Arbeit begnügen, da es im Weiher immer wieder Stellen gibt, die sie nicht tragen. Häufig kann man mit ihr das Land nicht einmal dorthin schaffen, wo man es hinhaben möchte. So ist bei Kettenteichen das Verstärken der Dämme mit die wichtigste Arbeit. Mit der Planierraupe ist es jedoch völlig unmöglich, die unterhalb der Dämme entstandenen Verlandungen aufzunehmen und auf dem Damm abzulagern oder einen verwahrlosten, undichten Damm neu zu schütten.

Als ein weiterer Nachteil erweist sich: Die Planierraupe schiebt die oberste Schicht, soweit sie aus Pflanzen besteht, in großen Rollen an die Teichränder, sie benötigen dort Jahre, bis sie zerfallen und sich für eine landwirtschaftliche Nutzung brauchbar erweisen. Günstiger ist in solchen Fällen, die oberste Schicht zu fräsen und diese zusammen mit dem Mutterboden so weit seitwärts zu schieben, daß dieses Gemenge nach der Entlandung als Teichkrume auf dem sterilen Boden wieder ausgebreitet werden kann.

Der Bagger hat gegenüber der Planierraupe noch den Vorzug, daß er sich zu vielen anderen Arbeiten eignet, die in der Teichwirtschaft anfallen: zum Verstärken der Dämme, Verlegen neuer Rinnen, Ziehen von Gräben, Bau kleinerer Teiche wie der von Winterungen, Hältern usw. Die Modernisierung einer Teichwirtschaft ist daher ohne den Einsatz eines Baggers nicht mehr denkbar.

Bagger und Planierraupe kann man auch miteinander koppeln und die Planierraupe dabei mehr für das Einebnen der vom Bagger herausgeschafften Erdmassen verwenden, besonders wenn sie mehr sandiger Art sind und daher leicht austrocknen. Handelt es sich aber um größere Haufen schweren Lehm- oder Tonbodens, ist es einfacher, sie anschließend durch den Bagger verziehen zu lassen.

Die Maschinen werden in der Regel nach Stunden bezahlt. Es ist deshalb wohl zu überlegen, ob es sich überhaupt lohnt, zwei Maschinen einzusetzen, besonders da noch die Kosten für den Antransport hinzukommen. Bagger und Planierraupe können wohl kleinere Wegstrecken selbst schaffen. Bei größeren Entfernungen ist jedoch der Einsatz von Tiefladern geboten.

In ausgesprochenen Teichgebieten ist ihr Einsatz daher planmäßig zu gestalten. Die Maschinen müssen gleichsam von Weiher zu Weiher weitergereicht werden. Voraussetzung hierzu ist der Zusammenschluß der Teichwirte, am besten zu einer Teichgenossenschaft. Zuschüsse aus öffentlichen Mitteln sind ohnehin nur dann zu erwarten, wenn eine öffentlich-rechtliche Körperschaft als Trägerin des Unternehmens auftritt.

Kettenteichen aus früherer Zeit fehlt zumeist eine gesonderte Zu- und Ableitung des Wassers. Vom obersten kommt das Wasser, um über die folgenden Weiher abzufließen. Sind Kettenteiche noch dazu mehreren zu eigen, ist ihre Bewirtschaftung besonders erschwert. Oft reicht z. B. der Stau des einen Teiches noch in den des nächst oberen. Vor der Instandsetzung von Kettenteichen erscheint es daher geboten, derartige Behinderungen abzustellen und, soweit nötig, Abfischung, Trockenlegung und Bespannung bindend festzulegen.

Weil immer wieder die Frage auftaucht, ob eine Planierraupe oder ein Bagger zweckmäßiger ist, erscheint es angebracht, abschließend nochmals zusammenfassend am Beispiel Mittelfrankens auf dieses Problem einzugehen.

Hohe Grundwasserstände in den Talniederungen waren hier vorwiegend der Anlaß zum Bau der Teiche. Es handelt sich deshalb durchweg um nasse Böden, für die sich ein Bagger mit einem weit ausladenden Schürfkübel weit besser eignet als eine Planierraupe. Zudem waren meist kleinere Teiche zu bessern und instand zu setzen. Wo in einzelnen Fällen eine Planierraupe tätig war, konnte von einer sauberen Arbeit, die unbedingt verlangt werden muß, nicht gesprochen werden. Das Wasserwirtschaftsamt verweigerte entweder die Bezuschussung oder es stellte die Auflage, einen Bagger zum »Nachpolieren« anzusetzen. Es gab also keine Ersparnis, sondern eine Erhöhung der Kosten!

Nun ist zuzugeben, daß in anderen Teichgebieten, wo vor allem leichte, sandigere Böden der Anlaß waren, Teiche zu bauen, mit einer Planierraupe mehr auszurichten ist, noch dazu, wenn es sich um größere Weiher handelt. Oft beschränken sich auch Pächter mit Absicht auf das Nötigste und wählen die Planierraupe, wenn sie statt des Verpächters den Weiherbau übernommen haben.

Schließlich ist in unserem »Kalkül« die Witterung noch ein wichtiger Faktor: Der Bagger ist selbst bei nassem Wetter, bei Regen und Schnee in der Lage, seine Aufgaben zu erfüllen. Bei Verwendung von Planierraupen dagegen ist man nur zu oft gezwungen, die Arbeit auf Stunden, Tage oder gar Wochen einzustellen.

Instandsetzung alter Mühlweiher

Die Instandsetzung alter Mühlweiher verursacht am meisten Kopfzerbrechen. Soweit sie sich noch in leidlicher Verfassung befinden, fällt es nicht allzu schwer, die Randzonen mit einem Schürfkübelbagger auf 80 cm zu vertiefen. Auch der Bau eines Umleiters bei zu großer Wasserspende kann geboten erscheinen. Bei kleineren, tiefen Speicherbecken, wie sie in Verbindung mit Triebwerken geschaffen wurden und zuweilen noch bestehen, mag es zweckmäßiger sein, das bei der Entlandung der Randbereiche anfallende Material nicht außerhalb, sondern im Teich selbst abzulagern. Wir verringern dadurch Kosten und erreichen leichter eine optimale Tiefe.

Ganz besondere Schwierigkeiten bereiten Mühlweiher, an denen in Jahrhunderten nichts gerichtet wurde. Je nach der Wassertiefe bilden die Uferzonen ein Dickicht von Rohr und Schilf, z. T. in Form von Schwebwasen. Nur die tieferen Stellen erscheinen als freie Wasserflächen. Aber auch hier liegt der Schlamm oft meterhoch.

Ein Teichwirt wäre schlecht beraten, mutete man ihm zu, er soll den im Laufe von Jahrhunderten angesammelten Schlamm entfernen. Dies könnte bei größeren Weihern Zehntausende kosten. Die organischen Bestandteile des Schlammes – um solche handelt es sich im wesentlichen – mineralisieren sich von selbst, wenn der Teich mehrere Winter durch Offenhalten des Hauptgrabens richtig entwässert wird und der Sauerstoff der Luft auf den Schlamm einwirken kann. Noch schneller vollzieht sich dieser Abbau, wenn wir den Weiher sömmern, u. U. sogar über zwei Jahre hinweg, und gleichzeitig die Überwasserpflanzen mit einem geeigneten Herbizid vernichten. Der Entgang der Fischnutzung während der Trockenlegung kommt bei weitem nicht an die Kosten einer Entlandung zur Unzeit heran. Jedenfalls ist dringend davor zu warnen, alte Mühlweiher während der Wintermonate entlanden zu wollen. Erweist sich selbst bei einer längeren Trockenlegung der Weiherboden noch nicht als tragfähig genug, um mit einem auf Matratzen gestellten Schürfkübel die Arbeit beginnen zu können, so kann man vom sicheren Rande aus einen Streifen entlanden und von diesem aus den nächsten Streifen usw. in Angriff nehmen.

Letztlich könnte man erwägen, den in Massen abgelagerten Schlamm durch einen Saugbagger herauszuschaffen. Aber wohin mit dem flüssigen Schlamm? Steht eine ausreichende Deponie in Form einer aufgelassenen Grube oder dergleichen nicht zur Verfügung, so sind solche durch umständliche Schüttung von Dämmen im Verlandungsbereich des Weihers zu erstellen, was nicht leicht fällt. Zum Entfernen von Schlamm, der mit Wasserpflanzen durchsetzt ist, eignet sich der Saugbagger ohnehin nicht. Der Saugkopf würde sich zu oft verstopfen. Überdies sind Vertiefungen, in denen das Wasser beim Ablassen des Weihers zurückbleibt, unerwünscht.

Bau von Fischerhütten

Städter, die sich Weiher zulegen, benötigen zumeist auch einen Schuppen, in dem sich Geräte, Dünge- und Futtermittel aufbewahren lassen und einen Unterstand, um sich bei schlechtem Wetter umziehen und aufwärmen zu können. Derartige Wünsche lassen sich aber, um einer Zersiedlung der Landschaft im öffentlichen Interesse vorzubeugen, nicht immer verwirklichen. Strenge Vorschriften bestehen namentlich im Bereich von Landschaftsschutzgebieten.

Die Genehmigung zum Bau eines Geräteschuppens ist über die Gemeinde bei der Kreisverwaltungsbehörde unter Vorlage der gebotenen Pläne zu beantragen. Sie zu bekommen hängt weitgehend davon ab, wie das Vorhaben von den einzuvernehmenden Sachverständigen begutachtet wird. Einen Anhalt für die Größe des Schuppens bietet die bewirtschaftete Teichfläche. Ein umbauter Raum mit 3 × 5 × 2 m dürfte z. B. für einen 3 ha großen Betrieb genügen. Gibt sich der Teichwirt mit dem erhaltenen Bescheid nicht zufrieden, so hat letztlich das Verwaltungsgericht zu entscheiden.

Wer sich umsieht, dem zeigen sich Hütten, die inmitten einer Buschgruppe durchaus nicht unangenehm auffallen, die in eine Weiherlandschaft eingebunden sind, ähnlich wie die Hütten in den zugehörigen Obstgärten und Weinbergen. Andererseits sieht man aber auch Bauten, die störend wirken, die eher einem feudalen Wochenendhaus als einem Schuppen gleichen.

Teichwirtschaft und Naturschutz

Der Naturschutz hat eine wichtige staatspolitische Aufgabe zu erfüllen. Darüber kann es unter vernünftigen Menschen keinen Streit, nicht einmal Zweifel geben. Naturschutz tut also not.

Leider schießen aber Vertreter des Naturschutzes bisweilen über das Ziel hinaus. Dies gilt insbesondere auch auf dem Gebiet der Teichwirtschaft. Nach der Meinung einiger Naturschützer können Teiche das Landschaftsbild verunstalten. Als Gründe werden u. a. Schädigung des Biotops, des Ökosystems und der Biozönose genannt.

Tatsächlich aber bereichert und belebt fast jeder Teich die Landschaft. Als Stätten der Ansammlung von Wasser wirken Teiche wie Perlen in der Landschaft. Teiche prägen die Kultur- und Erholungslandschaft gleichermaßen. Diese Feststellungen entsprechen Meinung und Wünschen unserer Bevölkerung.

Besonders nachdrücklich verteidigt der Naturschutz die sogenannten Feuchtgebiete. Besteht die Absicht, auf einem echten oder vermeintlichen Feuchtgebiet einen Teich zu errichten, kommt es immer wieder zu Meinungsverschiedenheiten.

Wir sollten betonen, daß Teiche ebenfalls Feuchtgebiete sind, artenreiche Biotope mit charakteristischer Fauna und Flora. Andererseits wird ein Teichbauinteressent kein Feuchtgebiet beanspruchen, in dem später die Wasserversorgung des neuen Teiches nicht voll gesichert ist.

Manchmal gibt es auch Differenzen mit dem Naturschutz, sollen verlandete Teichflächen geräumt werden. Es wird von »erstrebenswerten Verlandungszonen« gesprochen. Der Teichwirt aber lebt von produktiven Wasserflächen. Verlandungszonen fallen für die Fischerzeugung aus. Außerdem verbrauchen sie wertvollen Teichdünger für Pflanzenmassen, die hohe Beseitigungskosten verursachen.

Nach wie vor handelt es sich bei der Teichwirtschaft um Landeskultur im besten Sinne des Wortes. Der Naturschutz muß auch die Wohlfahrtswirkungen der Teiche berücksichtigen. Sie tragen zur Erhaltung und Anreicherung der Grundwasservorräte sowie zur Regulierung des Hochwassers bei und verbessern die Niederwasserführung von Bächen und Flüssen. Darüber hinaus beeinflussen sie das Kleinklima günstig.

Weitere Gesichtspunkte: Dem bisweilen erhobenen Vorwurf, viele Teiche, insbesondere die kleineren, wären in der Form zu eckig, also zu wenig abgerundet, läßt sich mit dem Hinweis begegnen, daß es sich mit teichwirtschaftlich genutzten Flächen ähnlich verhält wie bei Feldern und Wiesen. Auch der Teichwirt möchte kein ungenutztes Land.

Was die manchmal erhobene Forderung angeht, die Dämme mit Bäumen, Strauch- oder Buschwerk zu bepflanzen, läßt sich diesem Wunsch aus betriebstechnischen Gründen nicht Rechnung tragen, da er wichtigen Voraussetzungen des Teichbaues und der Teichwirtschaft zuwiderläuft. Dämme sollen frei von Wurzelwerk sein. Wurzeln machen den Damm undicht. Hinzu kommt, daß der Damm befahrbar sein soll. Vom Damm aus muß der Teichwirt düngen und füttern, außerdem das Gras auf dem Damm mit einer Maschine mähen. Schließlich wünscht der Teichwirt keinen Laubfall im Teich, zumal Blätter, die sich am Teichgrund langsam zersetzen, den Teichboden unfruchtbar machen und die Fische, namentlich die Brut schädigen. Aus dem gleichen Grund müssen Büsche und Bäume entlang von Gräben, die das Wasser heranführen, vermieden werden.

Darüber hinaus liefert die Teichwirtschaft zur Erhaltung der Kulturlandschaft auch dadurch einen angemessenen Beitrag, daß kleinere Täler mit nassen Böden, aus denen sich die Landwirtschaft zurückzieht und die durch die sogenannte Sozialbrache zu veröden drohen, durch den Bau von Teichen wieder zu einem Gewinn für das Landschaftsbild werden.

7 Pflege der Teiche

Wie uns aus der Landwirtschaft bekannt ist, mindert stauende Nässe den Ertrag. Nasse, zu wenig durchlüftete Böden sind wegen Sauerstoffmangels untätig, das »Bodenleben« ist gehemmt, pflanzliche und tierische Rückstände werden nur unzulänglich abgebaut. Dasselbe trifft auf stehende Gewässer zu, nicht aber auf Fließgewässer, in denen sich das Wasser fortlaufend erneuert und dabei durchlüftet wird.

Weiher mit ungenügender Vorflut. Seine Trockenlegung erfordert alljährlich Handarbeit

Der im Wasser gelöste Sauerstoff reicht in gut gedüngten Teichen auf die Dauer nicht aus, um die Massen an pflanzlichen und tierischen Rückständen, die während der Wachstumsmonate auf den Gewässerboden niedersinken, so weit abzubauen, daß sie wieder zur Grundlage neuen Lebens werden können. Es lagert sich Schicht auf Schicht mit einem Arsenal an sauerstoffzehrenden Stoffen. Das normale pflanzliche und tierische Leben erlischt. Es bildet sich *Faulschlamm*. Er ist durch das Entstehen von Schwefeleisen schwarz gefärbt und enthält als Abbauprodukt unter anderen Gasen Schwefelwasserstoff (Geruchsprobe!), ein gefährliches Fischgift.

Beim Ziehen von Gräben

Kleiner Teich mit Haupt- und Seitengräben

Trockenlegung im Winter

Um einer Wertminderung des Teichbodens vorzubeugen, ist es unerläßlich, fischereilich genutzte Teiche vorübergehend trockenzulegen.

In der Regel wählt man hierzu die Zeit zwischen der Abfischung im Herbst und der Besetzung im Frühjahr. In diesem Zeitraum bringt der Karpfenteich ohnehin keinen Zuwachs. Von den Wassermassen entlastet, atmet der Teichboden gewissermaßen auf, er trocknet aus, er gefriert, die Bodenoberfläche lokkert sich, es dringt Luft ein, der Teichschlamm verrottet, die Nährstoffe lösen sich aus ihrer Bindung und stehen dem Wachstum der Pflanzen wieder zur Verfügung. Und was nicht minder wichtig ist: Parasiten, Erreger von Seuchen, werden mitvernichtet.

Der frühere Bachlauf bildet den Hauptgraben

Diese befruchtende und gleichzeitig sanierende Wirkung kommt aber nur zustande, wenn der Teichboden tatsächlich trockengelegt wird. Ein abgelassener Weiher darf nicht, wie leider sehr häufig, einer großen Pfütze gleichen. Hauptgräben sind wieder zu räumen und Stichgräben zur Entwässerung noch nasser Stellen zu ziehen.

In kleineren Teichen zieht man die Gräben von Hand. Hat der Teich mehr längliche Form und gutes Längs- und Quergefälle, so genügt es zumeist, den Hauptgraben zu entschlammen. Bei größeren, noch dazu mehr quadratisch geformten Teichen, war es aber seit jeher ein Problem, ein ausreichendes Grabennetz durch Handarbeit zu schaffen, besonders im Herbst, wenn die Zeit drängt. Es lag deshalb nahe, auch hierfür Maschinen einzusetzen.

Bei einigen Praktikern bewährte sich der Schlepper Massey-Ferguson in den Leistungsklassen von 37 kw—52 kw (50—70 PS) und einer Spezial-Halbraupenausrüstung für Sumpfböden. Dabei wird zwischen Hinter- und Vorderachse des Schleppers ein zusätzliches, luftbereiftes Rad, etwa in der Größe der Vorderräder montiert und ein leichteres Raupenband über dieses Zusatzrad und die Hinterräder gespannt. Der Antrieb erfolgt durch die Umdrehung der Hinterräder. Am Drei-Punkt-Gestänge lassen sich zapfwellengetriebene Grabenräumgeräte anbringen. Der Schlepper mit seiner Ausrüstung zum Befahren nasser Böden eignet sich auch zum Fräsen und Kalken des Teichbodens, mit angebrachtem Frontlader auch zu weiteren Arbeiten im teichwirtschaftlichen oder landwirtschaftlichen Betrieb.

Schlepper mit Halbraupenausrüstung

Bearbeitung des Teichbodens

Wir verstehen unter der Ackerkrume den Teil des Bodens, der vom Pflug bearbeitet wird. Durch Verwesung pflanzlicher und tierischer Stoffe ist er dunkel gefärbt. Von der darin tätigen Kleinlebewelt, den chemischen und physikalischen Vorgängen hängt im wesentlichen die Fruchtbarkeit des Bodens ab. Wie der Acker seine Ackerkrume, so hat auch der Teich seine Krume, nur wird ihr dieser Name bisher vorenthalten. Wir sprechen lediglich vom Teichboden, vom Teichschlamm, aber auch vom Teichlaboratorium. Denn ähnlich wie in der Ackerkrume werden auch in der Teichkrume Nährstoffe gebildet, gespeichert und bei Bedarf abgegeben. Dieser Begriff sollte schon deshalb eingeführt werden, um dem Teichwirt klarzumachen, daß der Teichboden einer ähnlichen Pflege bedarf wie der Ackerboden.

Die belebte Bodenschicht, die für die Fruchtbarkeit des Teiches ausschlaggebend ist, mißt oft nur einige Zentimeter. Wir stören ihre Funktion auf jeden Fall durch eine zu tiefgehende Bodenbearbeitung. Insbesondere ist in der Regel vom Ackern des Teichbodens abzuraten. Die meist nur geringmächtige Krume käme zu tief nach unten. Hingegen erscheint die Fräse für die Bearbeitung des Teichbodens wie geschaffen. Sie zerstört den Wurzelfilz, sie lockert und durchmischt den Teichboden, ohne daß zuviel roher Boden heraufgeschafft wird.

Nun haben wir im Karpfen selbst den besten Bodenbearbeiter. Seine Lippen sind vorstülpbar, so daß das Maul zu einem Rüssel wird. Mit ihm durchwühlt er gleich einem Schwein den Boden nach Nahrung. Je kleiner allerdings der Karpfen ist, desto weniger vermag er mit seinem Mäulchen den Boden »anzupacken«, wie wir uns landläufig ausdrükken. Der Teichboden wächst zu und verhärtet. Dieses zeigt sich schon bei der Besetzung der Teiche mit K_1 und noch deutlicher bei einer Besetzung mit K_0 und K_v. Es wechseln deshalb nicht wenige Teichwirte bei der Besetzung ihrer Teiche mit der Altersklasse ab. Auch der Mischbesatz aus K_1 und K_2 wird oft damit begründet, K_1 würden allein den Boden nicht genügend bearbeiten. Bei intensiver Bewirtschaftung ist, wie gesagt, eine ungenügende Bodenbearbeitung durch heranwachsende K_2 kaum zu befürchten. Dies geht schon aus folgender Beobachtung hervor: Je dichter ein Teich mit K_1 besetzt ist, desto weniger haben weiche Wasserpflanzen die Möglichkeit zu wuchern. Das Gegenteil ist aber bei einer Besetzung mit K_v oder K_0 der Fall.

Bei Teichen, die Jahr für Jahr zur Aufzucht von K_1 benutzt werden, ist daher eine gründliche Bodenbearbeitung unerläßlich. Hier dürfte die Fräse das richtige Gerät sein. Es läßt sich damit eine lockere Teichkrume schaffen, wie sie bei Aufzuchtteichen dringend erforderlich ist. Nun wird in letzter Zeit häufig empfohlen, sämtliche Teiche zu fräsen, gleichgültig, mit welcher Altersklasse sie besetzt werden, was nicht ratsam erscheint. Je mehr wir die Struktur des Teichbodens durch eine unnötige und zu weit gehende Bodenbearbeitung lockern, desto mehr tragen wir zur Nivellierung des Teichbodens bei. Der Teich verliert mit der Zeit das für die Abfischung und Trockenlegung unbedingt notwendige Gefälle. Besonders gefährdet sind größere, längliche Teiche mit übernormalem Quergefälle, wenn deren Längsachse noch dazu in der Hauptwindrichtung liegt. Das gleiche Übel ist zu befürchten, wenn man bei der Teichinstandsetzung versucht, die verwachsenen Randzonen nicht durch Ausbaggern, sondern durch Fräsen nutzbar zu machen. Die Randzonen werden im Laufe der Jahre durch den Wellenschlag von Feinerde und Humus entblößt, so daß je nach dem Untergrund schließlich nur noch Sand oder Steine anstehen. Gegen die Mitte zu aber häuft sich derart viel Schlamm an – meist handelt es sich bereits um Faulschlamm –, daß mit Maschinen nichts mehr auszurichten ist. Es gibt genug Teiche, die man ob solchem Zustand als »Greise« bezeichnen könnte.

Wie sollen schließlich die Schlammassen auf die Randzonen zurückgeschafft werden? Schon das Ziehen des Hauptgrabens erfordert Handarbeit, die auf einmal gar nicht zu schaffen ist, weil der angehäufte Schlamm immer wieder nachschiebt, von den Schäden, die Unterliegern durch Anspülen von Schlamm entstehen können, ganz zu schweigen.

Eine zu weit gehende Bodenbearbeitung birgt obendrein die Gefahr, daß an Stelle der erwünschten Kleinalgen Fadenalgen hochkommen, vor allem wenn ein Weiher zunächst nicht besetzt wird. Wir stellen uns wohl daher mit Recht auf folgenden Standpunkt: Um die Teichkrume in ihrer Funktionsfähigkeit zu erhalten, genügt bei Abwachsteichen eine längere, sorgfältige Trockenlegung, besonders den Herbst und Winter über. Beim Aufgehen des Frostes weist die Teichkrume dann auch ohne vorausgegangene Fräsung die erwünschte Krümelstruktur auf.

Der richtig trockengelegte Teichboden weist große und kleine Risse auf

Die meisten Teichwirte sind ohnehin der Meinung, für einen Einsatz der Fräse reiche zumeist weder die Zeit, noch lassen die Bodenverhältnisse einen solchen Einsatz zu. Es gibt allerdings auch in Abwachsteichen zuweilen Stellen, die selbst große Karpfen nicht aufzuschließen vermögen und in denen auch keine Fischnährtiere wachsen. Es handelt sich hierbei um sandige Stellen, insbesondere, wenn bei einer Ausbaggerung der Randflächen versäumt wurde, guten Boden aufzutragen. Um solche Stellen nutzbar zu machen, ist eine Auflockerung unbedingt geboten.

Bei der Trockenlegung eines Weihers ergeben sich zuweilen Schwierigkeiten, wenn etwa die Ablaufrinne zu hoch liegt und die Vorflut fehlt. Ist dies nicht zu ändern, bleibt bei kleineren Teichen nur noch der Ausweg, den Weiherschlamm aufzubeeten, um ihn trocken zu bekommen.

Das eine oder andere Jahr kann es auch notwendig sein, den in der Fischgrube und im anschließenden Hauptgraben angesammelten Schlamm wegzuschaffen, damit sich die Fische beim Ablassen des Teiches vor dem Mönch einfinden. Ihn zum Nachteil von Unterliegern aufzurühren und abzuschwemmen ist nicht gestattet.

Das Trockenlegen der Teiche den Winter über ist für deren Ertragsfähigkeit so entscheidend, daß selbst Himmelsweiher nicht vor der Schneeschmelze bespannt werden sollten. Wohl gibt es Teiche, z. B. in langen Weiherketten, in denen schon im Herbst das Wasser aus oberhalb liegenden Teichen aufgefangen werden muß, um im nächsten

Wirtschaftsjahr nicht ohne Wasser zu sein. Bei solchen Gegebenheiten wechselt man in der winterlichen Trockenlegung der Weiher ab oder man zieht nur sogenannte Sommerfische, die bereits Ende August, Anfang September abgesetzt werden. Der Teich kann dann wenigstens den Herbst über gründlich auslüften.

Fällt eine solche Trockenlegung in einen sonnigen Herbst, so ist sie einer Trockenlegung im Winter über ebenbürtig. Das gleiche gilt für eine Trockenlegung im Frühjahr, wie sie für Kv-Teiche üblich ist. Ausgesprochen nasse Winter bringen ohnehin nicht viel ein.

Dränung des Teichbodens

Die moderne Teichwirtschaft kennt auch eine Dränung des Teichbodens. Ein gedränter Teichboden trocknet im Herbst, nach der Abfischung, nicht nur schneller aus, es entfällt auch das Grabenziehen, was bei Mangel an Arbeitskräften ein weiterer Vorteil ist. Man möchte vor allem zu einer Dränung der Aufzuchtteiche raten. Wir erleichtern

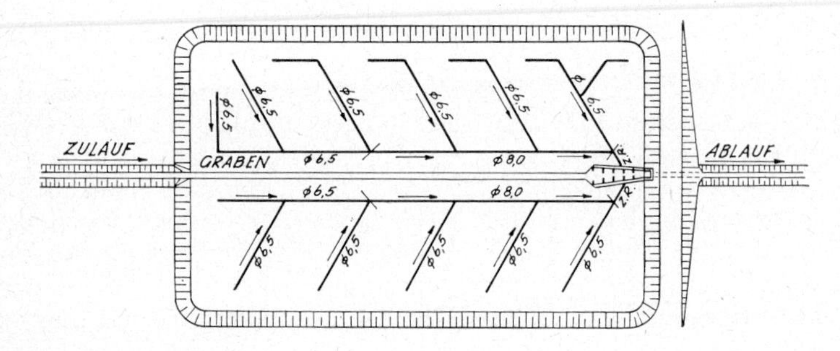

Dränung des Teichbodens

gerade hier den notwendigen Einsatz von Maschinen und Geräten, wenn der Teichboden anstatt durch Gräben mittels Dränagen entwässert wird. Man geht wie folgt vor:

Der Hauptgraben bleibt bestehen, allein schon um die Abfischung nicht zu erschweren. Zu beiden Seiten des Hauptgrabens verlaufen im Abstand von 8 m die Sammler mit einem Gefälle von ca. 1 %. Der Abstand der Sauger zueinander richtet sich nach der Bodenfeuchtigkeit sowie nach der Vorflut. Bei seitlichem Wasserdruck (Hangwasser) sind noch Kopfstränge erforderlich. Im Plan ist dies auf der linken Seite angenommen. Rohr∅: Sauger 6,5 cm, Sammler 8 cm. Die Sammler münden entweder in den Hauptgraben oder in die Fischgrube. Wird der Weiher gesteckt, so sind gleichzeitig die Dränagen außer Tätigkeit. Um den Ausmündungen den nötigen Halt zu geben, stellt man die letzten

Meter mit Zementrohren (10 cm ⌀) her. Das Ausmündungsstück ist mit einer Klappe zu versehen, die das Eindringen von Fröschen unterbindet.

Die Dränstränge dürfen bei der Bearbeitung des Teichbodens keinen Schaden leiden. Die Mindestüberdeckung muß deshalb 40–50 cm betragen. Dasselbe Maß muß auch die Sohle des Hauptgrabens gegenüber

Dränieren des Teichbodens mit Dränbagger

dem Teichboden aufweisen. Je besser die Vorflut, desto tiefer können die Rohre gelegt werden und desto größer können die Abstände der Sauger voneinander sein. Man legt die Stränge bei einer Vorfluttiefe von 0,5 m mit 7–8 m und bei einer Vorfluttiefe von 1 m mit 10 m Abstand.

Die Dränung eines Teiches kostet etwa ein Drittel mehr als die eines Ackers, weil die Stränge enger liegen. Doch der Aufwand lohnt sich, der Teichboden läßt sich ohne Mühe und rechtzeitig bearbeiten.

Trockenlegung im Sommer (Sömmern)

Weiher, die wegen Wassermangels oder anderer Gründe regelmäßig den Winter über unter Wasser stehen, lassen sich in ihrer Fruchtbarkeit nur erhalten, wenn sie alle 5—7 Jahre »gesömmert« werden, d. h. den

Sommer über trockengelegt werden. Die Sömmerung ist aber nur unter folgenden Bedingungen erfolgversprechend: Der Weiherboden muß wie bei der winterlichen Trockenlegung zunächst sorgfältig entwässert, dann aber auch bearbeitet werden, um ihn landwirtschaftlich nutzen zu können. Geschieht nichts, so schießen die Wasserpflanzen ins Kraut. Bei großen Flächen kommt der Anbau von Hafer, bei kleineren auch der von Hackfrüchten und Gemüse in Frage. Das einfachste und billigste dürfte sein, den Teichboden etwa im Juli zu fräsen. Dadurch wird er hinreichend aufgelockert und zugleich auch das Aufkommen unerwünschter Landpflanzen verhindert.

In früheren Jahrhunderten war die regelmäßige Sömmerung weitaus gebräuchlicher als die winterliche Trockenlegung. Ganze Weiherketten wurden gleichzeitig trockengelegt. Man pflegte sogar geeignete Weiher nach Ablauf mehrerer Jahre die gleiche Zeit über landwirtschaftlich zu nutzen. Diese Wechselwirtschaft ergab für beide Betriebszweige höhere Ernten.

Bei Himmelsteichen ist des öfteren eine Sömmerung zwangsläufig, insbesondere wenn im Frühjahr der Weiher nicht voll wird und die Hoffnungen auf ergiebige Niederschläge sich in den folgenden Wochen nicht erfüllen. In solchen Fällen ist es vernünftiger, abzufischen und den Teich trockenzulegen. Gerade diese Zwangstrockenlegung erlaubt es, die Vorteile der Sömmerung durch gründliche Bearbeitung des Teichbodens voll zu nutzen.

Wie günstig sich eine Sömmerung auswirkt, läßt sich deutlich am Pflanzenwuchs erkennen. Nach der Wiederbespannung finden wir fast nur noch Leitpflanzen eines guten Karpfenteiches, wie von den weichen Wasserpflanzen das Wassergras und mitunter auch den Wasserfenchel. Den Höchstertrag bringt der Teich in der Regel nicht im ersten, sondern erst im übernächsten Jahr nach der Sömmerung. Im ersten Jahr kann es in kleineren, flachen Teichen sogar zu Fischsterben kommen, wenn sich die Reste von Landpflanzen zersetzen. In neuerer Zeit werden Weiher nur noch selten gesömmert. Wie beim intensiv betriebenen Ackerbau die Schwarzbrache entbehrlich wurde, ebenso kann man in einer neuzeitlichen Teichwirtschaft auf die Sömmerung der Teiche zumeist verzichten.

Niederhaltung unerwünschter Wasserpflanzen

Ein Weiher ohne Wasserpflanzen wäre ohne Leben! Wasserpflanzen bilden wie die Landpflanzen erst die Voraussetzung für das tierische Leben. Es kommt jedoch darauf an, welche Pflanzen im Weiher wachsen. Am wichtigsten sind für seine Ertragsfähigkeit, wie wir aus dem Kapitel »Wasserpflanzen« wissen, die Pflanzen, die zu den Algen gehören und im Wasser schweben, sowie die weichen Wasserpflanzen, die höchstens etwas über das Wasser herausragen. Lassen wir der Natur freies Spiel, dann nehmen in wenigen Jahren die uns unerwünschten Überwasserpflanzen überhand. Wie der Bauer den Pflanzenwuchs auf Wiesen und Feldern in seinem Sinne fördert oder hemmt, so sollte auch der Teichwirt handeln. Beschränkt er sich darauf, Rohr und Schilf, soweit sie sich als Streu eignen, lediglich im Herbst einzuholen, so hat er damit noch nichts zu ihrer Vernichtung getan.

Die unerwünschten Wasserpflanzen sind während der Wachstumszeit zu bekämpfen. Der Kleinteichwirt mäht sie an warmen Tagen mit der Sense im Wasser dicht über dem Gewässerboden ab, meist in der Zeit zwischen der Heu- und Getreideernte. Je tiefer die Pflanzen am Grund geschnitten werden, um so nachhaltiger ist der Erfolg. Fischbauern, die darauf bedacht sind, den Weiher möglichst frei von höheren Pflanzen zu halten, beginnen mit dem Mähen schon im Mai, sobald die ersten Spitzen über dem Wasser erscheinen, und wiederholen den Schnitt, wenn notwendig, im Juli. Je lichter der Bestand ist, je weniger die Pflanzen verholzt sind, um so leichter fällt das Mähen. Auch die weichen Wasserpflanzen (Laichkräuter, Pfeilkraut, Wasserhahnenfuß, Wassergras) müssen, besonders wenn sie die Weiherfläche zu überwuchern drohen, noch vor der Samenbildung geschnitten werden.

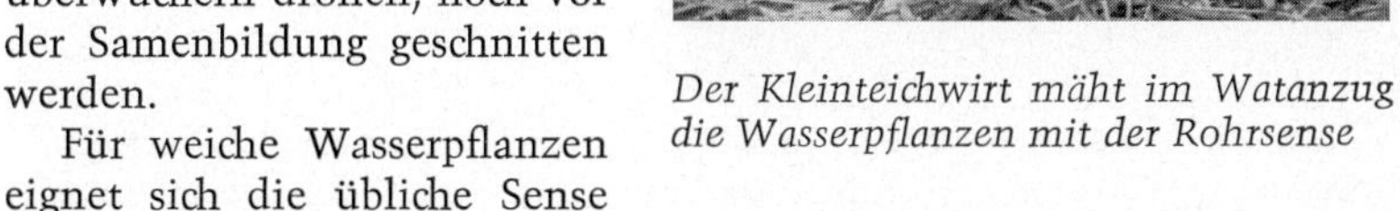

Der Kleinteichwirt mäht im Watanzug die Wasserpflanzen mit der Rohrsense

Für weiche Wasserpflanzen eignet sich die übliche Sense zum Grasmähen, für harte Wasserpflanzen die robustere Rohrsense, die aus Stahlrohr gefertigt ist und deren Stil zur leichteren Handhabung etwas gebogen ist.

Die abgemähten Wasserpflanzen läßt man entweder vom Wind zusammentreiben oder man schiebt sie mit einer langen Stange (Schwimmbalken) ans Ufer. Sie herauszuschaffen, nimmt oft mehr Zeit in Anspruch als das Mähen. Sie im Wasser zu belassen ist nicht immer ratsam. Manche Wasserpflanzen wachsen weiter, insbesondere das Wassergras (Glyceria fluitans). Folgen heiße Tage, so besteht überdies die Gefahr, daß durch die beschleunigte Fäulnis der Pflanzen und ihrer Wurzeln der Sauerstoff des Wassers schwindet oder daß die Karpfen an

Kiemenfäule erkranken. Bei anhaltendem Schönwetter sollte deshalb, namentlich in Himmelsteichen, vom Mähen der Wasserpflanzen ganz abgesehen werden. Man kann wohl humusarme Teiche durch Belassen der abgemähten Wasserpflanzen mit Nährstoffen anreichern (eine Art Gründüngung), zumindest sind aber auch in solchen Fällen die Pflanzenmassen auf Haufen zu setzen, oder an den Böschungen abzulagern, ähnlich wie es beim Düngen mit Stallmist angeraten ist.

Das Ausmähen der Weiher mit der Handsense ist nicht jedermanns Sache. Deshalb wurden verschiedene Entkrautungsgeräte geschaffen. Für einen kleinen Betrieb ist die Gliedersense der Fa. Julius Cronenberg, Müschede, das zweckmäßigste Gerät. Sie besteht aus 5—10 aneinandergekoppelten, 50 cm langen Sensengliedern. Zwei Mann ziehen sie an Stricken hin und her und schaffen damit mindestens die gleiche Fläche wie vier Mann mit der Handsense.

Gliedersense, die von zwei Mann auf dem Teichboden ruckartig hin- und hergezogen wird

Ab und zu kommt es vor, daß Körperteile, die mit dem Wasser in Berührung kommen, besonders die Beine und Arme, am Abend zu jukken beginnen und sich auf der Haut, ähnlich wie nach Schnakenstichen, Schwellungen und Entzündungen zeigen. Manche Menschen sind besonders empfindlich. Die Ursache sind winzige Larven, die in die Haut eindringen. Es handelt sich um die Zwischenform eines Saugwurmes, der zuerst in der Teichschnecke (kenntlich an der spindelförmigen Schale) lebt, sich dort durch Teilung vermehrt und an warmen Tagen in ungeheurer Zahl ausschwärmt. Der Hauptwirt sind Wasservögel. Unter der Haut des Menschen vermögen sich die Würmchen nicht weiter zu entwickeln, sie gehen zugrunde. Einen sicheren Schutz bieten lange Gummistiefel oder Wathosen. Zur Not genügen auch Hosen aus dichtem Stoff, die man unten zubindet.

Im Wasser stehend zu mähen, ist nur an warmen Tagen möglich. Es fällt auch schwer, für diese nicht gerade angenehme Arbeit Arbeitskräfte zu finden. Deshalb fehlte es nicht an Versuchen, die Hand- und Gliedersense durch Maschinen zu ersetzen.

Schilfmäher »Franken I« fertig zum Einsatz

Der von JOSEF GERSTNER, Volkach, konstruierte Schilfmäher »Franken I« ist ein Zweimann-Mäher und kann in zerlegtem Zustand auf kleinstem Raum transportiert werden. Das Mähwerk mit Antrieb ist auf zwei Kähnen montiert und deshalb sehr stabil. Zum Betrieb des Mähers sind zwei Mann erforderlich, die ihn durch Staken fortbewegen. Die Montagezeit vor und nach dem Mähen beträgt jeweils 10–12 Min. Über dem waagrechten Mähbalken mit einer Schnittbreite von 3,25 m steht ein kleinerer senkrechter, mit dem Anhäufungen von Wasserpflanzen vor der Maschine zerteilt werden. Als Antrieb für das Mähwerk dient ein Sachs-Stamo 100 GGR, der im Brennstoffverbrauch sehr sparsam ist. Die Mähtiefe liegt zwischen 0,80 m unter Wasser bis 0,15 m über Wasser. Die Höher- und Tieferstellung des Balkens erfolgt durch eine selbstsperrende Schnecke. Der Schilfmäher arbeitet auch noch im seichten Wasser unter 30 cm Tiefe; hierzu steigen die Männer am zweckmäßigsten aus und schieben die Maschine vor sich her.

Der derzeitige Mangel an Arbeitskräften veranlaßte GERSTNER, den Einmann-Mäher »Franken II« herauszubringen. Dieser hat das gleiche

Mähwerk, es ist aber auf nur einem Kahn montiert. Als Antrieb für die Fortbewegung und das Mähwerk dient eine 7-PS-Agria. Die beiden Schaufelräder werden vor dem Einfahren zum Mähen – eine Rampe sollte zu diesem Zweck vorhanden sein – mit 2 Schraubbolzen an den hohen Gummirädern befestigt. Kleine Entfernungen kann der »Franken II« selbst zurücklegen. Für weite Entfernungen wird der Mähkahn

Schilfmäher »Franken II« beim Einsatz

an einen Kraftwagen oder Schlepper mit einer Kugelgelenkkupplung angehängt, wobei zum Transport nur die zwei Schaufelräder und der Waagrechtbalken abgenommen und in den Kahn gelegt werden. Die Mähleistung beträgt je Stunde bis zu 1 ha bei einer Mindestwassertiefe von 30 cm.

Ein weiterer Vorteil von »Franken II«: Die im Schilfmäher eingebaute Agria läßt sich ohne Schwierigkeiten ausbauen. Sie kann dann, mit den normalen Rädern versehen, zu den üblichen Arbeiten in der Teich-, Land- und Forstwirtschaft verwendet werden. Der »Franken II« kostet etwa das 2½fache des »Franken I«.

Eine weitere Schilfmähmaschine hat J. v. DAVIER, Wellingholzhausen, konstruiert. Sie arbeitet mit einer siebengliedrigen Schilfsense, die durch zwei Führungsstangen am Grund des Gewässers entlanggeführt wird. Sämtliche Wasserpflanzen, gleich welcher Art, werden deshalb unmittelbar über der Sohle des Gewässers geschnitten. Störungen infolge von Verwicklungen treten kaum ein. Selbst die Wurzelstöcke der Seerosen bilden kein Hindernis. Die Maschine eignet sich daher nicht nur zur Niederhaltung der Wasserpflanzen in größeren Teichen, sondern auch in Flüssen, Kanälen, soweit sie weichen Untergrund aufweisen. Um sie noch in Gräben mit einer Breite bis zu 2 m einsetzen zu können, hat J. v. Davier die früher seitlich des Bootes angebrachten Schaufelräder durch ein am Heck des Bootes laufendes Schaufelrad ersetzt. Das neueste Modell ist sogar mit einem Böschungsmäher ausgestattet. Ein Mann als Bedienung genügt, um Sohle und Böschung in einem Arbeitsgang zu bewältigen.

Der Anschaffungspreis einer Mähmaschine ist verhältnismäßig hoch, kleinere und mittlere Betriebe helfen sich meist in der Weise, daß sie gemeinsam eine Maschine kaufen. Bewährt hat sich auch die Lösung, daß ein Teichwirt oder eine Fischereiorganisation das Mähen im Lohnschnitt übernimmt.

Chemische Mittel zur Bekämpfung von Wasserpflanzen

In der Landwirtschaft ist die Bekämpfung von Unkraut mit chemischen Mitteln (Herbiziden) längst gang und gäbe und der Erfolg offensichtlich. Die Felder präsentieren sich ohne jegliches Unkraut.

Das »Unkraut« in den Teichen ist ungleich schwerer zu bekämpfen; gibt es doch kein Herbizid, das sich gezielt gegen eine Pflanzenart verwenden ließe. Wir vernichten meist alle Pflanzen, selbst die Schwebeflora, das Phytoplankton, das erste Glied der bis zum Karpfen reichenden Nahrungskette. Oft sterben sogar die Fische, entweder unmittelbar an einer zu großen Dosis oder mittelbar an Sauerstoffmangel infolge massiv einsetzender Fäulnis.

Sicher bereitet die Bekämpfung unerwünschter Pflanzen dem Teichwirt Mühe und Sorgen. Wer hat noch Zeit und Lust, im Wasser stehend Pflanzen mit der Sense oder Gliedersense abzumähen? Selbst bei Verwendung eines Schilfmähers ist es letztlich geboten, die Pflanzen aus dem Wasser zu entfernen, um einer plötzlichen starken Fäulnis mit ihren Folgen vorzubeugen. Von den schwer zu bekämpfenden Pflanzen, der Fadenalge, der Wasserlinse, dem Armleuchter, der Wasserpest ganz zu schweigen.

Besonders schwierig ist die Bekämpfung der Wasserpflanzen in zu seichten Teichen und in Teichen mit stark kalkhaltigem Zufluß. Soweit ein zu geringer Wasserstand das Wachstum der Wasserpflanzen fördert, ist es angezeigt, solche Flächen, falls möglich, auf etwa 80 cm zu vertiefen. Auch sollte ein Übermaß an kalkhaltigem Wasser ferngehalten werden.

Wenn es gilt, Unkräuter zu vernichten, denkt der Landwirt zunächst an *Kalkstickstoff*, um so mehr, da er gleichzeitig düngend wirkt. Er enthält etwa 20 Prozent N und 60 Prozent CaO. Damit der Stickstoff dieses

Düngemittels von der Pflanze aufgenommen werden kann, muß er sich unter Mithilfe von Wasser, der Bodenkohlensäure und von Mikroorganismen in Salpeter umwandeln. Bei diesem Prozeß bildet sich die Stickstoffverbindung Cyanamid, ein Giftstoff, der die Pflanzen mitsamt ihren Wurzeln und Keimlingen vernichtet. Die Giftwirkung hält etwa drei Monate an. Mit Kalkstickstoff im Herbst behandelte Teiche dürfen daher normalerweise erst im Frühjahr wieder besetzt werden. Gibt man den Kalkstickstoff im zeitigen Frühjahr, etwa nach der Schneeschmelze, so ist mit der Besetzung so lange zuzuwarten, bis sich nach etwa 2 bis 3 Monaten die ersten Hüpferlinge zeigen. Infolge seines hohen Gehaltes an Kalk gehört der Kalkstickstoff zu den alkalischen, bodenaufbauenden Düngemitteln. Der schon bei der ersten Umsetzung frei werdende Kalk ist besonders reaktionsfähig und verfügt über eine hohe Neutralisationsfähigkeit, was in besonderem Maße unseren, mehr zur Säure neigenden Teichböden zugute kommt.

In der Landwirtschaft sind bis zu 1000 kg/ha für die Bekämpfung von Unkraut gebräuchlich. Ein routinierter Land- und Teichwirt empfiehlt für die Ausrottung der Wasserpest 750 kg/ha. Es ist möglich, daß geringere Gaben genügen. Auf jeden Fall betragen die aufzuwendenden Kosten kaum die Hälfte der bisher verwendeten Herbizide, von der Düngerwirkung ganz abgesehen. Die durch die Zersetzung der Pflanzenmassen freiwerdenden Nährstoffe lassen allein schon ein Rekordergebnis erwarten, so daß sich eine Phosphatdüngung erübrigt. Kalkstickstoff vernichtet zugleich unerwünschte Fische, auch Parasiten und Seuchenerreger. Für eine totale Desinfektion sind jedoch wesentlich größere Mengen (3000 kg/ha) erforderlich.

In Frage kommt nur der ungeölte, recht feingemahlene Kalkstickstoff. Beim Streuen ist unbedingt geboten, die Augen durch eine Schutzbrille, Gesicht und Hände durch Einreiben mit Fett und den Körper durch eine gut geschlossene Kleidung zu schützen. Des weiteren sind am Tage des Streuens alkoholhaltige Getränke zu meiden.

Bisher fehlt es nicht an Versuchen, Wasserpflanzen mit Herbiziden zu vernichten. Die Kosten liegen an der Grenze der Rentabilität oder darüber (1000 DM/ha und mehr). In besetzten Teichen dürfen nur Mittel benutzt werden, die in der anzuwendenden Konzentration für Fische unschädlich sind. Dennoch besteht die Gefahr, daß Fischsterben durch Sauerstoffmangel, infolge massenhaft absterbender und in Fäulnis übergehender Wasserpflanzen, auftreten. Auch können die Fische an Kiemenfäule erkranken.

Bei Teichen mit einem dichten Bestand an Wasserpflanzen erscheint es ratsam, nie die gesamte Fläche auf einmal, sondern bei einer Fläche von 1 ha zunächst höchstens 1/4 vorzunehmen und die weitere Entwicklung abzuwarten. Im wesentlichen kommt es darauf an, Sauerstoffmangel durch einsetzende Fäulnis zur rechten Zeit zu begegnen, sowohl durch Verstärken des Zuflusses als auch gleichzeitiges Kalken (200–

300 kg/ha Brannt- oder Löschkalk). Größte Vorsicht ist bei Himmelsteichen geboten.

Unzählige Fische, dies ist nicht übertrieben, sind inzwischen Herbiziden zum Opfer gefallen. War es z. B. nicht voreilig, Karmex für die Vernichtung von Wasserpflanzen zu empfehlen, ohne gleichzeitig auf die damit verbundenen Gefahren für die Fische mit allem Nachdruck hinzuweisen? In der Zwischenzeit ergaben sich wegen der Anwendung von Karmex noch weitere Bedenken. Es wird nur ungenügend abgebaut, so daß u. U. Reste im Fischfleisch und im Grundwasser nachzuweisen sind.

Neuerdings wird Clarosan 1 G als Wasserherbizid empfohlen. H. Weissenbach, der sich eingehend mit diesem Herbizid befaßt hat, kommt zu dem Schluß, Clarosan möglichst vor dem Besetzen des Teiches anzuwenden. Nimmt man die Dosis, wie sie vom Hersteller (10 g/m^3) empfohlen wird, so sind bei besetzten Teichen Fischsterben infolge Sauerstoffmangels möglich. Eine starke Dezimierung der Algen durch die fehlende Photosynthese hat zwangsläufig ein geringes Angebot an Sauerstoff zur Folge. Dazu kommt noch der Verbrauch an Sauerstoff durch die einsetzende Fäulnis. Erst nach 14—20 Tagen war wieder ein normaler Tag-Nacht-Rhythmus in der Sauerstoffzuführung zu erkennen. Nach den Versuchen von Weißenbach genügt die halbe Dosis. Die Kosten belaufen sich aber auch dann noch auf 600 DM/ha.

Ist es nach diesen Überlegungen nicht zweckmäßiger, auf chemische Bekämpfungsmittel ganz zu verzichten und statt dessen Grasfische einzusetzen, wie dies aus dem Unterkapitel »grasfressende Fische« ersichtlich ist?

Fadenalgen, Armleuchter, Wasserpest und Wasserlinse, die unangenehmsten Wasserpflanzen, mit denen wir es zu tun haben, lassen sich auch mit anderen Mitteln bekämpfen. Hierauf sind wir bereits in dem Unterkapitel »Schwer bekämpfbare Wasserpflanzen« näher eingegangen.

Die Bekämpfung der Überwasserpflanzen mit chemischen Mitteln fällt leichter und ist wirtschaftlich tragbar. Es eignen sich: Basinex, Nata, Weedazol. Gegen Schilf (Typha), Wasserschwaden, Segge und Binse spritzt man am besten im Juni und Juli. Handelt es sich in der Hauptsache um Rohr (Phragmites), dann wartet man bis zum Erscheinen der Fahnen im August. Da der Wirkstoff von der Pflanze aufgenommen wird und sich im Säftestrom verteilt, werden die oberirdischen Teile samt den Wurzeln vernichtet.

Überwasserpflanzen sollte man in einem gut geführten teichwirtschaftlichen Betrieb nicht mehr vorfinden. Wir benötigen daher chemische Mittel zu ihrer Bekämpfung meist nur noch in den Zu- und Ablaufgräben, um so mehr, als deren Instandhaltung viel Zeit erfordert. Man darf aber nicht zu viel des Guten tun. Wird der gesamte Pflanzenwuchs vernichtet, so sind die Böschungen gefährdet. Weiter ist damit zu rechnen, daß sich andere unerwünschte Pflanzen an Stelle von Rohr und Schilf einstellen.

Jedem Mittel liegt eine Gebrauchsanweisung bei, eine Spezialberatung erscheint jedoch vor erstmaliger Anwendung unbedingt geboten.

Bei Mühlweihern, die seit Jahrhunderten Sommer wie Winter unter Wasser stehen, haben sich Rohr und Schilf meist auch an den tieferen Stellen breitgemacht. Sie sind von den Randzonen schwimmend gegen die Mitte zu vorgewachsen. Solche Überwucherungen des Weihers nennt man Schwebwasen (Schwingrasen), da sie mit dem Wasserstand sinken oder steigen. Mit Pflanzenvernichtungsmitteln ist bei Schwebwasen nicht viel auszurichten, da sich diese Wurzelmassen kaum völlig zersetzen; sie werden vorteilhafter mit Hilfe eines Baggers entfernt.

Pflege der Dorfweiher

Nur zu oft entstellen Dorfweiher das Dorfbild, anstatt es zu verschönern. Noch unangenehmer ist es, wenn sie an heißen Sommertagen zu stinken beginnen. Dorfweiher wurden geschaffen als Ersatz für mangelnde natürliche Gewässer. Man wollte Wasser aufspeichern, um Gänse und Enten halten zu können und um in Brandfällen nicht ohne Wasser zu sein. Meist werden die Dorfweiher auch mit Karpfen besetzt, was sich schon deshalb empfiehlt, damit das Wasser nicht zu einer Brutstätte von Stechmücken wird.

Je mehr Dungstoffe zufließen, desto mehr Schlamm häuft sich an. In einem solchen »Milieu« fühlen sich selbst Karpfen nicht mehr wohl. Es besteht sogar die Gefahr, daß sie an heißen Tagen ersticken. Auch ein Dorfweiher muß deshalb zeitweise trockengelegt werden. Diese Forderung läßt sich aber bei Feuerteichen nicht immer verwirklichen. Manche Gemeinden behelfen sich, indem sie mehrere Weiher zur Verfügung halten. Irgendwann muß schließlich das Wasser abgelassen und der Schlamm entfernt werden. Soll ein privater Karpfenweiher als Feuerlöschteich dienen, so ist der Eigentümer in der Bewirtschaftung zu sehr behindert. Richtige Löschwasserbecken sind in den meisten Fällen zweckmäßiger als Löschteiche.

Pflege der Pachtweiher

Eine Wiese bleibt selbst dann noch eine Wiese, wenn der Pächter ein Schlamper ist. Ein Weiher, eine künstlich geschaffene Wasserfläche, verfällt, wenn die nötige Pflege fehlt. Viele Weiher sind im Laufe der Jahre tatsächlich zu Ruinen geworden. Der Pächter wollte nichts dafür aufwenden, und auch der Verpächter hatte wegen des meist niedrigen Pachtpreises keine große Lust dazu.

In früheren Jahrzehnten war die Versorgung kleinerer Teichwirtschaften mit Satzfischen nicht in dem Umfang möglich wie heute. Zwangsläufig kam es zur Bildung größerer Fischereien, als Berufsteichwirte Weiher in Pacht nahmen. Heute ist es selbst kleinsten Teichbesitzern möglich, Karpfen zu »bauen«. Spricht man von Pachtweihern, so handelt es sich meist nur noch um Teiche, die Gemeinden, Stiftungen usw. zu eigen sind. Aber gerade diesen sieht man oft nur zu deutlich an, daß sie Pachtweiher sind. Läßt sich nun ein Pächter herbei, den Weiher in Ordnung zu bringen, und lohnen sich die aufgewendeten Kosten, bleiben Neider nicht aus. Sie sehen wohl, was der Pächter herauszuwirtschaften versteht, wissen aber nicht, was er »hineingesteckt« hat. Einen soliden Pächter zu belassen, sollte selbstverständlich sein; aber leider gibt oft das Höchstgebot und nicht die Persönlichkeit des Pächters den Ausschlag.

Nach den Fischereigesetzen sind Fischereipachtverträge für einen längeren Zeitraum abzuschließen. Es liegt nahe, in den Pachtvertrag Bestimmungen aufzunehmen, die den Pächter zur ordnungsgemäßen Pflege des Weihers, insbesondere zur Niederhaltung der Wasserpflanzen verpflichten. Solche Auflagen sind auch im Musterpachtvertrag vorgesehen. Doch verlieren selbst die besten Bestimmungen ihren Sinn, wenn ein Pächter nicht von sich aus bestrebt ist, ordentlich zu wirtschaften. Deshalb sei nochmals geraten, in der Wahl des Pächters vorsichtig zu sein.

Um einer möglichen Veränderung der wirtschaftlichen Verhältnisse während der langfristigen Pachtzeit Rechnung tragen zu können, wird folgende Wertsicherungsklausel im Pachtvertrag vorgeschlagen: Sollte während der Laufzeit des Pachtvertrages der vom Statistischen Bundesamt in Wiesbaden amtlich festgestellte Lebenshaltungskostenindex gegenüber dem Vorjahr um mehr als 5 % nach oben oder unten abweichen, so ist der jährliche Pachtzins nach oben oder nach unten zu ändern, um den sich der Lebenshaltungskostenindex bei Beginn des neuen Pachtjahres verändert hat. Wird in einem Jahr die Zahl 5 nicht erreicht, so sind mehrere Jahre zusammenzuzählen, bis diese erreicht ist. Die Wertsicherungsklausel bedarf jedoch der Genehmigung der Landeszentralbank.

Häufig finden wir heute Nichtlandwirte als Pächter von Weihern, insbesondere suchen Städter auf diese Weise Verbindung mit der Natur. Es gibt darunter hervorragende Teichwirte, die den Fortschritt aufs Land tragen. Wer aber glaubt, es genüge, Fische im Frühjahr einzusetzen und im Herbst herauszufangen, ist fehl am Platze. Eine Pachtperiode kann genügen, um einen Weiher zu ruinieren.

Der Pächter eines Teiches muß wissen: Beim Verkauf des Pachtobjektes tritt der Käufer an Stelle des Verkäufers in den Vertrag ein (§ 581 in Verbindung mit § 571 BGB), es sei denn, daß der Pachtvertrag eine Lösung des Pachtverhältnisses für diesen Fall vorsieht. Ein Vorkaufsrecht des Pächters muß in gesetzgerechter Form vereinbart werden. Eine Erwähnung im Pachtvertrag allein genügt nicht.

8 Düngung des Teiches

Setzt man einen neuen Teich, dem der Humusboden möglichst belassen wurde, unter Wasser, so bringt er in den ersten Jahren Erträge, die weit über dem Durchschnitt liegen. Die Mehrerträge sind auf die im Boden enthaltenen und durch die Verrottung des Humus freiwerdenden Nährstoffe zurückzuführen, die jedoch mit der Zeit aufgebraucht werden. An ihre Stelle treten dann vor allem die Nährstoffe, die der Zufluß mitbringt oder die wir in Form von Dünger zuführen. Früher kannte man nur natürlichen Dünger, nämlich Stallmist und Jauche. Heute weiß man, daß auch in der Teichwirtschaft die Anwendung von Mineraldünger, insbesondere von Kalk und Phosphaten notwendig und lohnend ist. Im Gegensatz zur Landwirtschaft kommt in der Teichwirtschaft der Kali- und Stickstoffdüngung nur eine untergeordnete Bedeutung zu. Die natürliche Zufuhr dieser Nährstoffe reicht im allgemeinen aus.

Wirkung der Teichdüngung

Wie die Landpflanzen benötigen auch die Wasserpflanzen zu ihrer Entwicklung Nährstoffe. Je mehr Nährstoffe, desto mehr Wasserpflanzen, je mehr Wasserpflanzen, desto mehr Kleintiere, je mehr Kleintiere, desto mehr Karpfenfutter. Führen wir dem Weiher laufend geeignete Nährstoffe zu, so können wir ihn, da er mehr Naturnahrung bietet, mit einer größeren Zahl von Fischen besetzen, und dadurch seinen Ertrag erhöhen. Die Wirkung der Düngung zeigt sich schon im Frühjahr in der Färbung des Wassers. Durch die Massenentwicklung von Algen wird das Wasser grün und undurchsichtig. Je »dicker« es gleichsam wird, desto größer ist der Erfolg. Selbst arme Waldweiher können durch Düngung in beste »Dorfweiher« verwandelt werden, wenn das Wasser nur warm genug wird.

Als jährliche Richtmenge gelten in der Teichwirtschaft Gaben von 600 kg/ha Branntkalk und 400 kg/ha Thomasphosphat oder entsprechende Mengen eines anderen Phosphatdüngers. Bei reicher Schlammablagerung ist die Kalkgabe nach oben, bei Sandboden nach unten zu verändern.

Durch eine solche Nährstoffzufuhr lassen sich die Erträge, selbst die guter Teiche, wesentlich steigern. In armen Sand- und Moorteichen nimmt der Zuwachs, besonders wenn regelmäßig gedüngt wird, bis um 100—200 % zu. Eine Steigerung des Fischertrages bis zum mehrfachen Wert der Düngungskosten ist durchaus möglich. In der Landwirtschaft ist eine derartige Wirtschaftlichkeit der Mineraldüngung wohl weniger gegeben, für die Teichwirtschaft aber durchaus verständlich, erübrigt sich doch zumeist eine Zufuhr von Kali und Stickstoff.

Die Karpfennahrung durch Düngung zu vermehren, ist nicht nur einfacher und billiger, sondern auch durch das erzeugte hochwertige tierische Eiweiß naturgemäßer und dem Karpfen zuträglicher als die Zufütterung von mehr oder weniger eiweißarmen Futtermitteln. Der Teichwirt handelt deshalb unklug, der nur füttert und nicht gleichzeitig auch düngt.

Selbstverständlich müssen die Teiche in Ordnung sein, soll die Mineraldüngung voll zur Wirkung kommen. Überwasserpflanzen wie Schilf, Rohr, Schachtelhalm, auch weiche, untergetauchte Wasserpflanzen beeinträchtigen den Erfolg der Düngung. Die günstigste Wassertiefe liegt bei 80 cm. In zu flachen Teichen kommen die zugeführten Nährstoffe mehr den unerwünschten höheren Wasserpflanzen als den nahrungspendenden Algen zugute.

Je sicherer die Wasserverhältnisse des Weihers sind, desto mehr kann ihm zugemutet werden, d. h. desto größere Erträge lassen sich durch Düngung in ihm erzielen. Je unsicherer die Wasserverhältnisse, desto vorsichtiger muß der Teichwirt verfahren. Je »dicker« nämlich das Wasser durch die Algen wird, um so schneller können diese bei ungenügender Wassertiefe und hoher Erwärmung des Wassers absterben und in Fäulnis übergehen, so daß die Fische ersticken.

Kalkdüngemittel

In der Teichwirtschaft wendet man im allgemeinen die gleichen Kalkdüngemittel wie in der Landwirtschaft an: kohlensauren Kalk und Branntkalk. Zu achten ist dabei auf den Gehalt des Kalkes an wirksamen Bestandteilen ($CaCO_3$ oder CaO) sowie auf die Mahlfeinheit. Je feiner der Kalk gemahlen, desto besser ist seine Vermischung mit dem Teichboden und seine Lösung im Wasser. Für die notwendige rasche Lösung von grobgemahlenem Kalk, wie Kalksplitt, Kalksand, ist im Wasser viel zuwenig Kohlensäure vorhanden.

Da sich mit der Bewirtschaftung von Teichen auch Nichtlandwirte befassen, seien die einzelnen Kalkdüngemittel näher erklärt.

Es gibt im Handel folgende Kalkdüngemittel:

kohlensaurer Kalk	mit 95 % $CaCO_3$
kohlensaurer Magnesiumkalk	mit 85 % $CaCO_3 + MgCO_3$ davon 15–40 % $MgCO_3$
Branntkalk	mit 85 % CaO
Branntkalk körnig	mit 85–90 % CaO
Löschkalk (Hydratkalk)	mit 70 % CaO

Kohlensaurer Kalk ($CaCO_3$) kommt weit verbreitet als natürlicher Kalkstein vor. Das Calcium (Ca) ist in ihm an Kohlensäure (CO_2) gebunden. In der Landwirtschaft verwendet man gemahlenen Kalkstein, also kohlensauren Kalk (Kalkmergel), vor allem für leichtere Böden, da er langsamer wirkt.

Magnesiumkalk kommt ebenso wie kohlensaurer Kalk als natürlicher Stein in Form von Dolomit vor. Der Landwirt verwendet ihn vor allem dann, wenn der Boden Kalk- und Magnesiummangel aufweist.

Branntkalk (CaO) entsteht, wenn Kalkstein gebrannt wird. Die Kohlensäure entweicht und es bleibt ein an Sauerstoff gebundenes Calcium zurück. An der Luft, im Boden oder im Wasser verbindet sich dieses Calcium wieder mit Kohlensäure zu kohlensaurem Kalk.

Branntkalk feingemahlen früher Ätzkalk genannt, ist leicht löslich und wirkt deshalb rascher.

Branntkalk körnig ist eine Form des Branntkalkes, die erst seit einigen Jahren hergestellt wird. Der aus dem Kalkofen kommende Stückkalk wird nicht gemahlen, sondern gebrochen und abgesiebt. Die Korngröße liegt zwischen 0,5 und 6,3 mm. Er wird in Polyäthylensäcken geliefert und ist darin monatelang lagerfähig. Wegen seiner guten Streubarkeit findet er auch in der Teichdüngung zunehmend Eingang.

Allerdings ist bei Verwendung von gekörntem Branntkalk in Kauf zu nehmen: Seine Wirkung verzögert sich um einige Wochen, und dies ist bei Teichen unerwünscht. Er eignet sich deshalb nicht für eine Düngung im Frühjahr kurz vor dem Besetzen der Teiche, auch nicht für eine Desinfektion und noch weniger für eine Anwendung während des Sommers, wenn es gilt, Fischsterben vorzubeugen. Es besteht sogar die Gefahr, daß die Fische die nicht gelösten größeren Stücke mit Futtermitteln verwechseln und Schaden leiden. Am ehesten eignet sich der gekörnte Kalk für eine Kalkung im Herbst, wenn anschließend der Teich den Winter über trocken liegt.

Löschkalk (Hydratkalk) ist ein besonders beliebter Kalk. Er treibt nicht, da er abgelöscht ist. Deshalb kann er ohne Schaden monatelang in Säcken gelagert werden.

In der Teichwirtschaft wird im Gegensatz zur Landwirtschaft Branntkalk das ganze Jahr über benötigt. Er hilft nicht nur, die Weiher gesund zu erhalten und den Zuwachs zu erhöhen, er hilft auch gegen Karpfenkrankheiten und ist zudem das wichtigste Mittel, um Weiher zu entseuchen.

Ein vorausschauender Teichwirt sollte deshalb stets einen Vorrat an Branntkalk lagern haben, um so mehr, als ihn die Lagerhäuser nur zeitweise führen. Damit die ätzende Wirkung möglichst lange erhalten bleibt, ist der Kalk an einem trockenen, zugfreien Ort – es darf nichts Brennbares in seiner Nähe sein – auf einen Haufen zu schütten. Es bildet sich dann eine Kruste, unter der die Hauptmasse vor der Rückbildung zu kohlensaurem Kalk ausreichend geschützt ist.

Sollte in dringenden Fällen Branntkalk nicht zur Hand sein, so tut Löschkalk mit 70 % CaO nahezu dieselben Dienste. Er ist in den Lagerhäusern meist vorrätig, da die Säcke nicht wie beim Branntkalk nach wenigen Wochen platzen. Ist er dort nicht zu haben, so wende man sich an ein Baugeschäft und verlange ersatzweise Weißfeinkalk oder Weißkalkhydrat.

Ähnlich wie für Branntkalk körnig wurde nun auch für gemahlenen Branntkalk ein Polyäthylen-Kombisack entwickelt, der eine Lagerzeit von 6 Monaten gewährleistet. Somit kann gemahlener Branntkalk als Sackware auf Vorrat genommen werden, ohne daß die Säcke platzen, was gerade für den Teichwirt wichtig ist.

Neuerdings lagert man Branntkalk in Silos, was besonders für größere Betriebe vorteilhaft ist; denn Branntkalk wird in Spezialfahrzeugen weit bequemer als in Säcken angeliefert. Er ist im Silo unbegrenzt lagerfähig, und es können zu jeder Zeit selbst kleinste Mengen entnommen werden.

Beim Umgang mit Branntkalk ist wegen seiner ätzenden Wirkung gewisse Vorsicht geboten. Verletzungen der Augen und der Schleimhäute sind möglich.

Untersuchung des Teichwassers auf Reaktion und Kalkgehalt

Der pH-Wert

Bei der außerordentlichen Bedeutung, die dem Kalk gerade in der Teichwirtschaft zukommt, müssen wir uns fragen, wie wir den Kalkgehalt des Teichwassers feststellen können, vor allem wenn anzunehmen ist, daß der Teichboden oder das zufließende Wasser sauer sind. Mit verhältnismäßig einfachen Mitteln läßt sich zunächst die Reaktion des Wassers bestimmen.

Der Säure- und Laugengrad (Wasserstoffionenkonzentration) wird angegeben durch den *pH-Wert,* der in Zahlen von 0–14 ausgedrückt wird, wobei es alle Übergangsstufen von sauer über neutral zu laugig (alkalisch) gibt. Als neutral bezeichnet man den Mittelwert mit 7,0, Werte darunter gelten als sauer, Werte darüber als alkalisch. Der pH-Wert steigt oder fällt, je nachdem dem Wasser Lauge oder Säure zugesetzt wird.

Die folgende Aufstellung gibt die Verträglichkeit des Wassers für Fische nach dem pH-Wert an:

1. pH unter 5,5	saures bis stark saures Wasser, für Fische schädlich.
2. pH 5,5–6,5	schwach saures Wasser, für Fische noch zuträglich.
3. pH 6,5–8,5	gewöhnlicher Schwankungsbereich eines mit Kalk gut gepufferten natürlichen Wassers, für Fische voll geeignet.
4. pH 8,5–9	schwach alkalisches Wasser, für Fische bei kürzerer Einwirkung im allgemeinen unschädlich.
5. pH über 9	alkalisches bis stark alkalisches Wasser, für Fische zunehmend schädlicher.

Der günstigste pH-Bereich liegt zwischen 6,5 und 8,5. Er ist aber nicht für alle Fische gleich. Bachforelle und Hecht fühlen sich noch in einem schwachsauren Wasser wohl, das den Karpfen nicht mehr zusagt. Schwach alkalisches bis alkalisches Wasser schadet den Karpfen weniger als der Schleie, der Forelle und dem Hecht. Die Zuträglichkeit richtet sich weiter nach dem Alter der Fische. Empfindlicher als ältere sind junge Karpfen. Der pH-Bereich sollte für junge nicht unter 6,5 liegen und nicht über 8,5 ansteigen. Ältere Karpfen halten pH-Werte bis zu 10 vorübergehend aus.

pH-Indikator

Da man dem Wasser nicht ansieht, ob es sauer, neutral oder alkalisch reagiert, brauchen wir einen Indikator.

Einen Indikator (Anzeiger) nennt man einen Stoff, der durch eine auffallende Veränderung, etwa durch Veränderung der Farbe, die Eigenschaften eines anderen Stoffes, z. B. beim Wasser, dessen saure, neutrale oder alkalische Beschaffenheit kenntlich macht (anzeigt).

Bisher verwendeten wir zumeist den flüssigen Universalindikator der chemischen Fabrik Merck in Darmstadt. Je nach dem pH-Wert erscheinen folgende Farben:

1. rot	sehr saures Wasser, gefährlich für Fische
2. gelb bis grünlich gelb	schwach saures Wasser
3. grün	neutrales Wasser
4. blaugrün bis blau	alkalisches Wasser
5. violett	stark alkalisches Wasser, bedenklich bis gefährlich für Fische

Dieser Indikator hatte den Nachteil, daß der pH-Wert, besonders an der oberen für Fische noch zuträglichen Grenze sich nicht genau genug bestimmen ließ.

Praktischer als flüssige Indikatoren sind Indikatorpapiere, da sie leichter mitzuführen sind. Nun hat Merck unter anderem den pH-Prüfer »*Neutralit*« für den gerade fischereilich wichtigen pH-Bereich 5–10 entwickelt, der alle bisherigen Indikatoren an Handlichkeit und Genauigkeit übertrifft und der für unsere Zwecke wie geschaffen erscheint.

Die Indikatorstäbchen – sie sind aus Plastik, nicht aus Papier – stecken in einem durchsichtigen Plastiketui, im Format noch kleiner als eine Zigarettenschachtel. Die dazugehörende Farbskala ist mit darin enthalten. Die Vorderseite zeigt die Farben für 5–8, die Rückseite, mit der Vorderseite etwas überschneidend, die Farben für 7–10. Der Unterschied gegenüber den bisherigen Indikatorpapieren besteht vor allem darin, daß jedes Stäbchen auf drei Farben anspricht, deren Kontrasteffekt zueinander eine sehr genaue Bestimmung des pH-Wertes zuläßt, insbesondere die für uns sehr wichtigen Werte zwischen 5–6 und 8–10 und dazu die halben Zwischenwerte. Man taucht ein Stäbchen etwa 1. Min. in das zu prüfende Wasser, bei schwach gepuffertem (kalkarmem) noch länger, hält es naß an die Farbskala und überprüft, welcher Farbtönung es jetzt am deutlichsten entspricht. Findet man keine Übereinstimmung mit der oberen Reihe, so überprüft man die beiden mittleren und die untere Reihe, gegebenenfalls alle vier Farben in ihrer Tönung zueinander.

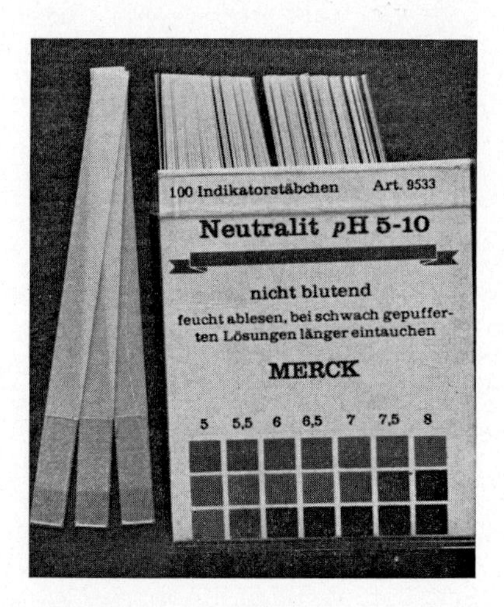

pH-Indikator Neutralit

Ein zweiter Vorteil ist: die Farben »bluten« nicht. Bei den seitherigen Papierstreifen liefen die Farben z. T. aus.

Das Etui mit 100 Stäbchen kostet nur einige Mark. Jeder Erwerbs- oder Hobbyteichwirt, der intensiv wirtschaftet, sollte deshalb den pH-Prüfer Neutralit besitzen.

Wem die Übung fehlt, empfehlen wir die Reaktion des Indikators zunächst zu Hause mit Wasser aus der Leitung zu überprüfen. Es wird um den Mittelwert 7 schwanken. Durch Zusetzen von einigen Tropfen Essig oder von Zigarettenasche wird aus dem neutralen Wasser ein saures oder alkalisches, und die Farben ändern sich entsprechend der Veränderung des pH-Wertes.

Nun kann man mit Recht einwenden, die Stäbchen würden bei schwach gepuffertem Wasser nicht ganz zuverlässig Auskunft geben. Zudem verlieren sie ihre Wirksamkeit, wenn sie zu großer Hitze, z. B. in einem abgestellten Pkw, ausgesetzt sind. Die Fa. Merck hat nun neuerdings einen Reagenziensatz zur Bestimmung des pH-Wertes herausgebracht, der nicht nur einfach in der Handhabung, sondern auch sehr zuverlässig arbeitet. Der Reagenziensatz enthält in der Mitte einen Glasbehälter, der mit dem zu prüfenden Wasser zu füllen ist und nach rechts und links davon die pH-Skala in einem Bereich von 4,5–9, untergeteilt von 0,5 zu 0,5. Das zu prüfende Wasser soll möglichst klar und farblos sein. Es werden 5 Tropfen Indikatorlösung hinzugefügt und nach Umschütteln der pH-Wert abgelesen. Wichtig für den Teichwirt ist noch, daß außer dem Reagenziensatz für die pH-Bestimmung noch weitere Indikatoren entwickelt wurden, z. B. zur Phosphat-, Nitrit- und Eisenbestimmung.

Abhängigkeit des pH-Wertes von dem im Wasser enthaltenen Kohlendioxyd (CO_2)

Eine einzelne pH-Bestimmung des Teichwassers gibt noch keinen völlig sicheren Hinweis für den tatsächlichen Kalkgehalt des Wassers. Gerade bei extremem Mangel an Kalk kann mittags die pH-Zahl im Sommer in den oberen Wasserschichten auf zehn oder sogar auf elf ansteigen, also sehr viel Kalk vortäuschen. Ausschlaggebend für diese Schwankungen ist das Wechselspiel zwischen dem im Wasser enthaltenen Kohlensäuregas (CO_2) und dem im Wasser gelösten doppeltkohlensauren Kalk.

Sollte durch ein Übermaß an Phytoplankton der pH-Wert bedrohlich ansteigen, so ist eine Kupferung des Wassers geboten, wie auf Seite 34 beschrieben.

Wer gerade das Übergewicht hat, bestimmt den pH-Wert, d. h. die Reaktion des Wassers. Nun verbrauchen die Wasserpflanzen bei ihrer Assimilation reichlich CO_2, und zwar nicht nur das im Wasser enthaltene. Sie entziehen auch dem im Wasser gelösten doppeltkohlensauren Kalk einen Teil des CO_2, und das Wasser neigt durch diese Vorgänge zu einer alkalischen Reaktion, obwohl es an Kalk mangelt.

Für den Teichwirt könnte es daher wichtig sein zu wissen, welche Kalkreserven (Puffervermögen) sein Weiherwasser tatsächlich aufweist. Um diese zu ermitteln, bestimmt man das sogenannte Säurebindungsvermögen (SBV) des Wassers. Es wird dabei festgestellt, welche Menge Salzsäure von dem im Wasser gelösten Kalk neutralisiert wird. Für den Praktiker ist eine solche Untersuchung des Wassers etwas schwieriger, obwohl es auch hierüber geeignete Hilfsmittel gibt. Sie sind zumeist in den Wasserprüfgeräten mitenthalten.

Bestehen berechtigte Zweifel über einen Mangel an Kalk, so genügt es, wenn wir an besonders sonnigen Tagen die pH-Zahl mit unserem Indikator am frühen Morgen zwischen 4 und 6 Uhr und am frühen Nachmittag zwischen 14 und 15 Uhr bestimmen. Unterschreitet der Morgenwert nicht pH 6,5 und überschreitet der Mittagswert nicht pH 8,5, so hat das Wasser meist reichlich Kalk gelöst. Schwanken die Werte zwischen 6 und 9, so fehlt es an Kalk und noch mehr bei Werten zwischen 5,5 und 10.

Ein gewiegter Praktiker sieht es den Teichen meist auch ohne Indikator an, ob das Wasser zu sauer oder zu alkalisch ist. Es fehlt solchen Teichen im Frühjahr das typische pflanzliche und tierische Leben. Das Wasser bleibt klar.

Noch folgender Fall kann eintreten: Fließen bei Starkregen während der Vegetationszeit größere Wassermengen aus Nadelwäldern zu, so stirbt das pflanzliche und tierische Plankton schlagartig ab und das vorher trübe Wasser wird wieder hell. Als Ursache könnte man annehmen, daß Nährstoffe im Übermaß abgeschwemmt wurden. Überprüft man aber das Wasser mit dem Indikator, so werden sich pH-Werte unter 5,5 ergeben, und es besteht die Gefahr, daß junge Karpfen eingehen. Bei festgestellten Werten unter pH 6 gebe man sofort 200–300 kg/ha Brannt- oder Löschkalk.

Kalkdüngung

Aus der Landwirtschaft ist uns bekannt, daß sich die Kalkdüngung nach dem Kalkgehalt des Bodens und nach der Bodenart richten soll. Eine Überdüngung kann unter Umständen, zumal auf leichteren Böden,

Bodenkalkung

organisch gebundene Nährstoffe zu rasch abbauen. Auch wird das Wachstum bestimmter Kulturpflanzen durch einen zu hohen Kalkgehalt des Bodens beeinträchtigt.

Bei der Düngung der Teiche mit Kalk setzt sich die dem Weiher zugeführte Kalkmenge nicht nur mit einer mehr oder weniger mächtigen Bodenschicht, sondern in der gesamten Wassermenge des Weihers um. Verabreichen wir also die in der Landwirtschaft üblichen Kalkgaben, so brauchen wir kaum eine Überdüngung zu befürchten, im Gegenteil! Die Wirkung des Kalkes auf den Boden und das Wasser ist ausschlag-

Wasserkalkung

gebend für die Fruchtbarkeit unserer Teiche. Sie beruht auf seinen aufschließenden und sanierenden Eigenschaften und seiner außerordentlichen Bedeutung als Nährstoff.

Wie im Kapitel 2 vermerkt, verwerten die Wasserpflanzen beim Assimilieren nicht nur freies CO_2, sondern CO_2 aus dem doppeltkohlensauren Kalk und sogar aus dem kohlensauren Kalk. Führen wir Kalk in hinreichenden Mengen zu, so schaffen wir einen Kohlensäurevorrat, der stärkstes Wachstum erwünschter Wasserpflanzen gewährleistet und dann sogar den Vorrat übertrifft, der den Landpflanzen zur Verfügung steht.

Unsere natürlichen Gewässer sind hierfür ein treffendes Beispiel. Kalkreiches Wasser weist weit mehr Pflanzen und davon sich nährende Kleintiere als kalkarmes auf. So sind die im Jura entspringenden Bäche im Gegensatz zu den aus dem Urgebirge kommenden bekannt für ihren Reichtum an Forellen. Allerdings kann in Teichen ein natürliches Übermaß an kalkreichem Wasser auch lästig werden, wenn es zu einem

Pflanzenwuchs (Algen, Armleuchter, Wasserpest, Laichkräuter) kommt, der kaum zu bändigen ist.

Die beste Wirkung erzielen wir mit einer Kalkung des Bodens im Herbst nach der Abfischung. Der Weiher ist zunächst durch Ziehen von Haupt- und Seitengräben zu entwässern. Unmittelbar darnach, solange der Schlamm noch etwas feucht ist, geben wir 600 kg Branntkalk je ha, so daß die sich bildende Lauge die Teichkrume nachhaltig angreifen und gegebenenfalls entsäuern kann.

Branntkalk wirkt ungleich kräftiger als kohlensaurer Kalk. Durch die Laugenwirkung werden, besonders bei größeren Kalkgaben, Ungeziefer und Krankheitskeime mitvernichtet. Wird an Stelle von gebranntem Kalk kohlensaurer Kalk verwendet, brauchen wir im Durchschnitt 1200 kg/ha.

Verblasen des Kalkes mit Hilfe eines umgebauten Heugebläses

Bei der Kalkung von Teichen mit sandigem oder kiesigem Boden, der wenig Schlamm aufweist, ist allerdings etwas Vorsicht geboten. Zu große Kalkgaben bauen die geringen Mengen organischer Stoffe u. U. zu weit ab. Es genügen in solchen Fällen 300 kg/ha Branntkalk oder 600 kg/ha kohlensaurer Kalk.

In großen, noch dazu stark verschlammten Teichen ist es kaum möglich, den Kalk von Hand zu streuen. Manche Teichwirte warten daher, bis der Boden gefroren ist. Wird Branntkalk verwendet und liegt dieser längere Zeit auf dem gefrorenen Boden, ohne darin eindringen zu können, so bildet er sich bereits an der Luft zu kohlensaurem Kalk zurück.

Weit einfacher ist es, den Kalk vom Kahn aus aufs Wasser zu streuen, und einzelne Teichwirte haben für diesen Zweck sogar eigene Düngerstreuer konstruiert. Steht eine Schilfmähmaschine zur Verfügung, so bietet sich folgende Möglichkeit: Man benützt zum Streuen des Kalkes einen Kahn, der mit einem Viconstreuer (Streubreite bis 12 m) ausgerüstet ist und schleppt diesen Kahn mit der Schilfmähmaschine.

Einfacher sind folgende Einrichtungen, insbesondere für Nachkalken während des Sommers: Verspritzen aus dem Vakuumfaß mittels Druckpumpe, vorausgesetzt, daß sich der Kalk im Wasser gänzlich löst. Man darf deshalb nicht zu viel Kalk auf einmal nehmen (etwa 100 kg Brannt- oder Löschkalk je 1000 l). Lösen des Kalkes mit Weiherwasser in einem handlichen, möglichst fahrbaren Bottich und Verspritzen mit einer Pumpe.

P. Oberle, Kosbach bei Erlangen, geht bei seinen übergroßen Teichen so vor: Ein senkrecht gestelltes, oben offenes Benzinfaß erhält drei Öffnungen. Die am Boden befindliche Öffnung dient der Heranführung des Weiherwassers mittels eines Schlauches, der derart angeschlossen ist, daß das Wasser seitlich zuströmt und im Kreise wirbelt. Durch zwei Öffnungen im oberen Drittel und durch die daran angebrachten Schläuche entströmt das mit Kalk gemischte Wasser rechts und links des Kahnes. Hierbei muß laufend Kalk zugegeben werden. Heranführen des Wassers mit einer Benzinpumpe und Antrieb des Kahnes durch Rudern oder Außenbordmotor. Es sind also 2 Personen zur Bedienung notwendig.

Zum Verblasen des Kalkes hat D. v. Eyb, Rammersdorf bei Ansbach, eine eigene Maschine konstruiert: Fahrgestell eines Miststreuers, Heugebläse, Trichter mit einem Fassungsvermögen von 1 t, zum Ausgleich des gefüllten Trichters ein mit Sand gefüllter Kasten. Antrieb des Gebläses und der Förderschnecke im Trichter mittels Keilriemen. Hierbei muß das Getriebe zum Trichter untersetzt sein. Die Windrichtung ist zu beachten, damit sich der Kalkstaub nicht auf fremden Grundstücken ablagert.

Der Kalkstreuer wird durch einen Schlepper gezogen, dessen Zapfwelle auch die erforderliche Kraft liefert. Das Verblasen des Kalkes hat gegenüber allen Methoden den Vorteil, daß es die geringste Arbeitsleistung erfordert, nicht nur wenn es gilt, den Kalk während des Sommers auf die Wasserfläche aufzubringen, sondern auch auf den Teichboden unmittelbar nach der Abfischung.

Es ist nicht gerade leicht, den Kalk gleichmäßig zu verteilen, insbesondere wenn von Hand gestreut wird. Jede Haufenbildung ist aber, besonders bei Verwendung von Branntkalk, unbedingt zu vermeiden. Branntkalk löscht sonst nur oberflächlich ab, backt zu Krusten zusammen und hemmt dadurch die Tätigkeit der Teichkrume. Sogar die Karpfen sind bei einer mehr haufenweisen Verteilung des Branntkalkes gefährdet. Sie geraten beim Gründeln in den nicht genügend abgelöschten Kalk und tödliche Verätzungen sind die Folgen. Es gilt auch in der Teichwirtschaft der Grundsatz: Je feiner die Kalkdüngemittel gemahlen sind, je gleichmäßiger sie verteilt werden, desto größer ist die Wirkung.

Branntkalk kann bei der Wasserkalkung nicht unmittelbar auf den Teichboden wirken; er muß sich erst mit der gesamten Wassermenge des Teiches umsetzen. Zur Not reichen aber auch die normalen Mengen aus, um eine Wirkung zu erzielen, die den Boden zu größerer Tätigkeit anregt.

Besonders zu beachten: *Nach Verwendung gebrannter Kalkdüngemittel muß mit der Besetzung des Teiches mindestens zwei Wochen zugewartet werden.*

Bisher wurde nur von den normalen Mengen gesprochen, die für eine laufende Kalkung gelten. Sie sind um 50–100 % zu erhöhen, wenn Weiher mit sehr viel Schlamm zum ersten Male gekalkt werden, wenn längere Zeit das Kalken unterlassen wurde, wenn es sich um sehr tiefe Weiher handelt oder wenn das Wasser, mit dem der Teich gespeist wird, arm an Kalk oder sogar sauer ist. Selbst Weiher, denen Wasser aus kalkhaltigen Böden zufließt, bedürfen der regelmäßigen Kalkung. Es ist auch nicht zweckmäßig, sich mit einer Art Vorratsdüngung in Form einer einmaligen reichlichen Gabe zufriedenzugeben und ein Jahr mit der Kalkung auszusetzen, denn der Kalk dient, wie bereits betont, nicht nur als Düngemittel. Er hält auch die Umwelt unserer Karpfen gesund.

Als Beispiel gelte ein Weiher, der mit 1000 K_2/ha besetzt ist. Was fällt in einem so intensiv bewirtschafteten Teich allein schon an Exkrementen der Fische an! Der ausgeschiedene Harn und Kot muß sich möglichst rasch umsetzen. Je besser die Teichkrume in ihrer Funktion erhalten wird, desto schneller und ungestörter vollzieht sich dieser Prozeß.

Sorgsame Teichwirte geben deshalb auch den Sommer über, im besonderen bei anhaltend hohen Temperaturen, etwas Kalk, um einem Sauerstoffschwund vorzubeugen (von Mai bis August alle 14 Tage 100 kg/ha Brannt- oder Löschkalk), und warten nicht solange, bis das Wasser »umkippt«, d. h. an Sauerstoff verarmt, und durch die einsetzende Fäulnis eine mehr graue oder dunkle Färbung annimmt und zu stinken beginnt. Zur Arbeitserleichterung sind besonders in größeren Betrieben mechanische Einrichtungen zum Verspritzen der Kalkmilch oder Verblasen des Kalkes wie oben beschrieben zu empfehlen.

Die Wirkung solcher Kalkstöße ist in der Weise zu erklären, daß die im Wasser schwebenden und gelösten, zur Fäulnis neigenden Stoffe ausgefällt und einer normalen Zersetzung zugeführt werden. Gleichzeitig kann sich das hiervon freie Wasser wieder mit dem lebenswichtigen Sauerstoff sättigen.

Die erforderlichen Kalkungen richten sich nach der Intensität des Betriebes. Je intensiver gewirtschaftet wird, um so größere laufende

Kalkgaben sind nicht nur während der Wachstumszeit geboten, sondern auch im Herbst auf den trockengelegten Teichboden (800–1200 kg/ha Branntkalk), um die während der Wachstumszeit angehäuften pflanzlichen und tierischen Überreste vermischt mit den Ausscheidungen der Karpfen im Laufe des Winters mit einer gewissen Sicherheit weitgehend zu zersetzen.

Es kann vorkommen, daß durch Kalkungen der pH-Wert zu hoch liegt. Um ihn herabzusetzen, wie es vor allem vor den Besetzungen des Teiches mit Jungkarpfen geboten ist – junge Fische sind gegen hohe pH-Werte empfindlicher als ältere Jahrgänge – empfiehlt Dr. MARTIN BOHL von der Bayerischen Landesanstalt für Wasserforschung folgende Maßnahmen:

1. Die intensive Teichdüngung reduzieren. Die häufigste Ursache eines hohen, also basischen pH-Wertes in Teichen ist in der zu starken Düngung zu suchen. Durch die Assimilation und Dissimilation der Algen kommt es dann zu den bekannten Nachfolgeerscheinungen: – biogene Entkalkung und pH-Wert-Erhöhung. –
2. Liegen derartige pH-Wert-Verschiebungen bereits vor, muß versucht werden, den pH-Wert indirekt durch Bekämpfen der Algen zu senken. Das kann in beschränktem Umfang durch Herbizide erreicht werden oder durch teilweises Beschatten der Teichoberfläche.
3. Bestens bewährt hat sich hierfür das Aufwirbeln des Schlamms, das z. B. mit einem Außenbordmotor oder Durchziehen einer Eisenschiene durch den Teichboden erreicht werden kann. Dieses Verfahren muß jedoch in der Woche etwa zweimal durchgeführt werden.
4. Generell wird versucht, das Pufferungssystem (Bikarbonat – freie Kohlensäure) aufrechtzuerhalten. Es ist dafür zu sorgen, daß genügend Kalzium im Teich vorhanden ist, damit bei Bedarf durch Kohlensäure Bikarbonat gebildet werden kann. Nach Literaturangaben soll sich hierzu feingemahlener Kalkstein und noch besser Kreide eignen. Eine besondere Form der Kreide ist das »Nautex«. Diese Substanzen können in die bespannten Teiche im Laufe der Saison wiederholt eingebracht werden.
5. Auch eine Belüftung mit Umwälzung durch Mammutpumpen kann in kleineren Teichen sehr stabilisierend wirken.
6. Praktische Erfahrungswerte belegen, wenn auch nur vorübergehend, eine pH-Senkung auf 8 durch Zugabe von zwei Ballen Torf auf 0,3 ha.
7. Das Einbringen von Säuren hat nur einen sehr kurzfristigen pH-Senkungseffekt, wobei das Pufferungssystem selbst stabil bleibt.

Kalk als Desinfektionsmittel

Zur Desinfektion eignet sich nur hochprozentiger Branntkalk in feinster Mahlung. Man gibt auf den Teichboden 1,5–2,5 t/ha Branntkalk. Ist der Boden stark sandig, so genügen 1,5 t/ha Branntkalk. Je tiefer der Schlamm, um so größere Mengen sind notwendig. Man streut den Kalk in einem Arbeitsgang, sobald der Weiher durch Ziehen von Gräben gründlich entwässert ist. Der Teichboden soll dabei noch etwas naß sein. Es bildet sich dann eine Kalklauge, die tief in den Schlamm einzudringen vermag.

Bei größeren Teichen ist es schwierig oder sogar unmöglich, den Branntkalk auf den Teichboden zu streuen. In solchen Fällen bleibt nichts anderes übrig, als den Kalk auf das Wasser zu geben. Wie die Praxis lehrt, ist bei Gaben von 2–2,5 t/ha Branntkalk auf das Wasser eine ausreichende desinfizierende Wirkung zu erreichen. Auf diese Weise lassen sich auch Parasiten (Egel, Karpfenläuse) und nicht zuletzt unerwünschte Fische wie Barsche, Grundeln sicher abtöten, besonders, wenn der Teich nur so hoch bespannt ist, daß man auf ihm gerade noch mit einem Kahn fahren kann. Selbst wenn eine regelrechte Desinfektion nicht notwendig ist, sollte doch an Stelle von kohlensaurem Kalk Brannt- oder Löschkalk verwendet werden, vor allem, wenn sehr intensiv gewirtschaftet wird. Wie der Bauer seinen Stall jährlich mindestens ein- bis zweimal ausweißt, um Krankheitskeime zu vernichten, so muß auch der Teichwirt seine Weiher desinfizieren, um so mehr, als der Raum, in dem unsere Karpfen leben, sich nicht wie ein Stall ausmisten läßt.

Besonders ist, wie bereits betont, darauf zu achten, daß der Kalk möglichst gleichmäßig auf die ganze Weiherfläche verteilt wird. Stellen, auf denen noch etwas Wasser steht oder die sehr viel Schlamm aufweisen, müssen mehr Kalk erhalten. Mit allergrößter Sorgfalt sind Winterungen und Hälterteiche zu desinfizieren, am besten in der Weise, daß nach dem Ausstreuen des Kalkes etwas Wasser eingelassen wird.

Weiher, die im Wasser voneinander abhängig sind, sind gleichzeitig zu kalken, sonst werden Krankheitskeime immer wieder von einem zum anderen Teich verschleppt. Dasselbe gilt für die Zu- und Ablaufgräben.

Desinfizierte Teiche dürfen erst dann besetzt werden, wenn die Messung einen pH-Wert unter 9 ergibt. Dies ist je nach der Witterung und der Bodenbeschaffenheit in 2–3 Wochen der Fall. Im allgemeinen ist die Desinfektion mit Branntkalk an keine bestimmte Jahreszeit gebunden, am günstigsten ist jedoch der Herbst, sobald die Weiher abgefischt sind. Bleiben sie anschließend den Winter über trocken liegen, so ist am ehesten die Gewähr gegeben, daß sich angehäufte fäulnisfähige Stoffe zersetzen und nicht erneut den Nährboden für Seuchenerreger bilden. Insbesondere ist diese Maßnahme bei der Bekämpfung der BWS anzuraten.

Zu beachten ist: Unterhalb liegende Gewässer dürfen durch die Kalklauge nicht gefährdet werden.

Phosphatdüngung

Zur Phosphatdüngung der Teiche werden die in der Landwirtschaft bekannten Düngemittel verwendet.

	Gehalt an wirksamer Phosphorsäure (P_2O_5)	an wirksamem Kalk (CaO)
Thomasphosphat	ca. 15 %	45 %
Superphosphat	18 %	–
Novophosphat	23 %	–
Rhenaniaphosphat	28–30 %	40 %
Hyperphosphat	29 %	45 %

Thomasphosphat

Thomasphosphat (früher Thomasmehl genannt) hat sich in der fränkischen Keuperlandschaft, in der Lausitz, in der Lüneburger Heide, wie überhaupt in allen Teichgebieten bestens bewährt. Es enthält 15 % zitronensäurelösliche Phosphorsäure, außerdem etwa 45 % wirksamen Kalk sowie Spurennährstoffe.

Die Erfahrung lehrt, daß sich dieser kalkhaltige Phosphatdünger nicht nur zur Düngung im Frühjahr, sondern auch zur Nachdüngung im Sommer eignet.

Rhenaniaphosphat ist in seiner Zusammensetzung und Wirkung dem Thomasphosphat ähnlich. Entsprechend seinem höheren Phosphorsäuregehalt (28–30 %) benötigen wir nur etwa die Hälfte der anderen Phosphatdüngemittel, ebenso die Hälfte der aufzuwendenden Zeit. Dasselbe trifft für Hyperphosphat zu.

Superphosphat

Auch Superphosphat (18 % Phosphorsäure), ist zu empfehlen, besonders in Teichen, die mit kalkreichem Wasser gespeist werden oder in Vorstreckteichen, in denen mit Fadenalgen zu rechnen ist. Wegen seiner Wasserlöslichkeit nimmt man es gerne (200–300 kg/ha) zur Nachdüngung, besonders, wenn die Grünfärbung des Weiherwassers, trotz normaler Mineraldüngung ausgeblieben ist, oder wenn durch Hochwasser Nährstoffe verlorengingen. Novophosphat mit 23 % ist ein neueingeführtes Düngemittel mit höherem Phosphatgehalt.

Hyperphosphat

Hyperphosphat (29 % Phosphorsäure) ist ein feingemahlenes Naturphosphat. Niederer pH-Wert, hohe Niederschläge (bei Landpflanzen) und eine große biologische Aktivität des Bodens bilden die Voraussetzung für eine weitgehende Umwandlung dieses Rohphosphates in pflanzenverfügbare Phosphorsäure. Recht befriedigende Ergebnisse liegen beispielsweise von den sauren Teichböden der Oberpfalz vor.

Anwendung

Thomas- und Superphosphat haben etwa den gleichen Gehalt an Phosphorsäure. Thomasphosphat enthält obendrein 45 % Kalk, der gratis zur Phosphorsäure mitgeliefert wird, und hat den weiteren Vorteil, daß es mit jeder Kalksorte mischbar ist. *Superphosphat* enthält dagegen keinen Kalk und *darf nicht mit Kalk gemischt werden.* Es würde sonst eine wasserunlösliche Phosphatverbindung entstehen. Zwischen Kalk- und Superphosphatdüngung muß deshalb mindestens ein Zeitraum von 14 Tagen liegen. Thomasphosphat, ins Wasser eingebracht, gibt eine deutlich alkalische, Superphosphat eine schwach saure Reaktion. In kalkarme Teiche gehört daher in der Regel Thomasphosphat.

Hyperphosphat enthält ähnlich wie Thomas- und Rhenaniaphosphat (45 %) CaO, dazu Spurennährstoffe und ist mit jeder Kalksorte mischbar. Interessant sind für den Teichwirt die Mischdünger Hyperphos-Kali (23 % P_2O_5, 12 % K_2O, 35 % CaO) und Hyperphos-Magnesia (23 % P_2O_5, 7 % MgO, 35 % CaO).

Phosphatdünger gibt man meist im Frühjahr, gleichgültig ob der Weiher unter Wasser steht oder nicht. Er kann auch schon besetzt sein. Manche geben Phosphat und oft auch Kalk, namentlich bei Himmelsteichen, der Einfachheit halber auf das Eis, kurz bevor es aufgeht, oder auf den gefrorenen Boden, kurz bevor der Teich bespannt wird, besonders dann, wenn keine Gefahr besteht, daß Hochwasser die Dungstoffe mit sich reißen. Noch bequemer, wie bereits betont, ist bei großen Weihern die Düngung vom Kahn aus.

Um sichere und reiche Ernten zu erzielen, sind im Durchschnitt alljährlich folgende Mengen erforderlich:

300—600 kg/ha Branntkalk
400 kg/ha Thomasphosphat oder 400 kg/ha Superphosphat oder
200 kg/ha Rhenaniaphosphat

Wird ein Weiher erstmalig gedüngt, so sind die vorstehenden Kalk- und Phosphatgaben bis zur doppelten Menge zu erhöhen.

Die aufgeführten Düngemittel unterscheiden sich nicht nur hinsichtlich ihres verschiedenen Phosphatgehaltes, sondern auch hinsichtlich des Reinphosphatpreises.

Im Jahre 1978 kostete bei Großbezug 1 kg Reinnährstoff in DM (Durchschnittswert, Waggonbasis, deutsche Produktion) etwa

Thomasphosphat	0,85	relativ 100
Superphosphat	1,25	147,1
Rhenaniaphosphat	1,19	140,0
Hyperphosphat	1,02	120,0

Die Lagerhäuser haben nicht alle Phosphatdüngemittel auf Lager. So fällt z. B. Thomasphosphat bei der Verhüttung von phosphorhaltigen Eisenerzen an und kann knapp werden, falls andere Eisenerze zur Stahlerzeugung verwendet werden.

Lange Zeit wurde behauptet, Mengen über 30 kg/ha Reinphosphat (= rund 200 kg Thomasphosphat oder Superphosphat) brächten keine weitere Ertragssteigerung, sie wären deshalb unnötig. Die Praxis hielt wohl nicht zu Unrecht diese Mengen für zu gering und nicht mehr zeitgemäß. Warum sollte man auch an der untersten Grenze verbleiben, wenn 50 kg Thomasphosphat 7,– bis 7,50 DM kosten. Teichwirte, die zugleich Landwirte sind, rechnen bei der Düngung ihrer Felder ohnehin mit weit höheren Mengen. So sind viele Bauern gewohnt, jedem Acker alljährlich einheitlich 600 kg/ha Thomasphosphat ohne Berücksichtigung der anzubauenden Frucht zu geben.

Andere wieder, so vor allem Kleinteichwirte, geben oft das Vielfache der normalen Menge. Es kann vorkommen, daß sie einen ganzen Sack auf einen Weiher mit einigen 100 qm geben, in dem Glauben, dadurch den Karpfen, »ihren Lieblingen«, beste Lebensmöglichkeiten zu bieten. Hier müssen wir dringend raten maßzuhalten; gilt doch auch bei der Teichdüngung die Regel »Allzuviel ist ungesund«; denn jede Überdüngung hat eine unnatürliche Entwicklung der Kleinlebewelt zur Folge.

Es wird immer noch nicht genügend beachtet, daß nur die gemeinsame Anwendung von Kalk- und Phosphatdüngemitteln zu einem vollen Erfolg führt. Macht doch erst der Kalk die Teichkrume derart funktionstüchtig, daß die verabreichten Phosphate zur Wirkung kommen. Selbst bei den kalkhaltigen Düngephosphaten ist noch eine gleichzeitige Kalkung geboten. Man kann aber dabei 100–200 kg/ha an Kalk einsparen, besonders, wenn eine Anreicherung an Kalk bereits gegeben ist.

Es gibt aber auch Ausnahmen. Bei Teichen, die mit kurzen Unterbrechungen Sommer und Winter unter Wasser gestanden haben, in denen sich mit der Zeit eine dicke Faulschlammschicht gebildet hat, ist zunächst allein nur Branntkalk und nochmals Branntkalk am Platze, um durch Zersetzung des Schlammes gesunde Verhältnisse zu schaffen. Eine Phosphatdüngung hat weiter nicht viel Sinn, wenn Abwässer aus Siedlungen zufließen. Selbst biologisch gereinigte Abwässer enthalten ein Übermaß an Phosphatverbindungen; denn in Kläranlagen werden zumeist nur fäulnisfähige Stoffe abgebaut.

Bei Himmelsteichen ist weiter zu beachten: Durch die höheren Düngergaben auf Wiesen und Feldern werden weit mehr Nährstoffe zugeschwemmt als einige Jahrzehnte zuvor, so daß sich eine Phosphatdüngung auch in diesen Fällen erübrigen kann.

Wie sehr es darauf ankommt, Düngemittel, insbesondere Kalk, reichlich zu geben, zeigt folgendes lehrreiche Beispiel: Die Teiche im Landkreis Coburg lagen mit ihren Erträgen unter dem Durchschnitt. Wegen einer aufgetretenen BWS-Seuche wurden auf Anordnung des Landrates alle kranken Karpfenbestände vernichtet und die Teiche mit 2000 bis 2500 kg Branntkalk desinfiziert. Dieser kräftige Kalkstoß hat sich produktionsmäßig außerordentlich gut ausgewirkt. Die Erträge (Zuwachs) liegen seitdem mit einer Düngung von 600—700 kg/ha Löschkalk und 50 kg/ha Reinphosphatsäure (2—3 Jahre Thomasphosphat, dann 1 Jahr Superphosphat) und dem nötigen Futteraufwand zwischen 300 bis 400 kg/ha.

Kali, Stickstoff, Magnesium, Spurennährstoffe

Wie stark Weiher durch die von den Zuflüssen mitgeführten Nährstoffe angereichert werden, zeigt sich am deutlichsten bei einer Weiherkette. Der oberste ist fast immer der fruchtbarste. Nun werden Kali und Stickstoff am leichtesten ausgewaschen. Damit mag es zusammenhängen, daß diese beiden Nährstoffe bei der Teichdüngung vernachlässigt werden dürfen. Fehlen aber fruchtbare Zuschwemmungen wie bei Teichen, deren Zufluß aus Nadelwäldern oder Mooren kommt, ist es sehr wohl möglich, daß der Grundnährstoff Kali fehlt und daß sich eine Kalidüngung lohnt. Ein Hinweis dafür kann sein, wenn Teiche auf eine Kalk- und Phosphatdüngung allein nicht ansprechen. Eine Kalidüngung kann auch notwendig werden, wenn durch reichliche Kalk- und Phosphatgaben über eine Reihe von Jahren Höchsterträge herausgewirtschaftet wurden. Als Beispiel mag folgender Fall gelten:

Ein erfahrener Teichwirt stellte eines Jahres fest, daß sein bisher bester Weiher auf eine Kalk- und Phosphatdüngung nicht mehr ansprach. Es waren bei völlig sicheren Wasserverhältnissen jährlich 900 kg/ha Branntkalk und 600 kg/ha Thomasphosphat gegeben worden, also sehr reichliche Mengen, denn als Regel gelten 600 kg/ha Branntkalk und 400 kg/ha Thomasphosphat. Nach einigen Überlegungen kamen wir zu dem Entschluß, einen Versuch mit Kali zu machen. Der Erfolg war verblüffend. Der Weiher, der in zwei vorhergehenden Jahren versagt hatte, zeigte nach einer Gabe von 75 kg/ha Kali (40%) die gewünschte Färbung des Wassers. Ähnliche Erfahrungen machten wir gelegentlich auch mit Stickstoff.

Daß die Stickstoffdüngung fast immer vernachlässigt werden darf, liegt wohl mit darin begründet, daß einzelne Wasserbakterien imstande sind, den freien Stickstoff im Wasser zu binden; sie gedeihen am besten, wenn ausreichend Phosphat und Kalk vorhanden sind. Geben wir Ammoniumdünger, so kann das freiwerdende Ammoniak, ein gefährliches Fischgift, ein Fischsterben auslösen. Wir raten deshalb zu einer Stickstoffdüngung, u. U. auch in Form von natürlichem Dünger, wenn beim Bau eines neuen oder bei der Ausbaggerung eines alten Weihers nur noch roher Boden ansteht und Humusstoffe fehlen. Um die Bildung der notwendigen Teichkrume zu beschleunigen, wird als erste Düngung das Mehrfache der normalen Menge empfohlen: 3000 kg/ha Branntkalk (bei sandigen Böden 4000 kg/ha kohlensaurer Kalk), 1600–1800 kg/ha Thomasphosphat, beide möglichst im Herbst. Dazu im Frühjahr auf den bespannten und besetzten Teich 300–400 kg/ha Kalkammonsalpeter in vier Gaben, jeweils mit einem Zwischenraum von 10–14 Tagen.

Es liegt der Gedanke nahe, in solchen Fällen neben der unbedingt notwendigen Kalkung der Einfachheit halber sogenannte NPK-Volldünger anzuwenden, die Stickstoff, Phosphor und Kali in wechselnder Zusammensetzung enthalten. Der Gehalt an Phosphorsäure ist für die Düngung der Teiche entscheidend. Stickstoff und Kali benötigen wir nicht unbedingt, wir müssen aber diese Nährstoffe mit bezahlen. So enthält Nitrophoska blau 12 % N, 12 % P, 17 % K, 2 % Spurennährstoffe. Wohl aber ist Stickstoffphosphat (20 % N, 20 % P), und zwar in einer Menge von 50 kg/ha dann zu empfehlen, wenn es gilt, Jungfischen ein Übermaß an Plankton innerhalb kurzer Zeit zu bieten. Dieser Zweinährstoffdünger wirkt noch besser als Jauche, über die Nichtlandwirte ohnehin kaum verfügen.

Ob wie in der Landwirtschaft abnehmende Erträge auf einem Mangel an Spurennährstoffen (Mikronährstoffen) beruhen, darüber liegen ausreichende Erfahrungen noch nicht vor. Anzunehmen ist, daß sie dem Gesetz von Minimum ebenso unterliegen wie die Grundnährstoffe (Makronährstoffe).

Düngemittel wie Thomasphosphat und Rhenaniaphosphat haben den Vorzug, daß sie neben Kalk auch Eisen, Mangan, Magnesium, Kupfer und Kobalt enthalten. Damit kann es zusammenhängen, daß gerade Teiche auf eine Düngung mit Thomasphosphat besonders gut ansprechen. Auch Rhenaniaphosphat wird wegen seiner langanhaltenden Wirkung sehr gelobt. Sie ist durch den hohen Anteil an Silizium bedingt.

Auf vielen Böden ist durch die zunehmend hohen Gaben an Grundnährstoffen und die dadurch bedingten hohen Ernten, namentlich auf armen Böden, ein Absinken des Magnesiumspiegels zu erkennen. Deshalb ist gerade im Hackfruchtbau eine zusätzliche Magnesiumdüngung unerläßlich geworden. Wir müssen bei anhaltend hohen Phosphatgaben wohl mit einem ähnlichen Mangel rechnen, zumal bei Teichen, die auf armen Böden liegen. Es bieten sich die an Kalk gebundenen Magnesiumdünger an: Magnesiumbranntkalk, Magnesiumlöschkalk, kohlensaurer Magnesiumkalk mit 10–40 % MgO.

Zu jeder Düngung, sei es in der Landwirtschaft, sei es in der Teichwirtschaft, gehört ein gewisses Fingerspitzengefühl. Man kann nicht ein Rezept geben, das für alle Teiche paßt. Neben der Qualität der Teichböden kommt es sehr darauf an, welche Nährstoffe das den Teichen zufließende Wasser mit sich führt. Nicht wenige Teichwirte neigen dazu, das eine oder andere Jahr mit der Art des Düngemittels zu wechseln, sie geben z. B. statt Thomasmehl Superphosphat, statt Branntkalk ungebrannten (kohlensauren) Kalk.

Fingerspitzengefühl erfordert im besonderen die Verwendung organischer Düngemittel.

Natürliche Dünger

Jauche ist das am schnellsten wirkende Düngemittel. Sie eignet sich vor allem für Teiche, in denen Jungfische heranwachsen.

Stallmist enthält verhältnismäßig wenig Phosphorsäure, er ist aber für die Produktion von Kohlensäure wichtig. Die Aischgründer Fischbauern geben 7,5–15 t je Hektar, oft sogar mehr. Sie fahren den Mist in den noch nicht bespannten Teich oder auf das Eis. Er bleibt in Haufen liegen, damit die Nährstoffquelle den ganzen Sommer über fließt. Stehen Teiche unter Wasser, so kann man ihn auch an den Böschungen entlang ablagern.

Düngung mit Mist auf Eis

In neuerer Zeit besteht die Möglichkeit, Hühnermist aus Geflügelfarmen zu beziehen, sogar trocken in Säcken. Er enthält etwa das fünffache an Phosphorsäure im Vergleich zu Rindermist und ist deshalb besonders wirksam. Meist verwendet man ihn zur Düngung von Aufzuchtteichen. Auch der Schweinemist hat etwa den doppelten Gehalt an P_2O_5 wie Rindermist.

Vorsichtige Düngung mit Jauche und Mist ist dringend anzuraten. Sie enthalten Ammoniak, das bei ungenügender Verdünnung auf Fische tödlich wirkt, besonders wenn der pH-Wert des Wassers an sonnigen Tagen durch erhöhte Assimilation des Phytoplanktons an 8,5 heranreicht oder diesen überschreitet. Man unterlasse deshalb eine Düngung an heißen Tagen, insbesondere mit Jauche, und wähle hierzu eine Zeit mit kühler, regnerischer Witterung.

Eine Düngung mit frischem Mist oder Hühnermist kann auch zu einer Erkrankung an Kiemenfäule führen. So wertvoll Jauche und Mist auch sein mögen, es darf niemals übersehen werden, daß sie weder eine Düngung mit Phosphaten und noch weniger eine solche mit Kalk voll zu ersetzen vermögen.

Organische Handelsdüngemittel

Ähnlich wie Mist und Kompost verbessern auch organische Handelsdüngemittel (Nettolin, Häussermann, Regenor usw.) den Teichboden, besonders, wenn es ihm an Humusstoffen mangelt. Bei Sandböden ist dies zumeist der Fall. Mit einer derartigen Verbesserung der Teichkrume können sich aber höchstens Kleinbetriebe befassen, die wirtschaftliche Gesichtspunkte weniger beachten. Denn bei der Beschaffung von Humusdüngern an Stelle von Stallmist müssen wir wie bei NPK-Volldüngern Nährstoffe mitbezahlen, die unsere Teiche nicht unbedingt benötigen.

Neuerdings wird Hornoska als Spezialdünger für die Düngung der Teiche empfohlen, in denen K_v und K_1 heranwachsen. Hornoska ist ein Dünger, der aus organischen und mineralischen Substanzen besteht.

Düngung nicht ablaßbarer, teichähnlicher Gewässer

Werden bei der Gewinnung von Sand, Kies usw. grundwasserführende Schichten angeschnitten, so entstehen bei der derzeitigen großen Nachfrage nach diesen Stoffen laufend neue Gewässer. Sie finden bei dem zunehmenden Mangel an befischbaren Gewässern schnell fischereiliche Liebhaber. Es ergibt sich dann von selbst die Frage, wie der Ertrag dieser Gewässer durch Düngung gesteigert werden kann. In der Regel fehlen Zu- und Abfluß. Der Wasserstand steigt und fällt mit dem Grundwasser. Er ergänzt sich also von unten her. Der Gewässerboden ist zunächst steril. Es sind auch keine Zuschwemmungen zu erwarten. Dazu kommt die große Tiefe, die die eines normalen Teiches überschreitet. Bei diesen Gegebenheiten ist es sicher angebracht, mit Mineraldünger die Fruchtbarkeit des Gewässers anzuheben. Eine Normaldüngung von 1200 kg/ha kohlensaurem Kalk und 400 kg/ha Thomasphosphat erscheint bei dem im Vergleich zum normalen Teich zumeist größeren Wasserraum fast noch zu wenig.

Die absterbenden und auf den Boden sinkenden Pflanzen und Tiere bilden mit der Zeit eine Bodenschicht, in der nicht nur Nährstoffe gespeichert, sondern auch laufend an das Wasser abgegeben werden. Wie ist nun diese Bodenschicht in ihrer Fruchtbarkeit zu erhalten? Wir haben nicht das Mittel einer zeitweisen Trockenlegung, die eine Bildung von Faulschlamm verhindert. Ein abschreckendes Beispiel sind Altwasser, kleinere Seen, bei denen die Bildung von Faulschlamm bereits so weit fortgeschritten ist, daß die Fischerträge nachgelassen haben, daß es sogar im Winter, wenn der Gasaustausch durch Eis und Schnee behindert ist, zu Fischsterben kommt. Baggerseen bedürfen deshalb einer genauen Überwachung, es kann angezeigt sein, die Phosphatdüngung nach einigen Jahren einzustellen und nur die Kalkdüngung fortzusetzen, damit sich die auf dem Teichboden ansammelnden organischen Massen laufend zersetzen. Leider fehlen noch ausreichende Erfahrungen auf diesem Sektor der Wasserdüngung, so daß wir uns zunächst mehr mit theoretischen Erwägungen behelfen müssen.

9 Zucht des Karpfens

Karpfenrassen

Der Wildkarpfen ist verhältnismäßig langgestreckt. Kommt er in Teiche, so findet er bessere Ernährungsmöglichkeiten. Das schnellere Wachstum gibt ihm von selbst eine mehr gedrungene Form. Traf der Mensch dazu noch eine Auslese, indem er nur die wüchsigsten Karpfen laichen ließ, war damit, ähnlich wie bei anderen Nutztieren, der Anlaß zur Entwicklung von Rassen gegeben. So ist von böhmischen, mährischen und schlesischen Karpfen schon frühzeitig die Rede.

Die größere Beachtung, die gegen Ausgang des vorigen Jahrhunderts der Teichwirtschaft zuteil wurde, löste bald das Bedürfnis aus, die vorhandenen Karpfenrassen näher zu kennzeichnen. Um sie zu unterscheiden, wählte man das Verhältnis der Körperhöhe zur Körperlänge. Man versteht dabei unter Höhe die Entfernung zwischen dem höchsten Punkt des Rückens und der Bauchlinie, und unter Länge die Entfernung zwischen Schnauzenspitze und Schwanzwurzel.

Wildkarpfen aus der Altmühl, Schuppen schwach goldglänzend

Die Karpfen unterscheiden sich aber auch durch die Art der Beschuppung. Sind sie völlig beschuppt, wie es beim Wildkarpfen der Fall ist, so spricht man von einem *Schuppenkarpfen.* In Teichen änderte sich nach und nach mit der Form auch die Beschuppung. Gerade die bessere Ernährung mag zu solchen Unregelmäßigkeiten beigetragen haben. Der Züchter fand hieran Gefallen. Er entwickelte durch planmäßige Weiterzucht der aufgetretenen Spielarten den Schuppenkarpfen zum *Spiegel-* und schließlich zum *Lederkarpfen.* Der Spiegelkarpfen weist vor allem beiderseits der Rückenlinie eine Reihe von Schuppen auf, ferner einzelne Schuppen an der Schwanzwurzel, an den Ansatzstellen der Afterflosse und der paarigen Flossen und einzelne sogar hinter den Kiemendeckeln. Finden sich noch Schuppen auf der Seite, insbesondere in der Nähe der Seitenlinie, so spricht man von einem stark beschuppten Spiegelkarpfen. Der Lederkarpfen hat höchstens noch entlang der Rückenflosse einzelne kleinere Schuppen. Je weniger ein Karpfen beschuppt ist, desto kleiner und unscheinbarer ist auch die einzelne Schuppe.

Eine weitere Spielart ist der sogenannte *Schleienkarpfen.* Es ist darunter nicht eine Kreuzung zwischen Schleie und Karpfen zu verstehen, sondern ein Karpfen, der nicht normal gefärbt ist, dem die Pigmentierung fehlt. Die Haut ist deshalb durchsichtig, es schimmern die Blutgefäße durch, und sie geben dem Fisch eine eigenartige blaurote Färbung. Selbst unter Schuppenkarpfen findet man diese Varietät. Im Wachstum besteht kein Unterschied gegenüber Karpfen normaler Färbung.

Eine gewisse Zeit bestand die Neigung, einen möglichst schuppenlosen Karpfen zu züchten, wohl um den Wünschen der Verbraucher entgegenzukommen. Nun konnte aber gerade die Teichwirtschaftliche

Versuchsanstalt in Wielenbach durch langwierige Vererbungsforschungen den Nachweis erbringen, daß mit den äußeren Beschuppungsmerkmalen innere Eigenschaften des Karpfens gekoppelt sind. Widerstandsfähigkeit und Wüchsigkeit nehmen um so mehr ab, je weniger ein Fisch beschuppt ist. Lederkarpfen zeigen schon äußerlich Defektbildungen an den Flossen, insbesondere an der Rückenflosse, die oft nur noch ein von wenigen Strahlen gehaltener Saum ist.

Verfasser mit einem Dreisömmerigen aus der Zucht von Karl Wiesinger, Dinkelsbühl

Bei der Festlegung der Karpfenrassen unterschied man im wesentlichen vier Rassen:

1. *Lausitzer,* ein Schuppenkarpfen, der, wie der Name schon sagt, seine Heimat in der Lausitz hatte. Da der Markt Schuppenkarpfen schon seit langem ablehnt, kommt ihm eine wirtschaftliche Bedeutung kaum mehr zu.
2. *Galizier,* Körperverhältnis 1:2,5, ein stark beschuppter Spiegelkarpfen vor allem mit großen Spiegelschuppen an den Seiten. Er hatte von sämtlichen Rassen die weiteste Verbreitung, da er als der wüchsigste Karpfen galt. Von seinem Stammland Galizien kam er nach Schlesien und Sachsen und auch bald in alle anderen deutschen Teichgebiete.
3. *Franke,* Körperverhältnis 1:2,3, hatte nur um Dinkelsbühl ein größeres geschlossenes Zuchtgebiet. Es handelt sich bei ihm um einen schwach beschuppten Spiegelkarpfen mit goldbrauner Färbung des Bauches. Ihm ähnlich ist der *Schwarzenfelder,* nur etwas stärker beschuppt und mehr von grünlicher Farbe. Ein Karpfenstamm, der um die Jahrhundertwende in der ehemals größten bayerischen Teichwirtschaft in Schwarzenfeld (Oberpfalz) gezüchtet wurde, und bald in fast allen süddeutschen Teichwirtschaften zu finden war.

Von oben nach unten: Standardkarpfen, besonders hochrückiger Karpfen, Karpfen mit seitlicher Wirbelsäulenverkrümmung, Karpfen ohne Schuppen, mit verkümmerter Rücken- und Afterflosse

4. *Aischgründer*, Körperverhältnis 1 : 2, ein sehr schwach beschuppter Spiegelkarpfen. Seine Heimat war der Aischgrund und die angrenzenden Teile von Ober- und Mittelfranken.

Die Einteilung der Karpfen nach Rassen, in Wirklichkeit handelte es sich eher um verschiedene Stämme, hat nur noch historische Bedeutung.

In neuerer Zeit kann man sowohl in Deutschland wie in anderen Ländern das Bestreben erkennen, einen einheitlichen Karpfentyp zu entwickeln. Als Ideal erscheint der schwach beschuppte Spiegler, nicht zu lang, nicht zu kurz, mit einem Körperverhältnis 1 : 2,2 bis 2,3 und einer Beschuppung, wie sie seither dem Frankenkarpfen als charakteristisches Merkmal zu eigen ist. Diese Beschuppung bleibt in der Vererbung nahezu konstant. Sie entspricht den Möglichkeiten des Züchters und kommt auch den Wünschen des Verbrauchers entgegen.

Die einzelnen Karpfenstämme lassen sich daher nach ihrer Herkunft kaum noch durch ihre Form und Beschuppung unterscheiden, eher noch durch die Art ihrer Färbung. Die Franken sind goldgelb, die Oberpfälzer mehr grünlich, die der Lüneburger Heide dunkel, die Jugoslawen und Ungarn bläulichgrau. Diese Färbung behalten sie im wesentlichen bei, selbst wenn sie in andere Gegenden versetzt werden, oft noch in folgenden Generationen.

In letzter Zeit kommt selbst dem Schuppenkarpfen wieder eine gewisse wirtschaftliche Bedeutung zu. Da der natürliche Nachwuchs an Wildfischen in freien Gewässern bei weitem nicht mehr ausreicht, werden sie häufig mit Karpfen besetzt, die doch in beliebiger Größe und Zahl zur Verfügung stehen. Für solche Besetzungen ist ein ganz beschuppter Karpfen geeigneter. Er ist nicht nur standorttreuer und widerstandsfähiger, er wehrt sich auch an der Angel weit mehr als der trägere Spiegelkarpfen.

Oben: Rasseloser Karpfen, normal beschuppt. Unten: Rasseloser Karpfen, stark beschuppt

Karpfenzüchter, die sich nebenbei auf Schuppenkarpfen verlegen, müssen sich darüber klar sein: Bei gleichwertigem Zuchtmaterial kann der Schuppenkarpfen dem Spiegler im Wachstum sogar überlegen sein. Wählt er aber Schuppenkarpfen aus einem Fluß oder einer schlecht geführten Teichwirtschaft zur Zucht aus, so ist es sehr wohl möglich, daß deren Nachkommen nicht an das Wachstum eines Spieglers heranreichen.

Derzeitige Mängel in den Zuchtleistungen

Die außerordentlichen Erfolge in der Zucht unserer Haustiere beruhen im wesentlichen auf der Körung der Zuchttiere und der Überprüfung ihrer Nachkommen. In der Karpfenzucht ruhen derartige Maßnahmen seit etlichen Jahren. Man könnte glauben, diesen wären seinerzeit ein Erfolg versagt geblieben. Wer sich bei Abfischungen umsieht – leider sehen wir unsere Karpfen nicht wie andere Tiere täglich im Stall –, dem fällt auf, daß die Karpfen in Form und Gewicht weit mehr variieren als etwa ein bis zwei Jahrzehnte zuvor. Demnach läge ein Rückschritt vor. Es fällt nicht schwer, Gründe dafür zu finden. Extreme Winter haben zumeist unersetzliche Verluste in den Laichfischbeständen zur Folge. Man hilft sich dann, so gut es geht. Neue, noch unerfahrene

Züchter kommen laufend hinzu. Bei der großen Nachfrage nach Satzfischen erscheint es nicht unbedingt geboten, mit Fischen bester Abstammung zu dienen. Wir hatten noch dazu Jahre, in denen das Laichen infolge mißlicher Witterung nicht klappen wollte und in denen schließlich Laicher der letzten Wahl zum Zuge kamen.

In nicht wenigen Betrieben laicht wohl gleiches, aber meist nicht erbfestes Ausgangsmaterial jahrzehntelang miteinander. Eine solche Gebrauchsinzucht, die nicht nur gute, sondern auch schlechte Eigenschaften verstärkt, führt mit Sicherheit zu Ermüdungserscheinungen (Degeneration), wie sie früher beim Aischgründer auffielen. Befaßten sich doch mit seiner Zucht entsprechend der Struktur der Aischgründer Teichwirtschaft nur kleinere Betriebe. Dieser hochrückige Karpfen war noch dazu schwieriger zu züchten. Er hatte sich von allen Karpfenstämmen am weitesten von der natürlichen Form entfernt. Der sehr kurze, extrem hochrückige Fisch hatte offenbar schon die Grenze des züchterisch Möglichen erreicht.

Technische Schwierigkeiten

Die Laicher können wie »gemalt« aussehen. Dadurch ist aber nicht im mindesten erwiesen, daß die Nachkommen in ihrem Aussehen und ihrer Leistung den Eltern gleichen werden. Das äußere Erscheinungsbild (Phänotyp) läßt eben noch keinen Schluß auf das Erbgut (Genotyp) eines Lebewesens zu. Der Wert eines Zuchttieres ist also erst aus seiner Nachkommenschaft zu erkennen. Eine sichere Vererbung der erwünschten Eigenschaften ist nur zu erwarten, wenn möglichst reinerbige (homozygote) Tiere gepaart werden.

Beim Laichakt des Karpfens werden zwar Tausende und Abertausende von Nachkommen erzeugt. Dennoch fällt es beim Karpfen schwerer als bei den eigentlichen Haustieren, eine Zucht aufzubauen. So hat der Karpfen trotz seiner geringen Größe eine in unseren Breitengraden viel zu lange Generationenfolge. Sie beträgt mindestens vier Jahre, bei dem um das Hundertfache schwereren Schwein hingegen nicht einmal ein Jahr.

Unter natürlichen Verhältnissen und auch in der normalen Gebrauchszucht laichen nicht Einzelpaare, sondern mehrere Paare miteinander. Selbst wenn ein Hochzuchtbetrieb nur paarweise laichen ließe, macht es die größten Schwierigkeiten, die Nachkommen mehrerer Paare getrennt voneinander aufzuziehen, um sie später miteinander vergleichen zu können. Zeigen sich dann nach drei Jahren die Nachkommen eines Paares wüchsiger als die eines anderen Paares, so müßte es jetzt möglich sein, die als besonders hochwertig erkannten Eltern unter den anderen Laichern herauszufinden, was bei den derzeitigen Markierungsmöglichkeiten der Fische nicht gerade leicht fällt.

Höchstens ein personell und materiell gut ausgestatteter Großbetrieb könnte diesen wichtigen technischen Grundvoraussetzungen genügen.

Hochzuchten – früher und heute

Wenn trotz der geschilderten außerordentlichen technischen Schwierigkeiten reinerbige Karpfenstämme entstanden sind, so war dieses Ziel nur durch Inzucht und Auslese zu erreichen, die über Jahrzehnte betrieben wurde. Im Grunde genommen sind sie das Werk einzelner begabter Züchter, die zugleich als Leiter großer und größter Betriebe über die nötigen Einrichtungen verfügten. *Burda* hatte um 1900 die deutliche Überlegenheit des galizischen Spiegelkarpfens gegenüber anderen Stämmen herausgestellt. J. SUSTA (1835–1904) schuf den Wittingauer. Er war als Leiter der Fürstlich Schwarzenbergschen Teichwirtschaft, der damals größten in Mitteleuropa, auch allgemein in der Teichwirtschaft führend. Den Schwarzenfelder Karpfen verdanken wir G. WEBER (1866–1928), dem die größte bayerische, die Gräflich Holnsteinsche Teichwirtschaft in Schwarzenfeld bei Schwandorf in der Oberpfalz anvertraut war. Als Weber 1900 seinen Zuchtstamm erstmalig ausstellte, holte sich der Schwarzenfelder von da ab nur erste Preise.

Über die Herauszüchtung des Dinkelsbühler Karpfens weiß der Verfasser wohl am besten Bescheid; trug er doch einen Teil dazu bei. Wie uns M. SCHEUERMANN (1852–1936) überliefert hat, wurde im südwestlichen Teil Mittelfrankens bis zur Jahrhundertwende der fränkische Spiegelkarpfen gezüchtet, der dem später gezüchteten Karpfen an Wüchsigkeit kaum nachstand. Nach 1900 war SCHEUERMANN entsprechend der damaligen Geschmacksrichtung bestrebt, einen etwas höheren Karpfen mit nicht allzuviel Schuppen herauszuzüchten. Zu diesem Zweck erfolgte eine vorsichtige, sparsame Einkreuzung von Aischgründern im Jahre 1905 und von Galiziern in den Jahren 1910 und 1911. Dieser Karpfen wurde in der Folgezeit durch F. SCHÖTZ (1892–1937) und A. WERDIN noch weiter verbessert. Er ist seit der Auflösung der Schwarzenfeldschen Teichwirtschaft in Bayern führend, um so mehr, da nun ihm erste Preise zufielen.

Gefahren einer lässig betriebenen Inzucht

Weist die Nachzucht trotz sorgfältiger Auslese der Laicher Fehler auf, wie z. B. Schuppenlosigkeit, Flossendefekte, Wirbelsäulenverkrümmung, Kiemendeckelverkürzung, frühe Geschlechtsreife, ungleiches Wachstum, so liegen deutliche Anzeichen einer Degeneration vor. Wer glaubt, eine derartige Zucht durch weitere Inzucht verbessern zu können, irrt sich. Es genügt auch nicht, nur einige Tiere zur Blutauffrischung hereinzunehmen. Da in der Regel mehrere Paare miteinander laichen, ist keine Gewähr dafür gegeben, daß sich bei allen Nachkommen fremdes Blut untermischt. Höchstwahrscheinlich werden die Karpfen sogar in Form und Wuchs erheblich variieren.

Gerade bei kleineren Züchtern hielt es deshalb der Verfasser für richtiger, entweder alle Milchner oder alle Rogner oder noch besser sämtliche Laicher zu ersetzen. Hierbei war naheliegend, die Laicher aus angesehenen Betrieben auszuwählen, und die besten Erfolge stellten sich ein, wenn Milchner und Rogner aus zwei verschiedenen Betrieben stammten.

Die Züchtung von Karpfenhybriden (Hybridkarpfen)

Wir verstehen unter Hybriden Tiere, die von Eltern aus Hochzuchten abstammen und die durch erwünschte Eigenschaften, z. B. Gesundheit, Wüchsigkeit in der ersten Kreuzungsgeneration ihre Eltern weit übertreffen. Die Züchtung von Hybriden ging von den USA aus und ihr kommt sowohl in der Pflanzen- wie in der Tierzucht eine außergewöhnliche Bedeutung zu. Im Grunde genommen beruht sie auf der Erfahrung: Bastarde luxurieren in ihren Eigenschaften (wachsen üppig).

Die erste Hybridenwelle war die des Hybridmaises, dessen Erträge weit größer und sicherer als die reinerbiger Sorten sind und der wesentlich zur Verbesserung der Welternährung beigetragen hat. Nach dem Hybridmais kamen die Hybridhühner, die sich durch ihre hohe Legeleistung und ihre Gesundheit in allen Hühnerfarmen durchgesetzt haben. Ähnliche Erfahrungen liegen bei Schweinehybriden vor.

Man vergleiche nun die Hühnerzucht mit der Karpfenzucht! In der Hühnerzucht lassen sich in einem entsprechend spezialisierten Großbetrieb an die hundert Stämme nebeneinanderhalten, um deren Leistungen miteinander vergleichen zu können. Im übrigen erbringen nicht alle Paarungen reingezüchteter Stämme erfolgreiche hybride Nachkommen. Man muß über eine ganze Reihe von Ausgangslinien verfügen und sie versuchsweise miteinander kreuzen, ehe man erkennen kann, welche Paarungen die erwünschte Qualitätssteigerung, den positiven »Heterosiseffekt«, aufweisen. Bei der beschriebenen schwierigen Art der Vermehrung und Aufzucht der Karpfen erscheinen die Voraussetzungen für eine planmäßig betriebene Züchtung von Karpfenhybriden kaum gegeben zu sein.

Die Haltung von Karpfen in Aquarien, wie sie das Max-Planck-Institut in Ahrensburg bei Hamburg praktiziert, könnte künftig eine wertvolle Hilfe sein, einen Teil der bestehenden Schwierigkeiten aus dem Weg zu räumen. Wir werden auf das dort geübte Verfahren in dem auf Seite 156 folgenden Kapitel »Erbrütung der Karpfen im Warmwasser« näher eingehen.

Zwei- und dreisömmerige Karpfen der Satzfischzucht Werdin, Dinkelsbühl, auf einer DLG-Ausstellung

Künftige Möglichkeiten des Zuchtverfahrens

Mit der getrennten und überwachten Aufzucht der Nachkommen einzelner Paare ist uns allein nicht gedient. Es wäre weiter geboten, das paarweise Laichen besser als seither in den Griff zu bekommen. Nach den Untersuchungen von E. PROBST tritt die Eireife beim Karpfen nur unmittelbar beim Laichspiel ein. Es gelingt wohl, solche Eier ähnlich wie in der Forellenzucht zu besamen und zu erbrüten, aber man ist darauf angewiesen, das Laichspiel abzuwarten. Durch Hypophysieren, also Injektionen mit Hormonen aus der Gehirnanhangdrüse (Hypophyse) der zur Zucht bestimmten Tiere, lassen sich unter den in Ahrensburg gebotenen optimalen Bedingungen zu jeder Jahreszeit reife Eier streifen, besamen und in Zugergläsern erbrüten. Dieses Verfahren bietet weitgehende Möglichkeiten, hochwertige Tiere zu paaren und deren Eigenschaften, insbesondere Schnellwüchsigkeit genetisch (erblich) zu fixieren. Ahrensburg versucht sogar, einen möglichst grätenarmen Karpfen zu züchten, ein Ziel, das den Karpfen in die Reihe der wertvollsten Fische rücken könnte. Inwieweit dieses Ziel tatsächlich zu erreichen sein wird, darüber bestehen noch berechtigte Zweifel.

Bei der Zucht und Haltung von Karpfen unter gleichmäßiger, optimaler Temperatur besteht allerdings die Möglichkeit, daß die Nachkommen auch unter normalen natürlichen Verhältnissen zu einer früheren, aber sehr unerwünschten Geschlechtsreife neigen. So war der Aischgründer, wohl mitbedingt durch das wärmere Klima, anderen Karpfenstämmen in der Geschlechtsreife teilweise um ein Jahr voraus. Karpfen, die in tropische Länder überführt wurden, laichten bereits im zweiten Lebensjahr mit einem Gewicht um 500 g. Nicht minder besteht die große Gefahr, daß die widernatürlichen Verhältnisse in Aquarien den Karpfen nicht zum besten bekommen, daß die nachfolgenden Generationen degenerieren.

Inwieweit den Bestrebungen in Ahrensburg ein Erfolg beschieden sein wird, läßt sich noch nicht voraussagen. Auch private Betriebe beabsichtigen, sich auf die Züchtung von Karpfenhybriden zu verlegen. Auf jeden Fall ist es infolge der technischen Schwierigkeiten ein langer Weg, um so mehr, als Rückschläge nicht ausbleiben werden. Noch weiter ist das Ziel gesteckt, aus diesen Betrieben das große Heer der übrigen Teichwirte mit K_1 in einer Größe zu versorgen, die bereits im zweiten Sommer ein marktgängiges Gewicht ergibt. Wir streben demnach ein Verfahren an, wie es in der Hühnerzucht eingespielt ist.

Eine Nutzanwendung aus den Ausführungen läßt sich zum mindesten in der Weise ziehen, daß sich nur einige wenige Betriebe mit der Hochzucht reinerbiger Stämme befassen, daß kleinere Betriebe, denen die Voraussetzungen fehlen, Milchner und Rogner aus zwei hochwertigen Zuchten aussuchen und diese miteinander paaren, aber nicht mit diesen weiterzüchten. Nur die Nachkommen aus der ersten Kreuzung der reinerbigen Stammlinien erbringen den vollen Heterosiseffekt. Dabei ist es durchaus nicht notwendig, teure Laicher zu kaufen. Man kann sie auch selbst heranziehen, indem man sie aus K_3-Beständen der erwünschten Herkunft aussucht oder sich aussuchen läßt.

Leistungsprüfung

In der Tierzucht haben Leistungsprüfungen, die nach bestimmten Gesichtspunkten durchgeführt werden, ausschlaggebende Bedeutung. Derartige Prüfungen sind in der Karpfenzucht nicht minder wichtig, wenn sie auch schwieriger erscheinen; denn nur auf diesem Wege ist es möglich, den Wert der einzelnen Zuchten zu erkennen. In der Regel beschränken wir uns auf eine Leistungsprüfung der Karpfen im dritten Sommer. Die vorgesehenen Exemplare der einzelnen Zuchten sollen einen guten Durchschnitt darstellen und möglichst gleiche Stückgewichte aufweisen. Für den Versuch ist ein Teich auszuwählen, der die Gewähr für ein ungestörtes Heranwachsen der K_3 bietet.

Beim Einsetzen im Frühjahr, wie beim Abfischen im Herbst, wird das durchschnittliche Stückgewicht festgestellt. Die Differenz ergibt den Zuwachs, also die Leistung je Stück. Da aber die Milchner im allgemeinen 100–200 g leichter bleiben, ist es notwendig, den Stückzuwachs in der Weise umzurechnen, daß das Mittel aus dem Gewicht der Milchner

Beispiel für eine Leistungsprüfung

Stamm	eingesetzt	abgefischt	
A	50 K_2 = 22 500 g	50 K_3	91 500 g
	Stückgewicht 450 g	31 Rogner	58 000 g
		Stückgewicht	1 871 g
		19 Milchner	33 500 g
		Stückgewicht	1 763 g
B	50 K_2 = 18 500 g	48 K_3	72 500 g
	Stückgewicht 370 g	19 Rogner	31 000 g
		Stückgewicht	1 631 g
		29 Milchner	41 500 g
		Stückgewicht	1 431 g

Auswertung

Stamm	Zuwachs der Milchner	Zuwachs der Rogner	Mittel aus Milchner- und Rognerzuwachs	Unterschied
A	1313 g	1421 g	1367 g	206 g
B	1061 g	1261 g	1161 g	

und Rogner gezogen wird. Denn sind bei einem Stamm zufällig mehr Männchen und bei einem anderen mehr Weibchen, so wäre das Ergebnis ungenau.

Je mehr es unsere Aufgabe wird, die Wüchsigkeit unserer Karpfenstämme anzuheben, desto unentbehrlicher werden Leistungsprüfungen, namentlich wenn wir uns auf die Zucht von Karpfenhybriden verlegen wollen. Planmäßig durchgeführte Prüfungen sind wohl eher Aufgabe teichwirtschaftlicher Versuchsanstalten. Aber auch der Praktiker sollte sich damit in der angezeigten vereinfachten Form befassen.

Klimaanpassung des Karpfens

Bei der Beantwortung der Frage der Akklimatisierung geht es im wesentlichen darum, ob Karpfen, aus einem wärmeren in ein kälteres Klima versetzt, an Wüchsigkeit verlieren. An sich hat jeder größere Betrieb die Möglichkeit, Teiche mit verschiedenem »Klima« zu bieten. Mit Quellwasser gespeiste Winterungen, die in strengen Wintern sehr zuverlässig sind, bieten während des Sommers Verhältnisse, die dem Karpfen nicht im mindesten zusagen. Als Kaltblüter wird er bei einer Temperatur, die um 8 °C liegt, wenig Freßlust zeigen, um so mehr aber an Gewicht zunehmen, wenn im Sommer die Wassertemperatur auf 20—25 °C ansteigt.

Überdurchschnittlich kalte Teiche weist in Bayern das nördliche Oberfranken auf. Sie werden meist von Klein- und Kleinstteichwirten bewirtschaftet. Die wenigen Satzfischzüchter der dortigen Gegend führen immer wieder an, Setzlinge aus wärmeren Teichgebieten wüchsen weniger gut ab.

Kleinteichwirte bevorzugen Setzlinge mit einem Gewicht von mindestens 500 g, um mit diesen Fischen im dritten Sommer ein Gewicht von 1 500 g zu erreichen. Gerade die wärmeren Teichgebiete ermöglichen es aber derart schwere K_2 zu liefern, und die Empfänger sind, wie die Erfahrung lehrt, mit solchen K_2 bestens bedient.

Auch von Jugoslawien und Ungarn kamen oft schon K_2 in verschiedene Teichwirtschaften Deutschlands, die nicht minder entsprochen haben. Wenn abgeraten wird, Satzfische aus anderen Ländern zu beziehen, so liegt dies weniger an der mangelnden Akklimatisation, als daran, daß eine sichere Garantie auf bauchwassersuchtfreie Karpfen nicht gegeben werden kann.

Auslese der Laicher

Bei den Dreisömmerigen mit der Auslese zu beginnen, genügt. Meist wählt man zunächst etwas mehr Tiere aus, als man später benötigt.

Bestimmend für die Wahl eines Karpfens als Laicher ist in erster Linie seine Abwachsleistung. Je mehr ein Tier durch besonders guten Zuwachs auffällt, desto größer ist die Aussicht, daß sich diese Eigenschaft auf die Nachkommen vererbt. Gleichzeitig sollen die Junglaicher in Form und Beschuppung entsprechen. Sie dürfen auch keine körperlichen Fehler, wie ungenügende Ausbildung der Flossen, Aufwölbungen oder Verkürzungen des Kiemendeckels aufweisen. Im besonderen ist darauf zu achten, daß das Seitenorgan in einer geraden Linie verläuft. Eine Knickung läßt auf eine Rückgratverkrümmung schließen.

Vorbildliche Laichfische: links Rogner, rechts Milchner

Die größte Auswahl hat man bei den Herbstabfischungen. Man sollte aber Laicher nicht gerade aus solchen Beständen aussuchen, die unter günstigsten Verhältnissen aufgewachsen sind. Je ärmer ein Weiher an Nahrung war, je weniger gefüttert wurde, desto mehr kann ein Tier zeigen, welche Eigenschaften in ihm stecken. Denn Karpfen, die reichlich zu fressen hatten, sind einheitlicher im Typ als solche, die unter kärglichen Ernährungsverhältnissen herangewachsen sind. Schließlich ist bei der Auswahl auf das Geschlecht zu achten. Greift man immer nur nach den großen Tieren, so überwiegen die Rogner, da die Milchner infolge ihrer früheren Geschlechtsreife leichter sind.

Die hinter dem After gelegene Geschlechtsöffnung läßt bei dem noch nicht geschlechtsreifen Tier kaum irgendwelche Unterschiede erkennen. Das geübte Auge verläßt sich auf die sekundären Geschlechtsmerkmale. Die Milchner sind schlanker, dann auch lebhafter gefärbt, namentlich am Schwanzstiel. Ein weiteres Kennzeichen ist zur Laichzeit der Laichausschlag. Er sieht aus, als ob feine Grießkörner auf den Kopf, insbesondere auf die Kiemendeckel gestreut wären. Der Kopf fühlt sich beim Überprüfen des Laichausschlages mit der Hand wie »unrasiert« an. Will man völlig sicher gehen, so bringt man die Milchner durch vorsichtiges Entlangstreifen am Bauch zum Zeichnen, d. h. zum Fließenlassen von Milch. Voraussetzung ist, das Wasser muß warm sein.

Grundsätzlich soll man nur Tiere aussuchen, die nach ihrem Äußeren deutlich das Geschlecht erkennen lassen. Andererseits ist es jedoch verkehrt, Tiere zu wählen, die bereits nach dem 3. Sommer durch übermäßigen Laichansatz auffallen, was für Milchner und noch mehr für Rogner gilt. In diesem Alter soll der Leib des Weibchens, im Gegensatz zu dem des bereits geschlechtsreifen Männchens, nicht dick sein und sich auch nicht weich anfühlen, ein sicheres Zeichen dafür, daß Rogen noch nicht entwickelt ist. Die Milchner haben daher zunächst einen etwas dickeren Leib als die Rogner. Weibchen, die nach dem 3. Sommer noch nicht geschlechtsreif sind, führen in Franken den Namen Leimer; sie sind in den Fischküchen und bei Fischschmäusen am begehrtesten.

Der äußere Unterschied der Geschlechter wird im Alter größer. Die Milchner fallen dann noch mehr durch ihre Schlankheit auf.

Diese äußeren Geschlechtsmerkmale sollten an sich genügen, um die beiden Geschlechter zu unterscheiden. Es gibt aber immer wieder Tiere, bei denen man über das Geschlecht noch nach dem 4. und 5. Sommer im Zweifel sein kann. Derartige Karpfen sollten als zuchtuntauglich ausgeschieden werden.

Die Milchner sollen erst im Alter von 4, die Rogner im Alter von 5 Jahren zum Laichen verwendet werden. Früher nahm man oft schon 2jährige Milchner, die durch eine übermäßige Samenentwicklung auffielen. Ist es verwunderlich, wenn sich ihre Frühreife auch auf die Weibchen vererbte?

Manche Züchter neigen dazu, besonders die Milchner nicht zu alt werden zu lassen. Sie glauben, jüngere wären feuriger und deshalb zuverlässiger im Laichen. Sicher ist es richtig, alte, zu umfangreich gewordene Tiere zu gegebener Zeit auszuscheiden. Sie werden zu unhandlich. Selbst bei vorsichtigster Behandlung sind Verletzungen, insbesondere Rippenbrüche, möglich, die äußerlich durch eine knotenförmige Wölbung auf dem Leib zu erkennen sind. Die normale Entwicklung des Rogens ist bei Verletzungen behindert. Es bilden sich an den Druckstellen harte Knoten, die den Austritt der Eier erschweren. Das Nichtlaichenwollen einzelner Rogner kann sehr wohl damit zusammenhängen. Man soll deshalb Laicher nicht in engen und tiefen Keschern fangen und tragen. Die schonendste Fangart ist beim abgelassenen Teich das Überstülpen eines Plastiksackes. Wendet man die gebotene Sorgfalt auf, so ist das Aussortieren älterer Tiere nicht irgendwie vordringlich, denn selbst Milchner mit 5–7 kg Gewicht sind noch zuverlässige Laicher.

Altes Laichverfahren

Beim alten Laichverfahren werden warme, fruchtbare Teiche – sie sollen nicht allzu groß sein (1/2–1 ha) – mit 1–2 Satz Laichkarpfen besetzt. Unter einem Satz versteht man 1 Rogner (Schlagmutter) und 2 Milchner (Treiber). Man nimmt 2 Milchner auf 1 Rogner, damit die Eier sicherer befruchtet werden. Der Karpfen braucht zum Laichen Pflanzen. Als zweckmäßiger Ersatz erweisen sich eingelegte Fichten- oder Wacholderzweige auf einer Fläche von etwa 100 qm in mittlerer Tiefe.

Das Ergebnis an Einsömmerigen schwankt in weiten Grenzen. Gibt es viel Brut, so bleibt sie meist klein. Oft ist auch das Ergebnis gleich Null. Höchstens jedes dritte Jahr sieht man seine Erwartungen erfüllt.

An sich würde eine »Mutter« auf 1 ha genügen. Nun glauben manche, sie könnten um so sicherer auf Brut hoffen, je mehr »Muttern« sie einsetzen. Das Gegenteil ist der Fall: Je mehr Jungfische zunächst hochkommen, desto schneller ist auch der Weiher leergefressen. Die Fischchen verhungern oder fallen dem Kiemensaugwurm Dactylogyrus zum Opfer, der ein um so leichteres Spiel hat, je mehr seine Opfer im Wachstum zurückbleiben. Deshalb ist es auch falsch, in die Laichteiche noch zusätzlich etwa 1000 K_1 je ha zu setzen. Man möchte, wenn die Einsömmerigen fehlen, wenigstens einen Ertrag an K_2. Dadurch wird gerade die Gefahr größer, daß der jüngere Jahrgang verhungert, da er gegenüber dem älteren zu kurz kommt.

Zweisömmerige Karpfen den Laichern beizugeben, ist der gröbste Verstoß. In diesem Alter sind die Männchen meist geschlechtsreif und wollen beim Laichen nicht fehlen. Befinden sich darunter auch noch ältere geschlechtsreife Weibchen, die einen Setzling vortäuschen, so ist das Durcheinander fertig, und die Nachkommenschaft dieser Fische ist nicht mehr wert, als gratis dem nächsten Fluß übergeben zu werden.

Oft gibt es Brut in zwei verschiedenen Größen, solche vom ersten und solche vom zweiten Schlag, wie man sich auszudrücken pflegt. Diese unterschiedliche Größe kann aber auch davon herrühren, daß bei der Besetzung eines Teiches mit mehreren Weibchen nicht alle zu gleicher Zeit gelaicht haben.

Wichtig ist, möglichst frühzeitig festzustellen, mit welcher Zahl an Jungfischen zu rechnen ist. Oft lassen sich die Nachteile einer Überbesetzung noch dadurch mindern, daß man am Einlauf, an den Futterplätzen, Fische mit Reusen oder Netzen abfängt und in andere geeignete Teiche versetzt.

Laichverfahren nach Dubisch

Das alte Laichverfahren gleicht mehr einem Lotteriespiel. Es ist ungewiß, wie das Ergebnis ausfallen wird. Der Forellenzüchter hat es leichter. Er streift die laichreifen Tiere, um die Eier mit der Milch zu mischen. Mit dieser »künstlichen« Vermehrung gibt er sich aber noch nicht zufrieden. Die Eier entwickeln sich und schlüpfen, von ihm sorgsam gewartet, in sogenannten Brutapparaten. Dieser sichere Weg ist in der Karpfenzucht leider nicht gangbar, da, wie bereits erwähnt, die Eireife nur unmittelbar beim Laichspiel eintritt. Es gelingt wohl, abgestreifte Eier zu befruchten, in der Praxis jedoch läßt sich dieses Verfahren nicht durchführen. Es wird ein Hilfsmittel für den Wissenschaftler bleiben, um Vererbungsversuche durchzuführen.

Um auch die Vermehrung des Karpfens unter eine gewisse Kontrolle zu bringen, erwies sich ein anderer mehr natürlicher Weg als richtig. Wir verdanken das Verfahren dem Fischmeister THOMAS DUBISCH (1813 bis 1888). DUBISCH, geboren in Hochstetten bei Marchegg (Unterösterreich), hatte als Sohn eines Fischers in der March und Donau beobachtet, daß die Karpfen am liebsten auf überschwemmten Wiesen laichen. Er trat später in die Dienste des österreichischen Erzherzogs ALBRECHT und verwaltete dessen Teichwirtschaften in Teschen und Saybusch. Dort ahmte er nun künstlich nach, was er an der Donau beobachtet hatte. Er baute kleinere Teiche und bespannte diese nur während der Laichzeit. Dadurch war das Laichen sicherer zu überwachen, und den Jungfischen konnten gleichzeitig durch rechtzeitiges Umsetzen in andere Teiche bessere Entwicklungsmöglichkeiten geboten werden. Nach diesem Verfahren ließ DUBISCH bereits um 1865 seine Karpfen laichen. Er konnte aber selbst weder lesen noch schreiben, so daß es erst durch seinen Schüler ADOLF GASCH bekannt wurde.

Bei der Auswahl des Geländes für den Bau von Dubischteichen ist die allerwichtigste Forderung: möglichst trockenes Gelände! Stauende Nässe irgendwelcher Art, auch Druckwasser von einem ansteigenden Hang ist von Übel. Weiterhin sollte auf sonnige, windgeschützte Lage geachtet werden. Der Laichteich muß völlig trockengelegt werden können. Zu seiner Entwässerung zieht man die Gräben am besten längs der Ufer. Dadurch fällt es auch leichter, die Laicher und Jungfische herauszufangen.

Früher machte man die Dubischteiche meist zu klein und dazu noch quadratisch. Heute baut man sie rechteckig. Der Teich wird dadurch besser durchströmt; man kann ihn auch leichter beaufsichtigen. Der abgebildete Plan zeigt Laichteiche, wie sie FRITZ SCHÖTZ, Dinkelsbühl, auf Anregung des Verfassers hin im Jahre 1924 gebaut hat. Sie haben noch nie versagt. Der größte hat folgende Maße: Länge 25 m, Breite 9 m, also 225 qm, Tiefe am Einlauf 0,30 m, am Auslauf 0,60 m. Die hohen Dämme, sie sind um 1 m höher als es der Wasserspiegel erfordert, sollen

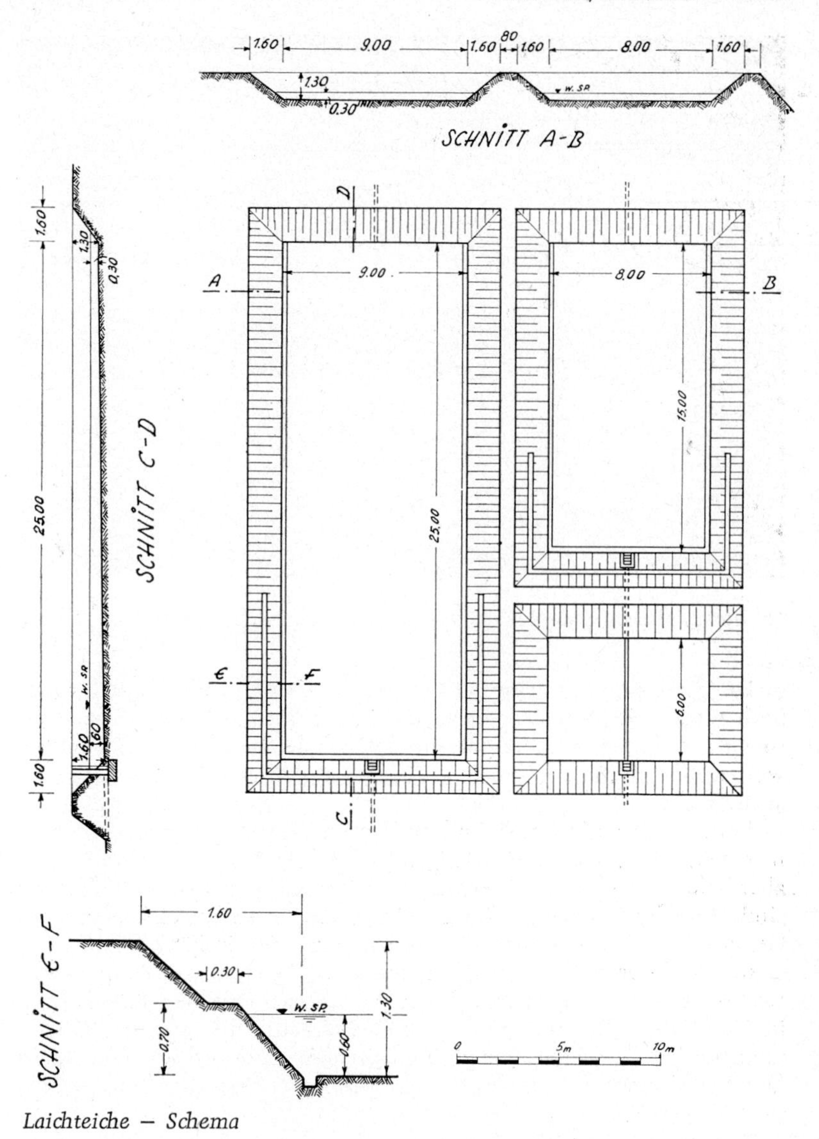

Laichteiche – Schema

nicht nur den Laich vor Wind schützen, sie sollen auch dem Karpfen das Gefühl einer gewissen Sicherheit bieten. Um im Herausfangen der Jungfische nicht behindert zu sein, hat die Böschung eine Handbreit über dem Wasserspiegel eine 30–40 cm breite Berme (Bank). Der kleinere Laichteich (8 × 6 m) ist nur für ein Paar bestimmt.

Laichteiche, bespannt und nicht bespannt mit erwünschter Flora

Der Fisch ist zwar beim Laichen weniger scheu, aber es scheint ihm doch nicht recht zu passen, zum Liebesspiel in einen engen Raum gesperrt zu werden. Karpfen, die im kleinen Dubischteich nicht laichen wollen, sind nach dem Umsetzen in einen größeren Teich meist sofort dazu bereit.

Früher war auch die Meinung verbreitet: Je weicher die Gräser im Laichteich sind, desto zuverlässiger laichen die Karpfen. Es stellte sich aber bald heraus, daß Wiesengräser allein nicht gerade das Geeignetste sind. Paßt das Wasser nicht oder laichen die Fische aus einem anderen Grund nicht, so gehen diese Gräser in kurzer Zeit in Fäulnis über. Geeigneter sind deshalb Pflanzen, die mehr auf Öd- und Sumpfland wachsen. Als eine sehr geeignete Pflanze erweist sich nach den Erfahrungen in Dinkelsbühl die Flatterbinse (Juncus effusus), die fast alle anderen Pflanzen verdrängt hat. Sauergräser mit den harten, scharf schneidenden Blättern werden zugunsten der runden Stengel der Binse offensichtlich gemieden.

Zeigt der Laichteich ein Übermaß an Landpflanzen, sollte man sie noch vor dem Bespannen etwa 2 Handbreit hoch abmähen, jedoch die Pflanzenbüschel längs der Ufer stehenlassen. Um einem Übermaß an Landpflanzen das Aufkommen zu erschweren, hat es sich bewährt, das Wasser nach dem Laichen und dem Herausholen der Jungfische noch einige Zeit stehenzulassen.

Karpfen beim Laichen

Laichteiche werden mit möglichst warmem Wasser gespeist. Erforderliche Mindesttemperatur 16–18°. Die Züchter benutzen zu diesem Zweck Teiche als sogenannte Vorwärmer. Doch darf das Speisungswasser nicht gedüngt und getrübt sein; dies paßt den Karpfen nicht. Sollten sie trotzdem laichen, so sind die Eier durch den sich bildenden Belag gefährdet. Vorsicht ist an sehr heißen Tagen geboten. Man muß vermehrt Wasser zuführen, damit es weder den Laichern noch den Eiern an Sauerstoff mangelt. Im Zweifelsfall ist eine Sauerstoffbestimmung vorzunehmen.

Die Laicher werden in kleineren Teichen getrennt nach Geschlechtern bereitgehalten. Die Weiher müssen leicht abzulassen und zu füllen sein; denn man kann der Laicher auf andere, schonendere Weise nicht habhaft werden. Liegen sie in nächster Nähe der Dubischteiche, so fällt das Umsetzen am leichtesten.

Um die Laichreife zu fördern, ist es vermutlich besser, Männchen und Weibchen zunächst möglichst lange zusammen in einem Teich zu belassen. Schließlich hängt die Laichentwicklung auch von der Wassertemperatur ab. Je wärmer das Wasser, desto eher entwickelt sich der Laich zur Vollreife. Vereinzelt wird noch die Ansicht vertreten, Laicher, kühlerem Wasser entnommen, würden, in warme Dubischteiche versetzt, unverzüglich mit dem Laichspiel beginnen. Ist rein gefühlsmäßig nicht die Einstellung richtiger, die Laichentwicklung möglichst in warmen Teichen zu fördern und nach der Trennung der Geschlechter die Milchner in einem oberen und die Rogner in einem unteren Weiher bereitzuhalten, in denen sich beide Geschlechter bei angenehmen Temperaturen wohl fühlen und die Rogner das Dasein der Milchner ahnen? Soll man nun die Laicher nach ihrer Trennung hungern lassen? An Naturnahrung wird nicht viel geboten sein. Beschleunigen eiweißreiche Futtermittel mit Hormonpräparaten die Laichwilligkeit? Nur zu oft wird beobachtet, daß die Laicher nach dem Umsetzen zuerst ihren Hunger stillen. Sie trüben dabei das Wasser, so daß es sich zum anschließenden Laichen nicht mehr eignet.

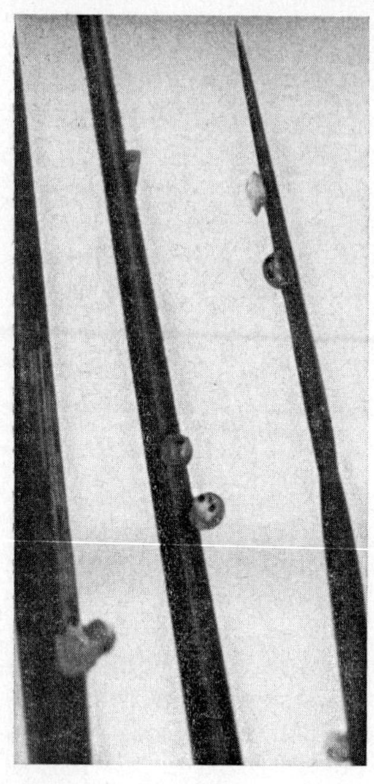

Karpfeneier haftend an Grashalmen

Allgemein gilt der Grundsatz: Nicht vor den Eisheiligen an das Aussetzen der Laicher gehen, selbst wenn die Witterung noch so verlockt. Man setzt in einen Teich meist mehrere Paare. Einzelne Züchter lassen besonders schöne Tiere auch paarweise laichen. Die Nachkommen eines Paares sind ausgeglichener als die mehrerer Paare.

Die Eier sind etwa stecknadelkopfgroß und kleben gleich kleinen Tropfen an den Pflanzen. Die befruchteten sind glashell, die nichtbefruchteten werden milchig weiß und verpilzen. Da Laichfische die Entwicklung des Laiches stören würden, holt man sie nach dem Laichen heraus. Man kann zu diesem Zweck das Wasser in den Morgenstunden bis auf die Höhe der Grabenränder senken.

Der Zeitpunkt des Schlüpfens hängt von der Wasserwärme (4–8 Tage) ab. Länger anhaltende kühle Witterung kann das Ausschlüpfen bis auf 12 Tage verzögern. Sinkt die Temperatur des Wassers unter 10° C so stirbt der Laich ab. Das Ungünstigste ist kaltes Wetter während des Schlüpfens.

Die rechtzeitige Erzeugung von Karpfenbrut stellt deshalb die Züchter, namentlich in einem kühlen, sonnenarmen Mai, vor schwierige Probleme. Es fehlt zwar nicht an Versuchen, durch Erwärmen des Wassers in Hältern und Laichtaichen von der Witterung unabhängig zu werden. Erfolge blieben jedoch aus. Haben die Karpfen gelaicht und besteht die Gefahr, eine kühle Nacht könnte den Eiern in den flachen Laichteichen schaden, so kann man sich wenigstens wie folgt helfen: P. Gerstner, Volkach, leitet oder pumpt aus dem Vorwärmer so viel Wasser den Laichteichen zu, daß deren Wassertiefe mindestens einen

Meter beträgt. Die Dubischteiche liegen deshalb nicht flach im Gelände, sondern haben hohe Dämme, wie im Schema auf S. 151 vorgeschlagen.

ANTON HESS, Rumleshof, fand einen anderen Notbehelf: Ein an einer Propangasflasche angebrachter Brenner spendet die Wärme in ein Rohr mit 5 cm ∅. Damit die Flamme hinreichend mit Sauerstoff genährt wird, führen kleine aufgeschweißte Rohre die nötige Luft zu. Das Rohr ist so lang wie die Breitseite des Dubischteiches und liegt auf der Seite des Einlaufes am Boden. Wasser darf nicht in das Rohr geraten. Die beiden Enden sind daher so weit aufgebogen, daß sie über den Wasserspiegel heraus ragen. Durch diese Einrichtung kann Hess das Schlüpfen der Eier beschleunigen, auf jeden Fall einer zu niederen Temperatur rechtzeitig vorbeugen.

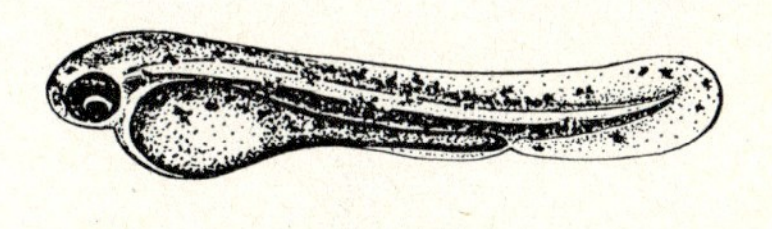

Karpfen, eben geschlüpft. Natürliche Größe 7 mm

Das junge Fischchen (Dotterbrut) fällt zunächst zu Boden. Von dort versucht es, zur Wasseroberfläche hochzukommen, um die Schwimmblase mit Luft zu füllen. Hierzu braucht es 1–2 Tage. Alsdann wimmelt es in den Laichteichen von jungen Tieren, die kaum die Größe einer Fichtennadel haben. Hier kann man sie nicht lange belassen. In den ersten Tagen nähren sie sich noch aus dem Dottersack, der unter der Brust liegt. Bevor dieser ganz aufgezehrt ist, wird es höchste Zeit, die Fischchen, die nunmehr freßfähig sind, mit einem feinmaschigen Kescher aus Gaze oder Mull herauszufangen und in die Aufzuchtteiche zu versetzen. Dabei ist sehr sorgfältig zu verfahren, insbesondere ist die Wassertemperatur anzugleichen.

Die Laicher kommen den Sommer über in größere Teiche. Trennt man sie nach Geschlechtern, so kann im nächsten Jahr bei nicht abgelaichten Tieren die Fortpflanzungsfähigkeit durch das erzwungene Laichverhalten behindert sein (Verhärtung des Rogens). Die Rogner stoßen zwar gelegentlich auch ohne Milchner den Laich ab. Das beste dürfte wohl sein, die nicht abgelaichten Tiere zusammen in einen Weiher zu setzen, in dem sie zwar laichen können, in dem aber ein Hochkommen von Brut insbesondere bei einem Beisatz von Hechten oder Zandern kaum zu erwarten ist. Auf keinen Fall dürfen sie zu Karpfen kommen, die auf Mast stehen; denn Zuchttiere, gleich welcher Art, dürfen nicht zu reichlich ernährt werden.

Betriebe, die natürliche Verhältnisse durch Verzicht auf den Höchstertrag eines oder mehrerer Teiche nicht zu bieten vermögen, sollten allein schon aus diesem Grund auf die Haltung von Laichern verzichten. Extensiv genutzte Teiche bieten gleichzeitig die beste Möglichkeit, unter den beigesetzten und herangewachsenen K_3 geeignete Tiere zur Zucht auszusuchen.

Die Witterungsverhältnisse lassen sich nicht auf längere Zeit voraussehen. In dem einen Jahr ist der Betrieb im Vorteil, bei dem die Karpfen früher, in dem anderen jener, bei dem sie später laichten. Diesen Zufälligkeiten im Ablauf der Witterung vermag ein Züchter in der Weise zu begegnen, daß er erneut Laicher aussetzt, nach Möglichkeit in Laichteiche, die im laufenden Jahr noch nicht bespannt waren. Selbst

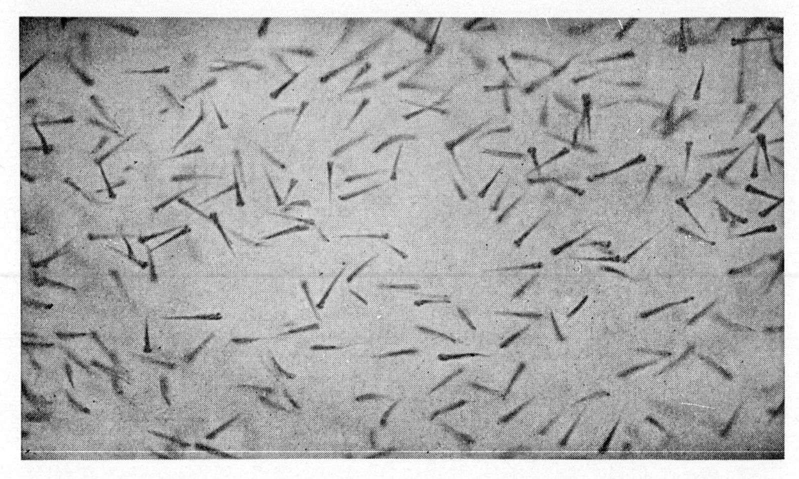

Jungbrut, 2–3 Tage alt. Sie schwimmt erst dann waagerecht, wenn die Schwimmblase mit Luft gefüllt ist

Brut, die erst Anfang Juli schlüpft, erreicht bis zum Herbst eine ausreichende Größe. Aber nur zu oft neigen Züchter dazu, alle Laichteiche zu gleicher Zeit zu besetzen.

Um allen Mißlichkeiten begegnen zu können, sollte ein Zuchtbetrieb nicht zu knapp mit Laichern, Laichteichen und Aufzuchtteichen ausgestattet sein.

Erbrüten der Karpfen im Warmwasser

Die Abteilung Fischzucht des Max-Planck-Institutes in Ahrensburg beschäftigt sich seit 1966 unter Dr. Sengbusch und später unter seinem Nachfolger Dr. Meske eingehend mit dem Problem, das Laichen der Karpfen besser in den Griff zu bekommen, aber nicht im Freiland, sondern unter Dach in einem Warmwasserhaus, in dem Aquarien mit einem Fassungsvermögen von 350 m³ installiert sind.

Das Institut ging bei der Haltung von Karpfen in Aquarien von dem Gedanken aus, das Fischwachstum hänge weniger vom Raum als von der zufließenden Wassermenge ab. Wird das Wasser in Aquarien laufend umgewälzt und mit Sauerstoff angereichert, so läßt sich die wachstumshemmende Wirkung des sogenannten Raumfaktors tatsächlich weitgehend beheben. Durch die eingerichtete Apparatur ist es weiter möglich, die Wassertemperatur auf einer gleichbleibenden Höhe von 23 °C zu halten. Das Karpfenwachstum hält sonach das ganze Jahr über an und unterliegt nicht dem natürlichen Jahreszyklus. Die Generationenfolge wird dadurch gleichzeitig beschleunigt.

Da für 1 kg Fische 10 l Beckenvolumen ausreichen, ist eine Massenhaltung von Karpfen auf engstem Raume möglich. Hierbei ist es selbstverständlich geboten, das im Umlauf fließende Wasser zu reinigen. Diese Aufgabe erfüllt eine Kläranlage, die nach dem Belebtschlammverfahren arbeitet.

Die Weibchen sind in einem Alter von 15 Monaten bereits geschlechtsreif und sie lassen sich, was weiter sehr wichtig ist, durch die Behandlung mit Hormonen (Extrakt aus der Hypophyse) mehrmals im Jahr streifen, desgleichen die Männchen. Rogen und Milch werden in einer trockenen Schüssel vermischt und anschließend mit einer Befruchtungslösung (4 ‰ Kochsalz und 3 ‰ Harnstoff) versetzt, in der sie etwa 1 Stunde verbleiben. Die Lösung erhält die Beweglichkeit der Spermien und vermindert gleichzeitig die Klebrigkeit der Eier. Um die Klebrigkeit ganz zu entfernen, werden die befruchteten Eier in einer zweiten Lösung aus 85 ‰ Harnstoff oder 0,35 ‰ Tannin kurz gewaschen. Die derart vorbehandelten Eier werden in Zugergläsern bei 20–25 °C und bei einem Wasserdurchfluß von 2–3 l/min erbrütet. Die schlüpfenden Larven schwimmen in Aquarien über, in denen sie sich an den Wänden, an eingelegten Zweigen oder Textilien anheften. Die Eischalen werden abgesaugt. Mitunter werden Mißbildungen, namentlich Mopsköpfe, beobachtet, ein Hinweis, daß unsere Eingriffe in den Ablauf der Eireife und die Befruchtung nicht ganz ohne unangenehme Folgen bleiben.

Voraussetzung für dieses Verfahren der Bruterzeugung ist eine hinreichende Zahl an Laichern. Jüngere lassen sich leichter hypophysieren. Ein Teil der Laicher wird die Prozedur nicht überstehen.

Ein Beispiel: Bis Mitte Mai 1970 wurden 450 000 Kv im Warmwasserhaus bis zu einer Länge von 2–3 cm vorgestreckt. 1000 Stück wogen 200 g. Um die Weiterentwicklung unter Freilandbedingungen zu beobachten, wurden sie an Teichwirte abgegeben. Die Ergebnisse waren in Hinsicht auf Stückzahl ähnlich wie bei normal erzeugten. K_v-Betriebe, die die besten Voraussetzungen für die Weiterentwicklung boten, hatten K_1 in der Größe von Vorwüchsern und im nächsten Jahr K_2 in der Größe von Speisekarpfen.

Inwieweit die Ahrensburger Forschung unsere Sorgen wegen des Karpfennachwuchses beheben wird, läßt sich noch nicht mit einer gewissen Sicherheit voraussagen. Sicher ist das Hypophysieren der Laicher und das Erbrüten der Eier in Gläsern bei gleichbleibender Wassertemperatur unter Dach und Fach zuverlässiger. Optimale Temperatur- und Ernährungsverhältnisse sollten aber den Brütlingen auch nach dem Umsetzen aus dem Treibhaus im Freiland geboten sein. Diese sind aber bei unseren klimatischen Verhältnissen zumeist erst ab Mitte Mai zu erwarten. Um wirklich einen Vorsprung gegenüber den auf normale Weise erzeugten zu haben, sollten die künstlich erbrüteten Mitte Mai die normale Größe von K_v bereits erreicht haben. Sie würden dann bis zum Herbst wirkliche Vorwüchser sein und den erstrebten zweijährigen Umtrieb ermöglichen. Aber welche Einrichtungen wären noch notwendig, um Millionen an K_v zu gegebener Zeit ausliefern zu können? Die Abwärme der Elektrizitätswerke wäre ein billiger Wärmespender, vorausgesetzt, daß sich in deren Nähe entsprechende Einrichtungen, insbesondere auch Teiche schaffen lassen.

Im vorliegenden Rahmen läßt sich die Warmwassererbrütung nicht in allen Einzelheiten beschreiben. Wer beabsichtigt, seinen teichwirtschaftlichen Betrieb in dieser Weise zu gestalten, dem ist zu raten, sich die nötigen Kenntnisse in einem bereits eingearbeiteten Betrieb anzueignen. Er muß sich weiter bewußt sein: Komplizierte technische Anlagen, hohe Arbeitsintensität und ein nicht zu unterschätzendes Krankheitsrisiko gefährden die Aufzucht und die Rendite. Die erforderlichen Dienstleistungen bei Tag und Nacht als auch an Sonn- und Feiertagen sind noch am ehesten in einem Familienbetrieb zu bewältigen.

Es ist naheliegend, daß Wissenschaftler und Praktiker versuchen, das Problem der Warmwassererbrütung noch weiter zu vervollkommnen. Die Schwierigkeiten liegen vor allem darin, daß sich K_0 nicht wie junge Forellen mit künstlichen Futtermitteln heranfüttern lassen. So führt z. B. E. KAINZ vom Österr. Bundesinstitut Scharfling aus: Es wurde ein Fütterungsversuch bei frischgeschlüpfter Karpfenbrut mit 3 Trockenfuttermitteln angestellt, denen wir noch Zusätze (Vitamine, Trockenhefe usw.) beigegeben haben. Das Ergebnis war im Verhältnis zu den Brütlingen, die zusätzlich oder ausschließlich Zooplankton erhalten hatten, im Hinblick sowohl auf die Verluste als auch auf das Wachstum äußerst unbefriedigend. Erst nach 14 bis 16 Tagen ist es möglich, die jungen Fischchen mit künstlichen Futtermitteln zu ernähren.

M. VON LUKOWICZ von der Bayr. Landesanstalt für Fischerei stellte ähnliche Versuche mit demselben Ergebnis an. Nur bei einer Fütterung mit Alevon (ein leicht lösbar gemachtes Naßfutter) ist es unbedenklich, K_0 nach etwa einer Woche von Lebendfutter auf Alevon umzustellen. Nach seinen und anderer Beobachtungen ist der Drang nach lebendem Futter wegen der darin enthaltenen Verdauungsenzyme derart groß, daß die Fischchen sogar zu Kannibalen werden.

Da es schwerfällt, Rädertiere, diese winzig kleinen Lebewesen, die den Brütlingen bei natürlicher Haltung als erste Nahrung dienen, in genügender Zahl beizubringen, hat man mit Erfolg versucht, den in binnenländischen Salzgewässern vorkommenden Salinenkrebs (Artemia salina) in großen Mengen zu vermehren. Die Aufzucht dieser Krebsart macht aber zunehmend Schwierigkeiten, da Eier in genügender Zahl nicht mehr aufzutreiben sind. Man kann wohl, wie bereits erwähnt, durch Fütterung mit normalem Plankton K_0 zu K_v aufziehen. Mit der Zeit wird aber die Kinderstube zu eng, sie reicht auch nicht mehr aus, da ab Ende April laufend neue K_0 zu erzeugen sind, um die Mengen auszuliefern, die die Aufzüchter aus einem Warmwasserhaus sehnlichst erwarten.

Die Jungfische müssen daher wohl oder übel zu einer Zeit abgegeben werden, in der sie den Unbilden der freien Natur noch nicht gewachsen erscheinen. Es ist deshalb wohl verständlich, daß die Ergebnisse an K_1 aus angekaufter Warmwasserbrut bisher sehr unterschiedlich ausfielen. Die einen sind begeistert nicht nur hinsichtlich der Stückzahl, sondern auch des Stückgewichtes, andere hingegen sind enttäuscht. Zwei Bedingungen müssen für das Hochkommen der jungen Karpfen unbedingt erfüllt sein:

1. bestens vorbereitete Teiche, die von Nahrung geradezu strotzen,
2. eine Wärme des Wassers, die die Körperfunktionen der jungen Karpfen optimal unterstützt. Die Entwicklung der erforderlichen Nahrung hängt ohnehin mit von der Temperatur des Wassers ab.

Es ist nur zu gut bekannt, daß wir mit guten und schlechten Brutjahren zu rechnen haben. Die Witterung läßt sich nicht voraussehen. Deshalb hieß es bisher beim Dubischverfahren, Nachwuchs wäre mit einer gewissen Sicherheit erst nach den Eisheiligen zu erwarten. Erhält nun der Teichwirt die jungen Fische Anfang Mai und folgen kühle Tage, so ist der Erfolg gefährdet. Praktiker, und nicht zuletzt die Erzeuger von Warmwasserbrut, machten sich deshalb in den letzten Jahren Gedanken darüber, wie sich der Witterungsverlauf zugunsten der jungen Karpfen beeinflussen läßt. Sie setzen diese vom Warmwasserhaus nicht mehr unmittelbar ins Freiland, sondern in eine Art Treibhaus, das sie über einem geeigneten kleinen Teich errichten.

Ein Beispiel aus der Praxis ist wohl belehrender als lange Ausführungen. DIETER VON EYB in Hammersdorf bei Ansbach errichtete über einen 25 m langen und 12 m breiten Teich mit der Fläche von 300 m² aus Stangen und zusammengeschweißten Kunststoffplanen eine Art Dach, ähnlich wie man Frühbeete in Hausgärten sieht. Die Firsthöhe wählte er so hoch, daß man beim Abfischen im Teich noch stehen kann. Ein länglicher Teich läßt sich, was noch zu betonen ist, leichter und sturmsicherer überdachen als ein quadratischer.

Er kaufte von der Fischzucht Werdin, Dinkelsbühl, am 5. 5. 1976 20 000 K_v, die am 17. 4. 1976 geschlüpft und die im Bruthaus bereits angefüttert waren. Aus seinen Beobachtungen und Aufschreibungen beschränken wir uns auf das Wichtigste. Sauerstoffgehalt und Temperatur des Wassers wurden laufend gemessen. Höchstwert an einem Tag mit ungewöhnlich hoher Außentemperatur an der Oberfläche des Wassers 30 °C am Teichboden 24 °C. Nachts ging die Temperatur zumeist auf 20–24 °C zurück. War der Sauerstoffgehalt nicht ausreichend, so wurde künstlich Luft zugeführt. Der Teich bot zur Zeit der Besetzung reichlich Nahrung. Innerhalb 3 Wochen war er aber so gut wie leergefressen. Übermäßige Entwicklung von Algen ließ sich durch Zusetzen von Plankton hintanhalten.

Der Teich wurde gedüngt mit 25 kg Hornoska in 3 Gaben jeweils nach einer Zeitspanne von 8 Tagen. Der Schwund an Wasser wurde durch Zupumpen aus *einem* benachbarten planktonreichen Weiher ergänzt.

Am 21. 5. deckte D. VON EYB das Treibhaus ab. Von den eingesetzten 20 000 fischte er 15 000 K_v in der Größe von 2–3 cm ab (2000 Stück/l). Bis zum Herbst hatten die herangewachsenen K_1 ein Gewicht von 100 g erreicht, obwohl infolge von Wassermangel, bedingt durch den heißen Sommer, sich nicht gerade die besten Wachstumsbedingungen bieten ließen. Bei weiterer guter Haltung im 2. Sommer werden die auf diese Weise herangezogenen K_1 das Gewicht von Speisekarpfen erreicht haben. Das angestrebte Ziel, ein marktfähiger Speisekarpfen in 2 Sommern, wäre somit erreicht. D. VON EYB betont ausdrücklich, daß es sich zunächst nur um einen Versuch handle, daß das von ihm ausgedachte Verfahren erst nach weiteren Erkenntnissen praxisreif sein wird.

Ein anderes Verfahren wählte PETER GERSTNER, Obervolkach. Er nahm sogenannte Luftpolsterfolien, wie sie zum Abdecken von Schwimmbecken verwendet werden. Zwei Kunststoffplanen sind derart miteinander verschweißt, daß dazwischen Luftblasen mit ca. 3 cm $\varnothing$ und einer Höhe von 1 cm entstehen. Der Haupteffekt bei diesen schwimmenden Planen liegt darin: die Sonnenwärme kann ungehindert ins Wasser eindringen und die Wärmeausstrahlung wird durch die geringere Verdunstung wesentlich behindert. Wichtig hierbei ist noch, die Kunststoffplanen derart zu verlegen, daß sie durch Unwetter weder losgerissen noch beschädigt werden. Auch GERSTNER will das von ihm erdachte Verfahren in den nächsten Jahren weiter verbessern.

Allgemein ist noch auszuführen: Wir sollten der Natur nur so weit ins Handwerk pfuschen, als es unbedingt notwendig erscheint. K_0 bereits im März zu erzeugen und sie bis Anfang/Mitte Mai im Warmwasserhaus auf engem Raum zu K_v aufzuziehen, würde erhebliche Investitionen erfordern und noch dazu die Gefahren von Seuchen provozieren. Im wesentlichen kommt es darauf an, gegenüber der

Natur einen sicheren Vorsprung von 4–6 Wochen bei der Erzeugung von K_v zu erreichen.

Auf jeden Fall erscheint es müßig, sich in gleicher Weise mit der Aufzucht von K_2 aus K_1 befassen zu wollen, es sei denn, die hierzu notwendige Erwärmung des Wassers ist zum Nulltarif möglich. Sogar Speisefische sollen im Umlaufverfahren erzeugt werden, ob sie auch geschmacklich entsprechen, ist anscheinend wohl nebensächlich.

Letztlich handelt es sich nicht allein um eine sichere Vermehrung der Karpfen, sondern auch um eine Verbesserung ihrer Eigenschaften, insbesondere der wichtigsten, der Wüchsigkeit und um deren Verankerung im Erbgut. Man sollte deshalb ein Paar, dessen Nachkommenschaft sich vor allen anderen durch erwünschte Eigenschaften ausgezeichnet hat, mehrmals zur Paarung heranziehen können, was noch manche Schwierigkeiten bereiten dürfte.

Nun dürfen diese Ausführungen nicht so verstanden werden, als ob die Warmwassererbrütung überhaupt keine Zukunft hätte. Aller Anfang ist schwer. Mißerfolge in der Aufzucht haben ihre Ursache zumeist nicht beim Züchter, sondern beim Abnehmer, falls dieser versäumt hat, den aus dem Warmwasserhaus entnommenen Fischen durch ein reiches Angebot an Plankton beste Entwicklungsmöglichkeiten zu bieten. Die erforderlichen Dienstleistungen sowohl bei Tag und Nacht als auch an Sonn- und Feiertagen sind am ehesten in einem Familienbetrieb zu bewältigen.

Hypophysieren der Laicher

Die Laicher stehen in den Dubischteichen. Es scheinen alle Vorbedingungen hinsichtlich Laichreife und Witterung erfüllt zu sein. Man wartet einen Tag auf den anderen, aber die Karpfen wollen nicht laichen. In solchen Fällen liegt es nahe, ähnlich wie im Warmwasserhaus zu verfahren. Das Hypophysieren ist eine Methode, die es ermöglicht, Fische zum Ablaichen zu bringen, die zunächst noch zögern. Sie müssen dafür aber ein bestimmtes Stadium der Laichreife erreicht haben. Da die Hypophysierung einen Fachmann erfordert, genügt es hier, den Vorgang kurz zu skizzieren.

Die etwa stecknadelkopfgroße Hypophyse ist die Hirnanhangdrüse, die unter anderem ein geschlechtstimulierendes Hormon absondert. Es können auch Hypophysen von anderen geschlechtsreifen Fischen z. B. Brachsen verwendet werden. Die nach einem ausgeklügelten Verfahren entnommene Hypophyse wird in Aceton entfettet und anschließend auf Filterpapier getrocknet. Kühl gehalten, ist sie monatelang haltbar. Vor Gebrauch wird die Drüse fein zerrieben und in 1–2 ccm 0,65%iger NaCl-Lösung aufgeschwemmt. Die Menge richtet sich nach der Größe des Karpfens, so reicht z. B. eine Hypophyse für einen 2 kg schweren Karpfen aus. Größeren gibt man eine prozentual höhere Dosis. Die hergestellte Lösung wird den Laichern in die Rückenmuskulatur injiziert. In der Regel sind 2 Dosen mit einem zeitlichen Abstand von 24 Stunden erforderlich. Die 1. soll bei weiblichen Tieren die Eientwicklung im Eierstock zum Abschluß bringen, die zweite zum Abgeben der Eier. Ein Erfolg wird aber nur erreicht, wenn die Eier einer Vollreife bereits nahe sind. Ist dies nicht der Fall, dann führt die Hormondosis, wie es vielfach hinzunehmen war, zum Tod der Laicher.

Aufzucht der Jungkarpfen

Den Jungfischen müssen wir beste Lebensbedingungen bieten. In einem frisch bespannten Teich treten in gesetzmäßiger Reihenfolge bestimmte Wassertiere auf. Zunächst sind es die Rädertiere, winzige kleine Lebewesen. Sie sind für die Karpfen in den ersten Lebenstagen eine wichtige Nahrung. Schon nach kurzer Zeit kommen Hüpferlinge und Wasserflöhe hinzu. Das Hochkommen dieser Kleintiere müssen wir mit allen Mitteln fördern. Hierfür eignen sich nur Teiche bester Qualität mit sicherem Wasser und guter Bodenbeschaffenheit. An Dünger geben wir etwa das Doppelte der normalen Menge: Je ha 1 t Branntkalk, 800 kg Thomasphosphat oder 500 kg Rhenaniaphosphat; dazu 2,5—5 t Mist. Teiche mit einer Fläche von 0,3—1 ha erweisen sich geeigneter als übergroße. Sie lassen sich leichter bearbeiten und überschauen. In sehr kleinen sind die Jungfische zu stark von Feinden bedroht (Enten, Frösche, Gelbrandkäfer).

Voraussetzung für hohe Düngergaben ist ein Teichboden, der sich landwirtschaftlich bearbeiten läßt. Die Teichkrume darf nicht wie sonst nur einige Zentimeter hoch sein. Voraussetzung ist weiter: Der Teich muß die nötige Vorflut aufweisen und sollte dräniert sein. Ein dränierter Teichboden trocknet schneller aus, es entfällt das Grabenziehen, der Einsatz von Maschinen und Geräten wird erleichtert.

Mit einer anschließenden sachgemäßen Bodenbearbeitung müssen wir den Teichboden ähnlich wie einen Ackerboden in den Zustand der Gare bringen. Garer Boden, selbst der schwerste, ist durchsetzt mit größeren und kleineren Poren, er fühlt sich krümelig an. Aber selbst bei aller Vorsorge ist ein totales Versagen des Vorstreckteiches möglich. Zunächst stellt der Züchter fest, daß die Erträge von Jahr zu Jahr abnehmen. Tritt noch dazu die Fadenalge auf, so ist die normale Entwicklung der erwünschten Kleinlebewelt behindert. Alle Hoffnungen auf ein gutes Ergebnis an K_v sind vergebens.

Um das Hochkommen von Fadenalgen zu verhindern, haben wir bisher geraten, Roggen, Hafer oder ein Gemisch mit Schmetterlingsblütlern anzubauen, die zunächst den Boden beschatten, als Landpflanzen nach der Bespannung des Teiches in kurzer Zeit absterben und als Gründüngung wirken. Ein hundertprozentiger Erfolg ist damit jedoch noch nicht garantiert. Am zuverlässigsten erweisen sich Gaben von Kupfersulfat.

Wir wissen aus der Landwirtschaft, daß der Anbau ein und derselben Frucht zu einer Bodenmüdigkeit führt. So verliert der Boden durch die öftere Aufeinanderfolge einer Halmfrucht seine Krümelstruktur. Wir sollten daraus die Lehre ziehen, einen abgebauten Vorstreckteich entweder einen Sommer mit K_2 zu besetzen, die den Boden gründlich bearbeiten, oder noch besser auf den Ertrag eines Jahres zu verzichten, indem wir den Vorstreckteich sömmern. Die Sömmerung eines Teiches ist durchaus nicht ein überholtes Mittel, um einen Weiherboden zu gesunden.

Es ist von Vorteil, die Aufzuchtteiche erst zusammen mit den Laichteichen zu bespannen. Die Entwicklung des Planktons setzt dann schlagartig ein, so daß die freßfähig gewordene Brut die besten Lebensbedingungen vorfindet. Das spätere Bespannen hat zudem noch den Vorteil, daß schädliche Wassertiere noch keine Möglichkeit hatten, sich einzunisten. Aus demselben Grund sollte die Teichfüllung unabhängig von anderen Teichen möglich sein.

Frösche wissen nur zu gut, daß die besten Teiche auch ihrer Nachkommenschaft dienlich sind. Aus nah und fern finden sie sich ein. Ist man nicht darauf bedacht, ihren Laich sorgfältig zu entfernen – einfacher ist das Bestreuen mit Branntkalk –, so sieht man nur zu oft mehr Kaulquappen als Jungfische.

Verzögert sich aus irgendwelchen Gründen die Besetzung der bereits bespannten Aufzuchtteiche oder sind Teiche zu besetzen, die bereits seit dem Frühjahr unter Wasser stehen, so muß mit Jauche, Mist oder Nitrophoska das Aufkommen von Plankton erneut angeregt werden.

Wollen die Karpfen in den Dubischteichen nicht laichen, so ist noch folgender Weg gangbar: Man versetzt sie in größere Teiche (nicht über 1 ha) und fischt diese Teiche ab, sobald die jungen Fische 3–4 cm lang sind.

Die Zahl der Teichwirte, die sich nicht mehr allein auf die Dubischteiche verlassen, nimmt sogar zu. Denn nur zu oft versagen die Dubischteiche, wie es bei anhaltend ungünstigen Witterungsverhältnissen sehr wohl möglich ist. Die Gefahren eines zu frühen Laichens lassen sich auch beim folgenden Verfahren verhüten: Man verbringt die Laicher erst nach den Eisheiligen in die in Aussicht genommenen Teiche. Setzt man sie in einen durch Maschendraht abgegrenzten Teil, so besteht sogar die Möglichkeit, sie nach dem Ablaichen wieder herauszufangen.

Bieten die Aufzuchtteiche reichlich Nahrung, nehmen die Fische bei warmer Witterung rasch zu. Einzelne Züchter helfen schon jetzt mit Futtermitteln nach. Es eignen sich: Spezialfuttermittel, frisches Blut aus Schlachthäusern vermischt mit Sojamehl, Gemische aus Sojaschrot, Gersten-, Roggen- und Fischmehl naß zu Knödeln geformt.

Entwickeln sich die Fische normal, so sind sie nach 4—6 Wochen so groß wie ein Zwetschgenkern oder größer. Nun ist es an der Zeit, die Fischchen abermals zu versetzen. Der bisherige Raum ist leergefressen und zu eng geworden. Fehlt es aber an Nahrung und ist der Juni noch dazu kalt, so verzögert sich das Wachstum und ein Massensterben kann die Folge sein. Die jungen Fische fallen bei solchen Verhältnissen in der Regel dem Dactylogyrus zum Opfer.

Die von A. Hess erdachte Reuse zum Fang der K_v

Die Teiche, in denen die Fischchen die ersten 6 Wochen verbringen, nennt man »*Vorstreckteiche*«, die darin aufgezogenen Jungfische »Vorgestreckte« oder auch »*Vorstreckbrut*« (K_v). 1 ha liefert bei einer Besetzung mit 200 000 Jungbrut (K_0) durchschnittlich 100 000 K_v. Die Teiche, in die die Fische nun kommen, nennt man »*Streckteiche*«. Dort verbleiben sie bis zum Herbst oder noch besser bis zum nächsten Frühjahr. Man setzt 20 000 bis 30 000 K_v je ha und rechnet mit einem Ergebnis von 10 000 bis 20 000 K_1.

Man fängt die K_v in Reusen, die möglichst geräumig sein sollen. Überdeckt man sie mit einem Sack oder mit Wasserpflanzen, so sind sie besonders fängig. Fische werden durch zulaufendes, mit Sauerstoff gesättigtem Wasser angelockt. Man legt deshalb die Reusen in die Nähe des Zulaufes. Einen solchen kann man auch vortäuschen, indem man Wasser zupumpt und es in Richtung der Reuse fließen läßt. In einer verhältnismäßig großen Reuse mit langen Flügeln lassen sich binnen weniger Stunden Tausende von Fischchen fangen, auch dann, wenn nach dem bisherigen Verfahren nur noch unzureichende Mengen in die Reusen gingen. Das Bild zeigt eine Reuse, die A. HESS erdacht hat. Länge 3 m, Breite 0,5 m, Höhe 0,7 m. Die dazugehörenden Flügel sind 2–3 m lang und der leichteren Handhabung wegen abnehmbar. Man sieht den Schlauch, aus dem das Wasser in die Reuse strömt. Material zur Herstellung der Reusen: Fliegengitter aus grünem Kunststoff, Rundeisen 8–10 mm ∅, Perlonschnur.

Links: Umsetzen der abgefischten K_v in einen Aufsatzkasten. Rechts: 1000 K_v werden gezählt und ihr Volumen in einem Meßzylinder festgestellt

Größere Betriebe verwenden Zugnetze: Maschenweite 5–6 mm, Länge 20 m, größte Höhe 2 m. Benötigt man nur eine geringe Menge Fische, so ist es am einfachsten diese an den Futterstellen mit einem Senknetz zu fangen.

Größere Posten Jungbrut lassen sich nicht genau zählen. Man setzt einen großen Posten K_0 in einen vollen 10-l-Eimer mit Wasser und rührt mit der Hand vorsichtig um, so daß die Fischchen gleichmäßig verteilt sind. Alsdann schöpft man mit einem geeigneten Gefäß – es soll einen Schnabel haben – einen halben Liter Wasser und zählt die Brut, indem man das Wasser durch langsames Ausgießen zurücklaufen läßt. Waren z. B. 300 Stück im halben Liter, so befinden sich im 10-l-Eimer rund 6000 Stück K_0. Bei einem Überfluß an K_0 kommt es dem

Züchter auf 1000 mehr oder weniger bestimmt nicht an. Bei der Abgabe von K_v ist es üblich, genauer zu verfahren. Man zählt 1000 Stück und ermittelt deren Volumen in einem Meßglas. Je größer die K_v, desto mehr Platz nimmt sie ein. Es ist deshalb nicht richtig, K_v nach Litern zu bestellen. Je mehr Kaulquappen sich unter der abgezählten K_v befinden, desto ungenauer wird die zu ermittelnde Zahl, was wohl zu beachten ist.

Berufsteichwirte, vor allem solche, die nicht durch landwirtschaftliche Arbeiten behindert sind, befassen sich nicht nur für den eigenen Bedarf mit der Erzeugung von Jungbrut und der Aufzucht von Vorstreckbrut, sie verkaufen sie auch an andere Teichwirte. Früher war selbst ein kleinerer Teichwirt gezwungen, Laicher zu halten. Heute ergänzt er seinen Fischbestand weit zuverlässiger durch den Kauf von Jungbrut oder noch besser von Vorgestreckten und er hat noch dazu die Gewähr, Fische bester Abstammung zu erhalten.

Ursprünglich glaubte jeder Klein- und Kleinstteichwirt auch seine Weiher würden sich für eine Besetzung mit Jungfischen eignen. Sie setzten diese sogar in Teiche, die mit K_1 und K_2 bereits überbesetzt waren. Mancher protzte schon damit im Herbst, wie schön seine K_1 wären, und im Frühjahr kam dann die Enttäuschung. Ist doch die Überwinterung der K_1 weit schwieriger als ihre Aufzucht.

Zur erfolgreichen Aufzucht von Jungfischen gehört eine gute Portion Erfahrung. Unerläßlich sind Teiche, die im Wasser völlig sicher sind. Die Fische sollten auch den Winter über darin verbleiben können. Am sichersten sind deshalb Teiche, die sich aus einer in der Nähe entspringenden Quelle speisen lassen. Teichwirte sollten deshalb alle Möglichkeiten nutzen, K_1 nicht nur für den eigenen Bedarf, sondern auch für den Verkauf an andere Teichwirte aufzuziehen. Es lohnt sich!

Maßnahmen beim Kauf und bei der Aufzucht von Jungbrut (Dotterbrut) oder Vorstreckbrut

Für die große Zahl von Teichwirten, die keine Laicher halten und Jungfische in Vollbetrieben kaufen, seien hier die wichtigsten Maßnahmen für eine sichere Aufzucht zusammengestellt.

Maßnahmen im Teich

Wird der Aufzuchtteich erst im Frühjahr abgefischt, reicht die Zeit bis zum abermaligen Besetzen im Juni oder Juli aus, um ihn für den neuen Besatz sorgfältig vorzubereiten. Er wird zunächst gründlich trokkengelegt und der Teichboden ähnlich wie ein Ackerboden in den Zustand der Gare gebracht. Gräben werden gezogen und der Boden gefräst.

Die Bodendüngung erfolgt, wie auf S. 129 empfohlen. Der ausgestreute Dünger wird eingefräst oder eingeeggt.

Der Teich sollte erst 1—2 Wochen vor dem Eintreffen der Jungfische bespannt werden. Es muß deshalb vom Züchter erwartet werden, daß er die Besteller von Jungfischen rechtzeitig, etwa 8—14 Tage vorher, über die voraussichtliche Zeit der Lieferung verständigt. Sollte er infolge Widrigkeiten nicht in der Lage sein, alle Bestellungen auszuführen, muß er seine Kunden rechtzeitig in Kenntnis setzen und sie, wenn möglich, an einen anderen Züchter verweisen.

Bereitstellen der Geräte zum Abholen der Jungfische

Der Teichwirt sollte ein Gefäß besitzen, das gut in sein Auto paßt. Richtige Fischkannen aus Blech oder Plastik eignen sich am besten. Sie benötigen zudem bei Nichtgebrauch keinerlei Pflege. Fässer und Kübel aus Holz werden rechtzeitig gewässert, damit sie dicht halten. Offene Wannen und Tröge, dann vor allem Milchkannen oder gar Heringsfässer eignen sich nicht.

Besitzt der Teichwirt ein kleineres Sauerstoff- oder Luftgerät, so sind durch unvorhergesehene Verzögerungen, z. B. im Straßenverkehr, die Fische kaum gefährdet. Noch praktischer ist sowohl für den Züchter als auch für den Abnehmer der Transport in Plastikbeuteln. Ein etwa 1,10 m hoher und 0,55 m breiter Beutel wird mit 15 l Wasser gefüllt, dann werden bis zu 8 l K_v hinzugegeben und der noch freie Raum mit Sauerstoff gefüllt. Wichtig ist eine zweimalige gasdichte Verschnürung des Beutels. Weitere Einzelheiten, siehe Kapitel »Transport der Fische«.

Besetzen des Teiches

Der Züchter kühlt das Transportwasser herunter, damit sich die Fische leichter transportieren lassen. Das Wasser im Transportbehälter ist daher meist kälter als das des Teiches. Die Fischlein könnten Schaden leiden, würde man sie plötzlich in weit wärmeres Wasser setzen. Man mischt deshalb das Wasser im Transportbehälter mit Weiherwasser, stellt dann die Kanne oder das Faß derart in den Teich, daß die Fische von selbst herausschwimmen. Bei größeren Behältern mischt man das Wasser so lange, bis es annähernd die Weihertemperatur erreicht hat und setzt die Fische mit dem Kescher in den Teich. Ähnlich sollte man verfahren, falls die Brut im Plastikbeutel angeliefert wird. Legt man den Beutel, um die Temperatur anzugleichen, ungeöffnet in den Weiher, dann mischt sich bei dessen ruhiger Lage der Sauerstoff nur ungenügend mit dem Wasser. Es besteht die Gefahr, daß die Fische ersticken. Liegt der Beutel zudem noch in der Sonne, kann das Wasser sogar zu warm werden. Demnach ist es sinnvoller, den Beutel in eine Wanne umzugießen und in dieser das Wasser anzugleichen.

Jungbrut verträgt keinen Temperaturwechsel. Ihr Transport ist deshalb schwieriger. Wichtig: Einsetzen nur an seichten Stellen, die Fischlein sollen gleichsam ins Wasser gleiten.

Füttern der Jungfische

Ist der Teich gut vorbereitet, finden die Fischlein einen gedeckten Tisch vor und der Teichwirt braucht um ihr Fortkommen zunächst nicht besorgt zu sein. Sollte aber eine Kaltwetterperiode folgen, Plankton sich nicht entwickeln oder absterben, so ist Zufüttern von sehr feinem Schrot oder von Spezialfutter zu versuchen. Man gibt kleinere Mengen (ein paar Handvoll) an mehreren Stellen zwei- bis dreimal wöchentlich, unter Umständen sogar täglich, und beobachtet, inwieweit es angenommen wird. Ist es der Fall, so kann weitergefüttert werden. Bleibt das Futter liegen, so ist entweder das Wasser zu kalt oder noch genügend Plankton vorhanden. Im August beginnt man in der Regel etwas zuzufüttern. An sehr heißen Tagen mit hohen Temperaturen des Weiherwassers ist es ratsam auszusetzen, der junge Organismus darf nicht über Gebühr belastet werden.

Gliederung der teichwirtschaftlichen Betriebe

In der Teichwirtschaft können nicht alle Teichwirte zugleich Züchter sein. Aus der Beschreibung des Laichverfahrens geht deutlich genug hervor, daß die Aufzucht Zeit und Mühe erfordert und geeignete Teiche voraussetzt.

Kleinere teichwirtschaftliche Betriebe sollten deshalb keine Laicher halten. Sie sind, wenn sie mit Erfolg ihre Weiher bewirtschaften wollen, auf den Kauf von Jungfischen, von K_1 und K_2, angewiesen. Die große Fruchtbarkeit des Karpfens kommt uns hierbei bestens zustatten. Ist es doch möglich, aus einer Zucht Hunderte von Kleinteichwirten zu versorgen.

Teichwirtschaftliche Betriebe lassen sich nach der Art und Größe des Betriebes und nach der Art und Größe der Teiche in Zucht-, Aufzucht- und Abwachsbetriebe gliedern.

Zuchtbetriebe arbeiten entweder mit Einzel- oder Massenauslese. Bei der Einzelauslese wird jeweils nur ein Männchen mit einem Weibchen gepaart. Die Einzelauslese ist Voraussetzung für die Zucht eines Stammes, einer *Stammzucht.*

Bei der Massenauslese ist eine größere Zahl von ausgewählten männlichen und weiblichen Tieren im Laichteich. Es handelt sich demnach um eine Zucht, die sich im großen und ganzen darauf beschränkt, die Karpfen zu vermehren. Eine solche *Vermehrungszucht* ergänzt die Zuchttiere am besten aus einer Stammzucht.

Die teichwirtschaftlichen Betriebe und ihre Abhängigkeit voneinander lassen sich übersichtlich wie folgt darstellen:

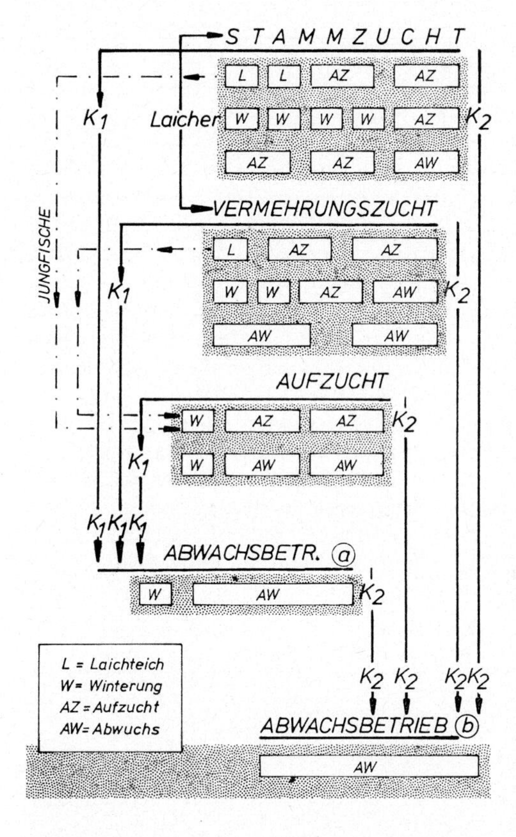

Satzfischbetrieb mit Einrichtungen einer Stammzucht. Betriebsinhaber ist gelernter Fischzuchtmeister.

Betriebsinhaber hat nicht die Zeit und die Möglichkeit, seine Karpfen durch züchterische Maßnahmen in der Leistung zu verbessern. Er kauft daher seine Laichfische aus einer anerkannten Stammzucht.

Betriebsinhaber kauft jährlich aus einer Stamm- oder Vermehrungszucht Jungfische (Jungbrut oder Vorstreckbrut). Voraussetzung ist, daß er die aufgezogenen K_1 sicher wintern kann, am besten im Aufzuchtteich.

Mit Winterungsmöglichkeit von K_2. Betriebsinhaber kauft jährlich aus einer Stammzucht, Vermehrungszucht oder einem Aufzuchtbetrieb K_1.

Ohne Winterungsmöglichkeit von K_2. Betriebsinhaber kauft jährlich aus einer Stamm-, Vermehrungszucht-, einem Aufzuchtbetrieb oder Abwachsbetrieb „A" K_2.

Einteilung der teichwirtschaftlichen Betriebe

Aufzuchtbetriebe nennen wir Betriebe, die selbst keine Laicher halten, die mit angekauften Jungfischen aus Stamm- und Vermehrungszuchten für sich selbst und andere kleinere Teichwirte K_1 und K_2 aufziehen.

Schließlich gibt es noch reine *Abwachsbetriebe.* Sie kaufen K_1 oder K_2, um sie zu Speisefischen abwachsen zu lassen. Zu dieser Betriebsart zählt weitaus der größte Teil der teichwirtschaftlichen Betriebe, insbesondere sind hier die Klein- und Kleinstbetriebe einzureihen.

10 Besetzen der Teiche

Einteilung der Teiche nach ihrer Ertragsfähigkeit

Will man einen Karpfenteich nach seiner natürlichen Ertragsfähigkeit beurteilen, wird man sich zunächst fragen: Ist der Weiher kalt oder warm? Ein guter Karpfenteich soll besonnt sein, also möglichst nach Süden offenliegen. Werden vor allem kleinere Teiche durch Bäume allzusehr beschattet, so wächst zu wenig Naturnahrung heran. Man wird deshalb vom Anrainer verlangen, daß gemäß nachbarrechtlicher Vorschriften mit Bäumen ein Mindestabstand von 4 m von der Grenze einzuhalten ist. Weiher, in denen Quellen entspringen, sind im Sommer zu kalt. Dies gilt auch bei zu großer Tiefe oder, wenn zu viel Wasser zufließt. Der Ertrag eines Himmelsteiches schwankt je nach seiner Füllungsmöglichkeit.

Die natürliche Ertragsfähigkeit richtet sich weiter nach der Beschaffenheit des Teichbodens. Lehmboden ist günstiger als sandiger, kiesiger oder gar torfiger Boden. Die Ertragsfähigkeit hängt schließlich noch von der Qualität des zufließenden Wassers ab. Wasser aus Nadelwäldern und Mooren bringt wenig Nährstoffe. Es kann, wenn es sauer ist, sogar schädlich für die Fische sein. Je fruchtbarer die Wiesen und Felder, aus denen das Wasser kommt, desto ergiebiger ist der Weiher.

Weiher mit klar abgesetzten Rändern. Die Wasserpflanzen sind abgemäht. Die Sonne hat von allen Seiten Zutritt

Er wird zum Auffangbecken für die abgeschwemmten Nährstoffe. Wald- und Moorweiher liefern demnach die geringsten Erträge, dann folgen Feldweiher. Am fruchtbarsten sind Dorfweiher. Sie erhalten nur zu oft ein Zuviel an Dungstoffen.

Für die Einstufung der Teiche nach ihrer Ertragsfähigkeit ist folgende Tabelle üblich:

Ertragsklasse I	sehr gute Teiche über 200 kg
Ertragsklasse II	gute Teiche bis 200 kg
Ertragsklasse III	mittlere Teiche bis 100 kg
Ertragsklasse IV	schlechte Teiche bis 50 kg
Ertragsklasse V	sehr schlechte Teiche unter 25 kg

Unter dem angegebenen Gewicht ist ein Jahresertrag je ha bei Besatz des Teiches mit K_2 zu verstehen, und zwar allein auf Grund der gebotenen natürlichen Verhältnisse, also ohne Düngung des Teiches und ohne Fütterung der Karpfen (Naturzuwachs).

Durch umfangreiche Meliorationen ist die Mehrzahl der Teiche in den letzten Jahrzehnten in die Ertragsklasse II und I aufgerückt. Daß der natürliche Zuwachs durch Düngung gehoben werden kann, wurde bereits in dem Kapitel »Düngung der Teiche« dargelegt (Düngerzuwachs). In dem Kapitel »Fütterung der Karpfen« werden wir zeigen, daß eine noch größere Steigerung des Ertrages durch Fütterung möglich ist (Futterzuwachs).

Besetzung mit Zweisömmerigen

Um das Besetzen der Teiche an einem einfachen Beispiel zu erläutern, legen wir der Besatzberechnung einen Teich der Ertragsklasse III mit einem jährlichen Zuwachs von 100 kg je ha zugrunde. Da ein zweisömmeriger Karpfen (Setzling) im Gewicht von 0,5 kg im 3. Sommer um 1 kg zunimmt, ergibt sich folgende einfache Rechnung:

100 kg Flächenzuwachs geteilt durch 1 kg Stückzuwachs =
100 Stück zweisömmerige Karpfen.

Mit anderen Worten: Wir setzen im Frühjahr so viele Setzlinge ein, wie der Teich Zuwachs in kg liefert. Die Abfischung im Herbst ergibt:

50 kg Einsatzgewicht + 100 kg Zuwachsgewicht =
150 kg Abwachsgewicht (Ertrag).

Diese 150 kg bestehen aus 100 dreisömmerigen Karpfen von je 1,5 kg Stückgewicht.

Stückverluste bleiben wegen der Übersichtlichkeit unberücksichtigt. Sie werden normalerweise nur einige Prozent ausmachen.

Wenn wir mehr Setzlinge einsetzen, haben wir die Möglichkeit, von der gleichen Teichfläche einen etwas größeren Gesamtzuwachs zu erzielen. Denn eine größere Kopfzahl kann den Nahrungsvorrat eines Teiches besser ausnützen. Der Zuwachs des einzelnen Fisches ist aber dann geringer. Setzen wir z. B. nicht 100, sondern 130 K_2 ein, so kann der Zuwachs von der Fläche sogar auf 110 kg ansteigen. Eine noch stärkere Überbesetzung wird aber den Flächenzuwachs nicht mehr erhöhen, sondern verringern, da die Fische schließlich nur noch die zur Erhaltung ihrer Lebensfunktionen und ihres Gewichtes notwendige Futtermenge finden werden.

Umgekehrt verhält es sich, wenn wir die Besatzziffer zu weit verringern. Wird z. B. eine Teichfläche von 1 ha nicht mit 100, sondern nur mit 80 Zweisömmerigen besetzt, so können diese 80 Fresser die gebotene Nahrung nicht mehr genug ausnützen. Der Flächenzuwachs wird geringer sein, aber noch etwas mehr als 80 kg betragen; denn die eingesetzten 80 K_2 werden z. T. noch die Nahrung verwerten, die auf die fehlenden 20 gekommen wäre. Der Stückzuwachs wird demnach größer sein und mehr als 1 kg betragen. Gehen wir noch weiter mit der Besatzziffer herunter, so verringert sich der Flächenzuwachs in ungefähr demselben Verhältnis, da die verminderte Stückzahl bei weitem nicht mehr die vom Weiher gebotene Nahrung zu finden und zu verwerten vermag. Ein Setzling kann auch unter günstigsten Verhältnissen im 3. Sommer höchstens $1^1/_2$–2 kg zunehmen.

Der Flächenzuwachs steigt mit steigender Besatzziffer und sinkt mit sinkender Besatzziffer. Umgekehrt steigt der Stückzuwachs mit sinkender Besatzziffer und sinkt mit steigender Besatzziffer.

Neulinge überschätzen zumeist den Flächenzuwachs und setzen zu viele Setzlinge ein. Dadurch schädigen sie sich doppelt, einmal durch die Mehrkosten beim Kauf und zum anderen durch die Verluste beim Verkauf, da das Stückgewicht der erwarteten Speisefische unter dem Soll liegt.

Als Richtlinie gilt deshalb: lieber zuwenig als zuviel einsetzen! Die alten Teichwirte sagten: lieber zehn zuwenig als einen zuviel, oder was zuviel ist, wirft man besser hinter den Damm.

Teiche mit geringerem Ertrag müssen entsprechend unserer Aufstellung schwächer besetzt werden. Wir müssen hier dem einzelnen Karpfen einen größeren Lebensraum einräumen, damit er den Stückzuwachs von 1 kg erreicht. Gehört z. B. ein Teich zur Ertragsklasse IV mit einem Zuwachs von 50 kg je ha, so sind 50 K_2 zu setzen. Allerdings nützen wir dabei den Naturzuwachs des Weihers u. U. nicht voll aus.

Es kann deshalb zweckmäßiger sein, sich in einem solchen Fall mit einem geringeren Stückzuwachs, etwa mit 700 g, zu begnügen und anstatt 50 etwa 70 K_2 einzusetzen.

Welche Besatzziffer richtig ist, ergibt sich im Laufe der Jahre auf Grund der tatsächlichen Ergebnisse.

Setzlinge werden in der Regel nach Gewicht gekauft, sie kosten 10–25 % mehr als Speisefische. Der Setzling erreicht im 3. Sommer einen Zuwachs von 1 kg, selbst wenn er als K_2 nur 200–300 g schwer war. Um Geld zu sparen, zieht man meist Setzlinge vor, die weniger als 500 g wiegen. Sind sie leichter als 200 g, so eignen sie sich nur für sehr gute Teiche. Je geringer nämlich das Ausgangsgewicht eines Setzlings ist, desto mehr Nahrung braucht er, um ein Speisefischgewicht von 1500 g zu erreichen.

Besetzung mit Einsömmerigen

Beim Setzen von K_1 liegt der Flächenzuwachs um 100 % und mehr über dem von K_2; denn jüngere Tiere bedürfen weniger Erhaltungsfutter als ältere, und je mehr Mäuler in einem Weiher sind, desto besser wird, wie wir bereits wissen, die gebotene Nahrung gesucht und verwertet. Darum ist es auch üblich, Weiher geringerer Bonität nicht mit Zweisömmerigen, sondern mit Einsömmerigen zu besetzen.

Der einsömmerige Karpfen soll über den 2. Sommer auf 200–500 g abwachsen. Auf eine Fläche mit 100 kg Zuwachs können wir deshalb je nach der erwünschten Größe das 3- bis 6fache an K_1 als an K_2 setzen. Diese Zahl erhöht sich noch um 10–30 % zur Deckung voraussichtlicher Verluste.

Der Kleinteichwirt, der nur einen Teich besitzt, hat keine andere Möglichkeit als K_2 im Frühjahr zu kaufen. Hat er aber neben seinem Teich noch eine zuverlässige Winterung, so kann er seine K_2 selbst aufziehen. Besteht der Betrieb aus mehreren Teichen, so ist dies aus folgenden Gründen anzuraten:

1. Teiche, die mit K_1 besetzt sind, bringen weit höheren Zuwachs und höhere Rendite.
2. Der Ankauf von K_1 erfordert weniger Mittel. Das Angebot ist meist auch größer und zuverlässiger als das an K_2.

Mischbesatz aus Ein- und Zweisömmerigen

Während früher ein Teichbesatz mit lediglich einem Jahrgang üblich war, zog man es in den letzten Jahrzehnten vor, die Weiher mit einer Mischung aus K_1 und K_2 zu besetzen, um den Flächenzuwachs durch eine größere Kopfzahl möglichst hochzutreiben. Der Teichboden wird von K_2 bei der Nahrungssuche auch besser durchgearbeitet und wächst deshalb weniger rasch mit Pflanzen zu, als wenn nur K_1 eingesetzt werden.

Kleinere Teichwirte halten es meist in der Weise, daß sie zusammen mit den Speisefischen die Setzlinge für das nächste Jahr heranwachsen lassen. Der Besatz eines 1 ha großen Teiches mit einem Zuwachs von 100 kg besteht dann aus 100–130 K_1 und 75 K_2.

Hierbei ist zu beachten: die Größe der K_1 muß zu der der K_2 in einem vernünftigen Verhältnis stehen, denn je größer die K_1 und je kleiner die K_2 sind, die miteinander gemischt werden, desto mehr wachsen die K_1 auf Kosten der K_2 und desto mehr läßt das Stückgewicht der K_3 im Herbst zu wünschen übrig. Unter Umständen aber auch das der K_2, wenn z. B. K_1 und K_2 im Frühjahr gleich schwer waren und wenn beide im Herbst mindestens 1000 g hätten schwer werden sollen. In diesem Fall ist der ältere Jahrgang dem jüngeren im Wachstum voraus.

Selbst größere Betriebe lassen sich eine Mischung der Jahrgänge nicht entgehen, liegt doch der Zuwachs von der Fläche um 30–40% höher, als wenn allein K_2 und K_3 heranwachsen. Der größte Flächenzuwachs ist zu erreichen, wenn sich die Stückzahl der K_1 zu der der K_2 etwa wie 5:1 verhält.

Die Mischung der Jahrgänge bringt aber auch erhebliche Nachteile. Wir ernähren den Karpfen in seiner Entwicklungsperiode – hierzu rechnet vor allem das 2. Lebensjahr – in gleicher Weise wie im 3. Lebensjahr, in seiner Mastperiode. Sehen wir uns zum Vergleich bei einem anderen Haustier, dem Schwein, um. Ihm wird zwar in den ersten Wochen alle erdenkliche Sorgfalt zuteil, nicht nur in der Ernährung, sondern auch in der Haltung; es wird »aufgepäppelt«. Diesem Zeitabschnitt entspricht beim Karpfen der 1. Sommer. Bevor aber das Schwein auf Mast gestellt wird, ist eine rauhere Behandlung üblich (Läuferzeit). Ähnlich sollten wir mit der Aufzucht der Zweisömmerigen verfahren: Sie sollen »hungrig« gehalten werden; denn je mehr sie gezwungen sind, nach Nahrung zu suchen, desto robuster wird ihre körperliche Konstitution.

Es ist deshalb größeren Betrieben und insbesondere Satzfischbetrieben dringend anzuraten, die Jahrgänge nicht mehr zu mischen.

Unsere Karpfen sind gerade wegen der seit 40 Jahren üblich gewordenen Besetzung der Weiher mit K_1 und K_2 gegenüber Krankheiten, insbesondere der Bauchwassersucht (BWS) anfälliger geworden. Die ersten alarmierenden Nachrichten über Verluste durch BWS decken sich – was ein deutlicher Hinweis sein dürfte – zeitlich mit der Einführung des aus K_1 und K_2 gemischten Besatzes.

Wer unbiologisch wirtschaftet, nach einem Maximum an Zuwachs strebt, muß sich bewußt sein, daß bei dieser Betriebsart auch maximale Verluste in Kauf zu nehmen sind. Es ist deshalb besser, die Betriebsweise von Anfang an auf ein solides Optimum einzustellen. Hierzu gehört eine vernünftige Aufzucht der K_2. Sie dürfen auf keinen Fall mit kohlehydratreichen Futtermitteln überfüttert werden.

Gilt doch für alle Tiere, mit deren Zucht wir uns befassen, die bewährte Regel: heranwachsende Tiere gedeihen besser, wenn wir sie getrennt von den älteren halten. Nur dann ist es möglich, die jüngeren ihrem Alter entsprechend zu ernähren und sie vor Krankheiten zu bewahren. Allein schon die Beobachtung, daß bei gemischtem Besatz Parasiten, wie Egel und Läuse, von einem Jahrgang auf den anderen verschleppt werden, und noch mehr der Gedanke, daß eine Übertragung der BWS im Bereich des Möglichen liegt, sollte den Teichwirt veranlassen, einer solchen Betriebsweise zu mißtrauen. So kann der eine oder andere K_2 mit dem Erreger der Krankheit infiziert sein – in der Humanmedizin spricht man von sogenannten Bazillenträgern – ohne daß es irgendwie auffällt. Es ist aber durchaus möglich, daß die miteingesetzten, weniger widerstandsfähigen K_1 sich im Frühsommer infizieren und bereits im Herbst deutliche Merkmale der Krankheit aufweisen.

Gegen einen Mischbesatz sprechen im besonderen noch folgende Überlegungen:

1. Begehrt ist der K_2 mit einem Stückgewicht von 200–300 g. Dieses Idealgewicht läßt sich nur erzeugen, wenn sie allein und nicht zusammen mit anderen Jahrgängen heranwachsen.
2. Knapp gehaltene K_2 sind leichter zu wintern als überfütterte.
3. Bei der Abfischung größerer Teiche bereitet das Trennen der K_2 von den K_3 erhebliche Schwierigkeiten. Den K_2 wird nicht die schonende Behandlung zuteil, die Satzfische erfordern.
4. Werden Teiche wegen guter Absatzmöglichkeiten von Speisefischen (Frühfische) frühzeitig gefischt, so sind die K_2 in ihrer Entwicklung empfindlich gestört. Sie müssen anderweitig untergebracht werden, u. U. bereits in einem viel zu engen Winterteich.

Unbelehrbare Teichwirte setzen sogar noch einen dritten Jahrgang, und zwar K_0 oder K_v zu K_1 und K_2. Man stelle sich die Abfischung eines solchen Weihers vor, zumal Kleinteichwirte oft nicht gerade schonend mit den Fischen umzugehen pflegen! Sie verstehen zumeist auch nicht die einzelnen Jahrgänge zu unterscheiden. Wurden mit den K_2 zurückgebliebene, bereits laichreife K_3 eingesetzt, so vermag es selbst der Fachmann nicht mehr, die Abstammung der abgefischten K_1 festzustellen. Vorstreckbrut gehört zu K_1 oder K_2 nur dann, wenn aus irgendeinem Grund ein Weiher unterbesetzt ist, und selbst in derartigen Fällen ist erhöhte Vorsicht geboten, insbesondere, wenn die Übertragung einer Krankheit im Bereich des Möglichen liegt.

Femelbetrieb

Eine Betriebsweise, bei der alle Altersklassen von Karpfen einschließlich laichreifer Tiere in ein und demselben Weiher gehalten werden, nennen wir *Femelbetrieb.* Man findet diese Betriebsweise ab und zu noch bei Kleinteichwirten. Da beim Femelbetrieb die Fortpflanzung nicht überwacht werden kann, »verbuttet« die Nachkommenschaft,

d. h. infolge der Überzahl an Nachkommen reicht die gebotene Nahrung nur zu einem kümmerlichen Wachstum. Das Endergebnis sind Karpfen, die Einsömmerige vortäuschen, aber bereits geschlechtsreif sind. Auch in Flüssen und Seen, also in natürlichen Gewässern führt die ungehemmte Vermehrung einer Fischart zu Zwergwuchs, wie es z. B. vom Barsch und vom Brassen (Blei) bekannt ist.

Karpfen minderer Abstammung, in normale Verhältnisse gesetzt, nehmen u. U. im ersten und zweiten Sommer fast normal zu, vorausgesetzt, es ist hinreichend Nahrung vorhanden, um dann im dritten Sommer auffallend zurückzubleiben.

Zurückhalten und Vortreiben von K_1 und K_2

Früher, als das Aufkommen der Brut noch weit mehr von der Witterung abhängig war, schufen sich Aischgründer Fischbauern in guten Brutjahren Rücklagen für das nächste Jahr: Sie setzten Einsömmerige so eng, daß sie sich bis zum Herbst höchstens bis zur Größe stärkerer Einsömmeriger entwickeln konnten. Bei einem Überfluß an kleinen zweisömmerigen Setzlingen wurde in ähnlicher Weise verfahren. Der Karpfen hatte auf diese Weise schließlich vier Sommer nötig, um das normale Gewicht eines Speisefisches zu erreichen.

Karpfen guter Abstammung verlieren ihre Wüchsigkeit nicht, selbst wenn sie in den ersten Jahren aus irgendwelchen Gründen im Wachstum zurückgeblieben sein sollten. Es kann vorkommen, daß ein Weiher K_3 liefert, die das Gewicht von Speisefischen nicht erreicht haben. Derartige Fische können nochmals aufgeworfen werden und erreichen im 4. Sommer sogar ein Gewicht bis zu 2 kg und darüber. Verlangt der Markt gerade möglichst große Karpfen mit etwas Ansatz von Milch und Rogen, so ist folgendes Verfahren richtig: das Wachstum in den ersten drei Sommern (Streckperiode) möglichst zurückzuhalten und im vierten Sommer (Mastperiode) möglichst zu steigern. Verkehrt ist es aber, Karpfen, die infolge minderer Abstammung schlecht gewachsen sind, nochmals aufzuwerfen. Sie werden klein bleiben, selbst wenn sie vier Sommer und noch älter werden.

Bei allen Nutztieren geht das Bestreben des Züchters dahin, das Wachstum zu beschleunigen, also die Zeit, die sie brauchen, bis sie zu nutzen sind, möglichst zu verkürzen. Für den Teichwirt hätte der Verkauf von Zweisömmerigen als Speisefische einen außerordentlichen Vorteil: Er spart ein ganzes Jahr ein und noch dazu das Risiko einer zweiten Überwinterung und das einer BWS-Ansteckung.

Ausschlaggebend sind für das Wachstum des Karpfens, eines Kaltblüters, optimale Temperaturverhältnisse. Diese sind aber in unserem Klima den ganzen Sommer über nur selten und im Winter überhaupt nicht gegeben.

Unter sehr günstigen Verhältnissen, namentlich während eines heißen Sommers, können Jungkarpfen auf ein Gewicht von 100 g und mehr heranwachsen. Derart große K_1 lassen sich wie »Setzlinge« verwenden, vorausgesetzt, daß es ihnen im zweiten Sommer nicht minder an Nahrung und Sonne mangelt. In kalten Sommern kann es aber schwerfallen, solche Setzlinge auf ein Gewicht von 1 kg zu bringen. Dieses Verfahren ist aber wohl anzuraten, wenn z. B. normale K_2 fehlen oder wenn der Markt auf Speisekarpfen über 1 kg wider Erwarten einmal weniger Wert legt.

Nun liegt der Gedanke nahe, optimale Wassertemperaturen dem Karpfen unabhängig von der jeweiligen Witterung zu schaffen und zum Aufheizen des Wassers die nutzlos abfließenden Kondens- und Kühlwasser von Kraftwerken, Molkereien u. ä. zu verwenden. Als erstrebenswert gilt auch für diesen Fall, die Karpfen in ihrem ersten Lebensjahr auf ein Stückgewicht von 100—200 g zu bringen, damit sie im zweiten Sommer in normalen Karpfenteichen das marktgängige Gewicht von mindestens 1000 g erreichen. Hierzu bieten sich zwei Möglichkeiten an: Aufzucht der K_1 in Teichen, deren Temperatur den ganzen Sommer über möglichst optimal gehalten wird, oder Verbringen der normal herangewachsenen K_1 den Winter über in große Becken und Füttern mit eiweißhaltigen Futtermitteln. Für dieses Strecken der K_1 ist unbedingte Voraussetzung, daß das verwendete Wasser keine für Fische giftigen Stoffe enthält.

Besetzung von Mühl- und übergroßen Teichen

Teiche, die vor allem der Speisung von Triebwerken dienen und daher der üblichen teichwirtschaftlichen Pflege mehr oder weniger entbehren, werden meist nicht alljährlich, sondern nur jedes zweite oder dritte Jahr gefischt. Ein anderer Besatz als mit großen K_2 kommt schon deshalb nicht in Frage, weil Hechte, um einwandernde Fische kurzzuhalten, mit gesetzt werden müssen. Die Zahl der K_2 wird berechnet, indem man den Zuwachs von mehreren Jahren zusammenzählt. Haben wir z. B. einen Mühlteich, dessen Ertrag mit 25 kg je ha anzunehmen ist, so sind 50 K_2 je ha zu setzen, falls er alle 2 Jahre gefischt wird. Da die Fische dann bei der Abfischung viersömmerig sind, ist anzustreben, daß sie mindestens ein Stückgewicht von 1500 g erreichen, denn magere K_4 mit dem unvermeidlichen Ansatz von Milch und Rogen, sind kaum begehrt. Die Triebwerke der Mühlweiher wurden inzwischen zumeist stillgelegt. Dadurch besteht die Möglichkeit, die bisherigen Rückhaltebecken nach Entlanden der Teichränder und Umleiten des überschüssigen Wassers als vollwertige Karpfenteiche zu nutzen.

Weiter war es früher üblich, übergroße Karpfenteiche jedes zweite Jahr zu fischen, allein schon deshalb, weil sich der erforderliche Besatz nicht leicht beschaffen ließ. Als Besatz eignen sich in der Regel nur K_2 und eine angemessene Zahl an Schleien und Hechten. Mischbesatz aus K_1 und K_2 ist untunlich, allein schon wegen der schwierigen Trennung der Jahrgänge und der Möglichkeit unerwünschten Nachwuchses. Übergroße Teiche bleiben deshalb nach wie vor schwierige Wirtschaftsobjekte, falls die erforderlichen K_2 nicht in eigenen Teichen herangezogen werden können.

Die beste Rendite bringen sie derzeit durch Verpachtung an Anglervereine, die derartige Gewässer schon deshalb bevorzugen, weil sie am ehesten an natürliche Verhältnisse erinnern und einen Besatz mit mehreren Fischarten ermöglichen.

Besetzung der Teiche in Voll- und Zuchtbetrieben

Je ausgewogener das Verhältnis zwischen Aufzucht-, Abwachs- und Winterteichen ist, desto leichter fällt die Bewirtschaftung eines teichwirtschaftlichen Vollbetriebes, noch dazu, wenn es sich um einen arrondierten Besitz handelt. Die Produktion von Speisekarpfen kann nach der Art des Betriebes die Hauptnutzungsart sein, sie ist aber auch die unrentabelste. Je mehr sich ein Betrieb durch die Art seiner Teiche dazu eignet, die Produktion von K_3 zugunsten der von K_v, K_1 und K_2 einzuschränken, desto größer ist die Rendite. Sie ist auf das 2- bis 3fache zu veranschlagen. Dazu kommt, daß die Nachfrage nach Satzfischen stetig wächst, daß sie nur in wenigen, besonders günstigen Jahren im vollen Umfang gedeckt werden kann und daß die Konkurrenz importierter Satzfische wegen der damit verbundenen Risiken weniger zu befürchten ist. Es ist deshalb naheliegend, wenn Berufsteichwirte bestrebt sind, ihren Besitz derart auszubauen, daß er allen Anforderungen eines Satzfischbetriebes gerecht wird.

Neben den Vollbetrieben kommt den Aufzuchtbetrieben in der Satzfischversorgung eine nicht minder große Bedeutung zu. Wir verstehen darunter Betriebe, die selbst keine Laicher halten, sondern K_0, K_v oder K_1 aus Vollbetrieben kaufen. Für eine Einrichtung derartiger Betriebe bieten sich zudem weit mehr Möglichkeiten als für Vollbetriebe. Ihre wirtschaftliche Bedeutung wächst mit der zunehmenden Zahl an Kleinteichwirten. Es gibt Aufzuchtbetriebe, die 100 Hobbyteichwirte und mehr mit K_2 zu versorgen haben. Vollbetriebe wären kaum in der Lage, dieses große Heer der Kleinteichwirte in den wenigen zur Verfügung stehenden Wochen mit Satzfischen zu versorgen. Aufzuchtbetriebe sind deshalb vor allem in Teichgebieten erwünscht, in denen sich Kleinbetriebe häufen.

Bewirtschaftung von Teichen als Hobby

Die Zahl der Klein- und Kleinstteichwirte nimmt von Jahr zu Jahr zu. Durch den Einsatz von Maschinen läßt sich ohne großen Aufwand nutzloses, insbesondere nasses Gelände zu kleineren Teichen gestalten. Ihre Bewirtschaftung wird zu einer gesuchten Freizeitbeschäftigung, selbst wenn die Wasserfläche nur etliche 100 qm beträgt.

Hobby-Teichwirte machen allzuoft den Fehler, daß sie die Nutzungsmöglichkeit ihres Weihers überschätzen, daß sie sich mit mehreren Fischarten zugleich abgeben, daß sie sogar Laicher setzen, um mit großen Fischen renommieren zu können. Bei der Abfischung drängt sich dann die Frage auf, wohin mit den Fischen, die sich nicht als Speisefische verwerten lassen. Selbst wenn ein geeigneter Winterteich zur Verfügung stehen sollte, so ergibt sich die Zwangslage, noch andere Fische den allenfalls herangezogenen K_2 beizugeben und damit die Überwinterung des gesamten Bestandes zu gefährden. Insbesondere ist vor einem Beisatz an Schleien zu warnen. Unerwünschter Nachwuchs stellt sich leicht ein, Parasiten und Krankheiten können von einem Jahrgang auf den anderen und zugleich auf den Karpfen, den Hauptfisch, übertragen werden.

Hier die einfachste und auch dankbarste Art der Bewirtschaftung: Jedes Frühjahr K_2 kaufen und die herangewachsenen K_3 im Herbst verkaufen. Oft besteht auch die Möglichkeit, Speisekarpfen in einem Fischkasten unterzubringen, um daraus den laufenden Bedarf den Winter über decken zu können.

K_2 sind wohl ein teurer Besatz. Aber der Kleinteichwirt hat zugleich die Möglichkeit, die herangewachsenen Speisekarpfen unmittelbar an Verbraucher zu einem Preis abzusetzen, der dem der angekauften K_2 nahekommen wird. Oft legt er beim Kauf sogar noch Wert auf Stückgrößen von 300–400 g, um im Herbst mit 1500 g schweren Karpfen Verwandten und Bekannten eine Freude bereiten zu können. Die zu leistende Arbeit ist die erwünschte Freizeitbeschäftigung. Diese Einstellung vorausgesetzt, kann die Bewirtschaftung von Teichen ein Hobby sein, bei dem nicht Null in Null aufgeht, selbst wenn das eine oder andere Jahr nicht ganz wunschgemäß verlaufen sollte.

Besteht die Möglichkeit, daß minderwertige Fische – hierzu rechnet auch der wilde Nachwuchs von Karpfen und Schleien – in unterhalb gelegene, normal bewirtschaftete Teiche gelangen, so liegt eine erhebliche Schädigung der in Frage kommenden Teichwirte vor. Unangenehme Schadenersatzforderungen könnten die Folge sein.

Der Angelteich

Die Zahl der Angler steigt von Jahr zu Jahr. Um ihrer Fischwaid nachgehen zu können, bauen oder pachten deshalb immer mehr Anglervereine oder Einzelangler Teiche. Der Angelteich ist daher zu einem Begriff und unentbehrlich geworden. Selbstverständlich dient er in erster Linie dem sportlichen Fang von Fischen. Dennoch ist es angezeigt, auch beim Anlegen und Pflegen von Angelteichen Gesichtspunkte zu berücksichtigen, die ihn möglichst wirtschaftlich machen. Dies gilt für die Tiefe und das Gefälle des Teiches ebenso wie für Dämme, Zulauf, Umlaufgraben, Überlauf, Mönch, Vorflut und Abfischvorrichtung.

Mancher wird hier einwenden: Wozu den Teich ablassen, wozu gar eine Abfischvorrichtung? Man will ja angeln und keine Teichbewirtschaftung nach den herkömmlichen Methoden durchführen.

Auch ein Angelteich sollte, wo immer möglich, ablaßbar sein. Dadurch läßt er sich im Winter trockenlegen. Das ist eine Maßnahme, die auch dem Angelteich mindestens alle 3 bis 5 Jahre einmal zuteil werden sollte. Winterliches Trockenlegen ist eine Kultivierungsmaßnahme ersten Ranges, und sie dient gleichermaßen der Gesunderhaltung wie der Fruchtbarkeit des Teiches. Überdies können durch das Ablassen etwaige kranke Fischbestände völlig geborgen und ausgemerzt werden, eine Maßnahme, die mit der Handangel allein gewiß nicht gelingt, in der Regel allerdings auch nicht mit dem Netz oder mit der Elektrofischerei. Der ablaßbare Teich hat dem nicht ablaßbaren gegenüber erhebliche Vorteile für Angler und Fische.

Da also nur alle drei oder fünf Jahre abgelassen wird, haben die Fische dennoch Gelegenheit, zu ansehnlichen Exemplaren abzuwachsen. Es erfüllt sich, was echte Angler stets ersehnen: Spannendes Fischen auf unbekannte Kapitale.

Da der Angelteich ganz bewußt nicht jeden Herbst abgelassen wird, sollte er insbesondere eine Forderung erfüllen: Er muß wintersicher sein, damit die Fische auch einen strengen Winter gefahrlos überstehen.

Daß sonst übliche Maßnahmen der Teichwirtschaft wie Düngen, Kalken, Niederhalten der Wasserpflanzen und Bekämpfen fischereischädlicher Tiere (Bisam) auch im Angelteich angewendet werden, kann nur von Vorteil sein.

Was den Besatz nach Art und Menge angeht, wird am besten nach dem Grundsatz »der richtige Fisch ins richtige Wasser« vorgegangen. Leider läßt sich der Bewirtschafter nicht selten von dem Wunsch leiten, alle möglichen Fischarten einzusetzen, auch solche, die im konkreten Fall fehl am Platze sind. Darüber hinaus wird mitunter der Fehler gemacht, Angelteiche in bedenklicher und gefährlicher Weise (Sauerstoffbedarf!) überzubesetzen. In extremen Fällen kann dies fast zur Tierquälerei werden. Nach dem Einsetzen sollte den Fischen Gelegenheit gegeben werden, sich in das neue Milieu einzugewöhnen. Dies gilt auch nach dem Aussetzen sogenannter fangreifer Fische. Es widerspricht den Grundsätzen der Fischgerechtigkeit des Anglers, wenn die eingesetzten Fische schon am gleichen oder am nächsten Tag systematisch wieder herausgefangen werden.

Erwähnung verdient schließlich noch, daß beispielsweise in Bayern aus den Mitteln der Fischereiabgabe Beihilfen für die Errichtung sowie für die Wiederherstellung und Entlandung von Angelteichen gegeben werden. Nähere Auskunft erteilen dort die Bezirksfachberater für Fischerei.

Dienen die Teiche zur Aufzucht von Satzfischen, so gilt das bereits Gesagte. Bei der Aufzucht von K_2 als Besatz für freie Gewässer könnte es allerdings ratsam erscheinen, Wert auf möglichst große K_2 zu legen, da sie weniger leicht eine Beute der Raubfische werden. Aber übermäßig gefütterte K_2 werden sich unter den kärglichen Ernährungsverhältnissen, die ein Fluß oder See bietet, nicht recht heimisch fühlen und zu wandern versuchen. Der zweckmäßigste Besatz wären zweifellos zurückgehaltene K_3 mit einem Stückgewicht von nicht über 1000 g. Manche Vereine halten es ohnehin für richtig, K_3 statt K_2 zu setzen. Mit einem untermaßigen Karpfen ist keinem Angler gedient. Warum soll er solange warten, bis er zu einer fangfähigen Größe herangewachsen ist? Werden K_3 zugekauft, so sollten sie wegen der möglichen Ansteckung durch BWS nicht vom Fischhändler, sondern unmittelbar vom Teichwirt bezogen werden. Dasselbe gilt für Schleien. Im übrigen hat der Ankauf von K_3 noch den Vorteil, daß der Preis für Speisefische wesentlich unter dem für Satzfische liegt, besonders in Jahren, in denen es an K_2 mangelt. Genaugenommen ist das Besetzen freier Gewässer mit Karpfen unwirtschaftlich. Karpfen sind ein verhältnismäßig teurer Besatz und es besteht meist nur geringe Aussicht, ihrer aller wieder habhaft zu werden.

Anglervereinen, die über ablaßbare Teiche verfügen, möchte man weiter raten, es nicht mit der Aufzucht von Karpfen und Schleien bewenden zu lassen. Die Aufzucht von Hechtsetzlingen aus angekaufter Brut macht in Teichen mit Pflanzenwuchs keine besonderen Schwierigkeiten. Es sollte auch der eine oder andere Verein versuchen, Barsche zu züchten, die sich durch besseres Wachstum auszeichnen als unsere herkömmlichen.

Bei dem zunehmenden Mangel an befischbaren Fließgewässern, bedingt durch ihre Belastung mit Abwässern, werden jetzt sogar ablaßbare Teiche für eine sportliche Nutzung verwendet. Zwei Möglichkeiten bieten sich an: Man besetzt den Teich normal mit K_2 und S_2 und gibt den Fang der herangewachsenen Fische erst etwa Anfang September frei. 20–30 % des Besatzes lassen sich binnen weniger Stunden fangen, auch wenn Angler an Angler ungedeckt dem Ufer entlang stehen. Dann allerdings hat es sich unter den Fischen »herumgesprochen«. Selbst der schönste Köder an der Angel vermag keinen Karpfen mehr zu betören. Auch in der Folge fällt es äußerst schwer, noch einen Fisch zu überlisten, und Ende Oktober ist die Fangzeit ohnehin zu Ende.

Die andere Möglichkeit besteht darin, daß der Teich von vornherein nur mit K_3 und S_3 besetzt wird, 200–500 Stück/ha. Der Fang der Karpfen und Schleien ist dann das ganze Jahr über erlaubt, es ist lediglich die Stückzahl auf etwa 2 Stück je Woche und Mitglied beschränkt. Ein Beisatz von Hechten erscheint notwendig, damit nicht unerwünschter Nachwuchs hochkommt. Was die Mitglieder im Laufe eines Jahres fangen, wird im Herbst oder Frühjahr ergänzt, vorausgesetzt, daß der Weiher auch den Winter über eine sichere Unterkunft bietet. Alle 2–3 Jahre ist Inventur, und anschließend bleibt der Weiher den Winter über trocken, damit sich seine Produktionskraft nicht mit der Zeit erschöpft.

Kleinere, nichtablaßbare Gewässer (aufgelassene Kies-, Sand-, Tongruben usw.) sind zunächst sehr vorsichtig zu besetzen, auf jeden Fall mit einer wesentlich geringeren Stückzahl, etwa mit 50 K_2 und 50 S_2 je ha. Man hüte sich, zu den Karpfen und Schleien noch minderwertige Weißfische, insbesondere Elritzen und Brachsen zu setzen. Sie vermehren sich schneller und werden zu unangenehmen Nahrungskonkurrenten, selbst wenn Hechte und Zander als Raubfische fungieren. Ist mit einer erheblichen Erwärmung des Wassers nicht zu rechnen, so mag es von Vorteil sein, sich zunächst auf die Regenbogenforelle als Hauptfisch einzustellen.

Der Ertrag nicht ablaßbarer Gewässer kann sich keinesfalls mit dem ablaßbarer messen. Wohl läßt sich ihr Ertrag durch eine Düngung heben, besonders solange der Gewässerboden zunächst steril ist, wenn sich also noch keine Schlammschicht gebildet hat. Eine normale Düngung ist wegen der zu erwartenden Bildung von Faulschlamm aber auf die Dauer nicht möglich. Zeitweilige Fütterung der eingesetzten Fische verspricht einen gewissen Erfolg, speziell, wenn die Temperatur des Wassers während der Sommermonate an das optimale Maß heranreicht.

Der Kauf von Satzfischen

Nie sollte wahllos gekauft werden! Karpfen guter oder schlechter Abstammung zeigen im 1. und teilweise noch im 2. Sommer fast gleiches Wachstum. Erst der 3. Sommer bringt Klarheit.

Weisen Satzfische alle Übergänge vom Leder- bis zum Schuppenkarpfen auf, setzt der Rücken ohne Nackenwinkel an, sind geschlechtsreife Tiere darunter, zeigen die Jahresringe der Schuppen nicht deutlich, daß es sich um Ein- oder Zweisömmerige handelt, so sind dies Hinweise, daß es sich möglicherweise um Fische minderer Abstammung handelt. Kauft man Satzfische beim Fischhändler, ist besondere Vorsicht geboten, schon deshalb, weil es möglich ist, daß die Fische mit dem Erreger der BWS infiziert sind und aus verschiedenen Betrieben stammen.

K_2 werden meistens nach Gewicht verkauft, bei Mangel auch nach Stück, besonders wenn es sich um kleinere Fische, um solche unter 200 g Stückgewicht, handelt. Bei K_1 ist der Stückverkauf die Regel. Folgende Sortierung ist handelsüblich: K_1: 6–8, 8–10, 10–12 cm; K_2: 200–300, 300–400, 400–500 g. Zum Sortieren der K_1 gibt es, wie die Abbildung zeigt, ein einfaches Gerät. An der Stirnseite des Kastens ist eine Skala zum Einstellen des Abstandes der Sortierstäbe angebracht. K. v. Keitz, Poppenhausen, hat die Vertretung einer in der Schweiz konstruierten Maschine übernommen, in der sich sowohl kleinere als auch größere Fische bis zu einer Länge von 25 cm innerhalb kurzer Zeit sortieren lassen.

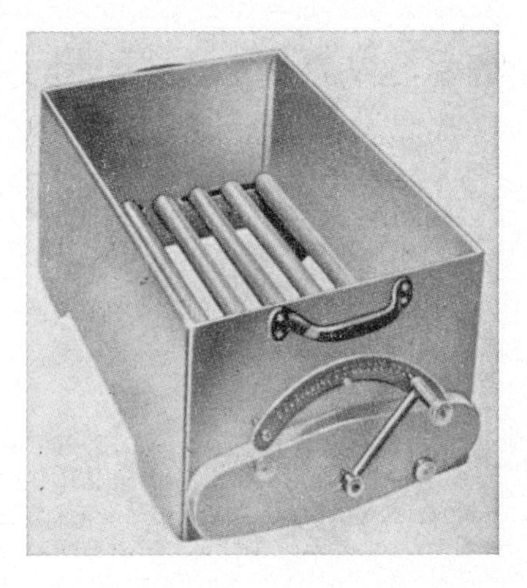

Fischsortiergerät

Ein Einsömmeriger mit einer Länge von 11 – 13 cm wiegt 50 g, es gehen demnach 1000 Stück auf 50 kg. Je kleiner die Einsömmerigen, desto höher ist ihr Preis, wenn dieser in Gewicht umgerechnet wird. So gehen bei K_1 in der Größe von 7 – 9 cm 3000 – 5000 Stück auf 50 kg. Man erhält dem Gewicht nach 1000 DM und mehr; woraus wiederum hervorgeht: ein mit K_1 besetzter Teich bringt die höchste Rendite.

Der Preis für K_2 soll zum Preis für Speisefische in einem vernünftigen Verhältnis stehen. Er darf im Frühjahr um 10 – 25 % höher liegen, weil das Überwinterungsrisiko der Züchter zu tragen hat. Im Gegensatz zum Preis der Speisefische, der mit vom Ausland bestimmt wird, richtet sich der Preis für Satzfische hauptsächlich nach Angebot und Nachfrage im Inland. Es ist deshalb sehr wohl möglich, daß nach einem strengen Winter, dem ein erheblicher Teil der eingewinterten Satzfische zum Opfer fiel, die Preise derart anziehen, daß eine Rendite nicht mehr gegeben ist.

Sehr wichtig ist der *Gesundheitszustand.* Der Fisch darf nicht abgemagert sein. Schlecht überwinterte K_1 und K_2 zeigen einen eingefallenen Rücken, die Rückenlinie erscheint wie eine Kante. Wegen der tiefliegenden, starren Augen nennt man solche Fische hohläugig, eine treffende Bezeichnung. Hohläugige Fische gehen selbst bei besten Ernährungsmöglichkeiten anschließend in den Sommerteichen zum größten Teil ein. Fische mit deutlichen Kennzeichen der Bauchwassersucht sind unbedingt abzulehnen. Bisweilen wird der Käufer dadurch getäuscht, daß Fische mit erkennbaren Geschwüren unmittelbar vor dem Verkauf ausgeschieden werden.

Es kommt vor, daß der Kleinteichwirt die bestellten Satzfische an dem angekündigten Tag nicht abnehmen kann. Der Satzfischzüchter ist dann wohl oder übel gezwungen, die Fische auf Hälter zu setzen.

War schon das Überwintern eine Strapaze, kommen jetzt noch Abfischen und Sortieren hinzu. Statt daß sich die Fische in einem Teich erholen können, der bereits Nahrung bietet, werden sie auf Tage »eingesperrt«. Kein Wunder, wenn sie die zugemuteten Strapazen nicht ohne gesundheitliche Schäden durchhalten und an BWS erkranken.

Aus praktischen Gründen ist es nicht ratsam, daß sich jeder Kleinteichwirt unmittelbar an den Satzfischzüchter wendet. Dem Züchter ist es unmöglich, in der kurzen zur Verfügung stehenden Zeit Hunderte von kleinsten Lieferungen auszuführen. Es ist deshalb üblich, daß die teichwirtschaftliche Vereinigung die Bestellungen sammelt, die Fische beim Züchter abholt und an die Mitglieder verteilt, was zeitsparend und billiger ist.

Bei größeren Lieferungen, insbesondere von einem nicht näher bekannten Züchter, überzeuge man sich an Ort und Stelle von der Qualität der Fische. Erst recht gilt dies bei Transporten aus dem Ausland.

Der Käufer kann, sofern der Verkäufer den Mangel nicht arglistig verschwiegen hat, nur dann Schadenersatz verlangen, wenn der Anspruch innerhalb einer Frist von 6 Monaten nach dem Tag der Ablieferung geltend gemacht wird (§ 477 BGB). In der Regel liegt aber zwischen dem Kauf im Frühjahr und der Abfischung im Herbst ein größerer Zeitraum, so daß beim Kauf fragwürdiger Satzfische zu empfehlen ist, eine längere Gewährfrist rechtsgültig zu vereinbaren.

Mängelrügen beim Kauf von Satzfischen

Da immer wieder Satzfische verkauft werden, bei denen der Verdacht besteht, daß sie an einer Infektionskrankheit leiden, erscheint es angezeigt, auf die rechtlichen Möglichkeiten hinzuweisen, um den Käufer vor Schaden zu bewahren. Er kann, sofern der Verkäufer den Mangel nicht arglistig verschwiegen hat, nur dann Rückgängigmachung des Kaufes (Wandlung) oder Herabsetzung des Preises (Minderung) verlangen (§ 462 BGB), wenn der Anspruch innerhalb einer Frist von 6 Monaten nach dem Tag der Ablieferung geltend gemacht wird (§ 477 BGB). Nun kann zwischen dem Kauf im Frühjahr und der Abfischung im Herbst ein größerer Zeitraum liegen. Namentlich beim Kauf von Satzfischen minderwertiger Abstammung, sollte dann eine längere Gewährfrist rechtsgültig vereinbart werden.

Hat aber der Verkäufer den Mangel arglistig verschwiegen, muß er nicht nur den Kaufpreis zurückerstatten, sondern nach § 480 BGB sogar für den gesamten Schaden aufkommen. Ist also der Nachweis möglich, daß beim Verkäufer K_2 mit deutlichen Merkmalen der BWS bereits vor dem Verkauf eingegangen sind oder daß der Verkäufer Karpfen mit BWS-Geschwüren ausgeschieden hat, so kann nötigenfalls in einem Rechtsstreit folgendes erreicht werden: Der Verkäufer hat nicht nur den Kaufpreis zurückzuerstatten. Er muß auch dem Käufer jeden weiteren Schaden ersetzen, der bei mangelfreier Lieferung nicht entstanden wäre, z. B. in unserem Fall den geringeren Zuwachs und eine notwendige Desinfektion der Teiche.

Wie soll nun der Teichwirt vorgehen, um festzustellen, daß die erhaltenen Fische Merkmale einer Erkrankung erkennen lassen? Er muß zur Sicherung des Beweises rasch einen Sachverständigen beiziehen. Dieser kann dann auch versuchen in der Angelegenheit zu vermitteln. Bleibt ein solcher Schritt erfolglos, wird dringend empfohlen, sich an einen Rechtsanwalt zu wenden, damit nicht nur keine Fristen versäumt, sondern auch die erforderlichen Maßnahmen zur Sicherung des Beweises getroffen werden. Prozesse wegen Lieferung kranker Satzfische wurden bereits mit Erfolg geführt. Leider scheuten sich bisher viele Teichwirte, gegen Lieferanten kranker Fische vorzugehen, und tragen so dazu bei, daß der unseriöse Satzfischhandel noch immer blüht und gedeiht.

11 Fütterung der Karpfen

Schon im Mittelalter wurden Karpfen gefüttert. Eine planmäßige Beifütterung zu der von der Natur gebotenen Nahrung setzte aber erst um die Jahrhundertwende ein, als es notwendig wurde, höhere Erträge aus den Teichen herauszuwirtschaften. Wie bereits erwähnt, wird die von der Natur gebotene Nahrung des Teiches vom Karpfen um so intensiver genutzt, je mehr Mäuler im Weiher nach Nahrung suchen. Der Erfolg einer Fütterung beruht also nicht allein auf der Menge und dem Nährwert der zugeführten Futtermittel, sondern auch in der noch besseren Ausnützung der natürlichen Nahrung und in dem wesentlich höheren

Anteil düngender Ausscheidungen. Im allgemeinen gilt die Regel: 400 kg Getreide oder Hülsenfrüchte ergeben 100 kg Karpfen.

Es wird mit Futterquotienten gerechnet (FQ). Der FQ gibt an, wie viele kg eines Futtermittels gebraucht werden, um 1 kg Karpfenfleisch zu erzeugen. Bei harten Futtermitteln liegt er zwischen 3,5 und 5. Da der Karpfen nicht allein auf zugeführte Futtermittel, sondern mit auf natürliche Nahrung angewiesen ist, brauchen wir wegen des Nährwertes der einzelnen Futtermittel nicht die Überlegungen anzustellen, wie sie z. B. bei der Schweinemast unerläßlich sind. Eines ist jedoch sicher: Satzfische sollten nicht in der Weise gefüttert werden wie Karpfen, die auf Mast stehen.

Die Futtermittel

Der Karpfen soll Fleisch und nicht allzuviel Fett ansetzen. Wir brauchen deshalb möglichst eiweißreiche Futtermittel, die eine erstklassige Fleischqualität erwarten lassen. Entscheidend ist weiter der Preis. Dieser wechselt, so daß bald das eine, bald das andere Futtermittel preisgünstiger ist.

Lupine

Früher zog man die *Lupine* ihres hohen Eiweißgehaltes und ihres billigen Preises wegen allen anderen Futtermitteln vor. Sie hat noch einen weiteren Vorzug: Wegen ihres bitteren Geschmackes wird sie von anderen Tieren nicht gern gefressen. Neben den Bitterstoffen können die Samen aber auch Giftstoffe (Alkaloide) enthalten. Zwar ist der Karpfen dagegen gefeit, man hüte sich jedoch davor, die Lupine gelegentlich auch an Haustiere, beispielsweise an Schafe oder Schweine, zu verfüttern, es sei denn, es handelt sich um eine von diesen Stoffen freie, also um die sogenannte Süßlupine. Sind Lupinen, gleich welcher Sorte, preisgünstig zu haben – meist werden sie importiert –, so stellen sie nach wie vor das beste Karpfenfuttermittel dar, allein schon, weil mit Lupinen gefütterte Karpfen sich durch kerniges Fleisch auszeichnen.

Dieses kernige Fleisch wirkt sich auch im Gewicht des Fisches aus. Er wiegt schwerer, als man nach dem Anschein meinen möchte. Allerdings empfiehlt es sich nicht, die Lupinenfütterung bis zum Abfischen und anschließenden unmittelbaren Verbrauch fortzusetzen. Es heißt, das Fleisch auf den Bauchseiten würde bitter schmecken. 2–3 Wochen sollten zwischen letzter Fütterung und Verwertung liegen.

Die Lupine hat nur den einen Nachteil, daß ihre Beschaffenheit des öfteren zu wünschen übrig läßt. Ihre Samen reifen nicht gleichzeitig Deshalb sind sie nicht leicht zu lagern, sie schimmeln. Dies trifft auch auf geschrotete oder gequetschte Körner zu.

Sojaschrot

Die Sojabohne ist eine uralte, vielseitig verwendbare Nutzpflanze (35 % hochwertiges Eiweiß, 20 % Fett, 20 % Kohlehydrate). Sie gedeiht nur in wärmerem Klima mit kontinentalem Charakter (Ostasien, Nordamerika, Brasilien). Der beim Auspressen des Öles zurückbleibende Preßkuchen liefert ein eiweißreiches Viehfutter (46 % Eiweiß) und kommt als Sojaschrot in den Handel. Satzfischzüchter ziehen es anderen Futtermitteln vor. Die handelsübliche Schrotung entspricht bereits ihren Wünschen.

Sojaschrot ist im Vergleich zu anderen Futtermitteln am eiweißreichsten (FQ 3, Lupine FQ 3–4). Es wird auch lieber angenommen als Lupine und Getreide. Bei sehr intensiver Füterung besteht allerdings die Gefahr, daß die Nährstoffzusammensetzung auf die Dauer zu einseitig wird, besonders da alle Wirkstoffe bei der Ölgewinnung verlorengehen, ist es doch »getoastet«. Da geschrotete Futtermittel eher angenommen werden als ganze Körner, empfehlen viele Teichwirte, das Anfüttern mit Sojaschrot zu beginnen.

Trotz des hohen Eiweißgehaltes weisen Karpfen, die ausschließlich mit Sojaschrot gefüttert werden, ein weicheres Fleisch auf als Karpfen, denen Lupine oder Roggen gereicht wurde. Der Schwanzstiel hat zudem ein etwas rötlich gefärbtes Fleisch.

Mais

Mais wird als Karpfenfutter gerühmt. Gibt man dem Karpfen mehrere Futtermittel zur Auswahl, so nimmt er am liebsten Maisschrot. Damit ist aber nicht erwiesen, daß sich dieses Futtermittel am besten eignet. Ähnlich wie die Fleischqualität des mit Mais gemästeten Schweines zu wünschen übrig läßt, so ist dies auch bei dem Karpfen der Fall. Das Fleisch schmeckt tranig. Obendrein lassen sich solche Fische schlecht hältern und wintern. Mais darf deshalb nur sehr mäßig gegeben werden, höchstens in geringen Mengen zum Abschluß der Fütterung. Beginnen wir die Fütterung mit Mais, so läßt der Karpfen andere Futtermittel, insbesondere die Lupine, längere Zeit unbeachtet.

Roggen

Teichwirte, die zugleich Landwirte sind, verwenden am besten Roggen. Sie sparen sich das Herbeiholen der Lupine aus dem Lagerhaus und das Schroten. Der Roggen liegt zudem mit am preisgünstigsten und steht im Futterwert der Lupine kaum nach (FQ 4). Mit Roggen gefütterte Karpfen werden wegen ihrer Fleischqualität sehr gelobt.

Weizen

Weizen kommt im Futterwert dem Roggen und der Gerste mindestens gleich, scheidet aber in der Regel wegen des etwas höheren Preises als Futtermittel aus, es sei denn, es handelt sich um kleine oder beschädigte Körner. Dem Weizen wird nachgesagt, die Karpfen nähmen eine auffallend schöne, goldgelbe Farbe an. An sich nimmt der Karpfen lieber Roggen als Weizen. So läßt er im Herbst, wenn er »genäschiger« wird, die Weizenkörner liegen und zieht die Roggenkörner vor, es sei denn, die Weizenkörner sind geschrotet.

Gerste

Gerste ist ebenfalls gut geeignet, insbesondere die eiweißreichere und preisgünstigere Futtergerste.

Hafer

Hafer, der gerade bei der Aufzucht von Jungtieren sehr gefragt ist, scheint sich wegen seines hohen Spelzengehaltes und seiner zugespitzten Enden am wenigsten als Karpfenfutter zu eignen. Dies trifft aber nicht auf Haferflocken zu, die als Spezialfutter für junge Karpfen gut geeignet erscheinen. Vorsicht ist jedoch geboten, die Karpfen überfressen sich daran leicht.

Bohnen und Erbsen

Bohnen und Erbsen sind wohl sehr eiweißreich, doch ist bei ihrer Verwendung größte Vorsicht geboten. Ein Aufblähen der Karpfen mit tödlichem Ausgang ist leicht möglich. Bohnen und Erbsen sind deshalb vor der Fütterung zu schroten und mindestens 24 Stunden im Wasser aufzuquellen.

Malzkeime, Biertreber, Kartoffeln und andere

Bei Malzkeimen steht der Erfolg in keinem Verhältnis zu den aufzuwendenden Futterkosten. Verhältnismäßig gut eignen sich *Biertreber* (FQ 10–15 und mehr je nach Wassergehalt), vor allem, wenn sie im Sommer billig zu haben sind. Sie müssen möglichst frisch sein und dürfen auf keinen Fall gären (Kiemenfäule!). Teichwirte, die Treber füttern, versichern, diese würden dem Karpfen besonders gut schmecken. Ein ähnlicher Unterschied mag zwischen Malz und Gerste bestehen.

Obwohl der Karpfen gekochte *Kartoffeln* gerne frißt, ist der Futtererfolg gering. Der Karpfen scheint nicht in der Lage zu sein, den Stärkegehalt der eiweißarmen Kartoffel genügend auszuwerten. Man hat deshalb empfohlen, Kartoffeln zusammen mit Hartfutter zu geben. Selbst wenn damit ein Fütterungserfolg erzielt werden kann, ist das Verfahren zu arbeitsaufwendig und kostspielig, da der Futterquotient der Kartoffel lediglich zwischen 10–20 liegen dürfte.

In Kleinbetrieben wird an Karpfen alles verfüttert, was durch andere Tiere kaum verwertbar erscheint. Selbst der Ausputz von Dresch- und Saatgutreinigungsmaschinen ist noch brauchbar, die Unkrautsamen werden auf diese Weise am sichersten vernichtet. Die Körner der Vogelwicke (Vicia cracca) läßt der Karpfen liegen. Sie sind zu hart und werden im Wasser nicht weich. Sie wären deshalb vorher zu schroten.

Wichtig ist noch: Getreide neuer Ernte soll nicht unmittelbar nach dem Dreschen verfüttert werden. Der Feuchtigkeitsgehalt kann noch zu hoch sein.

Was man Karpfen alles vorsetzen kann, zeigte vor allem der letzte Krieg. Angebranntes, muffiges, ausgewachsenes Getreide, das selbst von Hühnern verschmäht wurde, nahm der Karpfen willig auf. Verdorbene Futtermittel, z. B. verschimmeltes Brot, sollte aber auch dem Karpfen nicht gereicht werden. Für minderwertige Futtermittel ist allerdings ein entsprechend höherer Futterquotient anzusetzen.

Futtergemische aus Nährmittelfabriken (Fertigfutter)

In neuerer Zeit werden wie für andere Nutztiere auch für Fische Futtergemische hergestellt, die Nährstoffe, darunter tierisches Eiweiß, Mineralstoffe und Wirkstoffe in einem ausgewogenen Verhältnis enthalten und deren Futterwert verhältnismäßig hoch ist (FQ etwa 2). Für Forellen haben sie sich bewährt, vor allem da dieses Trockenfutter, im Gegensatz zu dem umständlich aus Schlachtabfällen hergestellten Naßfutter, sackweise bezogen und längere Zeit gelagert werden kann. Auch für Karpfen gibt es derartige Spezialfuttermittel. Sie kommen wegen ihres meist doppelt so hohen Preises gegenüber dem normalen Körnerfutter nur für besondere Zwecke in Frage, beispielsweise, wenn es gilt, die Kondition der Karpfen kurz vor oder nach der Winterruhe zu festigen. Im Gegensatz zur Forelle, die das Futter beim Einwerfen und beim Absinken nimmt, bleibt das dem Karpfen gereichte Futter mehr oder weniger lange auf dem Teichboden liegen. Die Preßlinge (Pellets) weichen auf, verflüssigen sich und führen sogar zur Verunreinigung des Wassers, was in Winterteichen sehr bedenklich ist. Man darf deshalb nur kleinere Portionen reichen und sollte auch die Futteraufnahme laufend beobachten. Da der Karpfen kauen kann, sollte ihm im Gegensatz zu Forellen Futter gereicht werden, das erst nach Stunden in seine Bestandteile zerfällt. Derartiges Futter ist aber nicht leicht herzustellen. Selbst wenn ein FQ 2, angenommen wird, ist eine Rendite im Verhältnis zu natürlichen Futtermitteln fraglich. Mischfutter mit hohem Anteil an Fischmehl kann sogar die Qualität des

Fischfleisches beeinträchtigen. Zudem ist dieses Futter nur beschränkt lagerfähig.

Manche Teichwirte stellen für heranwachsende K_1 Futtergemische selbst her. Man kann z. B. auf dem Standpunkt stehen, Sojaschrot wäre zu einseitig, es enthalte nur pflanzliches Eiweiß. Deshalb soll man das gemahlene Sojamehl mit etwa 10 % Fischmehl strecken. Weiter wird empfohlen: zur Bindung beider Futtermittel Roggennachmehl oder sehr feinen Roggenschrot hinzugeben, naß miteinander mischen, über Nacht stehen lassen und daraus Knödel formen. Sie werden zwar im Wasser schnell zerfallen, aber die Fischchen suchen den Boden an den Futterstellen derart gründlich ab, daß Verluste an Futter kaum zu befürchten sind. Wer ganz sicher gehen will, benutzt einen Futtertisch oder einen Automaten, wie er im Kapitel Regenbogenforelle als Nebenfisch beschrieben ist.

Die Futtermittelfabriken bemühen sich, ihre Produkte hinsichtlich Nährwert und Verdaulichkeit zu verbessern und zu spezialisieren. So gibt es für junge Karpfen mehliges Futter, das auf dem Wasser schwimmt und an das sie sich schnell gewöhnen. Auch für Laicher gibt es ein Spezialfutter.

Wie schon eingangs erwähnt, kann der Preis für Futtermittel so stark schwanken, daß unter Zugrundelegung des FQ Fertigfutter preisgünstiger ist als Getreide und Hülsenfrüchte, deren FQ bei 3–4 liegt. Man achte auf den Anteil an Fischmehl. Ein sehr hoher könnte die Qualität des Fleisches beeinträchtigen.

Oft wird bei Fertigfutter der niedere FQ von 2 bezweifelt. Bei Futtergemischen für das Schwein liegt er bei etwa 3. Als Grund ist anzunehmen, daß bei Warmblütern die Erhaltung der Körpertemperatur zusätzliche Kalorien erfordert.

Unter *Medizinalfutter* ist ein Futtermittel zu verstehen, dem ein Antibiotikum beigemischt ist, um bakteriellen Erkrankungen vorzubeugen oder um sie zu heilen. Antibiotika sind verschreibungspflichtig und können deshalb von einer Futtermittelfabrik nur dann geliefert werden, wenn ein Rezept von dem behandelnden Tierarzt oder dem Fischgesundheitsdienst vorliegt. Man kann übrigens das Antibiotikum auch selbst beimischen.

Wie und wann wird gefüttert

Zubereitung der Futtermittel

Grobkörnige Futtermittel sind vorher zu schroten oder noch besser zu quetschen. Dies gilt besonders für Lupine und Mais. Je kleiner die Mäuler sind, um so feiner muß die Schrotung sein. Das Einquellen der Futtermittel ist nicht unbedingt erforderlich. Sind Futtermittel zu hart, so wartet der Karpfen, bis sie weich werden. Füttert man z. B. ganze Lupinen, so springt beim Quellen die Schale von selbst auf, die Frucht wird vom Fisch aufgenommen, die Schale bleibt liegen.

Wer jedoch sparsam wirtschaften will und die Zeit dazu hat, weicht das Futter am Abend vorher ein. Man nimmt eine Wanne oder in Großbetrieben den zur Fütterung bereitliegenden Kahn und gibt die doppelte bis dreifache Menge Wasser hinzu. Weiches Futter wird sofort aufgenommen und wohl auch besser verwertet. Weiter besteht weniger die Gefahr, daß Futter liegenbleibt und verdirbt. Kleinteichwirte gehen noch einen Schritt weiter. Das Futter wird nicht nur eingequollen, sondern auch noch aufgekocht. Kleinstteichwirte bringen es sogar fertig, ihre Karpfen auf engem Raume mit allen möglichen »Leckereien« heranzufüttern. Der Gastwirt etwa sammelt das übriggebliebene Brot, nicht aber den übriggebliebenen Kartoffelsalat. Metzger füttern ihre Fische mit dem Magen- und Darminhalt geschlachteter Tiere. Dem Bäcker macht es Freude, aus unbrauchbarem Mehl »Karpfenbrot« zu backen. Doch wäre ihm zu raten, das Salz dabei zu sparen. Ein Nürnberger Lebkuchenfabrikant fütterte seine Karpfen mit Abfällen von Lebkuchen und Waffeln. Sah man dabei zu, wurde einem so recht klar, daß der Karpfen wohl zu unterscheiden weiß, was gut und was schlecht schmeckt. Auch die Futtergemische aus den Nährmittelfabriken werden gern genommen. Füttert man sie z. B. aus Automaten, werden daruntergemischte Getreidekörner zunächst ausgespuckt.

Zeitpunkt

Der Karpfen frißt und verdaut am besten bei einer Wassertemperatur von 20—25 °C. Unter 14 °C und über 25 °C sollte nicht gefüttert werden. Unter 14 °C wird das Futter nur träge aufgenommen, sehr langsam verdaut und schlecht verwertet. Bei Weiherabfischungen im Herbst findet man des öfteren, daß das zuletzt gereichte Futter nicht mehr angenommen wurde. Heranwachsende K_1 fressen noch bei Temperaturen unter 14 °C. Aber auch ihr Verdauungsvermögen ist nach dem ausgeschiedenen Reiskörnern ähnlichen Kot zu schließen, bereits begrenzt. Über 25 °C ist größte Vorsicht geboten, weil der Sauerstoffgehalt des Wassers sich leicht der untersten für Karpfen noch erträglichen Grenze nähert. Diese Zahlen gelten für die Fütterung während der Wachstumsperiode. Im Winter beim vorübergehenden Verlassen der Winterlager infolge ansteigender Wassertemperatur und erst recht nach endgültigem Verlassen der Winterlager fressen die Karpfen bei Wassertemperaturen, die wesentlich niedriger liegen. Sobald sich das Wasser im Winterteich trübt und damit erkenntlich ist, daß die Karpfen nach Nahrung suchen, kann es geboten sein, zur Stärkung ihrer Konstitution zu füttern.

Man gibt in der Regel im Mai 10 %, im Juni 20 %, im Juli 25 %, im

August 35 % und in der ersten Hälfte des September 10 % der geplanten Futtermenge. Sollte warmes Wetter noch bis in den Oktober hinein anhalten, so ist es richtig weiterzufüttern, besonders wenn die erwünschte Stückgröße noch nicht erreicht ist.

Mit dem Füttern zeitig zu beginnen, ist durchaus nicht notwendig. Man kann sogar den Mai ausfallen lassen, besonders wenn er kalt sein sollte. Die Karpfen sind noch klein und finden zunächst genügend Naturnahrung. Wird nur wenig gefüttert, so fängt man am besten nach der ersten Heuernte an. Bei der höheren Wassertemperatur im Sommer werden die Futtermittel nicht nur lieber aufgenommen, sie werden auch besser verwertet.

Je öfter in der Woche gefüttert wird, desto besser dürfte es sein. Größere Betriebe füttern die heranwachsenden K_3 wöchentlich zweimal, die heranwachsenden K_2 dreimal und die heranwachsenden K_1 drei- bis viermal. Kleinteichwirte begehen häufig den Fehler, in zu großen zeitlichen Abständen zu füttern und dann zuviel auf einmal zu geben. Die Folge ist, daß ein Teil des Futters liegen bleibt und verdirbt oder daß sich die Karpfen überfressen. Das Futter geht dann halbverdaut ab. Der Kot läßt meist erkennen, aus welchen Stoffen die Nahrung bestand. Bei Naturfutter ist der Kot dunkler, bei Verabreichung von Futtermitteln heller.

Futterplätze

Als Futterstellen wählt man schlamm- und pflanzenfreie Plätze, auf 1 ha etwa 3–5. Bei kleineren Teichen schüttet man das Futter aus Eimern ins Wasser. In großen Teichen, vor allem bei Fütterung vom Kahn aus, sind die Futterplätze möglichst auf die ganze Fläche zu verteilen. Die Fütterung an bestimmten Stellen hat den Vorteil, daß man die Futteraufnahme beobachten kann. Da die Karpfen den Weiherboden planmäßig nach Nahrung absuchen, besteht kaum Gefahr, daß Futtermittel verlorengehen, insbesondere bei dem jetzt üblichen hohen Teichbesatz.

An den Futterplätzen soll das Wasser mindestens 60 cm tief sein, damit das Futter nicht von Wasservögeln (Enten, Bläßhühner) weggefressen werden kann. In Dorfteichen lassen sich die Futterstellen auf folgende Weise schützen: Man schlägt vier Pfähle ein und legt darauf in der Höhe des Wasserspiegels einen mit Maschendraht bespannten Rahmen.

Kontrolle der Futteraufnahme

Das Aufnehmen des Futters muß kontrolliert werden. Gut eignet sich dazu ein engmaschiger Fanghamen wie für Jungfische auf Seite 224 beschrieben. Noch einfacher ist ein Drahtseil, auch Seiher genannt, mit 18 cm Durchmesser, wie in Küchen gebräuchlich. Man befestigt es an einem längeren Bambusrohr, das wie eine Angelrute zusammengesteckt, und im Pkw leicht zu transportieren ist. Beide erlauben es, bei geschickter Handhabung nicht nur Futterreste, sondern auch die Größe der Jungfische festzustellen, kranke Fische zu fangen und tote aufzulesen. Mit Hilfe eines Drahtseiles lassen sich sogar Gelbrandkäferlarven fangen.

Futtertisch, leicht zu überschauen und zu bedienen

Die Futterplätze werden mit der Zeit blank wie eine Tenne, sogar regelrechte Freßmulden entstehen, in denen das Wasser bei der Trockenlegung des Weihers stehenbleibt. Man wechselt deshalb die Futterplätze, insbesondere wenn die Kontrolle ergibt, daß Futter liegengeblieben und verdorben ist.

Das Wachstum der Karpfen kann weniger gut beobachtet werden als das von Landtieren. Ein sorgsamer Teichwirt sucht die Zunahme des Fisches vom Ufer aus zu schätzen. Noch besser ist es, wenn man einzelne Tiere an den Futterplätzen zu fangen versteht. Größere Betriebe arbeiten mit dem Wurfnetz. Das Senknetz wäre wesentlich billiger und auch leichter zu handhaben. Aber der Transport des Senknetzes von einem Weiher zum anderen ist etwas umständlich, besonders wenn die Teiche weit auseinander liegen. Im übrigen brauchen wir Netze zur Kontrolle der Fische, nicht nur, um deren Wachstum, sondern auch um deren Gesundheitszustand laufend überprüfen zu können. Schließlich lassen sich Probestücke auch mit der Angel fangen.

Wer etwa ab August Karpfen laufend verkaufen will, dem ist zu empfehlen, das Senknetz beweglich auf einen Dreifuß zu stellen. Füttert man an dieser Stelle, so ist es leicht, die erwünschten Mengen an Fischen vorrätig zu halten. Voraussetzung ist, daß sich diese Fangart nicht weit ab vom Betrieb, sondern in nächster Nähe durchführen läßt.

Es wäre verfehlt, die Fütterung des Karpfens lediglich nach seiner Freßlust auszurichten, ohne sich darüber Rechenschaft zu geben, welche Futtermenge erforderlich ist, damit die eingesetzten Karpfen bis zum

Wurfnetz, ausgeschwungen

Herbst das gewünschte Gewicht erreichen. Für den Karpfen ist die Aufnahme dargebotener Futtermittel bequemer als das mühevolle Suchen nach Naturnahrung. Hat er Futter im Übermaß, so frißt er zuviel. Das Futter geht halbverdaut ab, vielleicht auch deshalb, weil ihm die zusätzlichen Verdauungsfermente aus der natürlichen Nahrung fehlen. Futterspender, zylindrische Behälter, aus denen der Fisch durch Bewegung eines Pendels das gekörnte Trockenfutter je nach Appetit selbst entnehmen kann und die zunächst für die Fütterung von Forellen erdacht wurden, haben auch in der Karpfenteichwirtschaft Eingang gefunden. Sie kommen vor allem für kleinere Teiche in Frage. Für größere wären mehrere zu beschaffen und zu warten.

Fertigfutter weicht im Wasser schnell auf. Wird es an Karpfen verfüttert, ist es wahrscheinlich, daß Teile des Futters verlorengehen. Gilt es aber, z. B. klein gebliebene K_1 im Herbst noch reichlich zu füttern, so sind Futterautomaten sicher recht praktisch. Ihre Zahl ist der Teichfläche anzupassen.

Karpfen fällt es schwerer als Forellen, das Geheimnis des Futterspenders zu finden. Folgendes Hilfsmittel ist zu empfehlen: Man befestigt am Pendel ein etwa faustgroßes Säckchen aus Vorhangstoff und füllt es mit Preßlingen.

In manchen Jahren ist der Preis der Futtermittel im Verhältnis zum Verkaufspreis des Karpfens so hoch, daß sich eine Fütterung nicht oder nur wenig lohnt. Aber selbst dann sollte gegen den Herbst zu etwas Futter gereicht werden, wird doch vom Markt ein vollfleischiger Karpfen gewünscht.

Warum ist die Karpfenfütterung bei hohen Wassertemperaturen ein Wagnis?

Der Karpfen frißt bei einer Wassertemperatur von 25 °C reichlich doppelt soviel wie bei 15 °C. Nehmen wir an, es stehen 400 heranwachsende K_3 auf einer Fläche von 1 ha und sie haben Anfang Juli bereits ein Gewicht von 1 kg, so wird sich bei diesem gesteigerten Nahrungsumsatz Menge und Gehalt ihrer Ausscheidungen kaum von denen der Enten unterscheiden, besonders wenn sie sich durch reichliche Fütterung richtig anzufressen vermögen. Wir düngen demnach gleichzeitig das Wasser, und zwar erheblich. Die Folgen kann man sich ausmalen, insbesondere, wenn sich in einem Teich Massen von Schlamm abgelagert haben, der sich bei hohen Temperaturen noch zusätzlich und beschleunigt zersetzt.

Jeder Zersetzungsprozeß zehrt am Sauerstoffgehalt des Wassers. Er sinkt bei hohen Wassertemperaturen ohnehin an die Grenze des für Karpfen zuträglichen Maßes. Es bedarf dann nur noch eines geringen Anlasses, z. B. einer Luftdruckschwankung am Ende einer Schönwetterperiode, und der im Wasser gelöste Sauerstoff reicht nicht für die Atmung der Fische aus und erst recht nicht für die Verdauung der zugeführten Futtermittel.

Oft geht einem Sterben infolge der überreichlich vorhandenen Nährstoffe eine ungeheure Vermehrung des Zooplanktons voraus, das am Sauerstoff mitzehrt. Selbst die Haltung von Enten auf gut besetzten Weihern birgt Gefahren. Es sei deshalb dringend geraten, bei hohen Temperaturen das Verhalten der Karpfen zu beobachten, zu gegebener Zeit die Fütterung einzuschränken oder ganz zu unterlassen.

Wer kann, senkt die Temperatur des Teichwassers durch vermehrte Zuführung von Wasser. Es sollte in diesem Fall sogar den Teich durchströmen. Ein Thermometer gehört allein schon aus diesem Grund mit zum Rüstzeug eines Teichwirts.

Besatz bei Düngung und Fütterung

Gehen wir wieder von unserem Beispiel aus: Ein mittelguter Karpfenweiher bringt je ha 100 kg Zuwachs. Dabei handelt es sich um die Auswertung der von der Natur gebotenen Nahrung, also um den *Naturzuwachs.*

Geben wir eine Volldüngung, so kommt zu dem Naturzuwachs der *Düngerzuwachs* von – sagen wir – 100 kg hinzu.

Füttern wir obendrein 400 kg Getreide oder Hülsenfrüchte, so ergeben diese Futtermittel nochmals 100 kg Zuwachs, den *Futterzuwachs.*

Der Weiher muß sonach mit der dreifachen Zahl, also mit 300 K_2 besetzt werden.

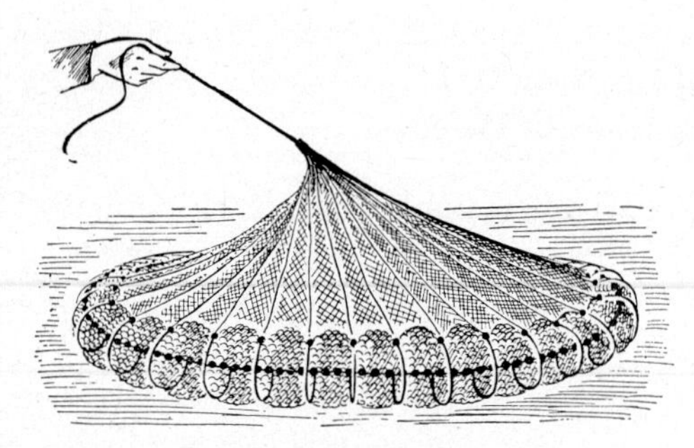

Zeichnung eines Wurfnetzes

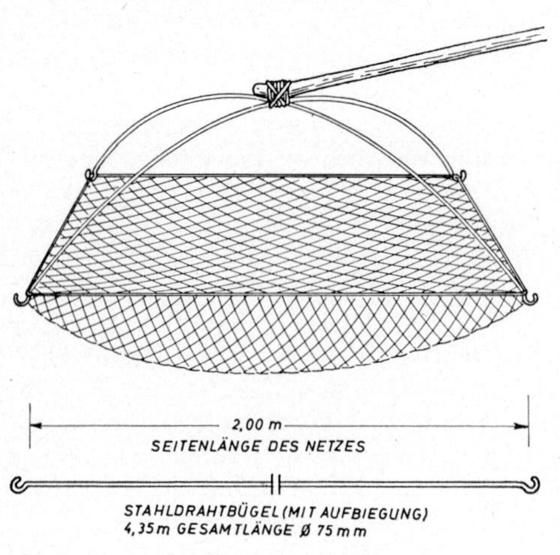

Senknetz zur Wachstumskontrolle

Erfahrene Teichwirte füttern, einen günstigen Preis der Futtermittel vorausgesetzt, noch reichlicher. Sie setzen auf den ha 400, ja sogar 500 K_2 und legen dementsprechend Futtermittel zu.

Hat ein Teich die richtige Wassertiefe, die nötige Wassermenge, wird er nach den dargelegten Richtlinien gepflegt (zeitweise Trockenlegung, Niederhaltung unerwünschter Wasserpflanzen, alljährliche Kalk- und Phosphatdüngung), so steigt der Hektarertrag ohnehin auf 300 kg. Bei einem Besatz mit 400 K_2, der dann als normal bezeichnet werden kann, ist nur noch eine Zufütterung von 300 bis 400 kg Körnerfrüchten geboten.

K_2 dürfen nicht übermäßig gefüttert werden. Je rauher wir sie aufziehen, desto besser überstehen sie den Winter und desto leichter sind sie im dritten Sommer zu mästen.

Wenn wir davon sprachen, daß eine Fläche mit 100 kg Naturzuwachs mit der vier- bis sechsfachen Zahl an K_1 statt an K_2 besetzt werden kann, so ist bei normaler Düngung und Zufütterung von 400 bis 600 kg ein Besatz von 1500–3000 K_1 je ha möglich.

Die Ausführungen über erreichbare Ertragssteigerungen durch Fütterung dürfen aber nicht so verstanden werden, als ob es eine Grenze nach oben nicht gäbe. In einem überbesetzten Teich ändern sich die dem Karpfen zusagenden Lebensverhältnisse in einem Maße, daß das gesteckte Ziel mit weiterer zusätzlicher Düngung und Fütterung nicht erreicht werden kann, von der erhöhten Anfälligkeit der Fische gegenüber Krankheiten ganz abgesehen.

Es gilt deshalb als Regel: Natürliche und in Form von Futtermitteln zugeführte Nahrung sollen sich etwa die Waage halten. Soll also ein Karpfen im dritten Sommer um 1000 g zunehmen, so ist anzustreben, daß sich 500 g auf Grund der natürlichen Nahrung und 500 g durch dargereichtes Futter ergeben. In diesem Falle sind 1500–2000 g Getreide oder Hülsenfrüchte pro Kopf zu füttern.

Man hört nur zu oft, auch damit sei die obere Grenze der Ertragsmöglichkeit eines Teiches nicht erreicht. Deshalb abschließend noch ein extremes Beispiel: A. Hess, Rumleshof, stellt die Produktion seines Betriebes nicht allein auf Satzfische ein, das Risiko wäre zu groß. Den größten Teich mit 3,5 ha besetzt er grundsätzlich mit K_2. Aus dem Jahr 1973 sind folgende Zahlen auf 1 ha umgerechnet bemerkenswert:

Düngung 200–300 kg Thomasphosphat, 350 kg Löschkalk als Grunddüngung, 160–200 kg Löschkalk je nach Witterung alle 14 Tage, Fütterung 1,5 t Roggen oder Weizen, Besatz 1000 K_2, das Stück zu 190 g, Abwachs je Stück 1375 und je ha 1400 kg. Trotz der hohen Futtermenge ausschließlich mit Getreide waren die Karpfen nicht zu fett, das Fleisch war kernig und hatte den typischen, aromatischen Geschmack, wie man ihn bei Karpfen erwartet. Die Karpfen haben während der Fütterungspausen auch dem reichlich gebotenen Plankton zugesprochen, wie sich aus Darmuntersuchungen feststellen ließ.

Durch den »Mist« eines anormal hohen Besatzes werden Weiher in einem Ausmaß gedüngt, daß die Planktonentwicklung den ganzen Sommer über bis zum Herbst anhält. Es wäre zu viel des Guten, würde man noch die für einen normalen Betrieb empfohlenen Mengen an Phosphatdüngemitteln hinzugeben. Wichtig ist jedenfalls eine sorgfältige Beobachtung aller Vorgänge im Wasser, um rechtzeitig eingreifen zu können, falls Gefahren drohen.

Um das reichlich angebotene Plankton zu verwerten, könnte man auf den Gedanken kommen, K_v zu den heranwachsenden K_3 zu setzen, wovor jedoch zu warnen ist. Junge Fische gehören nicht zu Karpfen, die auf Mast stehen. Auch der Hühnerzüchter hält Küken nicht mit Legehühnern zusammen in einem Stall, schon um die Übertragung von Parasiten und Infektionskrankheiten nicht zu fördern.

Hobbyteichwirte betreiben die Fütterung der Karpfen zuweilen noch intensiver, ähnlich wie die der Forellen in kleinen Teichen. Folgender Fall wurde bekannt: Teichfläche 350 m², Zulauf 1 l/s, Einsatz 83 K_2, zusammen 20 kg, Abwachs 82 K_3 mit 105 kg, Zuwachs 85 kg. Fütterung 150 kg Fuko mittels eines Futterautomaten, Zuwachs 2430 kg/ha, FQ 1:1,8. Das Fleisch der Karpfen war jedoch zu weich, zu fett, nicht appetitanregend.

Wie das letzte Beispiel lehrt, ist es keine Kunst, den Zuwachs in Teichen durch Fütterung über das normale Maß hinaus zu steigern. Außer dem damit verbundenen Risiko ist eine Grenze schon dadurch gesetzt, daß die Fleischqualität des Karpfens den zu stellenden Anforderungen nicht mehr genügt.

12 Nebenfische im Karpfenteich

Unter diesem Begriff sind Fische zu verstehen, die zusätzlich zu den Karpfen gesetzt werden, um eine Nahrung zu verwerten, die der Karpfen zu wenig beachtet, oder um zu verhindern, daß minderwertige Fische zu Konkurrenten des Karpfens werden.

Die Schleie

Die Schleie ist weniger wüchsig als der Karpfen. Im 1. Sommer wird sie 4–8 cm, im 2. 10–15 cm lang, und erst im 3. erreicht sie ein Gewicht von 200–300 g. In dieser Größe ist sie als Portionsfisch gefragt. Die Laichzeit fällt in den Juni und zum Teil in den Juli. Das Geschlecht ist leicht zu erkennen. Beim Männchen sind die Bauchflossen stärker entwickelt, insbesondere der große zweite Strahl ist verdickt und gekrümmt. Der Unterschied im Wachstum der beiden Geschlechter ist noch größer als beim Karpfen.

Zum Laichen werden die Schleien in kleinere Teiche gesetzt. Der Nachwuchs ist reichlicher als beim Karpfen. Es gibt aber auch Jahre, in denen er ausbleibt. Jungschleien lassen sich nur in der Weise versetzen, daß man die auf Wacholder- oder Fichtenzweigen abgelegten Eier auf andere Teiche verteilt oder die jungen Fische durch zufließendes Wasser anlockt und in Reusen abfängt.

Die Schleie ist infolge ihres geringeren Sauerstoffbedarfes zählebiger als der Karpfen. Feucht gehalten, hält sie Stunden ohne Wasser aus. Sie reagiert aber sehr empfindlich auf Verletzungen und Abschürfungen ihrer schleimigen Haut.

Nur sehr wenige Teichwirte betreiben eine Schleienzucht. In kleineren Betrieben stellt sich der Nachwuchs meist von selbst ein, da geschlechtsreife Tiere mit zur Besetzung verwendet werden.

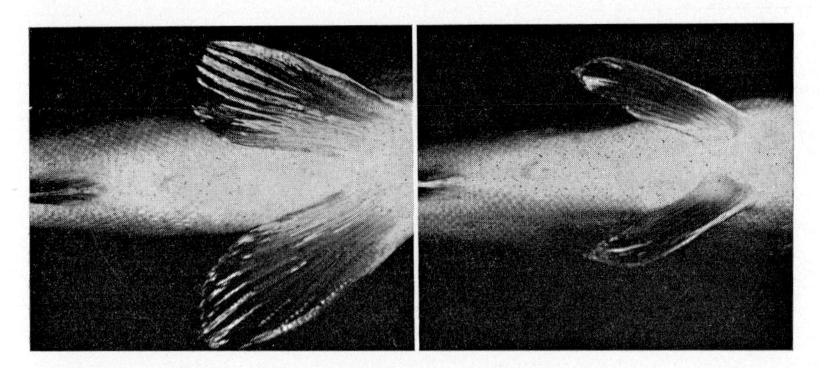

Bauchflossen der männlichen und weiblichen Schleie

Wie stark die Wüchsigkeit der Schleie durch planmäßige Zucht verbessert werden kann, zeigten die Ergebnisse der Domäne Quolsdorf. Dort gelang es, eine Schleie zu züchten, die den Schleien anderer Betriebe im Wachstum um 1 Jahr voraus war. Es kommt also sehr darauf an, wüchsige Schleien zur Vermehrung auszusuchen oder sich solche aus einer guten Zucht zu beschaffen. Für die planmäßige Weiterführung einer guten Zucht ist es unerläßlich, die einzelnen Jahrgänge nicht nur im Sommer, sondern auch im Winter getrennt zu halten. Dieser Forderung aber können selbst größere Betriebe kaum gerecht werden.

Als Grundfisch ernährt sich die Schleie vor allem von dem, was sie auf und im Teichboden findet. Sie verwertet also Nahrung, nach der der Karpfen weniger sucht. Man kann deshalb zu den zweisömmerigen Karpfen noch eine Anzahl zweisömmeriger Schleien setzen, ohne den Zuwachs der Karpfen wesentlich zu mindern, z. B. 10—20 Stück zu je 100 K_2. Zum Zuwachs der Karpfen mit 100 kg kommt dann noch ein Zuwachs an Schleien mit 5—10 kg hinzu.

Mehr zu setzen, ist abträglich. Der Zuwachs an Schleien ginge schließlich auf Kosten der Karpfen. Besonders ist davor zu warnen, die Schleie sich wild vermehren zu lassen, wozu nicht wenige Kleinteichwirte neigen. Sie vermehrt sich wie Unkraut und läßt mit der Zeit im Wachstum ebenso zu wünschen übrig wie im Femelbetrieb aufgekommene Karpfen. Einsömmerige Schleien unterscheiden sich noch nicht in der Entwicklung ihrer Bauchflossen. Findet man unter einem Schleienbestand Tiere, die kaum fingerlang, an ihren Bauchflossen als Männchen zu erkennen sind, so handelt es sich bereits um zweisömmerige. Zu behaupten, je mehr bei einer kleineren, männlichen Schleie die Bauchflossen durch ihre Größe auffallen, desto älter ist der ganze Bestand, ist daher nicht abwegig: er ist drei- bis viersömmerig, selbst wenn die Stückgewichte nur 50—100 g betragen.

Beim Karpfen warnten wir bereits davor, die Jahrgänge zu mischen, um nicht der Übertragung von Parasiten und Seuchenerregern von einem Jahrgang auf den anderen gar Vorschub zu leisten. Bei der wilden Schleienvermehrung ist diese Gefahr noch eher gegeben, da die Jahrgänge nur schwer zu unterscheiden sind. Die Schleie ist gegen BWS zwar weniger anfällig, man beobachtet nur vereinzelt Geschwüre und Verluste, aber gerade darin liegt die Gefahr, daß sie die unerkannte Krankheit auf die Karpfen überträgt.

Um einer unerwünschten Vermehrung vorzubeugen, ist es üblich, die Schleie nach Geschlechtern zu trennen und Abwachsteiche nur mit den etwas wüchsigeren Weibchen zu besetzen. Reiht sich Weiher an Weiher und gehören sie noch dazu verschiedenen Besitzern, so ist es ratsam, auf die Schleie als Nebenfisch ganz zu verzichten; kommen doch trotz aller Vorsorge infolge ihrer Wanderlust immer wieder Paare zusammen. Bei der Abfischung stellt sich dann ein Schleiensegen ein, der den Besatzplan der Winter- und Sommerteiche über den Haufen wirft.

Die Schleie gehört als Nebenfisch vor allem in größere Weiher, die schlecht zu pflegen, die verhältnismäßig tief und verschlammt sind. Werden solche Teiche in Kultur genommen, läßt die Schleie im Wachstum auffallend nach. PH-Werte, wie sie für Karpfen als optimal gelten, scheinen ihr nicht zu behagen. Bei dem üblichen, weit höheren Besatz an Karpfen kommt die Schleie ohnehin zu kurz. Sie hat daher als Nebenfisch nicht mehr die Bedeutung wie noch vor einigen Jahrzehnten. Kleinteichwirte sollten allein schon aus hygienischen Gründen davon absehen, sich noch mit einer weiteren Fischart zu befassen.

Als Speisefisch ist die Schleie sehr gefragt und wegen des geringeren Fettgehalts ihres Fleisches oft sogar begehrter als der Karpfen. Entsprechend genährt und gehalten, kann sie sogar besser schmecken als die in Forellenzuchten herangefütterte Regenbogenforelle. Wer Zeit hat, kann die in größere Teiche gesetzte Schleie den Sommer über in Reusen fangen und auf diese Weise eine Marktlücke schließen. Wegen ihrer empfindlichen Haut läßt sie sich aber nicht längere Zeit hältern. In Fischhandlungen ist sie deshalb erst zur Zeit der Weiherabfischungen und anschließend den Winter über zu haben.

In freien Gewässern ist die Schleie standortstreuer als der Karpfen und deshalb als Satzfisch gefragt. Ein Gewicht von 100 g ist erwünscht. Kleinere werden zumeist eine Beute der Raubfische. In Jahren mit geringerem Nachwuchs läßt sich der Bedarf an Satzschleien nur zur Not decken, in anderen Jahren kann ein Überangebot bestehen.

Eine Abart der Schleie ist die Goldschleie. Sie dient zum Besatz von Park- und Schauteichen.

Die Orfe

Die Orfe (Nerfling, Aland) hatte früher als Nebenfisch eine gewisse Bedeutung. Die goldrote Abart, die Goldorfe, hält sich im Gegensatz zur Goldschleie mehr an der Oberfläche des Wassers auf (Oberflächenfisch). Kleinteichwirte setzen daher gern einige Stücke als Zierfische in ihre Weiher.

Ihre Vermehrung fällt nicht schwer. Die Laichzeit liegt etwa 2—3 Wochen vor der des Karpfens. Als Laichteiche eignen sich kleinere Teiche, z. B. Winterungen, denen man starken Durchfluß gibt. Legt man am Ein- und Auslauf Wacholder- oder Fichtenzweige ein, so laichen die Orfen in dem dort strömenden Wasser ab. Sobald die Brut aus den Eiern schlüpft (nach 10–14 Tagen), ist der starke Zufluß abzustellen, um ein Abschwemmen der Jungfische zu verhindern. Man kann auch die Zweige mit den Eiern in andere Teiche versetzen.

Grasfische

Unter den heimischen Fischarten ist keine derart spezialisiert, daß sie sich vornehmlich von Wasserpflanzen ernährt. Gründling, Rotauge (Plötze), Rotfeder, Nase und andere sättigen sich allerdings außer mit Kleintieren auch mit niederen Pflanzen, insbesondere mit dem z. T. aus Algen bestehenden Aufwuchs. Im Gegensatz zu unseren Fischarten gibt es nun namentlich in Ostasien Fische, die gierig niedere und höhere Pflanzen fressen und ansehnliche Stückgewichte bis zu 25 kg erreichen. Pflanzenfressende Fische hätten den Vorteil, daß sie die Pflanzenmassen des Teiches nicht wie unsere seitherigen Nutzfische auf dem Weg über andere Wassertiere verwerten, sondern unmittelbar in Fischfleisch umsetzen und mit ihren Exkrementen zugleich den Weiher düngen. Der Ertrag eines Teiches müßte sich demnach erhöhen, die mechanische oder chemische Niederhaltung lästiger Wasserpflanzen könnte sich erübrigen.

Graskarpfen

Dies ist der *Weiße Amur*, aus dem Amur, einem Strom im nördlichen China, wohl der bekannteste Pflanzenfresser. Die ersten Versuchsfische kamen 1948 nach Rußland, 1960 nach Rumänien, 1963 nach Ungarn und 1964 nach Deutschland. Die Vorstellungen über ihre Leistung in der Niederhaltung unerwünschter Wasserpflanzen waren zunächst höchst vage. Einige wenige Fische, die damals den Teichwirten vermittelt wurden, konnten bei dem Überangebot an Pflanzenmassen die gestellten Erwartungen nicht erfüllen. Sie wurden wegen mangelnder Leistung frühzeitig als Speisefische verwertet. Es hieß aber schon damals 100–200 Zweisömmerige je ha waren notwendig, um einen vollen Erfolg zu erbringen und das Wachstum entspräche ungefähr dem unseres Karpfens.

Exakte Nachweise, inwieweit der Graskarpfen, wie er bei uns fälschlicherweise tituliert wird, als Nebenfisch in unseren Karpfenteichen zu empfehlen ist, blieben leider viel zu lange aus oder wurden zu wenig bekannt. Erst der folgende Bericht in »Fisch und Fang« 3/1974 war aufsehenerregend und zugleich belehrend: Das Freibad der Stadt Ravensburg, ein Stausee mit 5,5 ha, war derart verkrautet, daß der Badebetrieb darunter litt. Die Stadt setzte im Frühsommer 1971 500 etwa 250 g schwere Graskarpfen ein. Der See, der mit Karpfen, Schleien, Rotaugen, Rotfedern, Barschen und Hechten besetzt war, verödete innerhalb von 3 Jahren weitgehend. Außer wenigen großen Hechten und Karpfen waren noch Graskarpfen mit etwa 4 kg anzutreffen. Der See wurde gleichzeitig so gut wie pflanzenfrei. Die Befischung der Graskarpfen wurde 1974 freigegeben, in der Absicht, der »Monokultur« ein Ende zu bereiten. Ähnliche Erfolge liegen inzwischen auch von anderen geschlossenen Gewässern vor.

Der Kauapparat des Graskarpfens eignet sich besonders für das Fressen von Pflanzen. Die Schlundzähne mit der darüberliegenden Kauplatte dienen sowohl zum Abbeißen als auch zum Zermahlen der Pflanzen. Die Darmlänge des Fisches macht das 2¹/₄fache der Körperlänge aus. Bedingt durch diesen relativ kurzen Darm wird nur etwa die Hälfte der aufgenommenen Nahrung verwertet. Der Fisch ist also gezwungen, ständig große Mengen an Blattpflanzen zu fressen. 30–70 kg Grünmasse ergeben erst 1 kg Zuwachs. Von den halbverdauten Ausscheidungen nährt sich mit das Zooplankton, ein weiteres Plus für die Verwendung dieses Fisches.

Fadenalgen, Wasserlinsen, Armleuchter, weiche Kräuter, so auch die Wasserpest, werden gerne gefressen, Wasserhahnenfuß, Wasserknöterich nur bei Mangel an anderer Nahrung. Ältere Tiere reißen, wenn sie hungrig sind, sogar alte Rohr- und Schilfstengel ab. Selbst Landpflanzen sind begehrt. Man kann deshalb weiche Pflanzen, die auf den Böschungen und Dämmen wachsen, laufend in geeigneten Mengen ins Wasser werfen. Nach J. Gerstner dürfen sich darunter sogar Brennesseln befinden. Die optimale Temperatur für Graskarpfen liegt etwa 5 °C höher als beim Karpfen. Je nach dem Angebot an Wasserpflanzen sind zu setzen: 400–1000 G_1/ha, 100–500 G_2/ha, 60 bis 80 G_3/ha. Nach KOCH – BANK – JENS kann der Graskarpfen bei einer Temperatur von 18–20 °C 60–120 g seines Gewichtes von Pflanzen fressen.

Silberkarpfen

In seiner Körperform unterscheidet er sich nicht wesentlich vom Graskarpfen. Lediglich die Schuppen sind kleiner und glänzen wie Silber. Auffallend ist das übergroße, oberständige Maul. Die Augen liegen nicht über dem Maul, sondern etwa auf gleicher Höhe. Im Gegensatz zum Graskarpfen ernährt er sich vom pflanzlichen Schweb, also vom Phytoplankton. Er kann dieses durch den an der Innenseite der Kiemenbögen sitzenden Seihapparat, der gelben Fasern ähnlich sieht, aus dem Wasser abfiltern, ähnlich wie die Renke (Maräne) sich mittels der sogenannten Reusendornen vom tierischen Plankton ernährt. Als Jungfisch ist der Silberkarpfen zunächst auf tierisches Plankton eingestellt. Erst mit einer Länge von 5–10 cm wechselt er auf pflanzliches Plankton über.

Nach neueren Untersuchungen ist der Silberkarpfen mit einem Gewicht von 250 g in der Lage, beim Atmen stündlich 32 l Wasser durchzufiltern und dem Wasser einen Algenbrei von 1–1,5 g zu entnehmen. Er ist als Beifisch in Teichen zu empfehlen, die ein Übermaß an Algen aufweisen, wie es bei sehr intensiv bewirtschafteten Teichen der Fall sein kann. Man setzt nach P. GERSTNER je ha 600 Si_1 oder 200 Si_2 oder 100 Si_3. Das Wachstum entspricht dem des Karpfens und des Graskarpfens. Dem Teichwirt bietet er noch einen Vorteil: Wasserblüten mit plötzlichem Umkippen des Wassers und sterbende Fische sind weniger zu befürchten. Auch der pH-Wert hält sich in der für Karpfen zuträglichen Grenze, was vor allem bei der Aufzucht von Jungfischen sehr wichtig sein kann. Der Silberkarpfen ist zudem kein Konkurrent des Karpfens, während der Graskarpfen bei Mangel an Grünfutter sich mit von Karpfenfutter ernährt.

Die in der Regel nur halb verdaute Nahrung der Graskarpfen frißt der Silberkarpfen gern.

Marmorkarpfen

Er ist dunkler gefärbt als der Silberkarpfen und dazu äußerlich noch daran zu erkennen, daß die Schuppen z. T. dunkle Flecken aufweisen. Er erscheint, wie der Name sagt, marmoriert. Seine Gestalt ist gedrungener, das Maul breiter und kräftiger. Er wächst schneller als der Gras- und Silberkarpfen.

Der Marmorkarpfen ernährt sich sein Leben lang von Zooplankton. Dieser Fisch dürfte als Nebenfisch für den Teichwirt kaum interessant sein.

Zusammenfassung

Gras-, Silber- und Marmorkarpfen sind wegen ihrer langgestreckten Form beweglicher als unsere Karpfen, insbesondere fällt dies beim Abfischen auf. Verletzungen, namentlich ausgefallene Schuppen, heilen den Winter über nicht aus und führen zum Tode. Wir müssen deshalb mit diesen beschuppten Tieren sorgfältiger umgehen als mit unseren Spiegelkarpfen. Größere bändigt man am besten durch Überstülpen eines Plastiksackes, oder man fängt sie mittels eines Spezialkeschers. Weite 30 cm, Länge mindestens 1 m. Vor dem Fang ist das offengebliebene Ende des Schlauches mit einer Schnur zuzubinden. Nach Lösen der Schnur ist das Freilassen des Fisches kein Problem.

Vorsicht beim Kauf! Der Graskarpfen ist äußerst BWS-anfällig. Mit ihm wurde auch der Fadenbandwurm eingeschleppt. Deshalb diese Fische den ersten Sommer über möglichst in einen Teich als Quarantäne setzen.

Wichtig ist es, die Zahl der Fische der angebotenen Nahrung anzupassen, den Bestand also zu gegebener Zeit zu verringern, um nicht den Lebensraum anderer, wertvoller Fischarten zu schmälern, wie es im Stausee der Stadt Ravensburg der Fall war. So reicht z. B. eine Zahl von 10 Stück für 1 ha aus, wenn die Fische Stückgewichte von 4—5 kg erreicht haben. Durch dieses Verfahren ist man auch nicht gezwungen, jedes Jahr neue zuzukaufen und man riskiert zudem nicht, kranke Fische zu erhalten.

Gras- und Silberkarpfen füllen eine Lücke in unserer Fischwelt aus. Sie verhindern ein Überwuchern stehender Gewässer mit Algen, Über- und Unterwasserpflanzen, insbesondere, wenn diesen Pflanzen auf andere Weise kaum beizukommen ist. Die Fremdlinge haben noch dazu einen Vorteil: sie trüben nicht das Wasser. Das Maul ist nicht wie das des Karpfens zum Wühlen geschaffen. Sie sind deshalb der gegebene Fisch für Teiche, die sich nicht normal als Karpfenteiche bewirtschaften lassen, wie es z. B. auf Teiche innerhalb eines Parkes oder auf Kanäle zutreffen kann.

Auch Altwasser und Baggerseen kommen für Grasfische in Frage, vorausgesetzt, daß ein Entweichen der Fische nicht möglich ist. Graskarpfen, die in freie Gewässer eingesetzt wurden oder die die Möglichkeit hatten, dorthin auszureißen, haben das Bestreben flußabwärts in größere Gewässer abzuwandern. Sie suchen instinktiv nach dem ihnen mehr zusagenden tieferen und wärmeren Wasser. So fingen nach einer Mitteilung von H. Colas Berufsfischer in der unteren Elbe Tiere bis zu 8 kg. Leider hat man den Fremdlingen — um sie wirkungsvoller empfehlen zu können — den Namen Karpfen angehängt, obwohl sie mit diesen nicht verwandt sind. Die Fremdlinge rechnen zwar wie unsere Karpfen zu der großen Familie der

Weißfische, unterscheiden sich aber von unseren Zuchtkarpfen sehr wesentlich durch ihre Körperform und Beschuppung.

Ein Glück ist, daß sie sich bei uns nicht auf natürliche Weise vermehren. Eine Verbuttung dieser Fische gleich der der Brachse und des Barsches wäre eine höchst unangenehme Zugabe. Ihre künstliche Vermehrung im Warmwasserhaus ist jedoch ähnlich wie die des Karpfens möglich, so daß wir von Einfuhren und den damit verbundenen Risiken unabhängig werden könnten.

Das Fleisch der Grasfische ist, wie Kenner behaupten, wohlschmeckend.

Die Regenbogenforelle

Aus der Familie der Edelfische (Salmoniden) eignet sich lediglich die Regenbogenforelle zur Haltung in Karpfenteichen. Sie stammt aus Nordamerika und hat gegenüber unserer heimischen Bachforelle viele Vorzüge: sie verträgt warmes und getrübtes Wasser besser, ist schnellwüchsiger und leichter an künstliches Futter zu gewöhnen. Die Regenbogenforelle ist daher der gegebene Fisch für Forellenzuchtanstalten, die sich mit der Heranfütterung von Speiseforellen befassen, um so mehr, als in der Fleischqualität kein allzu großer Unterschied gegenüber der Bachforelle besteht; das Fleisch ist wohl etwas trockener. Ähnlich wie beim Karpfen ist es wichtig, welche Futtermittel gereicht werden.

Früher wurde Teichwirten geraten, Regenbogenforellen mit in Karpfenteiche zu setzen, um sich zusätzliche Einnahmen durch diesen Nebenfisch zu verschaffen. Setzlinge, in der Größe von 9–12 cm den Karpfen beigesetzt, wachsen tatsächlich bis zum Herbst zu Stückgrößen von 300–400 g heran, vorausgesetzt, daß sie nicht in der Zwischenzeit ausgerissen oder allzu hohen Wassertemperaturen zum Opfer gefallen sind. Forellen erschweren auch die Abfischung von Karpfenteichen. Sollen sie am Leben bleiben, müssen sie sofort herausgeholt und in sauberes, sauerstoffreiches Wasser gebracht werden. Heute setzen meist nur noch Sportfischer Regenbogenforellen in geeignete Karpfenteiche, um sie gegen den Herbst zu nach und nach mit der Angel herauszuholen. Mehr als 50–100 Stück je ha sind nicht zu empfehlen. Der Zu- und Auslauf muß mit Gittern gesichert sein, die auch ein Überspringen verhindern. Wenn bisher Teichwirten nicht geraten wurde, sich mit einer planmäßigen Heranfütterung von Speiseforellen in hierzu geeigneten Teichen zu befassen, so hatte dies triftige Gründe:

Die Futterbeschaffung war nicht einfach. Seefischabfälle, Fleisch und Innereien aus Schlachthöfen, die für die menschliche Ernährung ungeeignet sind, bildeten die Grundlage. Die Aufbewahrung und die Zubereitung war keine appetitliche Angelegenheit. Auch den Forellen bekam dieses Futter nicht immer zum besten. Seit einigen Jahren stellen jedoch Futtermittelfabriken Mischfutter her, die sich in der Praxis gut bewähren. Man kann mit diesem sogenannten Trockenfutter Forellen bequem »aus dem Sack« füttern. Es wird in verschiedener Körnung geliefert. Nicht wenige Fischereifreunde, die sich bisher zwangsläufig nur mit Karpfen beschäftigten, halten jetzt gleichzeitig Forellen, wenn geeignete Teiche dafür vorhanden sind. Ja, es ist sogar möglich, Teiche, die für Karpfen zu kalt sind, nunmehr weit günstiger mit

Forellenbrutteiche müssen leicht zu überwachen sein und sind deshalb nur 4–5 m breit

Regenbogenforellen zu nutzen. Sie vertragen Temperaturen bis zu 18 °C, in Teichen mit einer Tiefe von über 2 m bis zu 22 °C, vorausgesetzt, daß das Wasser in der Tiefe nicht sauerstoffarm ist, wie es z. B. bei ungenügend saniertem Teichboden mit Auflagerung von Faulschlamm der Fall sein kann.

Man kauft im Frühjahr etwa 9–12 cm große Regenbogenforellensetzlinge, setzt 15–25 Stück je m² und füttert sie bis zum Herbst zu 200–300 g schweren Portionsforellen heran. Je besser die Qualität des Wassers ist und je mehr davon zur Verfügung steht, desto mehr können gesetzt werden. Für den Anfänger ist es aber ratsamer, sich mit 5–10 Stück/m² zu begnügen und möglichst große Setzlinge zu kaufen. Kleinere Setzlinge wachsen im Laufe des Sommers zu weit auseinander, so daß es unbedingt notwendig wird, die Vorwüchser auszuscheiden und getrennt von den anderen weiterzufüttern, um Kannibalismus zu verhindern. Aber wohin mit diesen, wenn nur ein Teich zur Verfügung steht? Unter Umständen in Karpfenteiche, vorausgesetzt, daß sich das

Wasser nicht über 20 °C erwärmt und ein Ausreißen nicht gut möglich ist. Größere Setzlinge sind deshalb zu empfehlen, damit sie bis zum Herbst das nötige Gewicht erreichen.

Die Forelle nimmt das Futter unmittelbar beim Einwerfen. Der Teich darf deshalb nicht zu groß, auch nicht unterbesetzt sein, sonst ginge zu viel Futter verloren. Reichliche Fütterung ist geboten, denn zusätzliche natürliche Nahrung gibt es kaum. Um die Futterzeiten einhalten zu können, muß ein Forellenteich bequem zu erreichen sein. Wichtig ist noch der Hinweis: Forellen sind in dem durchsichtigbleibenden Wasser von Unbefugten leicht zu fangen.

Die für die Fütterung günstigste Wassertemperatur liegt nach H. MANN zwischen 18—22 °C. Von 20 °C ab ist gewisse Vorsicht geboten, insbesondere, wenn das Wasser nicht genügend Sauerstoff enthält, den die Forelle desto nötiger hat, je mehr sie gefüttert wird (Minimum 6 mg/l).

Zuerst füttert man zweimal, später bei einer Fischgröße von über 16 cm nur noch einmal täglich. Man braucht für die Heranfütterung von 10 kg Forellen 20—30 kg Trockenfutter. Für Setzlinge bis zu 16 cm ist eine Körnung von 2,5 mm und für Setzlinge über 16 cm eine solche von 4 mm richtig. Es ist besser, länger ein zu kleines als zu früh ein zu großes Futter zu reichen.

Am bequemsten ist die Fütterung aus sogenannten Futterspendern, zylindrischen Behältern, aus denen der Fisch durch Bewegung eines Pendels das gekörnte Fischfutter je nach Appetit entnehmen kann.

Das Trockenfutter setzt sich wohl aus verschiedenen Bestandteilen zusammen, aber es kann doch mit der Zeit etwas zu einseitig sein. Es ist deshalb gut, mit dem Trockenfutter ab und zu auszusetzen und zur Abwechslung durch die Fleischmaschine getriebene frische Süßwasser- oder Seefische, Innereien, insbesondere Leber zu reichen und zwar roh, also nicht gekocht. Anfänger füttern meist zuviel. Die Gefahr, daß Forellen überfüttert und zu fett werden, ist gerade bei konzentrierten Futtermitteln besonders groß. Man darf täglich höchstens 2% des Fischgewichtes als Trockenfutter geben und es ist noch dazu wöchentlich ein Fasttag einzuschalten. Dringend ist anzuraten, mit Mischfutter gefütterte Forellen vor ihrem Verkauf 1—2 Wochen in Hältern ohne Fütterung zu wässern, damit die Fleischqualität der verkauften Ware nichts zu wünschen übrigläßt.

Für die Pflege derart genutzter Teiche gelten die allgemeinen Richtlinien. Trockenlegung und Desinfektion sollten besonders sorgfältig durchgeführt werden, da Futterreste und Exkremente leicht den Nährboden für Infektionskrankheiten bilden und auch die Fleischqualität beeinflussen.

Größere Winterungen, die mit Quellwasser gespeist werden, lassen sich den Sommer über sogar zur *Aufzucht von Forellensetzlingen* verwenden. Der Teichwirt kauft entweder Brut oder angefütterte Brut.

Die Forelle nimmt das Futter beim Einwerfen. Je größer der dabei entstehende Wirbel ist, desto hungriger und gesünder sind die Fische

Wenn nicht gefüttert wird, setzt man auf den m² 5 Stück und kann dann bis zum Herbst mit einem Ergebnis von 20–30 % an Forellensetzlingen rechnen, vorausgesetzt, daß nicht Feinde, insbesondere Gelbrandkäfer und Frösche, die jungen Fische frühzeitig dezimieren.

Allerdings hat die Nutzung einer Winterung den Sommer über als Forellenweiher den Nachteil, daß ein Übermaß an Wasserpflanzen hochkommt, denn eine Trübung des Wassers bleibt aus. Spätestens Anfang September sollten die eingesetzten Forellen entweder Setzlings- oder Speisefischgröße erreicht haben, damit die Winterung rechtzeitig trockengelegt und gründlich saniert werden kann.

Fütterung von Forellen in Netzgehegen

Neuerdings werden Forellen in käfigartigen Gehegen gehalten, für deren Aufstellung sogar Baggerseen als geeignet erscheinen. Für den Bau solcher Gehege genügen folgende Hinweise: An einem quadratischen oder rechteckigen Rahmen (2,5 × 3 m), der durch 4 Schwimmer etwa 60 cm über dem Wasser gehalten wird, hängt das kubisch geformte und unten mit Bleileinen beschwerte Netz etwa 2 m tief im Wasser, so daß sich ein Raum von etwa 12 m³ ergibt. Maschenweite 1 cm für Setzlinge über 10 cm, 1,5 cm für Setzlinge über 17 cm. 300 Setzlinge lassen sich darin zu Speiseforellen heranfüttern.

Ein Herausspringen ist kaum möglich, da der Netzrand 60 cm über dem Wasser liegt. Ein Überdecken des Geheges mit einem Netz ist aber trotzdem anzuraten, um vor Wasservögeln sicher zu sein. Besteht noch die Gefahr, daß Wasserratten oder Bisame Löcher in das Netz nagen, so ist um das Gehege ein Maschendraht zu ziehen, der etwa 1 m unter die Wasseroberfläche reicht.

Automat für Fütterung der Forellen im Netzgehege

Der Leitgedanke bei der Einführung der Netzgehege war wohl die Massentierhaltung in der Geflügelzucht. Dabei wurde aber zu wenig bedacht, daß es bei Fischen nicht wie bei Hühnern möglich ist, Ausscheidungen mit einem laufenden Band zu entfernen. Der Fisch verschmutzt, grob ausgedrückt, sein eigenes Nest. Daher kann man sich die Haltung von Forellen in Netzgehegen höchstens in stark durchströmten, ablaßbaren Becken oder Kanälen vorstellen, in denen die Exkremente und Futterreste laufend abgeschwemmt werden. Die Becken müssen leicht zu sanieren sein, das abfließende Wasser darf auch nicht zu einer Schädigung der Unterlieger führen. Die Massenhaltung von Forellen hat eine Belastung des Vorfluters zur Folge. So belastet z. B. eine Fischzuchtanstalt, die 25 t Forellen erzeugt, den Vorfluter ähnlich wie eine Siedlung mit 1000 Einwohnern. Abwässer aus intensiv betriebenen Forellenzuchtanstalten sollten deshalb nicht mehr ohne vorhergehende, reinigende Behandlung dem Vorfluter zugeführt werden. Entsprechende gesetzliche Bestimmungen sind in Vorbereitung.

Die Haltung von Netzgehegen in einem Baggersee wird einige Jahre als wirtschaftlich tragbar erscheinen. Je mehr sich aber faulende Stoffe auf dem Gewässerboden häufen, desto unhygienischer wird die Umwelt, von der Möglichkeit parasitärer Erkrankungen ganz abgesehen, befinden sich doch in einem Baggersee zumeist noch andere Fische.

Wie arbeitet der Forellenzüchter?

Mit der Forellenzucht selbst kann sich ein karpfenteichwirtschaftlicher Betrieb meist nicht befassen. Sie weicht von der Zucht des Karpfens, der Schleie und des Hechtes zu sehr ab. Forellen legen ihre etwa erbsengroßen Eier nicht an Wasserpflanzen ab, sondern betten sie in den Bachkies ein. Je 1 kg Körpergewicht des Rogners rechnet man mit etwa 2000 Eiern. Bei der Vermehrung der Forelle, wie sie in Zuchtanstalten betrieben wird, kann man tatsächlich von einer »künstlichen« sprechen, denn die Eingriffe des Züchters gehen hier so weit, daß den Fischen sogar das Laichen abgenommen wird.

Die Laichzeit der verschiedenen Forellenarten fällt in die Wintermonate. Man hält Milchner und Rogner getrennt in Teichen und war-

Links: Künstliche Besamung der Forelleneier. Rechts: Einbringen der Eier in den Brutapparat

tet ihre Laichreife ab. Ist sie eingetreten, streift man die Eier in eine trockene Schüssel ab. Man faßt hierzu das Weibchen mit der einen Hand zwischen Kiemen und Brustflossen und streicht mit der anderen vorsichtig, bei den Brustflossen beginnend, gegen den Schwanz zu am Bauch entlang. Dann streift man die Milch eines oder mehrerer Männchen auf den gewonnenen Rogen. Für einen Suppenteller voll Eier genügt ein Teelöffel voll Milch. Eier und Milch werden in kleinen Be-

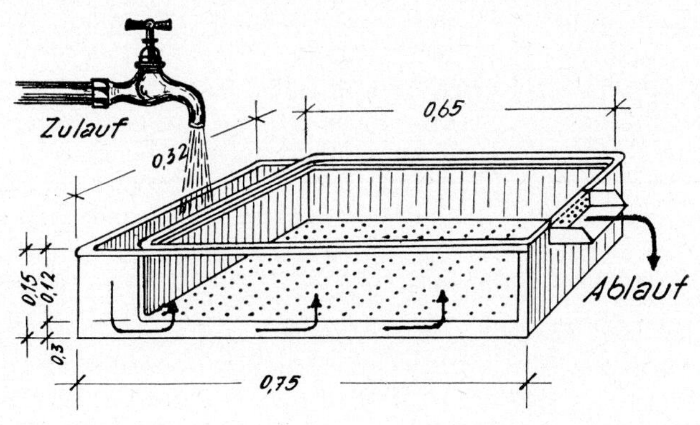

Brutapparat

trieben mit einer Feder durcheinandergerührt, dann wird vorsichtig Wasser zugegeben. Die Samenfäden kommen dadurch in Bewegung. Sie dringen in die Eier ein, und die Befruchtung ist vollzogen.

Auch die Entwicklung der Eier kann weitgehend überwacht werden. Man legt sie in sogenannte Brutapparate, die aus Blech oder Kunststoff gefertigt und derart gebaut sind, daß das einfließende Wasser von

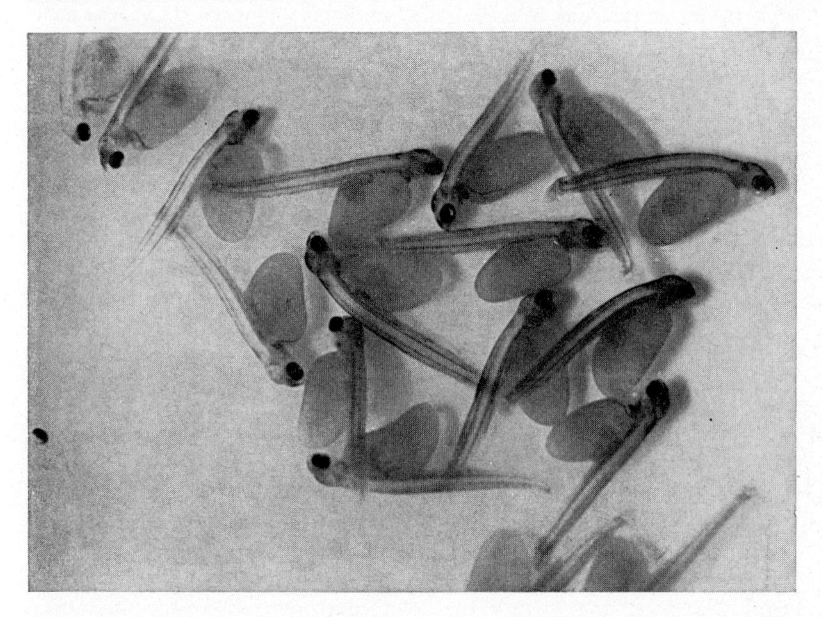

Forellenbrut kurz nach dem Schlüpfen. Der Dottersack hat noch sein volles Volumen (natürliche Größe 2,5 cm)

unten her um die auf einem Sieb liegenden Eier strömt und nach oben abfließt. Es gibt auch sogenannte Langstromtröge, in denen mehrere Einsätze hintereinander angeordnet werden. Sie haben den Vorteil, daß man die Brut nach Entfernen der Einsätze darin belassen und anfüttern kann.

Eier, die abgestorben sind, werden weiß, verpilzen und müssen deshalb regelmäßig entfernt werden. Zur Speisung der Brutapparate eignet sich der Sauberkeit wegen am besten Quellwasser. Die Entwicklung der Eier dauert bei einer Wassertemperatur von 8 °C über zwei Monate. Nach dem ersten Monat erscheinen die Augenpunkte. Von dieser Zeit ab sind die Eier gegen Erschütterungen weniger empfindlich und können, entsprechend verpackt, selbst auf große Entfernungen verschickt werden. Ist die Brut ausgeschlüpft, so ist sie zunächst durch den großen Dottersack in der Bewegung stark gehemmt. Mit dem Aufzehren des

Dottersackes, etwa nach einem Monat, werden die Fischchen lebhafter und beginnen zu fressen. Sie werden dann entweder in die freien Gewässer ausgesetzt oder in Teichen zu Setzlingen aufgezogen. Hierfür eignen sich 4–5 m breite und bis zu 40 m lange Teiche, die guten Durchfluß haben (1 l/s je 100 m^2) und nicht zu tief sind (am Einlauf 30–40, am Auslauf 70–80 cm). Noch praktischer sind Rundbecken, in denen das Wasser sich im Kreise bewegt. Die Ausscheidungen lassen sich daraus, was sehr wichtig ist, ohne große Mühe absaugen.

Man setzt je m^2 100–200 Stck. und füttert die jungen Fische zunächst mit geschabter Milz oder Leber, noch besser mit lebendem Futter, mit Wasserflöhen, Insektenlarven, neuerdings auch mit einem Trockenfutter, das sich für junge Forellen besonders eignet, da es zunächst auf dem Wasser schwimmt. Die meisten Forellenzüchter befassen sich darüber hinaus mit dem Heranfüttern von Speiseforellen in Teichen.

Bei dem nahezu doppelt so hohen Preis der Forellen im Vergleich zu dem der Karpfen, ist die Verabreichung von Trockenfuttermitteln bei dem niedrigen Futterquotienten 2 durchaus lohnend.

Der Hecht

Der Hecht ist der wichtigste Raubfisch unserer Gewässer. Er gehört zu den schnellwüchsigsten Fischarten. Längen bis zu 35 cm und Stückgewichte von 300 bis 400 g sind nach dem 1. Sommer durchaus möglich, es sind sogar 1000 g verbürgt. Der Hecht laicht bereits im 2. Jahr, am liebsten in Gräben und Rinnsalen, in die er Ende März oder Anfang April aufsteigt. Meist sind die Weibchen von mehreren kleineren Männchen umworben.

Wegen der einschneidenden Veränderungen unserer Gewässer reicht der natürliche Nachwuchs an Hechten oft nicht mehr aus. Aufgabe der Teichwirtschaft ist es, diesen Mangel zu beheben.

Es gibt hierfür folgende Möglichkeiten:

1. Natürliche Vermehrung durch den Beisatz laichfähiger Hechte in Abwachsteiche,
2. Bereithalten laichfähiger Hechte in geeigneten Winterungen,
   a. Laichenlassen der Hechte in Laichteichen ähnlich wie Karpfen,
   b. Streifen der Hechte ähnlich wie Forellen,
3. Vorstrecken der Hechte,
   a. in Vorstreckteichen ähnlich wie Karpfen,
   b. in großen Becken mit Planktonfütterung.

Im einzelnen ist hierzu auszuführen:

Natürliche Vermehrung

Der Hecht ist heute noch ein wichtiger Nebenfisch in Teichen, in die minderwertige Fische durch den Zu- oder Überlauf eindringen. Diese Zuwanderer würden das Wachstum des Karpfens beeinträchtigen. Hechte sind auch überalterten Karpfensetzlingen beizusetzen, die unerwünschten Nachwuchs, sogenannte Hurenbrut, zeugen. Man setzt je Hektar etwa 15 Stück in der Länge von 25–30 cm. Es sollten mehr Männchen als Weibchen sein. Da die Hechte oft schon vor der Besetzung der Teiche mit dem Hauptfisch laichen, darf man nicht allzu lange warten.

Der Hecht gilt als ausgesprochener Kannibale. Junghechte kommen meist nur in Teichen hoch, die reichlichen Pflanzenwuchs aufweisen, weil sie dort Deckung gegen ihre Artgenossen finden. Beim Abfischen achte man darauf, daß keine Hechte in den Zulauf aufsteigen und bei der Wiederbespannung des Teiches in diesen zurückkehren.

Vermehrung in Laichteichen

Laichhechte (50 bis 75 kg) beschafft man sich möglichst bereits im Herbst. Sie sollen nicht zu groß sein, 500 bis 1000 g schwere sind die richtigen. Der Laich von Hechten aus freien Gewässern ist besser als der von Hechten aus Teichen. Die beschafften Hechte werden etwa mit demselben Gewicht an Futterfischen (Schleien, Barsche, Weißfische) eingewintert.

Die Laichteiche sollen 5 × 10 m groß sein, also etwas kleiner als die der Karpfen. In größeren sind die flinken Junghechte zu schwer zu fangen. Die Laichreife tritt ein, sobald die Winterteiche eisfrei werden. Der Bauch der Rogner fühlt sich weich an; die Eier sollen beim Hochheben des Fisches von selbst aus der Leibeshöhle austreten. Milchner und Rogner brauchen in den Winterteichen nicht getrennt gehalten zu werden. Paßt die Witterung, so können die Laicher unmittelbar aus der Winterung in die Laichteiche gesetzt werden. Erscheint es angezeigt, noch etwas zu warten, so ist es ratsam, Milchner und Rogner zu trennen und in zwei separaten Teichen bereitzuhalten.

Wenige Stunden nach dem Umsetzen beginnen meist schon einzelne Hechte zu laichen. Gewisse Schwierigkeiten bestehen insofern, als die Laichreife nicht bei allen Tieren gleichzeitig eintritt, sondern um 1–2 Wochen differiert. Es ist dann zu fürchten, daß die Junghechte nicht zu gleicher Zeit freßfähig werden, daß zuerst geborene die später geborenen bereits im Laichteich auffressen.

Karl Mehler, Tirschenreuth, hilft sich auf folgende Weise: Nach 4 Tagen werden die Laicher aus dem 1. Laichteich entfernt. Die Fische, die noch nicht abgelaicht haben, kommen in den 2. und nach weiteren 4 Tagen in den 3. Laichteich.

Nach 10 bis 13 Tagen schlüpft die Brut. Sie ist noch nicht schwimmfähig und hängt sich an Gräser an. Erst nach weiteren 12 bis 15 Tagen beginnt sie Nahrung aufzunehmen.

Für abgelaichte Hechte (500 bis 1000 g) hat der Teichwirt kaum noch Verwendung. Er gibt sie deshalb zur Besetzung freier Gewässer ab.

Künstliche Vermehrung

Bei der künstlichen Vermehrung ist ähnlich wie bei der Forelle zu verfahren. Man streift Milch und Eier mit dem Fruchtwasser in eine Schale und vermischt sie mit einer Feder. Anschließend läßt man die Schale samt Inhalt eine Stunde lang kühl stehen. Erst dann gibt man die Eier trocken in die sogenannten Zugergläser, in denen sie durch das von unten hereinströmende Wasser ständig umgeschichtet und frei im Wasser schwebend gehalten werden. Die ersten 12 Stunden soll das Wasser möglichst stark laufen. Dabei verlieren die Eier die letzte Klebrigkeit. Später genügt 1/3 l/s. Ein Rogner liefert je 1 kg Körpergewicht etwa 15 000 Eier.

Erbrütung der Hechteier in Zugergläsern. Diese sind in den Bruttrögen montiert

Verpilzte und abgestorbene Eier müssen täglich entfernt werden. In Scharfling werden verpilzte und abgestorbene Eier nicht mehr mechanisch entfernt. Man tropft dem Wasserzulauf 40%iges Formol zu in einer Menge, daß jeweils 1 cm^3 Formol auf 1000 cm^3 Zulaufwasser entfällt, und zwar 1–3mal in der Woche 15 bis 20 Minuten lang.

Sobald die ersten Eier schlüpfen, sind die Eier in Bruttröge umzusetzen, damit sich die Fischchen sofort nach dem Schlüpfen an den Wänden des Troges ansaugen können.

Bei sorgfältiger Anwendung dieser sogenannten »trockenen« Methode sind Befruchtungserfolge von 50 % die Regel. Betriebe mit sehr erheblichem Hechteieranteil streifen die Fische über einem großen Trichter ab, der in ein großes Einmachglas mündet. Ist dieses 3/4 mit Eiern gefüllt, kommt Hechtmilch und dann Wasser bis fast zum Glasrand hinauf dazu. Der Züchter stellt das Einmachglas, den Glasdeckel zuhaltend, mehrmals auf den Kopf und wieder zurück. Dieses Vermischen ohne Zuhilfenahme einer Feder ist praktischer und nimmt weniger Zeit in Anspruch.

Vorstrecken in Teichen

Man kann die Hechtbrut (H_0) unmittelbar in Karpfenteiche setzen, kann sie aber auch vorstrecken. Hierzu wählen wir Teiche, die ähnlich beschaffen und gedüngt sind wie Karpfenvorstreckteiche. Sie sollen von Plankton geradezu strotzen, um dem Kannibalismus der Hechte vorzubeugen. Je verwachsener die Teiche sind, desto besser wird die Ernte an Hechten ausfallen.

Abfischen soll man an trüben Tagen oder bei schönem Wetter am frühen Morgen, damit sich bei Sonnenschein das restliche Wasser nicht zu rasch erwärmt. Der Teich soll auch ein gutes Gefälle gegen den Mönch zu aufweisen, um die Abfischung zügig durchführen zu können. Notfalls ist durch Entlanggehen am Wasserrand zu versuchen, die Fischchen mit dem Wasser abzutreiben. Man fischt entweder vor oder hinter dem Mönch.

Das Teichwasser ist meist wärmer als das der Hälter. Man achte deshalb auf das Angleichen der Wassertemperatur. Vor und während des Transportes lasse man die Hechte kühl und dunkel stehen.

Vorstrecken in Becken

An manchen Seen ist folgendes Verfahren üblich:

Man setzt die Brut in 1,50 m breite, 0,50–0,60 m tiefe und 10–15 m lange Betonbecken.

Damit die Hechte richtig im Futter stehen, müssen Motorboote mittels großer Planktonnetze ständig lebendes Futter in den nötigen Mengen herbeischaffen.

Die Hechte wachsen innerhalb von 4–5 Wochen auf 3–4 cm heran. Es ist dann höchste Zeit, sie zu versenden oder auszusetzen. Ab dieser Größe begnügen sie sich nicht mehr mit Plankton, sie ziehen Artgenossen vor.

Richtzahlen für den Besatz und das zu erwartende Ergebnis

Vorstreckteiche:	8–15 H_0/m^2 = 10–25 % H_v, 4–5 cm
Betonbecken:	1000–2000 H_0/m^2 = 20–50 % H_v, 3–4 cm
Karpfenteiche:	1000–2000 H_0/ha = 0–200 H_1, 20–25 cm
oder:	400–500 H_v/ha = 200–300 H_1, 15–20 cm

Mangelt es an Plankton oder bricht eine Krankheit aus, so kann das Ergebnis gleich null sein. Wie bei der Aufzucht von Karpfen, hängt vieles von den Witterungsverhältnissen ab. Vor allem in den ersten Wochen nach dem Aussetzen von H_0 sollte das Wetter warm sein.

Je ha mehr als 2000 H_0 zu setzen, hat nicht viel Sinn, sofern die Junghechte nur an den Teichrändern Unterschlupf finden. Beim Beisetzen von H_0 oder H_v zu K_1 ist eine gewisse Vorsicht geboten. Je kleiner die K_1 beim Einsatz waren, desto leichter können die Junghechte die K_1 im Wachstum überrunden, besonders wenn kleine Schleien oder andere Fische die Nahrung des Karpfens mindern, dafür aber die des Hechtes mehren. Setzt man Futterfische ein, so besteht die Gefahr, daß einzelne Hechte zu groß werden.

Netz zum Fang von Plankton auf dem Mondsee. Im Hintergrund die zum Bundesinstitut gehörende Forellenzucht Kreuzstein

Nicht alle Teiche eignen sich für die Aufzucht von Hechtsetzlingen. Wie bereits betont, ist Pflanzenwuchs zumindest an den Teichrändern unbedingt vorauszusetzen. Je mehr wir nun unsere Teiche für das Gedeihen des Hauptnutzfisches pflegen, desto mehr schmälern wir gleichzeitig den Lebensraum der Nebenfische. Jedenfalls steht fest, daß hohe pH-Werte dem Hecht wie der Schleie nicht sonderlich behagen.

Wie schwer es fällt, zuverlässige Richtzahlen für den Besatz und das zu erwartende Ergebnis anzuführen, zeigt folgendes Beispiel: Der Anglerverein Ansbach bezog im Jahre 1963 2000 H_v zum Preise von 400 DM. Ergebnis: 750 H_1. Im Jahre 1964 30 000 H_0 zum Preise von 180 DM. Ergebnis: 3500 H_1. In beiden Fällen waren die Hechte durchschnittlich 12–15 cm lang, die allergrößten wogen 300–400 g. Das finanziell gute Ergebnis mit H_0 liegt wohl z. T. darin begründet, daß der Witterungsverlauf des Jahres 1964 den Erfordernissen noch besser entsprach, als der des Jahres 1963. So ergaben 30 000 H_0 nach dem regenreichen, kalten Sommer 1965 nur 1900 H_1. In den letzten Jahren lagen die Verluste bei 90–95 %. Die Fläche des erwähnten Teiches beträgt rund 1 ha. Er diente vor 1963 einer Brauerei als Eisweiher. Als Hauptfisch (oder Nebenfisch?) lieferte der Weiher jeweils rund 1700 K_2 mit einem Stückgewicht von 300–400 g. Gedüngt und gefüttert wurde normal. Im Weiher befanden sich noch 20 kg Weißfische, deren Brut den Hechten als Nahrung diente.

Betonbecken zum Vorstrecken der Hechte im Bundesinstitut für Gewässerforschung und Fischereiwirtschaft, Scharfling am Mondsee/Oberösterreich

Noch ein Beispiel aus neuerer Zeit: F. SCHÖPPLER machte 1977 folgenden Versuch. Er setzte Anfang Mai 400 H_0 in einen Winterteich, mit einer Fläche von 150 m^2, der für diesen Zweck gut vorbereitet war und dem ein oberhalbliegender Teich reichlich Plankton spendete. Mitte August hielt er es geraten, abzufischen. Ergebnis: 8 Stück mit 28–32 cm und 48 Stück mit 10–12 cm Länge. Hätte er bis zum Herbst gewartet, dann hätte sich das Ergebnis zugunsten der großen Fische noch wesentlich verschoben. SCHÖPPLER fand zuvor einen toten Hecht, der mit einem anderen im Rachen erstickt war. Da der Winterteich nur an den Rändern etwas Pflanzenwuchs zeigte, hatten die kleineren Hechte ohnehin kaum eine Möglichkeit sich zu verstecken.

Hat es viel Sinn, H_0 in freie Gewässer zu setzen? Manche behaupten, es würden sich nicht einmal Vorgestreckte, man nennt sie auch Sommerhechte, dazu eignen. Es kommt hierbei auf das Wo und Wie an. Gewässer, deren Uferzonen gut bewachsen sind, eignen sich durchaus für eine Besetzung mit Sommerhechten, vor allem, wenn sich darin junge

Weißfische aufhalten. Sie vermögen sich dort ausreichend zu ernähren und sich den Sommer über in die neuen Verhältnisse einzuleben. Der Erfolg hängt ferner davon ab, wie die Hechte ausgesetzt werden. Sie sind sorgfältiger auf die Gewässerstrecken zu verteilen als Friedfische. Eine Häufung an einzelnen Plätzen muß unbedingt vermieden werden.

Herbstsetzlinge sind größer und widerstandsfähiger und im Kampf ums Dasein weit besser geschult als die in Betonbecken aufgezogenen Sommerhechte. Sie finden zwar weniger Möglichkeiten, sich zu verstecken, da die weichen Wasserpflanzen um diese Zeit bereits abgestorben sind. Sie sind aber auch weniger gefährdet, da die Freßlust aller Raubfische mit sinkenden Temperaturen abnimmt.

Versand und Aussetzen der Hechtbrut

Angler und Anglervereine, die Teiche bewirtschaften, neigen dazu, Hechtbrut mit in Teiche zu setzen, um sich selbst mit Hechtsetzlingen versorgen zu können. Mißerfolge gibt es leicht, zumal wenn Erfahrungen fehlen, wie mit der Hechtbrut beim Empfang und beim Besetzen umzugehen ist. Zuerst der Versand: Der Hechtzüchter füllt einen doppelten 80–100 cm hohen und 50 cm weiten Plastikbeutel zunächst mit 12–15 l Wasser. Dann gibt er die Hechtbrut hinzu, füllt den noch freien Raum mit Sauerstoff auf und verschnürt den Sack sorgfältig luftdicht. Beim Bahn-Versand steckt der Beutel in einem kräftigen, mit Schaumstoff isolierten Karton. In dem beschriebenen Beutel lassen sich je nach Transportdauer bis zu 30 000 H_0 unterbringen. Die vom Züchter beim Empfänger rechtzeitig angekündigte Sendung muß unmittelbar nach ihrer Ankunft in Empfang genommen werden. Noch auf dem Bahnhof überzeuge man sich, ob die Brut den Transport gut überstanden hat. Falsch ist es, den Beutel bereits am Bahnhof zu öffnen, um z. B. einen Teil der Fischchen an andere Interessenten abzugeben.

Am Teich ist die erste Aufgabe, die Wasserwärme im Beutel an die des Teiches anzugleichen. Das Transportwasser ist meist Quellwasser und hat beim Eintreffen im Beutel vielleicht 10 °C. Der Plastikbeutel darf zum Temperaturausgleich nun nicht gleich in den Teich gelegt werden. Man leert ihn vielmehr vorsichtig in eine größere Wanne aus und gießt langsam und vorsichtig Teichwasser zu. Zeigt das Wasser-Thermometer einen Temperaturunterschied von mehr als 3 °C, so sollte der Temperaturausgleich mindestens eine halbe Stunde dauern. Auch der pH-Wert ist zu überprüfen. Hechte sind gegen hohe pH-Werte empfindlicher als Karpfen. Der pH-Wert des Versandwassers ist meist neutral. Er liegt bei 7. Kommt nun die Hechtbrut am späten Nachmittag oder gegen Abend an, so kann der pH-Wert des Teichwassers bei 9 liegen. Besser wäre es also, die Hechtbrut am Vormittag zu liefern.

Nach dem Wärmeausgleich geht man mit der Wanne an den Teichrändern entlang, nimmt mit einem Schöpflöffel oder dergleichen eine Anzahl von Fischchen heraus und setzt sie vorsichtig nahe bei Pflanzen ein. Setzte man sie alle auf einen Haufen, fänden sie zu wenig Schutz und würden u. U. eine Beute der Karpfen. Befinden sich Barsche oder größere Hechte mit im Teich, so ist H_0-Besatz erfolglos.

Leichter als mit der Bahn fällt der Transport mit Kraftwagen. Liegen Aufträge in größerer Zahl aus einem Bereich vor, läßt sich eine Sammellieferung an einen zentralen Ort schon für die Morgenstunden organisieren.

Der Zander

Der Zander steht im Wasser tiefer als der Hecht. Er liebt also tiefere und größere Gewässer. Der Gewässerboden soll zudem kiesig oder sandig sein. Im Gegensatz zum Hecht lauert er nicht auf Beute, sondern jagt sie. Infolge seines kleineren Maules und kürzeren Magens kann er jedoch nicht wie der Hecht Fische von fast der eigenen Körpergröße fressen. Das Fleisch des Zanders ist weitgehend grätenfrei und wohl mit das beste aller Süßwasserfische. Seine Laichzeit liegt etwas später als die des Hechtes. Man setzt entweder Laichzander zu K_2 in größere Teiche, die sandige oder kiesige Stellen in einer Tiefe von 1 m aufweisen, oder läßt sie in kleineren Teichen auf Nestern aus Reisig (u. a. Wacholder-, Kiefern- und Fichtenzweige) ablaichen.

Da der Zander bis zum Ende des 1. Lebensjahres sich vor allem von Plankton nährt, ist er leichter aufzuziehen als der Hecht, doch schwanken Zahl und Größe der Setzlinge je nach den Witterungsverhältnissen in weiten Grenzen. Die Abfischung, die Hälterung und der Versand junger Zander erfordert viel Geschick und entsprechende Einrichtungen, da sie sehr empfindlich sind. Mit ihrer Aufzucht können sich deshalb nur erstklassige Betriebe befassen. Aus den gleichen Gründen werden Zander höchst selten als Raubfische in Karpfenteiche gesetzt. Man könnte z. B. unbedenklich Zandersetzlinge in einer Länge von 9–12 cm zu gleichgroßen K_1 geben.

Sonstige Nebenfische

Andere Fischarten eignen sich nicht als Nebenfische. Der Aal scheidet wegen seines langsamen Wachstums aus. Als Wanderfisch taucht er ab und zu auch in Fischteichen auf. Er richtet dann in Brutteichen manchen Schaden an.

Man hüte sich davor, *Karauschen* oder sogenannte *Goldfische*, bei denen es sich um die goldrote Abart der Karausche handelt, einzusetzen. Sie sind sehr zählebig und vermehren sich in Massen. Ihr Strich wird oft mit dem von Schuppenkarpfen verwechselt. Als deutliches Kennzeichen ist zu merken: die Barteln fehlen. Die Nachkommen der Goldkarauschen können in ihrer Färbung sehr variieren. Es finden sich darunter nicht wenige, deren Schuppen zunächst mehr silbrig glänzen. Karauschen als Zier- oder Köderfisch zu züchten, kann sich lohnen. Hierfür genügen Becken mit Ausmaßen und einer Wasserzuführung, die anderen Nutzfischen kaum zuträglich wären.

Auch der *Barsch* ist fernzuhalten, insbesondere in Brutteichen; denn er ist ein Raubfisch. In neuerer Zeit wird versucht, einen Barsch zu züchten, der sich durch Wüchsigkeit auszeichnet. Sollte dies in größerem Umfange gelingen, wäre der Sportfischerei ein großer Dienst erwiesen.

Jede Besetzung mit Nebenfischen hat Nachteile: Ihre Abfischung macht mehr Schwierigkeiten als die der Karpfen. Die Schleie bleibt im Schlamm liegen, besonders wenn der Weiher bei Tageslicht abgelassen wird. Hecht und vor allem Zander und Regenbogenforelle sind bei der Abfischung möglichst als erste herauszuholen und sofort in sauberes Wasser zu setzen. Der Kleinteichwirt hat auch zu überlegen, wo die Nebenfische untergebracht werden sollen. In den Winterteichen reicht ja kaum der Platz für den Hauptnutzfisch, ganz abgesehen von der möglichen Übertragung von Parasiten und Krankheiten.

Manchmal schleichen sich auch minderwertige Weißfische in die Lieferung von Karpfen ein. Man beseitige diese unerwünschten Beigaben!

Krebse in einem normalen teichwirtschaftlichen Betrieb zu halten, ist nicht ratsam. Die Krebse verbleiben bei der Abfischung zumeist in ihren Löchern. Am ehesten kommen Mühlweiher in Frage, die Sommer und Winter unter Wasser stehen und alsbald nach der Abfischung wieder bespannt werden. In Baggerseen, in aufgelassenen Tongruben usw. kann der Krebs, das nötige Verständnis für diesen Wasserbewohner vorausgesetzt, infolge des hohen Preises weit wirtschaftlicher sein als eine ausgeklügelte Fischnutzung. Leider hat der gegen die Krebspest gefeite aus Nordamerika stammende Signalkrebs die in ihn gestellten Erwartungen bisher nicht erfüllt. Er wächst wohl schneller als unser einheimischer Edelkrebs. Er sucht aber auch bei Tag nach Nahrung und wird dabei von seinen Feinden entdeckt und als willkommener Bissen verzehrt.

Wer sich näher mit der Krebshaltung und Krebszucht befassen will, dem wird das Büchlein HOFMANN, »Die Flußkrebse«, Verlag Paul Parey, empfohlen.

13 Abfischen der Teiche

Im Herbst, bei fortschreitender Abkühlung des Wassers, stellt der Karpfen das Fressen ein. Für den Teichwirt kommt nun die schönste Zeit des Jahres: das Abfischen der Weiher.

Für den Fachmann sind Abfischungen oft ein Ärgernis. Sieht er doch bei solchen Gelegenheiten, wie wenig fachgerecht selbst Berufsteichwirte mit ihren Fischen umzugehen pflegen. Die Abfischungstechnik hat sich nach dem Leitsatz zu richten: Wie kann ich die Fische am schonendsten fangen? Ein Blick auf die bereits trockenliegende Teichfläche gibt zumeist Aufschluß darüber, wie die Fischernte ausfallen wird. Spiegelt sich der Teichboden, so waren die Fische fleißig bei der Nahrungssuche. Erscheint er mehr grün, so waren die Fische entweder krank oder es fehlte an Nahrung, insbesondere an Nahrungstieren im Teichboden, die im Herbst besonders begehrt sind.

Geräte zum Abfischen

Die bei einer Abfischung bereitliegenden Geräte sind eine untrügliche Visitenkarte über die Qualitäten eines Teichwirts. Nur zu oft macht diese Visitenkarte nicht den besten Eindruck, besonders wenn wir das wichtigste Gerät des Teichwirtes, seine Hamen, kritisch betrachten. Beispielhaft in der Behandlung der Fische sind die Dinkelsbühler Fischer. Schon die Geräte, die sie gebrauchen, weisen darauf hin, daß sie mit Fischen bestens umzugehen wissen. Die Geräte werden deshalb hier so beschrieben, daß es nicht schwerfällt, sie auch nachzumachen.

Fang- und Traghamen

Beim Herausholen eines Fisches aus dem Wasser mit einem Hamen (Kescher) handelt es sich im Prinzip um ein Aufladen. Man nimmt

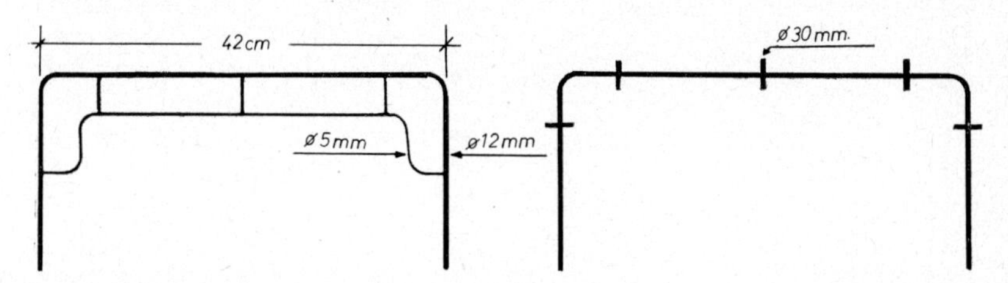

Traghamen mit Schutz gegen Abscheuern des Garnes. Links: mit zurückgesetztem Bügel, rechts: mit Lochscheiben

Fanghamen

Traghamen

Viereckiger Traghamen

Musterkollektion der Dinkelsbühler Hamen

zum Aufladen von Kohlen auch keinen Spaten in die Hand. Der Reif soll deshalb zum Stiel nicht in einer Ebene liegen, sondern wie bei einer Schaufel nach oben um etwa 25 °C angewinkelt sein.

Des weiteren, ein Teichwirt sollte über mehrere Arten von Hamen verfügen. Es ist ein Unterschied, ob Fische im Teich abgefischt oder ob sie aus einem Hälter herausgeholt werden, ob es sich um Brut oder um größere Fische handelt. Die Dinkelsbühler Fischer unterscheiden grundsätzlich einen Fang- und einen Traghamen.

Der Fanghamen ist rund

Sein Reif besteht aus einem 10 mm starken Stahldraht und hat einen Durchmesser von 35 cm. Das Netz (Maschenweite 20 bis 22 mm) darf nicht tiefer als höchstens 25 cm durchhängen. Der Reif muß zum Stiel um etwa 25 °C angewinkelt sein. Der Fisch ist dadurch leichter und noch dazu sauberer zu fangen. Man fängt ihn gleichsam über dem Schlamm; denn der Reif liegt im Augenblick des Fanges horizontal. Der Hamen zum Fangen der Brut ist noch leichter. Er hat folgende Maße: Drahtstärke 6 mm, Durchmesser 30 cm, Durchhang 10 bis 12 cm,

Maschenweite 10 bis 12 mm.

Nur zu oft sieht man, insbesondere bei Kleinteichwirten, Hamen, deren Netz viel zu weit durchhängt. Man glaubt mit einem langen Sack mehr Fische auf einmal fangen zu können und der Mühe des häufigen Leerens enthoben zu sein. Die zuerst gefangenen werden aber dabei im Schlamm herumgezogen. Auch läßt sich ein derartiger Hamen viel schwerer leeren als einer mit einem flachen Sack. Nach der Abfischung zeigt sich der Unterschied: Beim langen Sack starren die Fischer samt den Fischen vor Schmutz (Schlamm), beim kurzen sind beide sauber geblieben.

Der Traghamen ist eckig

Er dient zum Tragen der Fische von einem Gefäß zum anderen und zum Herausfangen der Fische aus einem Hälter. Sein Netz muß deshalb mehr fassen und mindestens 45 cm durchhängen. Der Reif ist nicht rund, sondern dreieckig. Noch geräumiger ist ein viereckiger. Er zeigt sich als besonders praktisch, wenn Fische abgeladen werden. Für den Reif (Bügel)

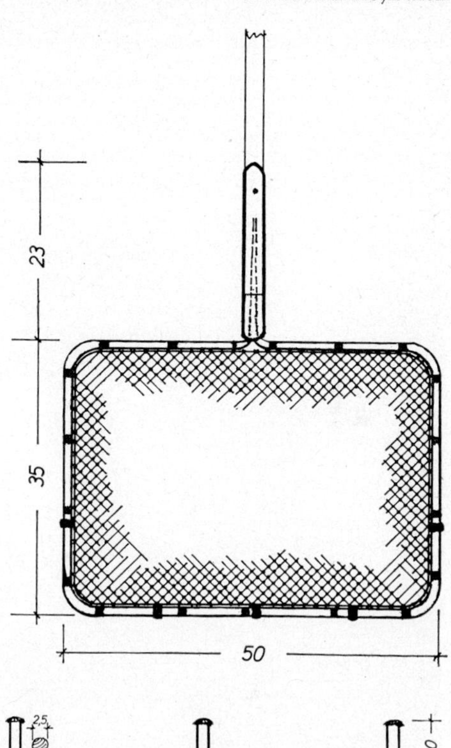

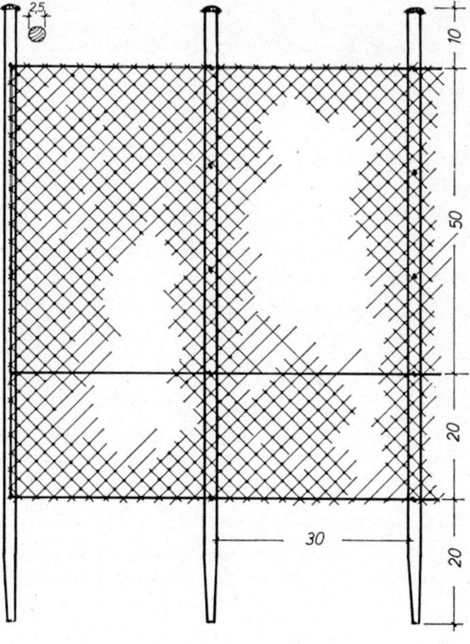

Oben: Traghamen nach Dinkelsbühler Art, unten: Stecknetz nach Dinkelsbühler Art

werden folgende Maße empfohlen: Stärke 11 mm, Länge 50 cm, Breite 35 cm.

Das Garn, mit dem das Netz eingebunden ist, würde sich durch das Entlangstreifen an den Wänden des Hälters sehr rasch abstoßen. Man sieht deshalb Hamen, bei denen durch Vor- oder Hintersetzen eines zweiten Bügels das Abscheuern verhindert wird. Man kann auch den

Brutfanghamen

vorderen Teil des Bügels abflachen und mit Löchern versehen, in denen das Netz befestigt (angeschlagen) wird. Allerdings werden die Hamen dadurch schwerer. Noch einfacher ist folgende Lösung: Der Bügel erhält vorn und auf den Seiten einige Lochscheiben, die weiter vorstehen als das um den Bügel geschlungene Garn.

Der Hamen hat einen Stiel aus Eschen- und keinen klobigen aus Fichtenholz. Wie leicht liegt ein solcher Hamen in der Hand, allein schon wegen des geringeren Gewichtes. Gut gelöst ist auch die Verbindung des Reifes und des Stieles mit einer Zwinge (Stielhülse), wie sie bei Gabeln üblich ist. Man geht hierbei in folgender Weise vor: Bohren eines Loches in den Stiel, Hülse aufsetzen, beide Enden des Reifes zu einer Flachspitze mit einer Länge von 12 bis 15 cm zusammenschmieden, Flachspitze glühend in das Loch pressen, im Wasser abschrecken und nachklopfen. Will man ganz sichergehen, so bohrt man ein Loch durch den Stiel und die Hülse, setzt einen Stift ein und vernietet ihn auf beiden Seiten.

Wie die Hamen einzubinden sind, zeigen die Bilder. Man muß sich vor allem merken: Die oberen Maschen des Netzes sind mit einer Schnur zu fassen und mit dieser am Reif zu befestigen. Je öfter sie hierbei mit dem Reif verknotet wird, desto weniger kann es vorkommen, daß sich das Netz plötzlich vom Reif löst.

Praktisch ist bei Abfischungen das Stecknetz

Es ist 5 m lang und wird in einem Halbrund um den Ablaß gesteckt. Ein solches Netz bietet dem Abfluß des Wassers ein geringeres Hindernis als das Gitter im Mönch. Zum Reinigen nimmt man den Fanghamen. Fallen in einem Teich große und kleine Fische an, so werden zwei Stecknetze ausgesteckt, ein großmaschiges mit einer Maschenweite von 20, das zunächst die großen, und ein engmaschiges mit einer Maschenweite von 8–10 mm, das die kleinen Fische zurückhält. Auf diese Weise können z. B. die empfindlichen jungen Zander und Hechte ohne Verluste geborgen werden. Ein Stecknetz bietet weiter die Möglichkeit, das Hinaufschwimmen von Fischen in Richtung Einlauf zu verhindern.

Die Schiffchen sollten bei keiner Abfischung fehlen!

Die Schiffchen sind etwa 1,70 m lang und 0,50 m breit – die genauen Maße sind der Zeichnung auf S. 231 zu entnehmen – fassen etwa 150–200 kg Fische und lassen sich in wenigem Wasser oder auf dem Schlamm ohne große Mühe ziehen oder schieben. Sie eignen sich deshalb auch zum Streuen von Düngemitteln. Die Enden des Schiffchens müssen aufgebogen sein, sonst rutscht es nicht.

Vorbereitungen zur Abfischung

Man legt die Abfischung, zumal die größerer Teiche, in die frühen Morgenstunden. Dies hat noch den Vorteil, daß sich die Fische während der Nacht mit dem ablaufenden Wasser zuverlässiger in der Fischgrube einfinden. An trüben und kalten Tagen können kleinere Teiche auch mittags und nachmittags befischt werden. Verlangen die Marktverhältnisse eine Anlieferung von Speisefischen bereits im August und September, so ist große Vorsicht geboten, besonders bei unzureichenden Wasserverhältnissen. Weiher mit Satzfischen sollten möglichst nicht vor November befischt werden.

Tag und Stunde der Abfischung müssen vorher festgesetzt werden, damit Hilfskräfte und Transportmittel zur rechten Zeit bereitstehen. Bei Teichen mit einem Schlegel fällt die Festsetzung schwerer, bei einem Mönch leichter. Der Wasserstand läßt sich hier durch Belassen von 1–2 Staubrettern regeln, wie man ihn braucht. Der Rechen, bei einem

Schlegel der Zapfenhut, ist laufend von Schwimmstoffen zu reinigen damit das Wasser ungehindert abfließen kann. Es soll nicht durch irgendeinen Rückstau behindert sein. Man darf auch nicht den Vorfluter durch zu schnelles Ablassen überlasten. Werden unterhalb liegende Grundstücke überschwemmt, wird der Vorfluter durch Uferabbrüche beschädigt, so ist mit Unannehmlichkeiten und Schadenersatzansprüchen zu rechnen. Daß die Abfischung eines Weihers innerhalb einer Weiherkette mit den Ober- und Unterliegern abzusprechen ist, versteht sich wohl von selbst.

Abfischen vor dem Mönch

Mit dem Beginn des Fischens vor dem Mönch ist so lange zu warten, bis die Wassertiefe ein leichtes Abfangen erlaubt. Beginnt man zu früh, so haben sich noch nicht genügend Tiere in der Fischgrube gesammelt. Oft sieht man auch, daß das Wasser zu schnell abgelassen wird, so daß die Fische plötzlich auf dem Schlamm liegen und zu guter Letzt mit der Hand aufgelesen werden müssen. Aus Weiden geflochtene Körbe, wie sie früher verwendet wurden, waren wegen der verletzlichen Schleimhaut der Fische höchst ungeeignet. Heute sind aus Kunststoff gefertigte Kübel üblich. Sie sollen nicht zu hoch sein, um die zu unterst liegenden Fische durch das Gewicht der darüberliegenden nicht zu gefährden. Sämtliche Gefäße sind von Sand und Schmutz sauberzuhalten.

Fischgrube mit Dielen ausgeschalt

Bei kühler Witterung können Schleien und Karpfen trocken getragen werden, nicht aber Orfen, Hechte und Forellen. Beim Greifen nach den Fischen hüte man sich, mit den Fingern in die Kiemen zu geraten. Hohe Blutverluste, die meist zum Tode führen, könnten die Folge sein. Auch Fische, die beim Verladen versehentlich aus größerer Höhe auf den Boden fallen, sind Todeskandidaten und sollten ausgeschieden werden.

Beim »Karpfenklauben«. Die Karpfen hatten bereits ihr Winterlager bereitet

Beim Abfischen eines größeren Weihers. Das Vorsteckgarn steht in einem Halbrund um das Schlegelloch

Das Heraustragen der Fische über weite Strecken ist mühsam, besonders bei Teichen, deren Gefälle die Karpfen nicht dazu zwingt, sich mit dem ablaufenden Wasser vor dem Mönch zu sammeln. Das Längsgefälle eines Teiches sollte nicht gleichmäßig verlaufen, sondern gegen den Ablauf hin zunehmen.

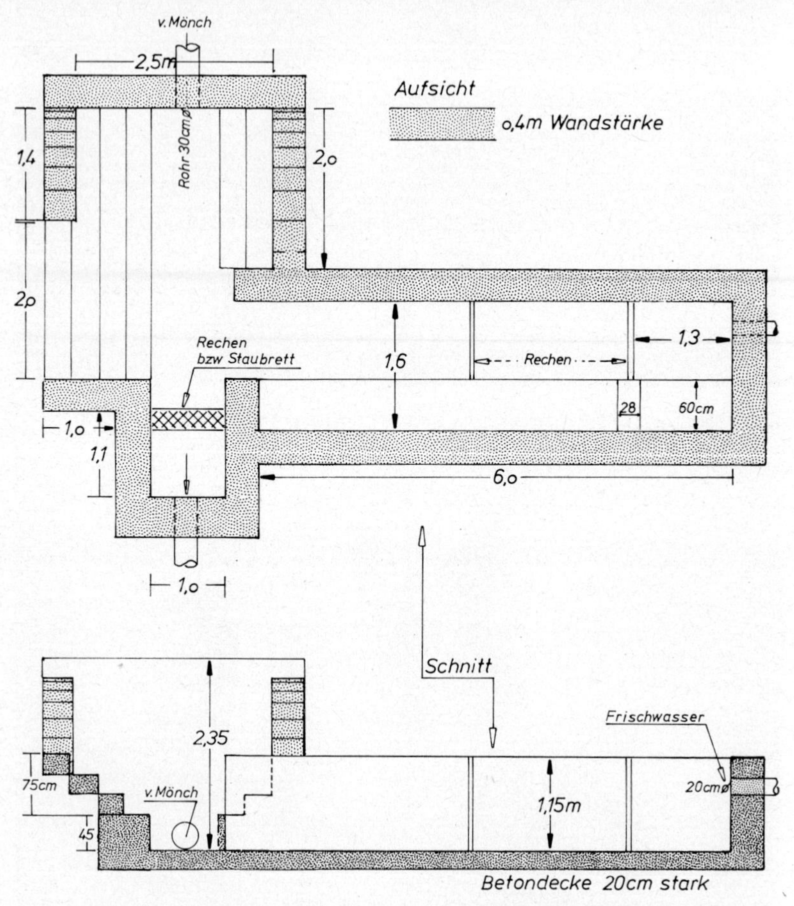

Plan einer Abfischanlage hinter dem Damm mit seitlicher Wasserzuführung

Mit den beschriebenen Schiffchen und Fanghamen lassen sich die Karpfen nicht nur bequemer, sondern auch sauberer fangen. Man verfährt in folgender Weise: Bottiche mit sauberem Wasser sind bereitgestellt. Manche Teichwirte verwenden dazu auch einen Kahn, den sie mit Wasser füllen. Diesen Gefäßen werden 1–2 Eimer Wasser entnommen und die Schiffchen so weit aufgefüllt, daß der Boden bedeckt ist. Sie lassen sich leer oder voll dorthin rutschen, wo es am geeignetsten erscheint. Es ist deshalb nicht notwendig, die Fische an der Stelle auf den Damm hinaufzutragen, wo er am höchsten ist.

Zweckmäßig wird von oben nach unten, also gegen den Mönch zu gefischt. Die Fische haben dann keine Möglichkeit nach oben zu entweichen. Sollte beim Fangen der eine oder andere Fisch mit Schlamm behaftet sein, so wäscht man ihn, indem man den Hamen einige Male

Die nach dem Plan ausgeführte Abfischungsanlage. Sie wurde wegen des Grenzverlaufes an die Böschung des Dammes herangerückt

in dem noch vorhandenen Wasser hin- und herbewegt. Schwer fällt dies bei den allerletzten, wenn sich die Abfischung ihrem Ende nähert. Zum Ausgleich füllt man das Schiffchen mit etwas mehr Wasser.

Sogar das Abfischen und Zählen von 5 t K_2 ist, wie Beispiele lehren, bei dem beschriebenen Verfahren kein schwieriges Problem. 10 eingeschulte Fischer schaffen es in 5 Stunden, und das Allerwichtigste ist dabei: Die Fische sind derart sauber, daß es nicht einmal notwendig ist, sie vor dem Verladen zu wässern.

Die Einteilung ist bei größeren Fischmengen folgende:

3 Mann fangen, 1 schiebt die Schiffchen von der Fangstelle zum Entladen und zurück, 2 zählen die Fische vom Schiffchen in die Traghamen, 2 tragen die Hamen zum Wagen und zurück, 1 reicht die Hamen auf den Wagen, 1 übernimmt das Laden.

Hinter dem Mönch

Eine Abfischung hinter dem Mönch mit einer Abfischanlage ist, was wohl zugegeben sei, bequemer. Auch spart man Arbeitskräfte, was vor allem bei größeren Teichen wichtig ist. Leider sind dabei manchmal Schädigungen der Fische in Kauf zu nehmen. Von besonderem Übel ist, wenn zum Schluß Fische und Schlamm ein großes Durcheinander bilden. Schonender läßt sich das Abfischen hinter dem Mönch gestalten, wenn die Abfischanlage im rechten Winkel zum Ablaßgraben angeordnet wird und dieser sauberes Wasser zugeführt werden kann. Der Vorgang ist dann folgender: Der Mönch ist gezogen, das Wasser fließt ab. Ein schräg liegender Rechen – er ist leichter zu reinigen als ein senkrechter – hindert Fische am Entweichen. Das saubere Wasser, das in die Abfischanlage seitlich hereinströmt, lockt die Fische an. Werden Rechen von bestimmter Stabweite verwendet, so sortieren sich die Fische sogar von selbst, z. B. wenn Schleien anfallen. Wichtig ist, hinter dem Rechen noch eine zweite Nute für Staubretter vorzusehen. Man kann damit den Abfluß des Weihers regeln, ohne den Mönch selbst bedienen zu müssen. Entfernt man aus diesem Gitter und Staubretter, so leiden die Fische beim Passieren der Rinne keinen Schaden, was ein weiterer Vorteil ist. Bei einer sorgfältigen Abfischung hinter dem Mönch kommen die meisten Fische, falls es sich um einen Mischbesatz handelt, von allein in folgender Reihenfolge: Regenbogenforellen – Schleien – Karpfen. Wichtig ist hierbei, das Wasser vor Beginn der eigentlichen Abfischung nicht zu schnell abzusenken. Die Forellen nützen dann diese Zeit, um in dem noch sauberen Wasser abzuschwimmen.

Abfischung hinter dem Mönch. Sortier- und Hälteranlage unmittelbar neben dem Ablaufgraben. Zuführung von Frischwasser durch eine Rohrleitung

Im dargestellten Beispiel war eine Stufe notwendig, weil der Ablauf des Weihers gegenüber dem umliegenden Gelände verhältnismäßig tief liegt. Die Abfischanlage kann auch als Hälter eingerichtet werden, wenn sie mit Staubrettern gegen den Ablaufgraben abgesperrt wird – die Nute hierfür ist vorzusehen – und wenn sie mit einem Deckel versehen wird.

Verwendung von Zugnetzen

Bei der Abfischung übergroßer Weiher ist es meist üblich, einen Teil der Fische vorweg mit dem Zugnetz zu fangen, wenigstens soweit es sich um Speisefische handelt. Mit Satzfischen ist schonender umzugehen, sie sind möglichst in der Weise zu bergen, wie vorstehend beschrieben. Winterungen mit einer größeren Menge an Fischen werden in der Regel nicht auf einmal abgefischt. Es muß möglich sein, einen

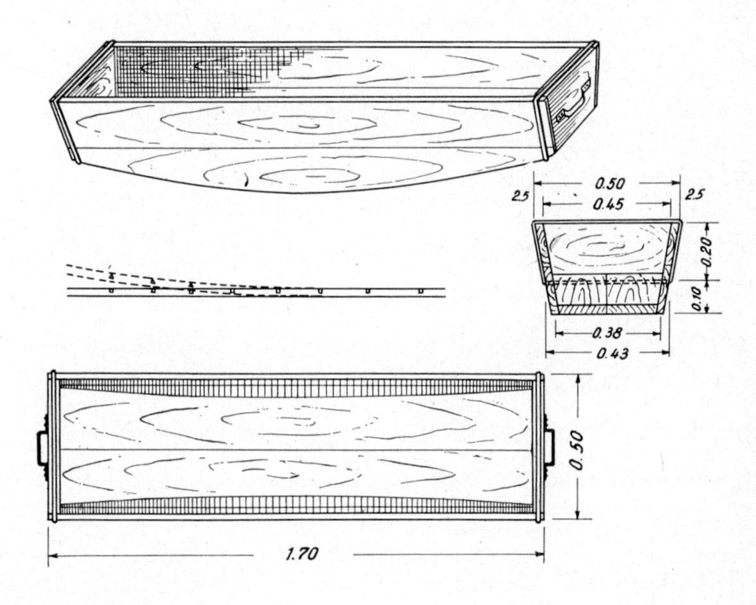

Schiffchen zum Abfischen

Teil der Fische laufend zu entnehmen. Denn die Abgabe und der Versand von Satzfischen kann sich über Wochen erstrecken. Für die notwendigen Zugnetze werden folgende Maße empfohlen: für größere Fische Länge 30–35 m, größte Höhe 5 m, Maschenweite 20 mm, für kleinere Länge 25–30 m, größte Höhe 5 m, Maschenweite 10 mm.

Unter Eis

Es kann sein, daß das Abfischen durch eine Eisdecke behindert wird, insbesondere bei Teichen, in denen Satzfische stehen, die erst im November abgefischt werden. Bei sehr stark besetzten oder ausgesprochenen Himmelsweihern bleibt nichts anderes übrig, als unter Eis abzufischen. Man eist die Fischgrube und den anschließenden Hauptgraben auf die nötige Länge und Breite ab, indem man die Eisplatten unter das angrenzende Eis schiebt. Am leichtesten fällt dies, wenn das Eis bereits trägt, aber noch möglichst durchsichtig ist. Es darf also nicht mit Schnee gemischt sein. Liegt bei der Abfischung die Lufttemperatur über Null, besonders wenn man die Mittagszeit abwarten kann, so sind kaum Verluste in Kauf zu nehmen.

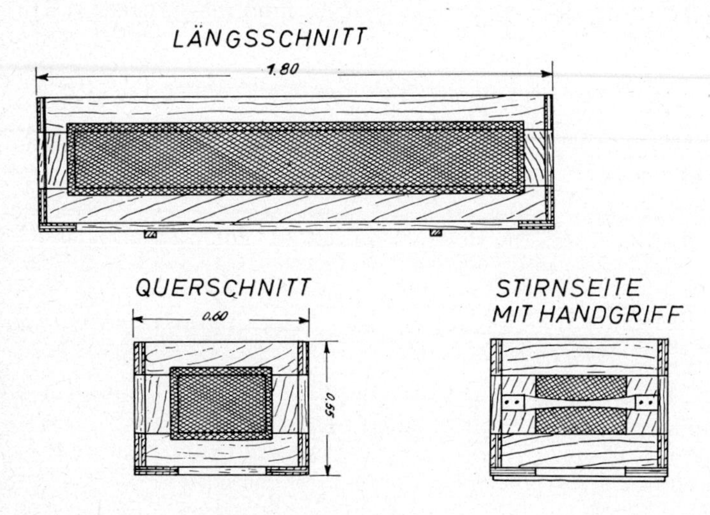

Drahtkasten zum Aufsetzen der Fische

Aufsetzen und Sortieren

Abfischungen strengen an, sie sind aber für Fische nicht weniger anstrengend. Wir müssen deshalb dafür sorgen, daß sich die Fische in sauberem Wasser reinigen und erholen können. Steht in unmittelbarer Nähe fließendes Wasser zur Verfügung, so sind dort entsprechende Einrichtungen zu schaffen. Oft eignet sich der Umlaufgraben dazu, falls er sich aufstauen läßt. Die Abbildung auf S. 230 zeigt folgende Möglichkeit: Die Fische werden hinter dem Mönch aus dem ablaufenden Wasser mit Keschern geborgen und auf einem Sortiertisch ausgebreitet. Dieser

Stecknetze wie in Höchstadt/Aisch gebräuchlich

Hälteranlage von P. Oberle, Kosbach, mit Luftzuführung

steht auf einer betonierten Hälteranlage mit mehreren Fächern, in die die Fische unmittelbar gleiten. Frischwasser wird in einer Rohrleitung aus dem Umlaufgraben herangeführt.

Man kann die Fischausbeute auch in nahe gelegenen Weihern aufsetzen. Verschiedene Arten des Aufsetzens von Fischen zeigen die Abbildungen S. 232 und 235. Bestehen solche Gelegenheiten nicht, so stellt man Bottiche und einen Wagen mit Wasser bereit. Auch die Zuführung von Sauerstoff ist ein Hilfsmittel. Noch praktischer ist eine motorisch betriebene Pumpe, falls es möglich ist, frisches Wasser heranzuholen.

Hier erholen sich die Fische nach dem Abfischen in dem mit Frischwasser gespeisten Becken. Eine benzingetriebene Motorpumpe schafft das Wasser heran

Zum Aufsetzen der Fische gibt es verschiedene Möglichkeiten. Praktisch sind *Drahtkästen.* Sie bestehen aus vier zusammengenagelten Rahmen, die mit Drahtgewebe (nicht Maschendraht) bespannt sind. Damit glatte Flächen entstehen, sind die Bretter auf der Innenseite 3–5 cm breit und 2–3 mm tief auszufälzen. Beträgt die Maschenweite des Gewebes nicht mehr als 5 mm, so macht es keine Schwierigkeiten, auch die kleinsten Fische unterzubringen. Das Drahtgewebe liegt meist 50 cm breit. Besser ist es, man bestellt solches mit einer Breite von 40 cm. Das Gewebe muß dann lediglich nach der Länge der einzelnen Rahmen zugeschnitten werden.

Um die Kästen leichter transportieren und aufbewahren zu können, fertigt man sie so an, daß mehrere ineinanderpassen. Zu diesem Zweck verringert man die Maße der Länge und Breite, nicht aber die der Höhe. Wichtig ist noch: Die Drahtkästen sollen so schwer sein, daß sie etwa bis zum oberen Rahmen im Wasser schwimmen.

Am einfachsten sind Fische in einem ausgebreiteten und eingehängten Netz unterzubringen. Ist es genügend lang, so lassen sich durch Einschieben von Stangen mehrere Abteilungen bilden. Netze aus Perlon sind unverwüstlich, kosten aber das Doppelte als solche aus Baumwolle.

Ein *Aufstellnetz,* das zusammengelegt wenig Platz einnimmt und schnell verwendungsfähig ist, läßt sich mit vier Stangen in folgender Weise herstellen: Das Netz ist in einem Abstand von 20 cm an die Stangen gebunden. An den vier Ekken, also an den Stangenkreuzungen, ist ein Abstand von der Stange bis zur ersten Bindung von mindestens 10 cm nach beiden Seiten einzubehalten, sonst ist es nicht möglich, das Aufstellnetz auf günstige Art zusammenzulegen: Man schlägt eine Ecke zu der gegenüberliegenden, es entsteht dadurch ein Dreieck. Zu der offenen Seite dieses Dreiecks sind die Stangen zusammenzuschieben, und es fällt schließlich leicht, das Netz um die Stangen zu wickeln.

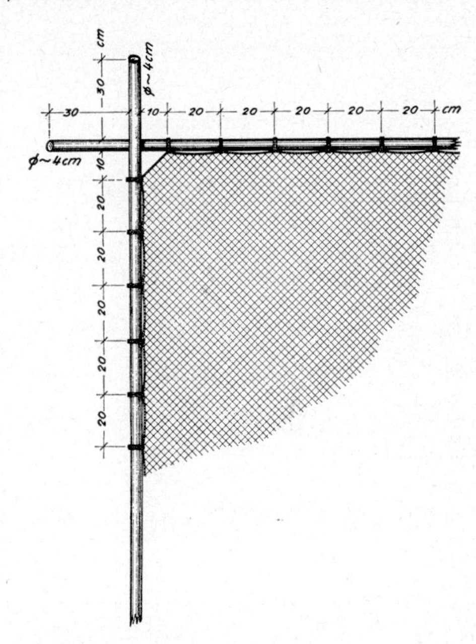

Anleitung für ein Aufstellnetz nach Dinkelsbühler Art

Sortier- und Zähltisch

Selbst in der vierten Auflage dieses Buches fehlte eine genaue Beschreibung eines Sortier- und Zähltisches. Dem Verfasser war bis dahin eine vorbildliche Ausführung nicht bekanntgeworden. Die Tische erschienen meist zu klobig und wegen der fest angebrachten Füße schwer transportierbar.

Karl Siller, Ansbach, hat sich einen Sortiertisch ausgedacht, der als Vorbild empfohlen werden kann. Das Wichtigste: die aus Rohren gefertigten Füße sind abnehmbar. Ein Einsinken bei nassem Boden verhindern angeschweißte Eisenteller. Die Platte besteht aus Brettern, die auf zwei durchlaufende Holzleisten aufgeleimt sind. Zur Verbindung der Platte mit den Füßen dienen zwei Winkeleisen, die durch vier versenkte Rundkopfschrauben an der Platte befestigt sind. In vier angeschweißte Dorne aus Eisen oder Rohrstutzen lassen sich

Sortiertisch, zum Transport leicht zerlegbar

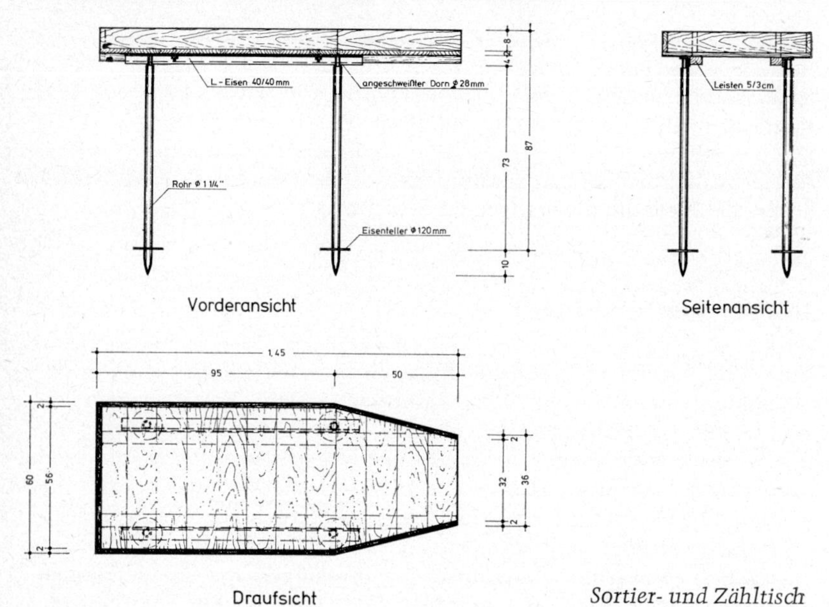

Sortier- und Zähltisch

die Füße stecken. Ein derart gefertigter Tisch ist nicht nur stabil, er läßt sich auch leicht in seine Einzelteile zerlegen und kann sogar im Pkw mitgenommen werden.

Breite und Länge des Tisches sind für das Sortieren und Zählen von K_1 und K_2 sicherlich ausreichend. Diese Ausmaße reichen sogar für K_3, kommt es doch bei diesen im wesentlichen nur darauf an, einige wenige zu untersuchen oder auszuwählen.

Eine andere empfehlenswerte Konstruktion hat sich JOSEF PASLER, Gunzenhausen, ausgedacht. K_1 und K_2 lassen sich gleichzeitig von 3 Personen sowohl sortieren als auch zählen. Zu diesem Zweck sind, wie das Bild zeigt, zwei seitliche Öffnungen vorgesehen. Nimmt man noch die an der Längsseite befindliche hinzu, so lassen sich Satzfische nach drei Größen gleichzeitig sortieren und zählen. Bei diesem Tisch bestehen Platte und Füße ebenfalls aus zwei Teilen.

Tisch zum Sortieren und Zählen von K_1 und K_2 in einem Arbeitsgang

Vor Beginn des Zählens und Sortierens muß der Sortiertisch mit Wasser befeuchtet werden, damit er keine Stellen aufweist, an denen sich Fische verletzen können. Die Bretter müssen daher sauber gehobelt sein, oder es ist zusätzlich noch eine Platte aus Kunststoff vorgesehen.

Beiteiche erleichtern das Abfischen

Schon die Alten hatten unterhalb ihrer großen Weiher einen kleineren Teich, einen sogenannten Beiteich, um die Fische vor dem Verkauf und Abtransport sortieren und aufsetzen zu können. Wir haben gelernt, die Erträge unserer Teiche zu vervielfachen. Dadurch ist bei zahlreichen Teichen das Problem entstanden: Wo läßt sich in nächster Nähe eine Aufstellung einrichten? Oft bietet sich gerade bei übergroßen Teichen die Möglichkeit, eine Ecke als Beiteich abzutrennen. Ein solcher kann aber auch unterhalb des Dammes geschaffen werden, vorausgesetzt, daß es die Besitz- und Geländeverhältnisse zulassen. Allerdings ist es dann bei der Abfischung notwendig, die Fische auf den Damm hinauf- und herunterzutragen, es sei denn, der Weiher wird in der Weise eingerichtet, daß er hinter dem Mönch gefischt werden kann. Weiter bedarf es der Überlegung, wie sich die Anfuhr von Fahrzeugen, insbesondere die von Lkw, einrichten läßt. Je näher sie an den Beiteich heranfahren können, desto leichter fällt das Verladen.

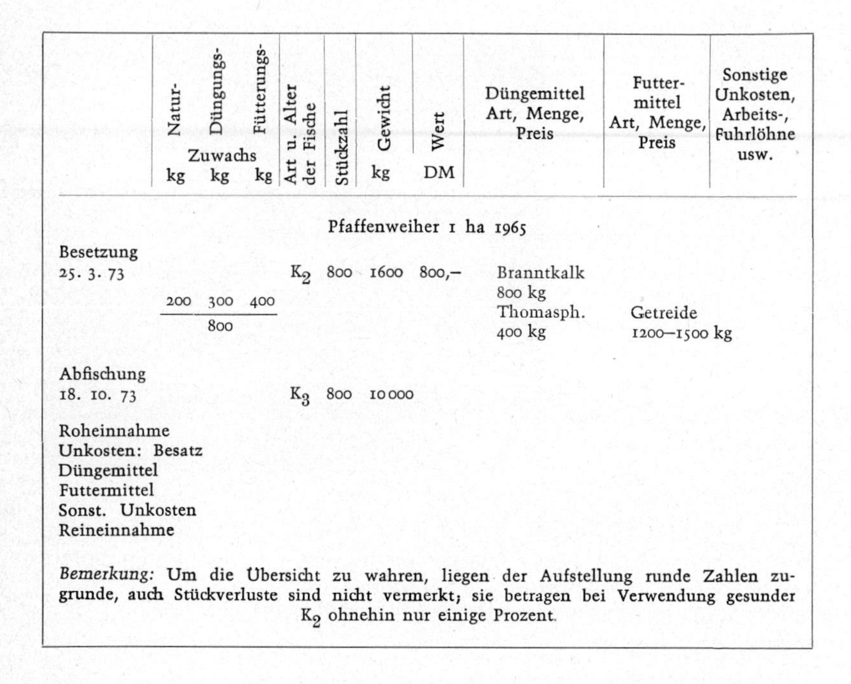

	Natur- (Zuwachs) kg	Düngungs- (Zuwachs) kg	Fütterungs- (Zuwachs) kg	Art u. Alter der Fische	Stückzahl	Gewicht kg	Wert DM	Düngemittel Art, Menge, Preis	Futtermittel Art, Menge, Preis	Sonstige Unkosten, Arbeits-, Fuhrlöhne usw.
				Pfaffenweiher 1 ha 1965						
Besetzung 25. 3. 73				K_2	800	1600	800,–	Branntkalk 800 kg		
	200	300	400					Thomasph. 400 kg	Getreide 1200–1500 kg	
		800								
Abfischung 18. 10. 73				K_3	800	10 000				
Roheinnahme										
Unkosten: Besatz										
Düngemittel										
Futtermittel										
Sonst. Unkosten										
Reineinnahme										

Bemerkung: Um die Übersicht zu wahren, liegen der Aufstellung runde Zahlen zugrunde, auch Stückverluste sind nicht vermerkt; sie betragen bei Verwendung gesunder K_2 ohnehin nur einige Prozent.

Sichtung des Abfischungsergebnisses

Zumeist werden noch während des Abfischens oder kurz danach die Fische nach Art und Alter sortiert, gezählt und anschließend, soweit notwendig, gewogen. Je sorgfältiger die Sichtung erfolgt, je besser hierüber Buch geführt wird, desto besser läßt sich feststellen, ob die Betriebsweise richtig ist. Wie ein Teichbuch in einfacher Form geführt werden kann, ist aus obenstehendem Muster zu ersehen.

Hälterung

Art der Speisung mit Wasser

Das Wichtigste ist: Die Wasserzufuhr ist so zu regeln, daß im ganzen Behälter ein Wasseraustausch stattfindet. Wird ein Bottich z. B. aus der Wasserleitung gespeist, so leitet man das Wasser mit einem Schlauch bis zum Boden, um im gesamten Behälter einen Durchfluß zu erzielen. Würden wir uns darauf beschränken, nur von oben Wasser zufließen zu lassen, so ist besonders bei hohen Bottichen, wenn reichlich Fische eingelagert sind, ein Wasserwechsel nicht im vollen Umfang gegeben. Es werden nur die obersten Schichten erneuert, und die tiefer stehenden Fische laufen Gefahr, zu ersticken.

Um das Leitungswasser mit möglichst viel Sauerstoff anzureichern, kann man Luftbrausen verwenden, bei denen der durch eine Düse geleitete Wasserstrahl Luft mitreißt. Man spart dadurch gleichzeitig an Wasser.

Satzfischbetriebe müssen darauf bedacht sein, Fische nur in sauberem Wasser, also in Quell- oder Leitungswasser bereitzuhalten. Wasser aus Teichen, noch dazu wenn sie intensiv bewirtschaftet werden, eignet sich nicht. Es besteht die Gefahr einer Infektion. Wenige Stunden können genügen, um Fische mit dem Erreger einer Krankheit zu infizieren. Hälteranlagen sollten deshalb nicht inmitten eines Satzfischbetriebes liegen und ihr Wasser weder aus oberhalb liegenden Teichen empfangen, noch gar an unterhalb gelegene weiterleiten.

Man hüte sich sehr davor, einem Behälter zu viel Wasser unter hohem Druck zuzuführen. Den Fischen behagt es am besten, wenn sie sich im Wasser ohne Schwimmbewegungen zu halten vermögen. Je mehr sie vom Wasser durcheinandergewirbelt oder an die Wand gedrückt werden, desto mehr werden ihre Kräfte verbraucht und desto mehr leidet ihre empfindliche Haut.

In gechlortem Wasser halten sich die Fische nicht lange, besonders nicht im Sommer. Es gibt wohl Mittel, um das Wasser zu entchloren. Sie sind aber teuer und umständlich anzuwenden. Einfacher ist es, das Wasser auf der Oberfläche des Hälters zu zerstäuben, damit sich möglichst viel Chlor verflüchtigt.

Fischkästen

Beim Bau ortsfester Fischkästen ist vor allem zu beachten: Je flacher der Hälter, desto größer wird im Verhältnis zur Wassermasse seine Oberfläche, desto besser wird das Wasser mit Sauerstoff angereichert. Die Zu- und Ableitung des Wassers ist möglichst so zu führen, daß keine toten Winkel entstehen.

Hälter aus Holz haben den Vorteil, daß sich die Fische gut darin

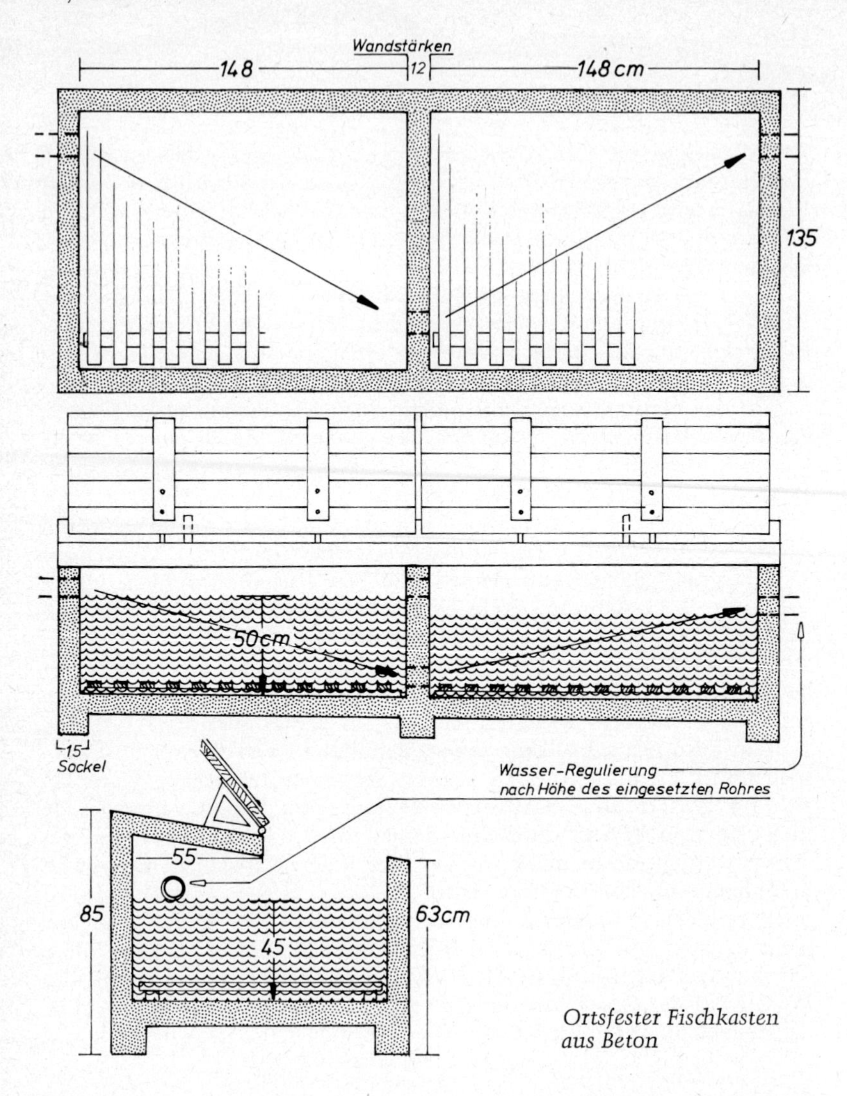

Ortsfester Fischkasten aus Beton

halten, aber den Nachteil, daß das Holz mit der Zeit fault. Bei Hältern aus Beton müssen die Wände glatt sein. Größere Fischkästen macht man mehrkammerig, am besten in der Weise, daß man im Beton Nuten ausspart, in welche Bretter als Zwischenwände geschoben werden. Bei einer zweikammerigen Anlage hat die Zwischenwand die Löcher unten. Das Wasser ist dann gezwungen, von oben nach unten und von unten wieder nach oben zu steigen.

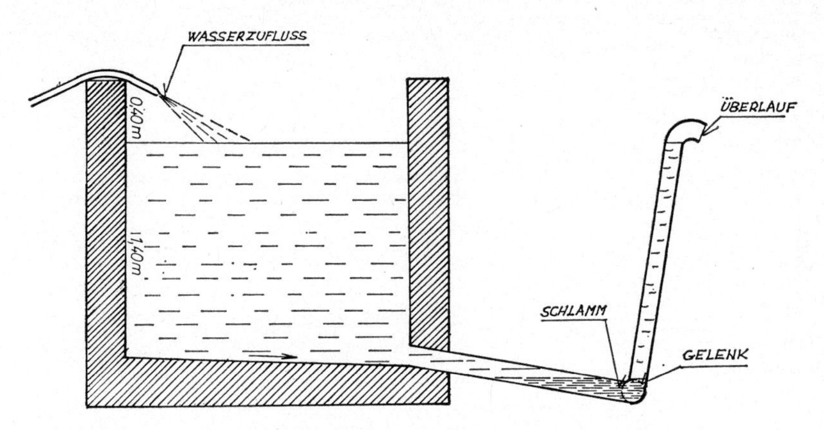

Standrohr ist kippbar angeordnet

Sehr von Vorteil ist es, über dem eigentlichen Boden noch einen herausnehmbaren zweiten Boden anzubringen. Liegt dieser mit einem Zwischenraum von einigen Zentimetern über dem eigentlichen Boden und hat er Löcher, so setzt sich der Unrat zwischen den Böden ab, und das Wasser bleibt klar. Für Hälter mit größeren Fischen genügt ein Lattenrost. Man kann auch Hälter bauen, bei denen das Standrohr außerhalb des Hälters kippbar angeordnet ist. Legt man das Standrohr um, so wird der abgesetzte Schmutz von selbst durch den Druck des darüberstehenden Wassers abgeschwemmt. Dieses Standrohr hat noch

Fischkästen, stufenförmig angeordnet, um das Wasser aufs neue mit Sauerstoff anzureichern

dazu den Vorteil, daß sich die Wasserhöhe im Becken beliebig einstellen läßt.

Oft werden Deckel verwendet, die viel zu schwer sind. Es genügt, wenn der Deckel beim Öffnen etwa die Hälfte des Kastens freigibt. Er kann dann leichter aufgeklappt werden, und die Öffnung ist groß genug, um an die Fische heranzukommen. Erlaubt es das Gefälle oder der Druck des Wassers, mit dem der Fischkasten gespeist wird, so baut man vorteilhafter den Fischkasten derart, daß sein Boden mit dem Erdboden etwa in gleicher Ebene liegt. Man braucht dann beim Herausfangen der Fische sich nicht zu bücken. Als Maße werden empfohlen: Höhe des Hälters nicht mehr als 1 m, Höhe des freien Raumes zwischen Wasserspiegel und oberen Rand etwa 25 cm. Den Fischen ist es dann nicht so leicht möglich herauszuspringen.

In den Hältern stehen die Fische auf engstem Raum. Die Hälter müssen deshalb nicht nur saubergehalten, sondern auch desinfiziert werden. Ein Grundablaß erleichtert diese Arbeit. In Quellgräben lassen sich Fischkästen relativ einfach erstellen. Zwischen Deckel und Wasser soll möglichst kein freier Raum sein, damit die Fische sich nicht durch Springen verletzten können. Der Deckel darf aus Eichenholz sein. Für die Wände und den Boden wird Föhrenholz vorgeschlagen.

Links schwimmender Fischkasten für größere, rechts für kleinere Fische

Zur Hälterung der Fische für einige Tage eignen sich schwimmende Fischkästen aus Holz wohl am besten. Boden, wie Seitenwände samt Zwischenwand, sind mit Löchern versehen. Damit die Fische sich nicht verletzen, dürfen von den Lochrändern keine Spreißel abstehen. Am besten ist es, man brennt die Löcher aus; es setzen sich dann auch keine Algen an, die mit der Zeit die Löcher verkleinern. Der Kasten selbst wird mit einer Kette am Ufer festgehalten und schwimmt, nicht ganz bis zum Deckel eingetaucht, im Wasser. Um Fische einzubringen oder herauszuholen, zieht man ihn ans Ufer. Sollen die Fische längere Zeit verbleiben, so setzt man ihn etwas vom Ufer ab. Zu beachten ist

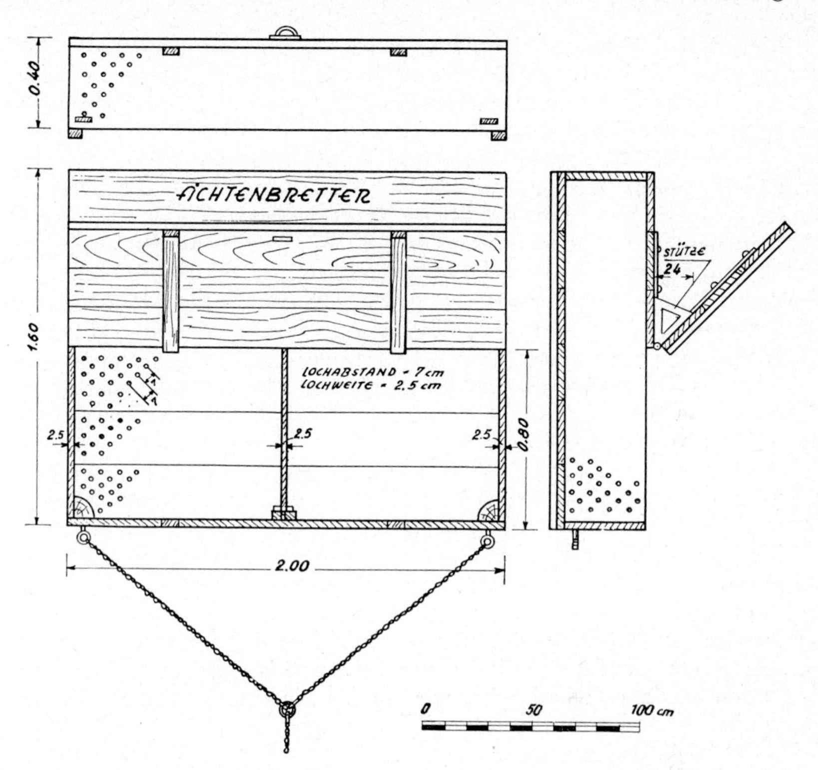

Schwimmender Fischkasten für größere Fische. Wer ihn handlicher will, kürzt die Länge von 2,00 m auf 1,60 m und die Breite von 1,60 m auf 1,20 m

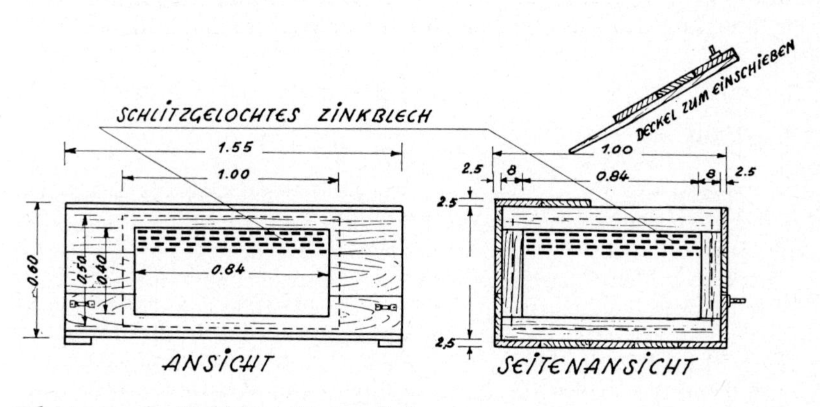

Schwimmender Fischkasten für Jungfische

hierbei, daß die oberste Lochreihe möglichst noch aus dem Wasser herausschaut. Man klemmt zu diesem Zweck zwischen Kasten und Ufer eine Stange und spannt gleichzeitig die Kette mit einem darauf gestellten Betonklotz.

Selbst bei schwachem Durchfluß – in Dinkelsbühl beispielsweise schwimmen die Kästen in den Hälterteichen – leiden die Fische keinen Sauerstoffmangel. Größere Tiere vermögen sogar das Wasser durch Plätschern mit Sauerstoff anzureichern. Der Holzkasten hat noch den Vorteil, daß sich der Fisch im Dunkeln geborgen fühlt. Reizt ihn wärmeres Wasser zum Springen, so steht ihm nur ein kurzer Anlauf zur Verfügung, und er kann sich dabei kaum verletzen. Für die Hälterung von Jungfischen nimmt man etwas kleinere Kästen. Wegen ihres größeren Sauerstoffbedarfes sollten hier aber drei Seitenwände aus schlitzgelochtem Blech gefertigt werden, so daß lediglich der Boden und die Rückseite aus Brettern bestehen.

Nur zu oft hört man, es seien über Nacht alle Fische eingegangen. Man sehe deshalb bei neuen Hältern öfter nach. Sie gehören schon Tage vorher unter Wasser gesetzt (giftige Auslaugungen des Betons, des Holzes). Man hüte sich, einen Hälter aus Holz zu teeren. Die Karpfen nehmen den Geruch des Teeres an. Dasselbe kann passieren, wenn ungeeignete Farben zum Anstreichen der Hälterwände verwendet werden. In grün gestrichenen Betonbecken behalten die Karpfen ihre schöne leuchtende Farbe und fühlen sich sichtlich wohler. Am besten eignet sich Lackfarbe, wie sie für Schwimmbecken verwendet wird.

Unbedingt temperieren

Man darf nicht Fische aus einem Teich mit warmem Wasser plötzlich in das kalte Wasser eines Hälters oder Winterteiches setzen. Die Temperatur ist durch Zu- und Abschütten von Wasser allmählich anzupassen.

Verkauf

In Franken verkaufen die meisten Teichwirte ihre Speisefische unmittelbar nach dem Abfischen. Die Fischküchen in den Städten brauchen ab August laufend Fische. Dazu kommen auf dem Lande die Fischschmäuse in den Gastwirtschaften zur Kirchweih und Nachkirchweih. Was der Fischhändler an Karpfen zum Wochenende von den Weihern hereinholt, ist meist bis Montag verkauft und verbraucht. In Norddeutschland fällt das Hauptgeschäft mehr in die Weihnachtszeit. Dort sind daher die Teichwirte gezwungen, einen Großteil der Speisefische zunächst zu hältern.

Oft bietet sich die Möglichkeit, unmittelbar an Einzelpersonen und Gaststätten zu einem höheren Preis als an Fischhändler zu verkaufen. Dieser Mehrerlös wird zum Teil aufgewogen, denn die Fische verlieren selbst bei einer kürzeren Hälterung an Gewicht. Es kann auch Verluste geben, wenn nicht aufgepaßt wird.

Selbstverständlich sollte es sein, den Weiher vor der Ankunft des Fischhändlers zu fischen und die Fische anschließend 1–2 Stunden aufzusetzen, damit sie den der Haut und den Kiemen anhaftenden Schlamm verlieren. Saubere Fische lassen sich leichter transportieren. Zum Abwiegen eignen sich Wannen mit durchlöchertem Boden. Der Fischhändler beansprucht meist 2–3 % Wassergewicht, d. h. es müssen ihm statt 50 kg 51–51,5 kg eingewogen werden.

Beim Verkauf von Schlachtschweinen ist es üblich, die Tiere mit leerem Magen anzuliefern. Gleiches gilt für Teichfische. Wer z. B. versucht, Karpfen noch kurz vor dem Verkauf anzufüttern, riskiert Mängelrügen, allein schon deshalb, weil durch den ausgeschiedenen Kot das Wasser verschmutzt und dadurch der Transport und die Hälterung der Fische erschwert werden.

Verbrauch

Vom Karpfen sind nur etwa 50 % des Körpers eßbar. Noch ungünstiger wird das Verhältnis, wenn Leber, Milch und Rogen nicht verwendet werden. Der Verbraucher wünscht kerniges Fleisch. Da der Karpfen den Winter über etwa 10 % an Gewicht verliert, insbesondere auf Kosten der Fettreserven, ist das Fleisch im Frühjahr meist kerniger als im Herbst.

Überfette Karpfen haben nicht nur im Rücken, sondern auch im Bauch und erst recht in der Leibeshöhle Fett abgelagert. Derart herangemästete Tiere sind unerwünscht. Sie verekeln dem Verbraucher den Genuß eines Karpfens. Oft trifft dies auf importierte, aber auch auf einheimische Fische zu, wenn sie ein Übermaß an kohlehydratreichem Futter erhalten haben. Zweisömmerige Tiere, die bereits Speisefischgröße aufweisen, haben zumeist weicheres Fleisch als dreisömmerige. Gebacken, insbesondere nach Nürnberger Art, schmecken sie jedoch delikat.

Karpfen aus wohlgepflegten Teichen können ohne längere Wässerung dem Konsum zugeführt werden. Schlecht gepflegte liefern Fische, die »moseln«, d. h. das Fleisch schmeckt nach Weiherschlamm. Solche Fische müssen mehrere Wochen in sauberem Wasser gehältert (gewässert) werden. Noch notwendiger ist dies bei Fischen, die aus Abwasserteichen stammen und nach Öl schmecken. Sie können u. U. erst zu Weihnachten oder Ostern verkaufsfähig sein.

Eignen sich größere Weiher dazu, Karpfen mit dem Zugnetz zu fangen, und besteht ein laufender Bedarf an Karpfen, namentlich in Gasthäusern, so fängt man Zug um Zug das jeweils erforderliche Quantum, etwa beginnend im September und endend Anfang November. Erst zum Schluß läßt man den Weiher gänzlich ab, um den Rest zu bergen. Auf diese Weise erspart man sich längeres Hältern mit dem unausbleiblichen Gewichtsverlust und ist noch dazu in der Lage, sich dem jeweiligen Bedarf anzupassen. Voraussetzung für diese Fangart der Speisefische ist ein möglichst langer, rechteckiger Teich.

Auch beim Verkauf einzelner Karpfen unmittelbar nach der Abfischung gebe man, um einer guten Werbung willen, keine Fische ab, an denen noch Weiherschlamm klebt, es sei denn, der Käufer nimmt den Fisch lebend mit und besorgt das Wässern zu Hause. Jeder einzelne Teichwirt sollte sich im eigenen Interesse verpflichtet fühlen, mitzuhelfen, daß der Karpfen als wohlschmeckendes Gericht allgemein beliebt bleibt. Oft genug wurde schon aus einem Fischfreund ein Fischfeind, wenn ihm ein übel nach Schlamm riechender Karpfen vorgesetzt worden war. Auch Karpfen, an denen Egel kleben, können den Appetit verderben, noch bevor sie zubereitet sind.

Nach den geltenden Vorschriften ist der Fisch vor dem Schlachten mit einem kräftigen Schlag auf den Kopf zu betäuben. Dies geschieht zumeist in Gegenwart des Käufers. Er hat dann zugleich die Garantie, nicht einen Fisch zu erhalten, der aus irgendeinem Anlaß umgestanden ist und dessen Fleisch minderwertig sein kann. Wird der Fisch nicht sofort verwendet, so sollte durch einen Stich ins Herz der Körper ausbluten. Gestocktes Blut verdirbt den Geschmack. Als selbstverständlich gilt, den Fisch bei einer längeren Lagerung auszunehmen und die Kiemen zu entfernen. Eine längere Lagerung im Kühl- oder Gefrierfach ist nicht zu empfehlen: das Fleisch wird zu weich.

Man soll dem Käufer in der Weise entgegenkommen, daß man den Fisch nicht nur ausnimmt, sondern auf Wunsch auch längs halbiert. Gallenblase und Darm sind zu entfernen, aber alle anderen Innereien sollten mitgegeben werden. Leider besteht immer noch die Gewohnheit, diese wegzuwerfen, obwohl sie, insbesondere die Leber und die Milch, gebacken als ein gutes Gericht gelten.

Lebende Karpfen gibt es nur in Spezialgeschäften. Der Karpfenkonsum ließe sich daher wohl etwas heben, wenn Lebensmittelhandlungen gefrostete Karpfen führen würden. Das Fleisch der Fische verliert aber schneller an Qualität als das der Warmblüter. Das Fett zersetzt sich, und der Fisch schmeckt tranig. Es besteht weiter die Möglichkeit, daß importierte gefrostete Karpfen die einheimischen noch mehr unter Druck setzen, und noch bedenklicher ist, wenn sogar eingegangene Karpfen als gefrostet auf dem Markt erscheinen. Wenn schon gefrostete Süßwasserfische, dann hat die Regenbogenforelle weit mehr Chancen: Portionsgröße, festeres Fleisch, keine Gräten. Der Fischkenner wird aber nach wie vor frisch geschlachtete Fische den gefrosteten vorziehen.

Als Spezialität lassen sich Karpfen geräuchert vermarkten. Sie müssen aber rauchfrisch gegessen werden, denn sie eignen sich nicht für längere Lagerung und deshalb auch kaum für den Massenkonsum, während die Räucherforelle, in Klarsichtfolie verpackt, landauf, landab als Delikatesse geschätzt wird.

Der Karpfen ist kein Alltagsessen. Ein Weihnachten oder Silvester ohne Karpfen ist in Norddeutschland, in Sachsen und Schlesien nicht vorstellbar. Durch die Heimatvertriebenen hat sich dieser Brauch auch in Süddeutschland eingebürgert.

In Schleswig-Holstein führt die Stadt Reinfeld stolz den Namen »Karpfenstadt«. Mit der Abfischung des 50 ha großen Herrenteiches ist das Reinfelder Karpfenfest verbunden, desssen Ausgestaltung einem Heimatfest gleicht. In dieser Stadt gibt es vom Oktober bis Februar in allen Gaststätten als besonderes Gericht »Karpfen blau«.

Der Raum um Nürnberg gilt als Zentrum des deutschen Karpfenverbrauchs, was wir der fränkischen Spezialität, dem schwimmend im Schmalz gebackenen Karpfen, zu verdanken haben. Wenige lassen sich bei einer Fahrt nach Nürnberg die Gelegenheit entgehen, in einer Fischküche einzukehren. In Fürth, Erlangen, Schwabach und Neustadt haben die Fischküchen einen ähnlich guten Ruf.

Zwei ländliche Gaststätten laden zum Fischschmaus ein

Zu den Fischküchen in den fränkischen Städten sind nicht wenige in Vororten hinzugekommen. Darüber hinaus führen fast alle Gaststätten z.Z. der Teichabfischungen Karpfen auf ihrer Speisekarte oder veranstalten anläßlich der Kirchweih oder an anderen Tagen Fischschmäuse, zu denen sich nicht nur Geschäftsleute und Stammtischgäste, sondern weiteste Kreise einfinden, um ein Gericht mit angenehmem Sättigungsgefühl zu genießen. In einer gutgehenden Fischküche werden täglich einige Zentner Karpfen gebacken. 300 Portionen sind durchaus nichts Seltenes; backen doch gutgeleitete Betriebe in einer Stunde an die hundert Portionen. Auch bei den Fischschmäusen in den Gaststätten sind ähnliche Mengen durchaus keine Seltenheit. Wir können sogar feststellen, daß sich die Nürnberger Zubereitungsart mit dem Bau neuer und der Instandsetzung alter Teiche weiter ausgebreitet hat, so z. B. im südwestlichen Teil Mittelfrankens, wo sie noch vor 25 Jahren kaum bekannt war.

Ein Beispiel ist nicht ohne Grund der Wohnort des Verfassers. Die Fischschmäuse, die in der Ansbacher Tageszeitung während der Karpfensaison angezeigt werden, füllen an den Freitagen eine halbe Seite und mehr. Zwei Gaststätten führen auch den Winter über Karpfen. Einen nochmaligen Höhepunkt bilden die Osterfeiertage. 1970 priesen 25 Gaststätten Karpfen an, im Vorjahr waren es erst 15. Der größere Teil wird wie bei den Hähnchen zwar im Gasthaus zubereitet, aber zu Hause gegessen. Eine Gaststätte in einem Vorort setzte allein an Ostern 1970 1250 kg um.

Die Karpfenerzeugung weiter zu steigern, ist nur sinnvoll, wenn der Teichwirt die Fische auch zu angemessenen Preisen verkaufen kann. Jeder Teichwirt muß daher daran interessiert sein, daß diese fränkische Delikatesse in weiteren deutschen Landen bekannt wird. Sie sollte auch in die Gebiete vordringen, die zwar Karpfen erzeugen, aber wenig konsumieren, wie es z. B. in Bayern auf die Oberpfalz zutrifft. Da eine Beschreibung der fränkischen Zubereitungsart in keinem Kochbuch steht, würde es wohl als Mangel empfunden, gingen wir nicht näher darauf ein.

Karpfen nach Nürnberger Art: schwimmend im Schmalz gebacken

Man zerlegt den Fisch, indem man ihn längs halbiert. Entweder bleibt das Rückgrat in seiner ganzen Länge bei dem einen Teil, der dann etwas größer wird, oder es wird durchgeschnitten. Wichtig ist beim Teilen, den Schwanz der Länge nach aufzuschlitzen, denn der gebackene halbierte Karpfen muß auch dem Auge gefallen, er soll auf dem Teller einen ganzen Karpfen darstellen und dies ist mit der Clou.

Nun ist manchen Gästen ein halber Karpfen zu viel. Es werden deshalb Karpfen über 1500 g meist nochmals geteilt. Die so erhaltenen Viertel sind dann entweder Kopf- oder Schwanzstücke.

Beim Ausnehmen ist die Gallenblase vorsichtig zu entfernen. Innereien nicht wegwerfen, lediglich den Darm von der Leber lösen. Milch und Rogen, aber auch die Leber, bilden gebacken für sich ein Gericht. Etwas davon wird sehr häufig mit dem Karpfen gereicht.

Man soll die Fische nicht zu früh schlachten, höchstens einige Stunden vor dem Backen. Liegen sie längere Zeit auf Eis, so verlieren sie an Qualität. Die halbierten Karpfen erst unmittelbar vor der Zubereitung gründlich waschen. Werden sie nicht sofort benötigt, ist es besser, sie im Blut liegen zu lassen. Das Wasser muß nach dem Waschen gut ablaufen. Es ist sogar notwendig, die einzelnen Stücke mit einem Tuch zu trocknen.

Beide Seiten mit feinem Salz bestreuen. Hierbei Kopf und Schwanz nicht vergessen. Die gesalzenen Stücke auf ein Holzbrett legen, mit der Hautseite nach oben. Nach 5 Minuten in griffigem, trockenem Weizenmehl wenden. Ausdrücklich wird betont: Die fränkische Zubereitungsart kennt kein Panieren mit Ei und Semmelbröseln. Das Fett würde dadurch zu schnell schwarz und unbrauchbar.

Das Schmalz muß so heiß sein wie beim Küchlebacken. Die Stücke mit der Hautseite nach oben einlegen, und zwar mit dem Kopf voraus, dabei den Fisch am Schwanz einen Moment halten und gleichzeitig einwärts krümmen. Nicht mehrere Karpfen auf einmal einlegen, sondern hintereinander, die nötige Hitze muß stets wieder erreicht werden. Die einzelnen Stücke ein wenig im Schmalz drehen. Nach 10–15 Minuten ist das Gericht fertig. Man legt es zunächst auf ein Sieb, damit das anhaftende Fett abtropfen kann.

Das allerwichtigste ist: Der Fisch muß rösch sein. Es darf also wenig Fett in das Fleisch eingedrungen sein. Äußerlich ist dies schon daran zu erkennen, daß sich der Fisch unter Einwärtskrümmen des Schwanzes nach der Hautseite gewölbt hat. Fischküchen von Ruf verwendeten früher nur Butterschmalz. Jetzt ist es üblich, Öl, Kokosfett oder Margarine beizumengen. Je mehr Butterschmalz verwendet wird, desto mehr hat der gebackene Karpfen die appetitanregende gelbbraune Farbe. Wird er zu dunkel, so ist dies ein Hinweis, daß das Fett nicht zur rechten Zeit erneuert wurde.

Meist werden eiserne Pfannen verwendet, die so groß sein sollen, daß der Fisch richtig im Schmalz schwimmen kann. Am leichtesten erreicht man die erforderliche Hitze mit einem Holzfeuer. In neuerer Zeit werden elektrische Fritüren (Friteusen) vorgezogen.

Oft wird angeführt, es genüge nicht, den Fisch nur wenige Minuten im Salz liegen zu lassen. Meist steht nicht einmal diese Zeit zur Verfügung. Schlachten, Waschen, Trocknen, Salzen und Einmehlen können unmittelbar einander folgen. Ist das Fett bereits heiß und kann der Fisch sofort eingelegt werden, so hat der Gast den vorher noch lebenden Fisch in 15 Minuten bestens zubereitet auf dem Teller. Der Zeitaufwand für die Zubereitung eines gebackenen Karpfens ist sonach weit geringer als der für einen Braten, ein nicht zu unterschätzender Vorteil auch für den Gastwirt.

Um das Fett nicht zu verderben, werden Milch, Rogen und vor allem die Leber meist gesondert gebacken, sie brauchen auch etwas weniger

Hitze. Besser schmecken die Innereien gebraten. Daß vom Fett der Satz ab und zu entfernt werden muß, sei noch nebenbei erwähnt.

Allerdings fällt es der Hausfrau schwer, allein schon wegen des Fettes, den Karpfen schwimmend im Schmalze zu backen, selbst wenn er zu diesem Zweck in kleinere Stücke zerlegt wird. Wer sich einen gebackenen Karpfen leisten will, gehe deshalb lieber in die Fischküche oder hole sich dieses Spezialgericht von dort nach Hause, um die Hausfrau von ihrer Tätigkeit in der Küche, namentlich an Sonntagen zu entlasten.

Andere Zubereitungsarten, wie Karpfen blau, Karpfen auf polnische Art usw. enthalten die Kochbücher. Hierzu ist nicht viel zu sagen. Kommt bei Karpfen blau der Fisch ungeteilt in den Sud, so wird bei großen Tieren meist die oberste Rückenpartie hinter dem Kopf nicht rechtzeitig gar. Um dies zu vermeiden, schlitzt man den Rücken bis zum Rückgrat auf.

Der Leitspruch der Fischfeinschmecker »vom Karpfen den Kopf, vom Hecht den Schwanz und die Forelle ganz« besteht zu Recht. Der Karpfenliebhaber wird deshalb mit Genuß auch die wohlschmeckenden Bissen am Kopf des Karpfens, wie Gaumen, Backen, Augen, zu finden wissen.

14 Überwintern

Überläßt man den Karpfen die Suche nach einem passenden Winterquartier, so wühlen sie an tieferen Stellen des Weihers runde, flache Gruben aus, in denen sie, mit dem Kopfe schräg abwärts, dichtgedrängt stehen, um eine Art Winterschlaf zu halten. Bei Klareis ist mitunter zu erkennen, daß sie sich nicht völlig ruhig verhalten. Durch fächelnde Bewegungen des Schwanzes suchen sie das Wasser in Bewegung zu versetzen, um es zu durchmischen. Über dem Winterlager schließt sich daher die Eisdecke erst zuletzt. Nun ist aber der größte Teil unserer Weiher nicht dazu geschaffen, den Tieren eine sichere Unterkunft den Winter über zu bieten. An eine Winterung, wie wir den Winterteich nennen, stellen wir wesentlich andere Anforderungen als an einen Sommerteich.

Anforderungen an eine Winterung (Winterteich)

Es werden keine großen Flächen benötigt, da der Karpfen, solange er in der Winterruhe verharrt, so gut wie nichts frißt. Grubenähnliche Winterungen mit einer Fläche von 50–100 m², wie man sie oft bei Kleinteichwirten sieht, sind jedoch auch nicht das Ideale.

Eine Winterung soll möglichst 1,5–2,0 m tief sein. Bei kleinen Winterungen mit reichlichem Zufluß genügt zur Not 1 m. Oft sieht man solche, in denen das vorhandene Gefälle zu wenig ausgenützt wird. So geht beim alten Schlegelverschluß die Höhe der Rinne am Gefälle ver-

Bei strengem Frost sollen am Einlauf einige Quadratmeter vom Eis frei bleiben

loren, wenn nicht ein sogenannter Beischlegel vorhanden ist. Am besten können die Karpfen ihr Bett wohl in sandig-lehmigen Böden bereiten. Eine übermäßige Schlammschicht ist unerwünscht, sie wirkt sauerstoffzehrend, namentlich wenn sie fäulnisfähige Stoffe im Übermaß enthält. Die Sohle darf keine Steine aufweisen. Neugebaute Winterungen sind zunächst sehr vorsichtig zu besetzen, besonders wenn sie vorher nicht einen Sommer lang unter Wasser gestanden haben.

Winterteiche in südseitiger Muldenlage sind zu sehr besonnt. Besser ist eine Nordlage. Die im Winter tiefer stehende Sonne lockt die Karpfen nicht zu früh aus ihrer Winterruhe.

Bäume und Sträucher sollten in der Nähe der Winterteiche nicht geduldet werden. Das im Herbst fallende Laub verdirbt die Güte des Wassers sowohl durch Fäulnis als auch durch Bildung von Gerbsäure.

Der Zulauf muß gleichmäßig sein, eine Forderung, die am sichersten eine ergiebige Quelle erfüllt. Quellwasser ist auch weitgehend frei von Krankheitskeimen. Allerdings kann es beim Austritt aus dem Boden noch zuwenig Sauerstoff enthalten. Es reichert sich aber genügend damit an, wenn der Zulauf zum Weiher etliche Meter offen fließt oder das Wasser von möglichst hoch oben in den Teich fällt.

Man könnte einwenden, Quellwasser wäre zu warm. In strengen Wintern ist aber eine Temperatur um 8 °C gerade das Richtige. Besteht in einem warmen Winter die Gefahr, daß die Karpfen nicht ruhen, so verringere man den Zulauf. Ein Winterteich ist in Ordnung, wenn bei strengstem Frost noch 1–2 m^2 am Einlauf eisfrei bleiben. Das beigegebene Bild zeigt diesen Idealzustand. Es ist noch zu bemerken: Im Bedarfsfall kann der Zufluß zum Winterteich durch eine zweite Röhre über den Teich hinweggeführt werden.

Das Wasser soll die Winterung durchströmen. Doch hüte man sich, ihr einen zu starken Durchfluß zu geben. Die Fische würden in ihrer Winterruhe gestört. In einem strengen Winter hat Quellwasser gegenüber dem Wasser aus einem Bach den Vorteil, daß der Zulauf leichter offenzuhalten ist. Bei unsicherem Zufluß ist es sogar geboten, Wasser in einem oberhalb gelegenen Weiher zu speichern, um sich in sehr strengen Wintern helfen zu können. Ein solcher Speicher muß annähernd 10 000 m^3 fassen, wenn er für 100 Tage täglich 1 l/s liefern soll.

Da man dem Wasser nicht ansieht, ob es sauer oder alkalisch ist, wird der pH-Wert festgestellt. K_2 vertragen zur Not ein pH von 5,5, K_1 aber nicht. Nur zu oft ist das Wasser tatsächlich für K_1 zu sauer, ohne daß dem Teichwirt bisher bewußt war, wodurch die Verluste entstanden sind. Es ist auch möglich, daß der pH-Wert des Wassers zunächst entspricht. Liegt aber das Einzugsgebiet der Quelle in Nadelwäldern und waren Herbst und Sommer trocken, so besteht die Gefahr, daß bei den ersten ergiebigen Niederschlägen oder spätestens bei der Schneeschmelze die im Boden angesammelten Huminsäuren ausgewaschen werden und in mehr oder weniger verdünnter Form im Speisungswasser der Winterung erscheinen. Man kann in solchen Fällen versuchen, das zur Speisung notwendige Wasser auf einer längeren Strecke durch Einlagern von Kalkschotter oder in einem Vorteich durch Kalken (Brannt- oder Löschkalk) zu neutralisieren. Die optimalen Mengen sind durch laufende pH-Messungen zu ermitteln. In saurem Wasser kann auch Eisen gelöst sein. Es fällt aus und bildet auf den Kiemen einen bräunlichen Belag in Form von Eisenhydroxyd. Die Atmung ist behindert, und die Fische sterben. Lassen sich diese Übelstände nicht beheben, so ist der Winterteich unbrauchbar, besonders, wenn derartiges Wasser in der Winterung selbst zum Vorschein kommt.

In die Winterung dürfen keine Abwässer fließen. Auch Wasser aus einem Bach oder Fluß ist zumeist ungeeignet. Besteht doch die Gefahr, daß Krankheitserreger von den dort lebenden Fischen auf die Fische in den Winterteichen übertragen werden, was bei den auf engem Raum zusammengedrängten Fischen zu einem seuchenartigen Auftreten von Krankheiten führen kann.

Weiter muß Schneewasser unbedingt von der Winterung ferngehalten werden, da es sehr kalt ist (0–1 °C). Zudem enthält es wegen seiner niederen Temperatur einen hohen Anteil an CO_2 und ist sauer. Wer es nicht glauben will, prüfe Schmelzwasser mit Thermometer und Indikator. Mit aus diesem Grund ist eine hochwasserfreie Lage unbedingt geboten.

Je sorgfältiger wir den Karpfen ihr winterliches Bett bereiten, desto besser überstehen sie den Winter. Eine Winterung sachgemäß zu pflegen, muß das besondere Anliegen des Teichwirts sein. Aber was sieht man hier nicht alles! Nur zu oft bleiben Winterungen im Frühjahr nach der Abfischung in einem Zustand liegen, wie er sich von selbst ergibt. Erst im Herbst erinnert man sich ihrer und versucht, Schäden notdürftig zu beheben.

Für die Pflege einer Winterung hat sich folgendes Rezept bewährt: Den Winterteich im Frühjahr nach der Abfischung durch Ziehen von Gräben trockenlegen, 0,2–0,25 kg/m² Branntkalk streuen. Der Teichboden soll noch feucht sein, wenn nicht, etwas Wasser einlassen, damit sich eine Lauge bildet. Nach 2–3 Wochen wieder bespannen, große K_2 oder klein gebliebene K_3 einsetzen, Anfang September abfischen, Branntkalk ähnlich wie im Frühjahr geben, 2 Wochen vor der Besetzung 1 kg/m² kohlensauren Kalk streuen. Die Umwelt des Fisches bleibt dadurch den Winter über »hygienischer«. Aus Vorsicht sowohl im Frühjahr als auch im Herbst den pH-Wert vor der Besetzung überprüfen.

Eine Winterung den Sommer über trocken liegen zu lassen und gegebenenfalls landwirtschaftlich zu nutzen, ist wenig sinnvoll. Es besteht die Gefahr, daß die Dämme von Mäusen und Ratten besiedelt werden und nicht mehr dichthalten. Auch aufkommende Pflanzen sind unerwünscht. Selbst wenn sie im Herbst entfernt werden, bleiben Wurzeln zurück, die zu faulen beginnen. Mit aus diesem Grund besetzt der Teichwirt seine Winterung im Frühjahr mit großen Fischen, die den Boden bearbeiten und das Wasser trüben. Die Fische sollten nicht gefüttert werden, um eine Anreicherung von Exkrementen und die Bildung einer übermäßigen, sauerstoffzehrenden Schlammschicht zu verhindern. Aus dem gleichen Grund sollte auch von einer Düngung abgesehen werden. Die vorgeschlagene Kalkung im Frühjahr und Spätsommer dient der Sanierung des Teichbodens. Je »sauberer« der Boden gehalten wird, desto besser überwintern die Karpfen, desto weniger sind sie von Krankheiten bedroht. Ein Winterteich mit sandig-lehmigem Boden, frei von einem Übermaß organischer Stoffe, ist erfahrungsgemäß am zuverlässigsten.

Oft wird die Frage gestellt: Soll man auf einer Winterung Wintersport zulassen? Wegen der damit verbundenen Beunruhigung ist davon abzuraten und eine unbefugte Ausübung durch Sandstreuen, vermischt mit Branntkalk, zu unterbinden. Streusalz in geringen Mengen erfüllt den gleichen Zweck.

Das Besetzen der Winterteiche

Satzfische sollten »wohlbeleibt« die Winterruhe antreten. Nehmen wir folgenden Fall an: Heranwachsende K_2 haben bereits Anfang August das gewünschte Stückgewicht erreicht. Ihre Fütterung wurde deshalb eingestellt. Bald ist bei der heute üblichen Überbesetzung auch die natürliche Nahrung aufgezehrt, und die Fische hungern. Reicht der Teichwirt nicht im September nochmals Futter, so hat der K_2 für die Wintermonate nicht die notwendige Kondition; er wird schlecht überwintern. Noch mehr gilt dies für K_1, die bei ihrer geringen Größe nicht allzuviel an Körpersubstanz zuzusetzen haben.

Teiche mit Satzfischen sollten erst gefischt werden, wenn das Weiherwasser hell wird, wenn also die Fische nicht mehr nach Nahrung suchen und sich auf die Winterruhe eingestellt haben. Nach der Überführung in die Winterung sollten sich keine Fische an der Oberfläche zeigen, ein sicheres Merkmal, daß ihnen das Winterlager behagt.

Ob die Karpfen gut oder schlecht überwintern, hängt schließlich noch davon ab, wie sie im Herbst bei der Abfischung behandelt werden. Verletzungen der Haut heilen den Winter über nicht aus, sie können allmählich zum Tode führen, da Schimmelpilze auf den Wundstellen wuchern. Kranke oder verletzte Tiere sind daher auszuscheiden. Egel und Läuse stören die Winterruhe. Befallene Fische müssen deshalb unbedingt vorher von diesen Parasiten befreit werden. Man hüte sich auch, die Fische, vor allem nach längerem Transport, einfach in die Winterung zu »werfen«. Sie sollten mindestens $^1/_2$ Stunde aufgesetzt werden. Der richtige Zeitpunkt zum Einlassen ist gegeben, wenn sich die Karpfen nicht mehr an der Wasseroberfläche zeigen. Das gleiche gilt für die Besetzung der Teiche im Frühjahr. Jedenfalls darf man die Fische nicht ausgerechnet über der tiefsten Stelle des Teiches einbringen. Sie sind an flacheren Stellen einzusetzen, damit sie die Möglichkeit haben, ihre Schwimmblase allmählich dem Wasserdruck anzupassen.

Allgemein gültige Zahlen für die Besetzung von Winterungen sind schwer zu geben. Der zulässige Besatz richtet sich im wesentlichen nach dem Wasserzulauf und der Teichtiefe. So lassen sich z. B. in einer

1/4 ha großen und 1,5 m tiefen Winterung 2–2,5 t zwei- oder dreisömmerige Karpfen ohne Schwierigkeiten wintern, wenn der Zulauf 1–2 l/s beträgt.

An Zahlen werden in der Literatur genannt: 20–40 K_1 und 5–10 K_2 je m^2. Je rauher der K_2 aufgezogen wurde, je kleiner er geblieben ist, desto leichter übersteht er den Winter und desto dichter dürfen wir die Winterung belegen. Je mehr der K_2 im Wachstum getrieben wurde, desto anfälliger wird er gegen Krankheiten und um so größeren Raum

Abräumen des Schnees, um dem Phytoplankton Licht zu spenden

müssen wir ihm von vornherein für eine gesunde Überwinterung zumessen. Das gleiche gilt für K_1. Selbst bei aller Vorsorge verlieren Karpfen und Schleien den Winter über im Durchschnitt 10 Prozent ihres Gewichtes.

Oft wird versucht und auch empfohlen, K_1 und K_2 im Herbst und im Winter bei anhaltender, warmer Witterung zu füttern, namentlich, wenn Sonnenschein sie noch dazu verlockt, die Winterruhe abzubrechen. Es ist dann gut, etwas Futter zu reichen. Denn die Fische stehen in der Winterung dicht gedrängt wie in einem Stall, so daß sie einen etwaigen Hunger nicht mit natürlicher Nahrung zu stillen vermögen. Folgen Frosttage, so ist die Fütterung aber sofort wieder einzustellen. Kaltblüter vermögen ohnehin bei niederen Temperaturen aufgenommene Nahrung kaum zu verdauen. Weiter ist jede Fütterung zugleich eine Düngung; denn der Fisch verrichtet sein Geschäft in das Wasser. Wir können aber seinen Stall nicht ausmisten. Im Herbst bei fallenden Temperaturen setzt sich der ausgeschiedene Harn und Kot zudem nicht derart rasch und gefahrlos um wie im Sommer. Je mehr sich Exkremente im Laufe des Winters häufen, desto bedenklicher wird die Situation, besonders, wenn nicht aufgenommene und verderbende Futterreste mit am Sauerstoffgehalt des Wassers zehren. Daß die Karpfen in einem solchen Stall — das richtige Wort wäre wohl Saustall — den Winter nicht gut überstehen und sich mit einer Krankheit infizieren, insbesondere mit der BWS oder der Grießkörnchenkrankheit, liegt nahe.

Mit einer Fütterung im Frühjahr, sobald der Karpfen aus dem Winterlager aufgestanden ist und nach Nahrung sucht, kann man sich eher einverstanden erklären, um den Fisch für die überstandenen und noch zu bestehenden Strapazen zu stärken. Es sind nun Futtermittel zu reichen, die der Karpfen gern nimmt. Sojaschrot eignet sich. Besser als Gerstenschrot dürfte Malzschrot sein. Haferflocken, dieses ausgezeichnete Futter für Jungtiere, werden gierig gefressen. Man darf aber nicht zu viel geben, denn sie überfressen sich leicht.

Gute Erfahrungen liegen auch mit dem Kükenfutter Muskator und mit den Trockenfuttermitteln für Forellen vor. Noch geeigneter sind die für die Karpfenfütterung hergestellten Spezialfuttermittel, auf die wir im Kapitel Fütterung der Karpfen bereits eingegangen sind. Enthalten sie neben den üblichen Wirkstoffen auch ein Antibiotikum, so bieten sie zugleich einen wirksamen Schutz gegen eine BWS-Anstekkung. Da es sich beim Füttern im Frühjahr eher um Verabreichen einer Medizin handelt und daher verhältnismäßig geringe Mengen erforderlich sind, erscheint ein höherer Futterpreis hier wirtschaftlich tragbar. Praktiker empfehlen 50–100 g pro K_2. Sie raten auch dazu, im Herbst zeitgerecht vor der Einwinterung 100–200 g zu geben. Für K_1 etwa $1/3$ der Mengen wie für K_2.

Wann sind Karpfen nun aus den Winterteichen in die Sommerteiche umzusetzen? Der richtige Zeitpunkt ergibt sich aus dem Verhalten der Karpfen selbst. Sie stehen an den ersten warmen Tagen aus dem Winterlager auf, beginnen bei der Suche nach Nahrung das Wasser zu trüben und nehmen auch angebotene Futtermittel. Die Sommerteiche sollten bereits 14 Tage vorher unter Wasser stehen; denn Plankton entwickelt sich gleichzeitig mit der Erwärmung des Wassers. Halten wir uns an diese Bedingungen, so fällt es den Karpfen nicht schwer, sich einzugewöhnen und sich von den Strapazen des überstandenen Winters zu erholen.

Sonderregeln für das Überwintern von K_1

Einsömmerige Karpfen sind ungleich schwerer zu wintern als ältere Tiere. Sie vertragen kein Zusammendrängen in grubenähnlichen Winterungen, noch dazu, wenn sie das Lager mit größeren Fischen teilen sollen. Stellen wir uns vor, ein Laicher oder ein anderer größerer

Fisch würde sich darunter befinden, so schreckt er schon beim Wegschwimmen die kleineren unsanft aus ihrer Ruhe auf. Soweit die K_1 dann überhaupt den Winter überstehen, sind sie meist hohläugig und krank. Einsömmerige müssen unbedingt für sich in Teichen gewintert werden. Sie überwintern am besten, wenn wir sie in den Aufzuchtteichen belassen können. Man sollte auch tunlichst vermeiden, K_1 aus verschiedenen Teichen zusammen in einer Winterung

Pumpen von Grundwasser und Sprühen durch Düsen in den Winterteich

unterzubringen, um möglicher Übertragung von Krankheiten und Parasiten vorzubeugen. Die Verluste beim Abwachsen zum K_2 sind bei derart gewinterten K_1 oft beträchtlich. Zum Überwintern von K_1 werden also im Gegensatz zu der von K_2 größere Teichflächen benötigt. K_2 lassen sich wohl in kleineren tümpelartigen, mit Quellwasser gespeisten Teichen gut durch den Winter bringen, nicht aber K_1. Sie kommen darin nicht zur Ruhe, da das Wasser zu warm ist.

Ein Sonderfall: Ist anzunehmen, daß Ektoparasiten (Fischegel, Karpfenläuse) K_1 in hohem Maß befallen haben, erscheint es besser, abzufischen, die K_1 in Kalkmilch oder Masoten zu baden und derart »gereinigt« in den Teich zurückzusetzen. Gefährlich ist außerdem eine bis zum Herbst währende und dann erst absterbende Wasserblüte. In einem solchen Fall ist der Teich vorübergehend bis auf die Höhe des Hauptgrabens abzulassen.

Wie im Kapitel »Aufzucht der Jungkarpfen« bereits ausgeführt, sollten K_1 auch nicht zusammen mit älteren Jahrgängen aufgezogen werden. Nur dann ist es möglich, sie durch rechtzeitige Beifütterung im Laufe des Sommers und vor allem gegen den Herbst zu auf die nötige

Kondition zu bringen. Es erübrigt sich dann zumeist eine Beifütterung den Winter über. Wohl ist es aber ratsam, gegen Ausgang des Winters mit der Fütterung zu beginnen, auch deshalb, weil K_1 in die Sommerteiche erst überführt werden sollten, wenn sie darin bereits Nahrung vorfinden. Es ist deshalb von jeher üblich, bei der Abfischung der Winterteiche mit den K_2 zu beginnen.

Wie sehr sich die Frühjahrsfütterung lohnen kann, lehrt folgendes Beispiel: Ein erheblicher Teil der abgefischten K_1 war schwach, ja sogar hohläugig. Sie wurden ausgeschieden, in eine passende Winterung zurückversetzt und 4—5 Wochen mit geeigneten Futtermitteln hochgepäppelt. Mehr als 50% ließen sich auf diese Weise retten. Der Prozentsatz liegt um so höher, je wärmer das Frühjahr ist. Dasselbe ist mit K_2 möglich.

Nun gibt es wohl Fälle, in denen K_1 den Winter über nicht im Aufzuchtteich belassen werden können. Ist nun anzuraten, solche K_1 sehr spät zu fischen, vielleicht noch später als K_2? K_1 reagieren auf Eingriffe in ihr junges Leben, also gegen eine Abfischung im Herbst und gegen eine Versetzung in andere Verhältnisse, weit empfindlicher als die widerstandsfähigeren K_2, noch dazu, wenn sie wenig fachgerecht behandelt werden. Erlauben es die Gegebenheiten, so sind sie derart zeitig umzusetzen, daß sie noch die Möglichkeit finden, sich neuen Verhältnissen anzupassen. Dabei müßte es sich um Teiche handeln, die noch Naturnahrung bieten und in denen die Fischchen zunächst auch noch gefüttert werden können Der späteste Termin wäre wohl der Monat September. Zur Not können im Herbst abgefischte K_1 solchen beigesetzt werden, die in den Aufzuchtteichen stehenbleiben, vorausgesetzt, daß sich die Gesamtzahl in vertretbaren Grenzen hält (30000 bis 40000 K_1/ha).

Maßnahmen beim Fischaufstand

In strengen Wintern besteht bei unzureichendem Zufluß die Gefahr, daß die Fische aus dem Winterlager aufstehen und luftschnappend unter dem Eis am Einlauf oder an den Rändern des Teiches erscheinen. Droht ein solcher »Fischaufstand« oder liegt er bereits vor, so sind folgende Maßnahmen zu empfehlen:

1. Abräumen des Schnees, damit Licht durch das Eis ins Wasser dringt. Die Kleinalgen assimilieren und scheiden dabei Sauerstoff aus. Dies ist aber nur dann sinnvoll, wenn das Eis klar ist und nicht aus einem Gemisch aus Schnee und Eis besteht.
2. Regelmäßiges Aufeisen und Überdecken des Zu- und Ablaufes mit Stroh, Schilf oder dergleichen, um das Einfrieren zu verhindern. Es bewährt sich hierbei sehr, über den Mönch eine Haube aus Streu zu schütten, die durch ein kleines Gerüst um den Mönch den nötigen

Halt erhält. Früher wurde geraten, Löcher ins Eis zu schlagen und Stroh oder Schilf in diese zu stecken. Man wollte vor allem damit erreichen, daß die unter der Eisdecke sich ansammelnden Gase entweichen. Besser erscheint, die Stellen unmittelbar am Ein- und Auslauf durch Überdecken freizuhalten.

3. Man staut die Winterung im Herbst sehr hoch an und senkt den Wasserspiegel um 20—30 cm, sobald sich eine dicke Eisschicht gebildet hat. Dadurch entsteht zwischen Eis und Wasser ein Luftpolster, besonders wenn die Eisdecke durch ein im Herbst aufgestelltes Stangengerüst in ihrer Lage gehalten wird.
4. Läuft überhaupt kein Wasser zu, so sind größere Flächen der Winterung, namentlich an wärmeren Tagen, abzueisen, nicht gerade über der tiefsten Stelle, sondern mehr gegen die Ränder zu. Umwälzen des Wassers mittels einer Motorpumpe und Drücken des Wasserstrahles durch eine Düse, aber dabei keinen Schlamm aufrühren. Noch besser ist das Zupumpen von Wasser aus einem Brunnen oder einer anderen Wasserstelle, besonders wenn deren Temperatur über 4 °C liegt. Einfacher erscheint das Hineinpumpen von Luft. Am besten eignet sich hierzu der Drucklufterzeuger eines Lastkraftwagens. Den Schlauch an eine Stange binden, damit man von verschiedenen Stellen an das Winterlager herankommt. Oft hilft man sich auch durch Zufuhr von Sauerstoff aus Flaschen, vorausgesetzt, daß man die Apparatur besitzt, wie sie zum Transport von Fischen in Gebrauch ist.

   Hält der Winter sehr lange an, so ist dieses Verfahren nicht nur kostspielig, sondern auch höchst unsicher. Eine bittere, aber auch heilsame Lehre war der Winter 1962/63. Es besteht die Gefahr, daß sich die Fische mit der Zeit verkühlen, weil durch die hineingepumpte kalte Luft die Temperatur des Wassers allmählich unter 4 °C sinkt, die Eisdecke an Dicke zunimmt und schließlich alles Wasser zu Eis erstarrt.
5. Abfangen der Fische, die an den Einlauf kommen, und Umsetzen in gut durchflossene Hälter oder andere Winterungen. Achtung: Fische möglichst nicht eisiger Luft aussetzen: Die Haut leidet Schaden und löst sich in Fetzen ab.
6. Aufeisen der Winterung abseits des Winterlagers, Einbringen von kohlensaurem Kalk, wöchentlich 10—20 kg auf 100 m² — es darf darunter auch etwas Brannt- oder Löschkalk sein —, um das mit Kohlensäure angereicherte Wasser zu entgiften. Der Kalk vermag das Wasser auch allgemein zu verbessern.
7. Die größte Gefahr droht, wenn nach einer längeren Frostperiode das Barometer fällt und ein Witterungsumschlag unmittelbar bevorsteht. Gerade bei kleineren, unzureichenden Winterungen wird es dann höchste Zeit, um eine möglichst große Fläche abzueisen, damit die Luft wieder freien Zutritt findet.

Lehrreiches Beispiel aus der Praxis

Zum Schluß noch ein lehrreiches Beispiel aus der Praxis, namentlich auch deshalb, um zusammenhängende Vorgänge und Maßnahmen in einem Winterteich darlegen zu können.

ANTON HESS aus der Gegend von Karlsbad kaufte im Jahre 1959 alte, aufgelassene Teiche in der Gegend von Roth bei Nürnberg, um sie zu einem teichwirtschaftlichen Hauptbetrieb mit einer Wasserfläche von 12 ha auszubauen. Die Bohrung nach Wasser erbrachte artesisch gespanntes Wasser mit einer Schüttung von ca. 1 l/s, einem pH-Wert von 6,5 und einem geringen Eisen- und Mangangehalt. Auch im vorliegenden Betrieb bildet die Überwinterung der Satzsfiche das Hauptproblem; denn in strengen Wintern reicht der natürliche Zufluß an Wasser, auch das aus dem artesischen Brunnen bei weitem nicht aus. Es erwies sich als notwendig, eine Wassermenge von etwa 2 l/s durch eine Unterwasserpumpe zu fördern und mit einem Druck von 2—3 Bar (2—3 atü) mittels frei verlegter Kunststoffschläuche (3/4 Zoll ∅) zu 5 Winterteichen zu leiten, besetzt mit K_1, K_2 und Laichern. Aus Düsen wird es schräg auf die Wasseroberfläche gespritzt. Dadurch entsteht die beste Anreicherung mit Sauerstoff. Temperatur am Einlauf 8—9 °C, am Auslauf 4—5 °C. Selbst bei strengster Kälte bleibt eine Fläche von 100—200 m^2 am Einlauf frei von Eis. Der Winterteich, in dem 15 000 K_2 auf einer Fläche von 0,3 ha ruhen, wird aus zwei Düsen gespeist, der Sauerstoff täglich gemessen, darf er doch nicht unter 1,5 mg/l sinken. Das Säurebindungsvermögen wird laufend überprüft und durch Kalken auf einem Stand von 3,5—4 gehalten.

Zusätzlich werden bei Klareis Flächen von 30—40 m^2 vom Schnee freigemacht, je ha etwa 9—12 an der Zahl, damit die Algen assimilieren und das Wasser zusätzlich mit Sauerstoff versorgen.

Nachts, wenn Pflanzen dissimilieren und Sauerstoff verbrauchen, sollte man sich, wie es auch HESS hält, vor allem nach den Fischen umsehen. Ein sinnig konstruierter Wecker warnt, wenn der Elektromotor mit dem Pumpen von Wasser plötzlich aussetzt. Für solchen Notfall ist ein Benzinmotor zum Umwälzen des Wassers vorgesehen.

Auf diese Weise wintert HESS seine Satzfische seit 1961 ohne Verluste, selbst im strengen Winter 1962/63. Nur einmal, und zwar 1969/1970 kam es zu einer Katastrophe. Der Herbst war schön. Durch die starke Sonneneinstrahlung war noch ein Übermaß an Phytoplankton vorhanden. Anfang November setzte Frost ein, und es schneite noch dazu, so daß sich kein Klareis bildete. Den Algen mangelte es an Licht zum Assimilieren und sie starben schlagartig nach etwa 6 Wochen ab. Trotz Einspritzen von Brunnenwasser und Umwälzen des Weiherwassers sank der Sauerstoffgehalt auf 0,3—0,5 mg/l und der CO_2-Gehalt stieg an. Von 2500 K_2 überlebten nur 36. Forellenzüchter suchen bei Wassermangel den Teichen Sauerstoff durch Luftgebläse zuzuführen.

Die von den verschiedenen Gerätetypen geförderte Luftmenge von 1,5 bis 5 m^3/min besagt indes nicht viel. Maßgebend für den Belüftungseffekt ist die tatsächlich im Wasser in Lösung gehende Sauerstoffmenge. Theoretisch wäre es also sinnvoll, die Ausströmer möglichst tief im Wasser unterzubringen, damit die eingeblasene Luft einen möglichst langen Weg bis an die Oberfläche zurückzulegen hat. Als Ausströmer haben sich Keramikkörper, die je nach der Wassertiefe schwimmend im Wasser und nicht zu nahe an der Teichsohle aufgehängt werden, besser bewährt als Schlauchausströmer.

Versucht man nun bei Wassermangel Luft in die Winterteiche einzublasen, so ist eine Auskühlung der tieferen Wasserschichten die Folge, es sei denn, die Luft wird durch das Gebläse erwärmt. Das Wasser wird andererseits auch verbraucht, selbst wenn es noch so sehr mit Sauerstoff angereichert wird; denn ein gleichzeitig ansteigender CO_2-Gehalt, wie er in kaltem Wasser möglich ist, kann zu Fischschädigungen führen. Weiterhin besteht die Gefahr, daß die Winterruhe der Karpfen durch das Geräusch der ausströmenden Luft gestört wird. Noch schlimmer ist das Aufwirbeln von Schlamm. Läßt sich notfalls Sauerstoff als im Wasser gelöst aus einer Wasserleitung oder durch Pumpen anstelle von Luft zuführen, so ist der natürliche Vorgang der Sauerstoffzufuhr gewährleistet. Dieses Verfahren ist deshalb allen anderen vorzuziehen.

15 Transport

Versand

Mit am schwierigsten von allen Tieren sind lebende Fische zu transportieren. Wieviel Lehrgeld müssen Anfänger zahlen, wie oft erleben selbst geübte Praktiker, daß Transporte »verunglücken«.

Früher beförderte man lebende Fische zumeist in ovalen Holzfässern (Schaukelfässern). Das Faß und das Wasser darin blieben durch die Stöße des Wagens in ständiger Bewegung und reicherte sich mit Luft an.

Heute hilft man sich bei Fischtransporten meist mit Sauerstoffzufuhr. Die länglichen Fischfässer eignen sich hierzu weniger. Vorteilhafter sind beckenartige Behälter; denn je höher das Gefäß ist, desto besser vermengt sich der dicht über dem Boden zugeführte Sauerstoff mit dem darin befindlichen Wasser. Der Vorgang: Der in der Flasche komprimierte Sauerstoff kann durch ein Druckminderungsventil nur in einer genau bestimmbaren Menge entweichen. Ein Gummischlauch führt ihn zu einem auf dem Gefäßboden liegenden Ausströmer, aus dem er in Blasen aufsteigt. Sind mehrere Gefäße zu befördern, so verwendet man nur eine große Sauerstoffflasche, von der ein Verteiler mit mehreren Anschlüssen abzweigt. Der Sauerstoff soll in kleinen Perlen ausströmen, das Wasser darf nicht wirbeln. Ist der Behälter mit Fischen besetzt und fließt Sauerstoff in der richtigen Menge zu, so zeigt sich nach einiger Zeit auf der Wasseroberfläche eine etwa zweifingerdicke Schaumborte, ein Hinweis, daß die Sauerstoffzuführung richtig funktioniert.

Sauerstoffflasche mit Manometer, Druckminderungsventil, Verteiler mit zwei Anschlüssen. Der Ausströmer ist ein dünner Plastikschlauch mit feinen Poren

Durch den zugeführten Sauerstoff ist es möglich, in derselben Wassermenge das Doppelte bis Dreifache an Fischen zu transportieren wie ohne Sauerstoffzufuhr. Weiterer Vorteil: Die Fische sind nicht mehr gefährdet, wenn die Bewegung des Wassers bei längerem Aufenthalt unterbleibt.

Großbehälter aus verzinktem Eisenblech oder aus Aluminium, wie man sie bei Fischhändlern sieht, haben den Nachteil, daß das Transportwasser schnell die Außentemperatur annimmt. Es ist deshalb bedenklich, Satzfische in solchen Becken an sehr warmen oder sehr kalten Tagen zu befördern.

Der beste Werkstoff für Fischtransportgefäße ist derzeit *Polyester mit Glasfasern* verstärkt, auch des geringeren Gewichtes wegen. So wiegt ein 1000-l-Behälter nur etwa 50 kg. Zudem ist Polyester ein geringerer Wärmeleiter als Metall. Größere Behälter erhalten noch zusätzlich eine isolierende Schicht. Weitere Eigenschaften: glatte Innenflächen, schmiedeeiserne Handgriffe, Messingablaufventil. Dieses ist allein schon der Reinigung wegen erforderlich. Das Gefäß soll auch nicht zu hoch sein; denn bei einer Höhe über 1 m fällt es zunehmend schwerer, Fische herauszufangen. Bei größeren Behältern ist eine Ablaufschleuse zweckmäßig, um die Fische mit einer angesetzten Ablaufrinne ins Wasser rutschen zu lassen. Der wasserdicht verschließbare Deckel ist entweder eine Klappe oder abnehmbar. Als Sauerstoffausströmer dient ein poröser Spezialschlauch, der auf einem Stahlrahmen montiert, der Größe des Behälters angepaßt ist. Man kann ihn für kleinere Gefäße behelfsmäßig auch in der Weise herstellen, daß man in einen Gummi- oder Plastikschlauch eine hinreichende Anzahl von Löchern mit einer Nadel sticht.

Der Preis für derartige Behälter liegt pro Liter Inhalt bei 1,50 bis 2,– DM. Die abgebildeten Transportbehälter der Fa. Karl von Keitz werden in Größen von 80–200 l für Pkw-Kofferräume oder Pkw-Kombi und in Größen von 350–2700 l für Lkw hergestellt. Am besten läßt sich der Kofferraum eines Pkw in der Weise ausnutzen, daß ein aus Plastik gefertigter Behälter verwendet wird, der gut hineinpaßt.

Statt Sauerstoff kann man auch Luft zuführen und den hierzu notwendigen Kompressor an die Batterie des Pkw oder Lkw anschließen. Dabei ist darauf zu achten, daß die Voltzahl des Kompressors, der die Luft zuführt, auf die der Batterie eingestellt ist. Da der Transport der Karpfen meist in die kühlere Jahreszeit fällt, bewährt sich auch diese Art der Anreicherung des Wassers mit Sauerstoff.

Kleinteichwirte sind geneigt, Gefäße behelfsmäßiger Art zu verwenden und diese auf einem Anhänger unterzubringen; denn ein Anhänger läßt sich wegen seiner geringeren Bordhöhe leichter beladen. So eignen sich größere Becken, die aus Brauereien, Molkereien als unbrauchbar ausgeschieden werden, noch sehr wohl zum Fischtransport. Das Allereinfachste sind Kisten aus zölligen Brettern, die annähernd auf den Anhänger passen und etwa 1 m^3 Inhalt haben. Statt Blech genügen eingeschweißte Polyäthylenfolien oder eingestülpte Kunststoffplanen.

Eine besonders praktische Versandart, selbst auf weite Entfernungen, ist die von Fischbrut im *Plastikbeutel,* wie auf S. 267 beschrieben. Es ist noch hinzuzufügen: Nicht rauchen beim Hantieren mit Plastikbeuteln! Der enthaltene Sauerstoff könnte explodieren! Neuerdings gibt es auch Gefäße aus Polyester, die sich in ähnlicher Weise mit Sauerstoff füllen lassen.

Man legt den Beutel unverpackt in den Kofferraum. Beim Versand mit der Bahn genügt ein Karton, in dem der Beutel mit Styropor oder Sägemehl isoliert verpackt ist. Neuerdings gibt es zum Versand eigene Styroportönnchen.

Nur zu oft stellt man fest, daß selbst Teichwirte mit größerer Produktion über keine geeigneten Transportgefäße verfügen. Diese Einstellung behindert die Verkaufsmöglichkeiten. Oft sind nicht einmal Aufzüchter in der Lage, Satzfische auf größere Entfernungen zu transportieren. Für alle, die es angeht, ist es höchste Zeit, sich entsprechend einzurichten, wenn sie konkurrenzfähig bleiben wollen. Es ist auch zu raten, sich bei anderen Teichwirten umzusehen, was noch anzuschaffen ist.

Berechnung der für den Transport notwendigen Wassermenge

Die für einen Transport notwendige Wassermenge hängt von der Temperatur des Wassers, der Dauer des Transports sowie der Art und Größe der Fische ab.

Je kälter das Wasser ist, desto mehr Sauerstoff enthält es und desto weniger Sauerstoff brauchen die Fische, da sie ruhiger bleiben. Für Zweisömmerige ist bis zu 50% und für Einsömmerige bis zu 200% mehr Wasser zu nehmen als für das gleiche Gewicht an Speisekarpfen. Die Menge des Transportwassers hängt also nicht nur vom Gewicht, sondern auch von der Anzahl der Fische ab (atmende Mäuler).

Schleien sind weniger sauerstoffbedürftig als Karpfen. Beim Hecht muß man vorsichtig sein. Forellen sind noch empfindlicher. Man kann in der gleichen Wassermenge höchstens die Hälfte des Gewichts versenden, das für Karpfen zulässig wäre.

Ferner ist zu beachten: Fische, die weit verschickt werden, müssen sich innerlich und äußerlich gereinigt haben, damit das Transportwasser nicht verschmutzt wird. Man darf deshalb Fische nicht unmittelbar nach einer Abfischung verladen. Verletzte und kranke Fische sind auszuscheiden, sie sterben zum Teil noch während des Transportes. Die Gefäße füllt man am besten mit dem Wasser einer Quelle. Es ist sauber und hat auch die richtige Temperatur. Nicht minder eignet sich Leitungswasser, vorausgesetzt, daß es ungechlort ist. Daß Karpfen im Herbst bei niederen Temperaturen enger geladen werden dürfen als im Frühjahr bei höheren Temperaturen, ist allgemein bekannt, ebenso aber auch, daß der Versand der Vorstreckbrut am schwierigsten ist, da er in die heiße Jahreszeit fällt. Sorgfältige Züchter geben deshalb die Vorstreckbrut nicht an den Weihern, sondern aus Hältern ab, die ein

W. Hopke beim Füllen eines Plastikbeutels

Sauerstoffausströmer mit porösem Spezialschlauch. Hersteller: K. v. Keitz, Poppenhausen

Abtemperieren auf kühleres Wasser zulassen. Dies ist um so mehr geboten, als es immer wieder Teichwirte wagen, kleinere Fische in den denkbar ungeeigneten Milchkannen (geringe Wasseroberfläche, hohe Erwärmung des Wassers) abzuholen.

Schließlich ist es ein erheblicher Unterschied, ob Satzfische oder Speisefische transportiert werden sollen. Bei Karpfen, die binnen weniger Tage verbraucht werden, kann man sich zur Not mit einer Beförderung einverstanden erklären, wie sie bei Fischhändlern üblich ist. Die Karpfen stehen und liegen dicht gedrängt in den Becken. Sie halten den Transport nur durch reichliche Sauerstoffzuführung aus. Mit Satzfischen in gleicher Weise umzugehen, wäre zu gewagt. Das Wasser ist reichlicher zu bemessen, die Fische müssen darin noch schwimmen können. Schädigungen von Satzfischen durch übermäßiges Zuführen von Luft oder Sauerstoff sind durchaus möglich, wenn z. B. Fische aus einem Wasser mit hohem Gasdruck plötzlich in normales Wasser versetzt werden. Die im Blut im Übermaß enthaltenen Gase werden unter der Haut in kleinen Bläschen ausgeschieden (Gasblasenkrankheit). Es ist deshalb geboten, bei einer teilweisen Entnahme von Fischen aus einem Transportbehälter die Sauerstoffzufuhr der Restmenge anzupassen. Bei Transporten, die erhebliche Zeit beanspruchen, ist vorzuplanen, wo das Wasser gewechselt werden kann. Die Fische fühlen sich sofort wieder wohler und sind weniger streßgefährdet. Man merke sich: Übermäßige Sauerstoffzuführung führt zu Verbrennungen der Kiemenblättchen, sie werden feuerrot. Auch die Schleimhaut ist gefährdet, Schleimfäden werden im Wasser erkennbar. Der oft unerklärliche Tod von Fischen nach der Besetzung der Teiche kann die Folge einer übermäßigen Sauerstoffzuführung sein.

Faustregel für die zulässige Beladung eines 100 l fassenden Transportgefäßes mit Sauerstoffzuführung bei einer Transportdauer von 5

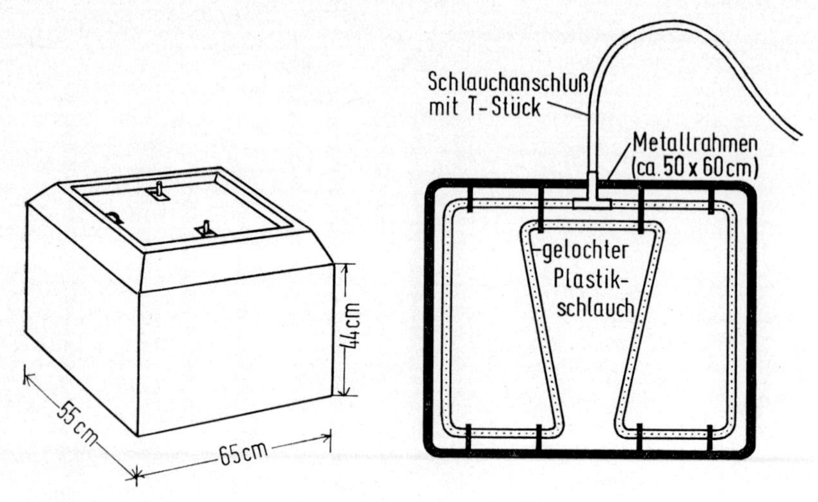

Links: Kofferraumtransportbehälter für Pkw. Inhalt 100 bis 150 l. Rechts: Flächenausströmer für Kofferraumgerät

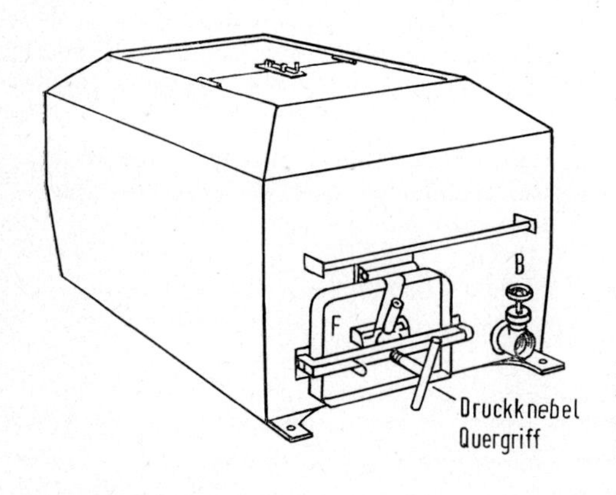

Batteriebehälter für Lastkraftwagen. Große Fischschleuse (F), Bodenschieber (B) zum Wasseraustausch

Stunden: entweder 50 kg K_3, 40 kg K_2, 1000 K_1 9–12 cm, 2000 K_1 6 – 9 cm oder 5000 K_v. Diese Zahlen gelten auch für eine längere Transportdauer, vorausgesetzt, daß das Transportwasser sauber bleibt oder daß es zur rechten Zeit erneuert wird. Bei Transportgefäßen mit mehr als 100 l errechnet sich die zulässige Beladung dem größeren Rauminhalt entsprechend.

Mit Absicht sind die Zahlen für die zulässige Beladung nicht hoch angesetzt. Es ist deshalb wohl möglich, an kühlen Herbsttagen bis zu 50% mehr zu laden. An schwülen Tagen im Frühjahr kann es aber auch notwendig sein, die Zahlen bis zu 50% zu kürzen. Das richtige

Maß zu treffen, dazu gehört Erfahrung und ein gewisses Fingerspitzengefühl.

Sauerstoffverbrauch

Rauminhalt des Transportbehälters l	Rauminhalt der Stahlflasche l	Sauerstoffinhalt der Stahlflasche l	Ausreichend für Std.
50	3	450	10–20
100	5	750	25–30
150	7	1050	30–40
500	10	1500	10–20

Für mehrere Großbehälter eignen sich Stahlflaschen mit einem Rauminhalt von 40 l = 6 m³ Sauerstoff. In der Regel nimmt man eine zweite Flasche als Reserve mit. Bei der angegebenen Stundenzahl wird vorausgesetzt, daß die Stahlflasche bei Beginn des Transportes voll gefüllt (125–150 Bar = 125–150 atü) und daß das Druckminderungsventil richtig eingestellt ist.

Bei der weiter wachsenden Motorisierung kommt dem Versand mit der Bundesbahn nur noch eine untergeordnete Bedeutung zu, zumal

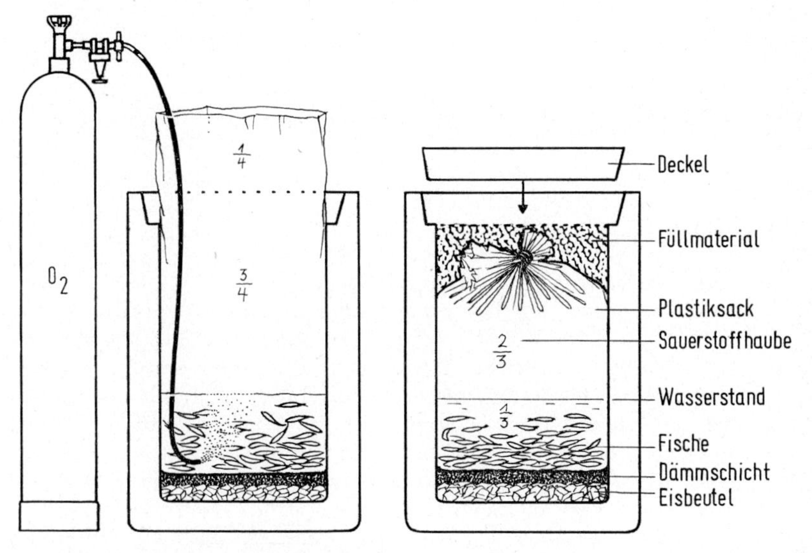

Links: Füllen eines Plastiksackes in Styroporbehälter. Rechts: Styropor-trommel mit versandfertigem Plastiksack

die früheren günstigen Sondertarife aufgehoben sind. In der Regel werden deshalb nur noch Lieferungen an Kleinabnehmer auf weite Entfernungen durchgeführt. Da der Stückgutverkehr weitgehend eingeschränkt ist, kann man eine rechtzeitige Ankunft nur im Expreßgutverkehr erwarten.

Einschränkende Bestimmungen über die Transportgefäße sind zu beachten. Sie müssen wasserdichte Verpackung gewährleisten. Handelsübliche Plastikfässer, wie sie in der Chemie verwendet werden, haben auch beim Versand der Fische Eingang gefunden. Firmen für Fischereibedarf führen derartige Gefäße. Luftdichte Druckbehälter in Faß- oder Kannenform entsprechen mit einem Rauminhalt bis zu 150 l den früher verwendeten offenen Sauerstoffkübeln und kommen vor allem für den Versand größerer Fische in Frage.

Selbst der Fischversand in Spezialwaggons gehört schon fast der Vergangenheit an. Der Transport mit Lastkraftwagen ist einfacher und schneller. Es entfallen der Transport aus dem Hälter zum Bahnhof und vom Bahnhof zum Hälter, außerdem das lästige Warten und Rangieren auf den Bahnhöfen. Nach F. VOLLMANN-SCHIPPER verringert sich die Transportzeit (1/5) und damit auch die bedenkliche Streßgefährdung von Satzfischen.

16 Schädigungen und Feinde

Fischdiebe

Wir beginnen unsere Aufzählung mit dem Fischdieb. Das Gesetz unterscheidet zwischen den Fischen der offenen und der geschlossenen Gewässer. § 960 BGB lautet: »Wilde Tiere sind herrenlos, solange sie sich in der Freiheit befinden. Fische in Teichen oder in anderen geschlossenen Privatgewässern sind nicht herrenlos.« Wer sich also Fische aus einem fremden Teich aneignet, ist ein Dieb. Weiter heißt es: »Erlangt ein gefangenes wildes Tier die Freiheit wieder, so wird es herrenlos, wenn nicht der Eigentümer das Tier unverzüglich verfolgt oder wenn er die Verfolgung aufgibt.«

Der Teichwirt kann aber daraus nicht ein Recht herleiten, entkommene Fische im Fischwasser oder Weiher eines Dritten einzufangen. Er hat zunächst sich mit diesem ins Benehmen zu setzen. Einschlägig sind weiter folgende Bestimmungen: Vermengen sich Fische untrennbar mit Fischen eines anderen, dann werden beide Miteigentümer der vermengten Fische (§ 947 BGB). Ist aber eine der Sachen als Hauptsache anzusehen, dann erwirkt der Eigentümer der Hauptsache das Alleineigentum (§ 947 II BGB).

Das Gesetz versucht wohl, die schwierige Materie zu regeln, Konfliktstoff bietet sie aber nach wie vor. Es ist deshalb anzuraten, nicht sofort wegen eines entstandenen Streitfalles zum Kadi zu eilen, sondern dessen Schlichtung einer für beide Parteien annehmbaren Persönlichkeit oder dem beim Fischereiverband bestehenden Schiedsgericht zu übertragen.

Den schlauen Karpfen in einem Fluß oder See zu fangen, ist eine Kunst. Dagegen ist es ein Leichtes, ihn aus neuzeitlich bewirtschafteten Teichen herauszuholen, wo er Kopf an Kopf steht. Mit einem verlockenden Wurm als Köder kommt der Angler schnell zum Ziel.

Um den Fischdieben das Handwerk möglichst zu erschweren, sollten die Teichufer frei von Rohr, Schilf und Gebüschen gehalten werden. Abgelegene oder im Wald gelegene Weiher sind am gefährdetsten. Die Ablaufrinne sollte deshalb derart eingerichtet sein, daß ein Weiher nicht die Nacht über leerlaufen kann.

Oft wird versucht, Fische mit Netzen oder mit großen Haken, ähnlich den Angelhaken, aus Winterungen herauszuholen. Um dies zu verhindern, schlägt man Pfähle ein, an denen man die Aststümpfe stehen läßt. Am schwerwiegendsten für den Teichwirt ist es, wenn der gesamte Fischbestand durch Ablassen des Weihers gestohlen wird.

Baden in Weihern

§ 23 WHG läßt den Gemeingebrauch an Gewässern, also insbesondere das Baden, das Fahren mit kleinen Fahrzeugen ohne eigene Triebkraft nur in den Grenzen zu, wie es nach Landesrecht gestattet ist. Als Beispiel: der einschlägige Art. 21 des Bayerischen Wassergesetzes lautet wie folgt:

»(1) Jedermann darf unter den Voraussetzungen des § 23 Abs. 1 des Wasserhaushaltsgesetzes und soweit es ohne rechtswidrige Benutzung fremder Grundstücke geschehen kann, oberirdische Gewässer zum Baden, Waschen, Tränken, Schwemmen, Schöpfen mit Handgefäßen, Eissport und Befahren mit kleinen Fahrzeugen ohne eigene Triebkraft benutzen. Zum Gemeingebrauch gehören auch

1. das Einleiten von Grundwasser, Quellwasser und geringen Mengen Niederschlagswasser,
2. das Entnehmen von Wasser in geringen Mengen für
   a. das Tränken von Vieh,
   b. den häuslichen Bedarf der Landwirtschaft und

c. Übungen zum Zwecke des Feuerschutzes und der öffentlichen Notwasserversorgung,

3. das vorübergehende Einbringen von Stoffen für Übungen zum Zwecke der Ölwehr oder sonstiger technischer Hilfsleistungen.

(2) Absatz 1 ist nicht anzuwenden auf Gewässer in Hofräumen, Gärten, Park- und Betriebsanlagen, wenn sie dem Eigentümer dieser Grundstücke oder Anlagen gehören, sowie auf ablaßbare, ausschließlich der Fischzucht dienende Teiche.«

Der Gemeingebrauch ist demnach nur untersagt in Teichen, die ablaßbar sind und ausschließlich der Fischzucht dienen.

In größeren und selbst in kleineren Teichen wurde das Baden seit jeher geduldet, vor allem in Gegenden, in denen natürliche Gewässer in ausreichendem Maße fehlen. Nun bringt die weitgehende Motorisierung einen Massenbetrieb. Die Fische finden nicht mehr die nötige Ruhe. Dazu kommen Beschädigungen der Ufer, der Dämme, der Ablaßvorrichtungen. Noch unangenehmer ist der hinterlassene Unrat, das Fehlen hygienischer Einrichtungen. Selbst wenn der Gemeingebrauch an Teichen zulässig wäre, würden sich einschränkende Bestimmungen und Abgaben für die Aufrechterhaltung der Ordnung, nicht zuletzt im öffentlichen Interesse, als unerläßlich erweisen.

Hauptnutzung eines ehemaligen Mühlweihers als Erholungsstätte

Das Fahren mit kleinen Fahrzeugen wurde auf Teichen nie gerne gesehen. Zudem besteht die Gefahr, daß das Fahren zum Fischen mißbraucht wird.

Nun verlocken intensiv bewirtschaftete Teiche nicht mehr sonderlich zum Baden, insbesondere, wenn durch Düngung das Wasser zu einer grünen Suppe wird. Man kann deshalb Überlegungen anstellen, ob es nicht vorteilhafter ist, einen Weiher wieder mehr extensiv zu bewirtschaften. Intensive teichwirtschaftliche und wassersportliche Nutzung eines Teiches passen ohnehin nicht zueinander. Sie führen bei hohen Wassertemperaturen zwangsläufig zu Fischsterben. Es ist ein Gebot unserer Zeit, dem Bedürfnis der Menschen nach Sonne, Luft und Wasser Rechnung zu tragen. Nun wird mancher Teichwirt allein schon aus Zeitmangel wenig geneigt sein, selbst die Aufsicht zu führen. Um nicht unhaltbaren Zuständen Vorschub zu leisten, wie sie sich z. B. bei Mangel hygienischer Einrichtungen zwangsläufig ergeben, empfiehlt es sich, die Nutzung eines Weihers zum Baden und Kahnfahren, die Ausgabe von Getränken und Speisen zu verpachten. Allein schon die Bereitstellung von Park- und Zeltplätzen macht sich bezahlt und, soweit

Flächen hierzu fehlen, lassen sie sich gerade an größeren Teichen durch Aufschütten von verlandeter Fläche ohne allzu große Kosten gewinnen. Dringend ist davor zu warnen, den Dingen freien Lauf zu lassen, zu riskieren, daß über den Kopf des Teichwirts hinweg ein ungesetzlicher Gemeingebrauch einreißen wird.

Seltenere Schadtiere

Ein ausgesprochener Fischfresser aus der Klasse der Säugetiere ist der *Fischotter.* Man hat ihm aber in den letzten Jahrzehnten derart nachgestellt, daß er sich nur noch vereinzelt an größeren Gewässern zu halten vermag. *Iltis, Fuchs* und *Katze* können gelegentlich zu Fischräubern werden. Die *Wasserspitzmaus* treibt ihr Unwesen in kleineren Winterungen, die mit K_1 besetzt sind. Das Tier ist 10–12 cm lang, wovon 5 cm auf den Schwanz entfallen. Die Oberseite ist schwarz, der Bauch weiß. Sie kann insbesondere in Fischbruthäusern durch Fressen von Eiern und Brut schweren Schaden anrichten.

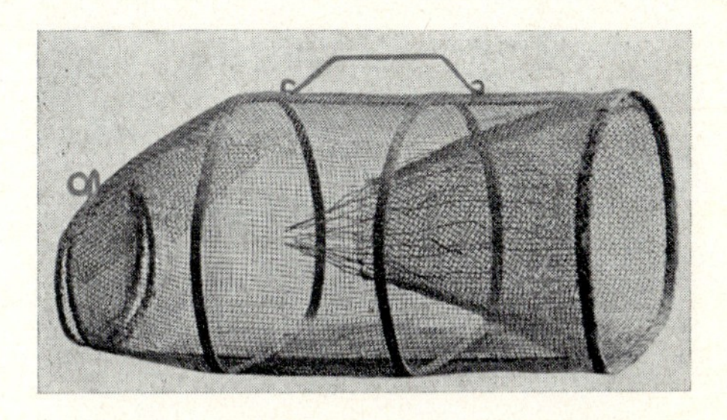

Drahtreuse zum Fangen von Fischfeinden

Die *Wasserratte* ist vorwiegend Pflanzenfresser. Von der gewöhnlichen Ratte, die auch an Teichen vorkommen kann, ist sie durch den kürzeren Schwanz zu unterscheiden. Sie ist verhältnismäßig leicht zu fangen. Man legt Drahtreusen längs des Ufers ins Wasser. Die Tiere geraten hinein und ertrinken. Auch die Wasserspitzmaus läßt sich auf diese Weise vernichten.

Der Bisam

Der Bisam ist in Kanada ein begehrtes, weitverbreitetes Pelztier. Er gehört dort zu den Wildtieren, die gegessen werden. Das Fleisch ist wohlschmeckend und findet auch bei uns unter der Bezeichnung »Wasserkaninchen« zunehmend Liebhaber. Im Jahre 1905 wurden einige Paare nach Böhmen eingeführt. Ihre Nachkommen haben sich inzwischen in ganz Europa ausgebreitet, vor allem, weil natürliche Feinde in der europäischen Umwelt fehlten.

Der Bisam ist von den Wühlmäusen – den Namen »Ratte« trägt er zu Unrecht – durch seine außerordentliche Größe, durch seinen seitlich abgeplatteten, fast säbelförmigen Schwanz sicher zu unterscheiden. Er ernährt sich hauptsächlich von Wasserpflanzen und lebt ausschließlich an den Ufern stehender oder fließender Gewässer, wobei er vor allem durch seine Wühlarbeit zum Schädling wird. Die Wohnhöhle liegt über dem Wasserspiegel, also entweder in hohen Ufern oder in Teichdämmen. Die Gänge münden aber stets unter Wasser, z. T. auf dem Grund der Gewässer. Der Bisam ist ein gewandter Schwimmer und hält, ohne Atem zu holen, 9–12 Minuten unter Wasser aus.

Die Gänge, die von den Bisambauten ins Wasser führen, sind deutlich an der herausgewühlten Erde zu erkennen

Die Losung ist grünlich bis schwarz und hat ungefähr die Größe und Form eines Dattelkernes. Flüchten Bisame aus einem abgelassenen Weiher, so ist zwischen den Tritten eine Rinne erkennbar, herrührend von dem säbelartigen Schwanz.

Wo sich Bisame eingenistet haben, werden beim genauen Betrachten des Bestandes an Pflanzen die Wechsel sichtbar, die sie beim Schwimmen immer wieder benützen. Auch sieht man abgefressene Pflanzenstengel im Wasser, namentlich in der Nähe der Wohnhöhlen, liegen. Im Winter sind die Bisamwechsel an den unter der Eisdecke haftenden Luftblasen zu erkennen, die beim Ausatmen oder aus dem Fell des Tieres entweichen. Weitere Zeichen für ihre Anwesenheit gibt es an den Teichrändern: die herausgewühlte Erde, die sich durch ihre hellere Färbung deutlich abhebt, Senkungen und Löcher in den Ufern. Sind die Teiche unter Eis, so hält der Bisam ähnlich wie eine Robbe Löcher mit etwa 10 cm Ø vom Eise frei, um bei Bewegungen unter Eis Luft schöpfen zu können.

An verschilften Weihern und Seen, vereinzelt auch an Fließgewässern, sieht man im Herbst sogenannte Bisamburgen, die aus Wasserpflanzen, Ästen und sonstigen Genist errichtet bis zu 1,5 m aus dem Wasser herausragen.

Je breiter und höher die Dämme, desto besser eignen sie sich für den Bau der Wohnhöhlen. Der Bisam gräbt aber nur auf einige Meter in den Damm hinein. Breite Dämme sind deshalb nicht so gefährdet. In Dämmen, deren Krone nur 30 cm über dem Wasserspiegel liegt, reicht der wasserfreie Raum für den Bau von Wohnhöhlen nicht aus.

Liegen Teiche über- oder nebeneinander, so versuchen die Tiere, diese durch Röhren miteinander zu verbinden. Es besteht dann die Gefahr, daß solche Weiher auslaufen.

Am liebsten frißt der Bisam Kalmus, Schilf, zuweilen sogar Landpflanzen, das den Karpfen gereichte Futter und im Winter die Wurzeln von Wasserpflanzen. Er frißt aber auch Schnecken, Muscheln, Krebse,

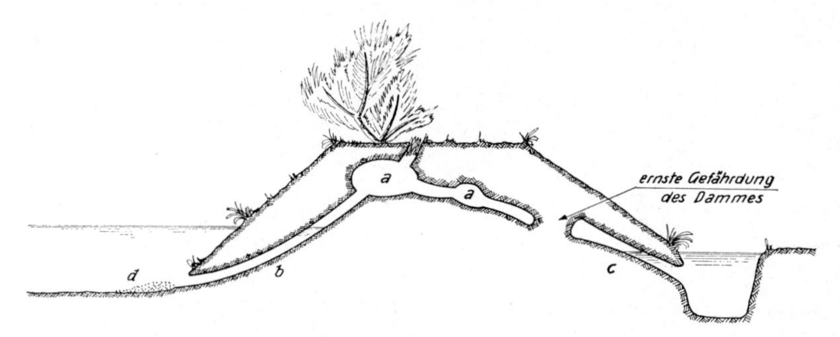

Gänge und Wohnhöhlen des Bisams. a. Wohnhöhle mit begonnener Nebenhöhle, b. Zugangsröhre, c. Fluchtröhre mit über dem Wasserspiegel liegendem Luftraum, d. ausgewühlte Erde

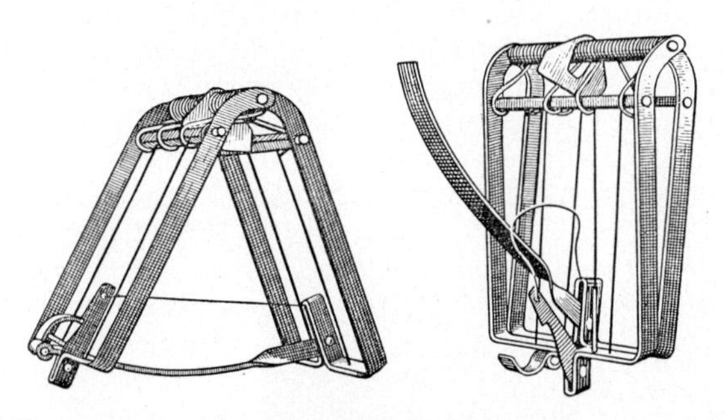

Haargreiffalle gespannt und fangbereit (links) und zusammengeklappt (rechts)

also das Fleisch von Kaltblütern, und wohl auch das von Fischen. Er ist zwar kaum in der Lage, schwimmende Fische zu ergreifen, aber sicher zu der Zeit, in der sie im Winterlager ruhen. Nistet er sich in Winterteichen ein, damit ist im Zuge der Abfischung der Sommerteiche laufend zu rechnen, so leiden die Fische allein schon unter der fortgesetzten Beunruhigung. Der Bisam nimmt zuweilen aber auch Fische an und frißt sie, namentlich wenn Pflanzen den Winter über als Nahrung fehlen. So findet man in Bisamwohnhöhlen auch die Überreste von Fischen, z. B. die Köpfe von Einsömmerigen. Auch Kratzspuren sind des öfteren an lebenden Fischen zu erkennen; denn er versucht, größere

Haargreiffalle, in die Ausfahrt eingestellt, noch nicht entsichert und nicht verblendet

Fische in der Weise zu fangen, daß er sich am Schwanze festkrallt und sich solange mitziehen läßt, bis sein Opfer ermattet. In kleineren Winterteichen schützt man seine Fische am besten in der Weise, daß man dem Bisam jede Möglichkeit nimmt, sich an den Böschungen einzugraben. Man verkleidet sie mit Stangen, Platten oder mit Maschendraht. Einen noch besseren Schutz bietet ein senkrecht gestellter Maschendraht, so daß die Fische gleichsam innerhalb eines Gatters stehen.

Die für den Fang von Ratten und Spitzmäusen empfohlenen Drahtreusen, ferner gewöhnliche Fischreusen aus Draht, eignen sich auch für den Fang des Bisams. Der obere Rand der Reusen soll dabei höchstens einige Zentimeter unter der Wasseroberfläche liegen. Wer speziell Reusen für den Bisamfang anfertigen will, dem werden folgende Maße empfohlen: Breite und Länge 1 m, ovale Einschlupföffnung, damit der Bisam ungehindert einschwimmen kann, 40 × 60 cm. Klappe auf der anderen Seite so weit offen halten, daß in die Reuse geratene Fische wieder entweichen können.

Köpfe von Einsömmerigen vor dem Bisambau

Von Fanggeräten, die speziell zum Fang des Bisams konstruiert wurden, ist die *Haargreiffalle* das gebräuchlichste Gerät, eine zweischenklige Schlagbügelfalle, die vom Bisam mittels eines quergespannten, dünnen Drahtes (»Haar«) ausgelöst wird.

Die Greiffalle wird meist unter Wasser und unbeködert in und vor den Bisamgängen aufgestellt. In tieferen Gewässern stößt ihre Anwendung besonders im Winter auf Schwierigkeiten. Sie kann auch, sofern nicht durch Landesverordnung untersagt, wie z. B. in Bayern, auch als Köderfalle gestellt werden. Als Köder eignen sich Apfelstücke von starkduftenden Sorten.

Viereckige Drahtfallen mit beiderseitigen Falltüren, sogenannte *Kastenfallen,* eignen sich zur Einstellung an schmalen Durchlässen sowie auf Grundwechseln.

Ein unentbehrliches Hilfsmittel bei der Bisambekämpfung ist noch der *Suchstab.* Als Sonde benutzt, zeigt er Hohlräume zuverlässig an und er ermöglicht auch das Auffinden der Bisamgänge in das Wasser.

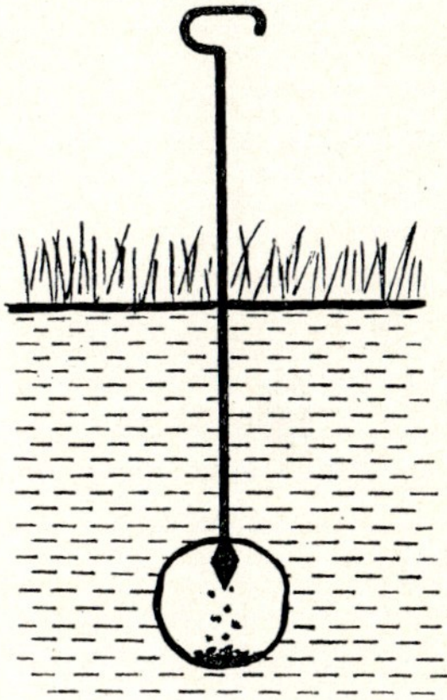

Da der Bisam auf seinen Wandergängen selbst den kleinsten Wasserläufen nachgeht, bieten die Zu- und Ablaufrinnen an den Teichen, was noch viel zuwenig beachtet wird, sehr gute Fangmöglichkeiten. Man stellt in diese Reusen oder Greiffallen oder legt in den Mönch eine passende Reuse oder eine Kastenfalle, in die sich oft so viele Tiere drängen, daß es an Raum mangelt.

Suchstab. Die hakenartige Krücke erlaubt leichtes Eindrücken in den Boden und (bei umgedrehtem Stab) gefahrloses Heben unter Wasser befindlicher Fallen

Man stellt die Fallen in die Röhren, die am meisten benutzt werden, und verstopft die übrigen. Da der Bisam hauptsächlich nachts auf Futtersuche geht, stellt man die Fallen in der Regel am Abend und sieht am Morgen nach. Noch einfacher ist der sogenannte Stöberfang. Hat man einen Bau entdeckt, so treibt man die Bisame durch Einstoßen des Suchstabes aus dem Bau in die gestellten Fallen. Dabei sollen die Baue nicht zerstört werden; denn neu zuwandernde Tiere nehmen mit Vorliebe einen alten Bau an und sind darin leichter zu finden.

Siedelt sich der Bisam in einem Gewässer an, so wühlt er zunächst einfache Fluchtröhren (15–23 cm ∅), die unter Wasser beginnen und über dem Wasser enden. Erst dann geht er unter Ausnützung der Fluchtröhren an den Bau von Wohnhöhlen. Zuvor aber sucht er die Ufer nach alten Bauen ab.

Dieses Verhalten läßt sich in der Weise zum Bisamfang ausnützen, daß man Röhren in den Ufern der Gewässer künstlich herstellt. Ein oder zwei Zementrohre (15 cm ∅) werden derart verlegt, daß das untere Ende etwa 1–2 Handbreit unter dem Wasserspiegel und das obere Ende im Ufer etwa 30 cm über dem Wasserspiegel liegen. An Stelle von Zementrohren kann man drei Bretter zu einer Rinne zusammennageln und sie derart einbauen, daß die offene Seite nach unten zeigt.

Diese künstlichen Röhren münden in einer Höhlung, die nur so breit sein soll, daß eine Greiffalle oder eine Kastenfalle darin Platz findet. Ein passendes Brett dient als Deckel. Schließlich kann man auch natürliche Röhren in ähnlicher Weise gestalten.

In derart künstlich hergestellten Fluchtröhren lassen sich aufgestellte Fallen weit leichter kontrollieren als in einer natürlichen. Sie sind, wie die Erfahrung lehrt, namentlich während der Paarungszeit außerordentlich fängig. Man kann auch das Ende der Ablaufrinne derart gestalten, daß darin eine größere Kastenfalle Platz findet. Es fangen sich dann darin nicht nur Einzeltiere, sondern, was noch wichtiger ist, auch die Pärchen.

Zu beachten ist noch: Das Gefälle der Röhre darf nicht zu groß sein (20–30 %), damit der Bisam in ihr aufsteigen kann. Tonrohre sind zu glatt. Liegen Teiche neben- oder übereinander, so kann man auch in der Weise verfahren, daß von zwei Seiten des Dammes eine Zugangsmöglichkeit besteht.

Der Pelz, dessentwegen der Bisam in Europa eingeführt wurde, besitzt wohl einen gewissen Marktwert, besonders der Winterpelz. Die unheimliche Vermehrung, der große Wandertrieb, die unablässige Grab- und Wühlarbeit stempeln jedoch dieses Tier zu einem gefährlichen Schädling der Wasserwirtschaft. Seine Bekämpfung wurde deshalb durch Verordnungen geregelt. Auch der Teichwirt ist in seinem Gewässerbereich zum Fang verpflichtet. Die hauptamtlichen Bisamjäger beschränken sich in Bayern mehr auf die Schulung und Überwachung der privaten Fänger. Für den Teichwirt und seine Organisation ergibt sich daraus die Notwendigkeit, den Fang des Bisams mitzuorganisieren, am besten in der Weise, daß eigene Fänger verpflichtet werden, um so mehr, als laufend mit Zuwanderungen aus natürlichen Gewässern zu rechnen ist. In Baden-Württemberg obliegt der Bisamfang nur den amtlichen Jägern.

Wie wichtig der Bisamfang ist, geht schon daraus hervor, daß in den letzten Jahren allein in Bayern jährlich bis zu 100 000 Stück, im gesamten Bundesgebiet etwa doppelt so viel gefangen wurden.

Fischreiher (Graureiher)

Von den Vögeln ist der graue Reiher häufig an unseren Weihern anzutreffen. Er fischt vom Stand aus, so daß nur die flacheren Teile des Weihers heimgesucht werden. Nähert sich ein Fisch, so stößt der Reiher blitzschnell mit seinem dolchartigen Schnabel zu, um seine Beute zu erhaschen. Da die Fische als Ganzes verschlungen werden, kommen nur kleinere als Nahrung in Frage.

Mit dem Rückgang der Fischbestände in Flüssen und Seen engte sich auch der Lebensraum des Vogels ein. Heute findet er sich dort ein, wo sein Tisch noch reichlich gedeckt ist: an unseren dichtbesetzten Weihern. Hier sind selbst größere Setzlinge vor seinen Schnabelhieben nicht sicher. Nur zu oft findet man tote oder verletzte Tiere, die tiefe dreieckige Schnabelstiche auf dem Rücken aufweisen.

Dr. MARTIN BOHL von der Bayerischen Landesanstalt für Wasserforschung, Versuchsanlage Wielenbach, berichtet über die Abwehr des Fischreihers in Teichanlagen folgendes:

1. An Großteichen, die sich abseits von bewohnten Gebieten befinden, können Purivox-Knallschreck-Apparate – Dr. FRITZ REICHLE, Postfach 31, 6800 Mannheim 71 – verwendet werden; die »Standortreiher« gewöhnen sich jedoch schon nach wenigen Wochen an diese in regelmäßigen Zeitabständen und mit gleicher Lautstärke abgegebenen Knalleffekte.
   Es ist daher empfehlenswert, derartige Kanonen nur dann aufzustellen, wenn Jungfische ausgesetzt worden sind oder Teiche abgefischt werden. Sollten sich nach wenigen Wochen die Reiher daran gewöhnt haben und vermehrt auftreten, müßte ein Antrag auf Abschußgenehmigung gestellt werden.
2. An kleinen Teichen und kleineren Anlagen hat sich auch recht brauchbar der mit optischem Effekt kombinierte Knallschreckapparat »Razzo-Elektron« bewährt; aber auch bei diesem Apparat tritt nach einigen Wochen eine Gewöhnung der sog. »Standortreiher« ein. Die »Strichvögel« werden dafür des öfteren abgewiesen.
3. Einen gewissen vorübergehenden Scheucheffekt üben auch die Knallschreckpatronen aus, die mit einer Zündplätzchenpistole direkt auf die Reiher abgeschossen werden.
4. Klappergalgen, Flitterdrähte und Stolperschnüre haben nach unseren Erfahrungen keinen Scheucheffekt gezeigt. Nach Untersuchungen von Ornithologen sollen jedoch die Stolperschnüre, wenn sie unmittelbar am Teich schräg zum Wasser geneigt in 30 cm Höhe gespannt werden, effektiv sein.

Es sei noch auf folgendes hingewiesen: Durch den Fischreiher besonders gefährdet sind Teiche, deren Ufer flach auslaufen. Geht im Sommer der Wasserstand der Teiche zurück, wie es zum Beispiel in den Himmelsteichen der Fall ist, so brauchen wir uns nicht darüber zu wundern, wenn sich Reiher zum Fischfang einstellen. Weisen hingegen die Teichränder selbst bei niedrigem Wasserstand noch eine Tiefe von 35 bis 40 cm auf, so sind die Fische höchstens vom Ufer aus zu erhaschen.

Lachmöwe

Lachmöwen können schädlich werden, wenn ihre übermäßige Vermehrung geduldet und gefördert wird. Große, ungepflegte Weiher begünstigen die Ansiedlung. Bei der Nahrungssuche fliegen sie scharenweise über weite Strecken. Kein Weiher ist vor ihnen sicher. Es gibt Teichwirtschaften, in denen eine sichere Aufzucht von K_1 bereits Schwierigkeiten bereitet. Bei Abfischungen sind sie besonders zudringlich. Vogelschutzgebiete sollten Vogelarten vorbehalten sein, deren Schutz tatsächlich geboten erscheint, aber nicht den unverträglichen Möwen. Da sie wegen ihrer großen Zahl und Beweglichkeit nicht leicht abzuschießen oder in Fallen zu fangen sind, ist ein Ausnehmen der Eier mit den zuständigen Stellen anzustreben. Der Lachmöwe ist in verschiedenen Bundesländern sogar eine Schonzeit zugebilligt, obwohl nach Grzimek eine weitere Vermehrung dieses Vogels wenig erwünscht ist.

Unsere heutige Konsum- und Wegwerfgesellschaft mit ihrer Verschmutzung der Umwelt kommt der Ernährung der Möwen besonders zustatten. So sind sie, gleich fliegenden Ratten, Stammgäste in Kläranlagen und auf Mülldeponien.

Vogel- und Naturschutz belasten den Teichwirt schon im Übermaß mit Fischreihern (Graureihern) und anderen Wasservögeln. Sie sollten doch zumindest in der Möwenfrage Entgegenkommen zeigen. Die Lachmöwe rechnet aber nach wie vor zu den jagdbaren Vogelarten und darf nur vom 16. 7. bis zum 30. 4. gejagt werden. Doch welcher Jäger gibt sich mit einem Vogel ab, der weder eßbar, noch als Trophäe zu verwerten ist. Es sollte wenigstens im Interesse der Volksgesundheit und der Fischerei die Lachmöwe als sich immer weiter ausbreitender Schadvogel auf die schwarze Liste gesetzt werden. Das Jagdgesetz sieht dort derartige Möglichkeiten vor. Im übrigen können Möwen und andere Wasservögel nicht nur Bandwürmer, sondern auch andere Infektionskrankheiten von Teich zu Teich übertragen.

Weitere Schadvögel

Von den Greifvögeln richtet der *Fischadler,* auch Weißbauch genannt, u. U. großen Schaden an, begnügt er sich doch nicht mit kleinen Fischen. Diesem Adler beim Fischfang zuzusehen, ist ein Erlebnis. Hat er einen Karpfen erspäht, so stürzt er sich mit weit vorgestreckten Fängen schräg nach vorn ins hoch aufspritzende Wasser, aus dem er sich mit federnden Flügelschlägen wieder emporarbeitet, um mit seiner Beute in den Fängen abzustreichen.

Habicht, Bussard, Gabelweihe können gelegentlich zu Fischräubern werden. Selbst der Storch wird zum Karpfenkonsumenten, wenn es ihm an anderer Nahrung mangelt.

Ein ausgesprochener Fischfresser ist der *Eisvogel,* der als Höhlenbrüter in Steilwänden nistet. Mit seinem oben blau und unten rotbraun schimmernden Gefieder ist er einer unserer schönsten Vögel. Da er immer seltener wird, verdient er weitgehende Schonung. In Karpfenteichen richtet er kaum Schaden an, selbst wenn er während der Sommermonate in unmittelbarer Nähe brüten sollte. Die jungen Karpfen sind nach kurzer Zeit wegen ihrer Körpergestalt und Größe nicht mehr leicht zu schlucken. Nach den ausgeschiedenen Überresten besteht die Nahrung vorwiegend aus Kaulquappen oder Weißfischen, die in den Zu- und Ablaufgräben vorkommen. Um Forellensetzlinge im Herbst und Winter vor durchziehenden Eisvögeln zu schützen, ist ein Überdecken der Teiche mit Maschendraht oder Netzen das sicherste Mittel.

Forellenteich, geschützt mit Maschendraht gegen das Einfliegen von Vögeln

Auch *Wild-* und *Hausenten* sind in Laich- und Brutteichen gefährlich. Fällt eine größere Schar von Wildenten nachts in einen nahezu abgelassenen Weiher ein, so sieht man an den durch Schnabelhiebe verletzten Fischen, welchen Schaden diese Vögel anzurichten vermögen. Nicht minder unerwünscht ist der große *Haubentaucher.* Auch der *Zwergtaucher* (Taucherle, Duckentchen) sollte in Brutteichen nicht geduldet werden, ist er doch weit gefährlicher als allgemein angenommen wird. Beide suchen, wie der Name besagt, tauchend nach Fischen. Wer Zeit hat, sie dabei zu beobachten, ist erstaunt, wie schnell sie Fische erhaschen. In Schleswig-Holstein richten die Sägerarten, namentlich der *Gänsesäger,* in Winterungen großen Schaden an. Sie erscheinen im Herbst und Spätherbst, sobald die Gewässer in Skandinavien zugefroren sind.

Sehr häufig ist das *Bläßhuhn.* Seinen Namen hat es von dem weißen Fleck auf der Stirn. Auch das grünfüßige *Teichhuhn* kommt ab und zu vor. Es ist kleiner und schiefergrau gefärbt. Beide Arten sind mehr Pflanzenfresser und finden sich zuweilen an den Futterstellen ein.

Wie Beispiele lehren, vergreifen sie sich aber auch an K_1, besonders wenn Teiche dicht besetzt sind, wie es bei Winterteichen der Fall ist.

Um Vögel von kleineren Teichen abzuhalten, hat es sich bewährt, Drähte oder Schnüre etwa 2—3 m über dem Wasserspiegel im Zickzack zu ziehen. Enten hüten sich z. B. in solche Teiche einzufallen. Noch sicherer ist ein Überdecken mit Maschendraht (Drahtnetz), wie es die Abbildung zeigt. Auf Querhölzern (Stangen) liegt zu beiden Seiten ein 1,5 m breiter Maschendraht. In der Mitte bleibt eine Lücke von 1,5 m frei, so daß man vom Mönch aus jederzeit an die Forellen heran kann. Die Vögel hüten sich schon allein wegen der Querhölzer in den freien Raum einzufliegen. Wenn Teiche die Nacht über ablaufen und wenn das Wasser schließlich nur noch den Hauptgraben füllt, nützen vor allem Wildenten und auch Reiher die Gelegenheit, sich satt zu fressen. Um Einbußen, insbesondere an Jungfischen, zu verhüten, stellt man Scheinwerfer auf, wie sie verwendet werden, um Wildschweine von Äckern fernzuhalten. Auch Schreckschußapparate sind zweckdienlich.

Schwimm- und Tauchvögel sind meist nur auf Gewässern anzutreffen, die Aufenthaltsmöglichkeiten durch üppigen Pflanzenwuchs, insbesondere von Überwasserpflanzen, bieten. Dem Teichwirt, der sich die Bekämpfung der Wasserpflanzen angelegen sein läßt, werden diese Tiere wenig schaden. In ausgebaggerten Weihern mit deutlich abgesetzten, 80 cm tiefen Rändern gehen die bis dahin oft unerklärlichen Verluste bei der Aufzucht von K_2 auf wenige Prozent zurück.

Jagdrecht

Soweit es sich bei den aufgezählten Tieren um »jagdbare« Tiere handelt — Bisam (ungeschützt) und Eisvogel (voll unter Naturschutz), rechnen nicht dazu —, muß der Teichwirt, wenn er sich ihrer erwehren will, das Bundesjagdgesetz und die von den Ländern erlassenen Jagdgesetze kennen. Die Schonzeiten weichen zum Teil voneinander ab, sie können auch zur Vermeidung übermäßiger Wildschäden zeitweise aufgehoben werden.

Die Jagdbehörden der Länder können auf Antrag Ausnahmegenehmigungen zum Fang oder Abschuß erteilen, wenn die Schäden ein unvertretbares Ausmaß erreichen und keine anderen Möglichkeiten zu ihrer Verhinderung bestehen. Das Recht zum Fang oder Abschuß steht nur dem jeweiligen Jagdausübungsberechtigten, in der Regel also dem Jagdpächter, zu. Ist der Teichwirt nicht selbst Jagdausübungsberechtigter, besitzt er aber einen Jagdschein, wäre es denkbar, daß ihm der Jagdausübungsberechtigte auf Antrag einen Jagderlaubnisschein zum Fangen oder Erlegen von Schadvögeln erteilt.

Im gegebenen Falle empfiehlt es sich, bei den zuständigen Behörden

Auskunft über die einschlägigen gesetzlichen Bestimmungen einzuholen.

Sonstige Schädlinge

Von den Kriechtieren ist nur die *Ringelnatter* zu erwähnen, die als gute Schwimmerin gelegentlich auch Fischen nachstellt. Von den Schwanzlurchen sind die *Molche* (Wassersalamander) als Laich- und Bruträuber bekannt. Sollten sie überhandnehmen, so bietet sich folgende Möglichkeit: Man leitet dem Weiher im Frühjahr etwas Wasser zu. Die Molche, die in den Uferböschungen und im Schlamm überwintern, werden sich alsbald einstellen. Gibt man nun Branntkalk auf das Wasser, so sterben die Tiere in der entstehenden Lauge ab.

Die *Froschlurche* (Frösche, Unken, Kröten) zeigen sich in allen Teichen. Während die meisten Arten nach Abschluß ihrer Entwicklung das Wasser verlassen und auf dem Land weiterleben, verbleibt der grüne Wasserfrosch im Bereich des Wassers.

Am frühesten laicht der braune *Grasfrosch*. Seine Eier bilden Klumpen. Fast noch mehr fällt, sobald die Teiche eisfrei sind, die *Erdkröte* auf, die ihre Eier in Schnüren um Pfähle, Steine und Pflanzenstengel zieht. Die Jungen verlassen schon im Juni das Wasser.

Unangenehm ist die *Knoblauchskröte* und noch mehr der *Wasserfrosch*. Die Laichzeit dieser beiden Froschlurche fällt nicht nur zeitlich, sondern auch örtlich mit der des Karpfens zusammen, denn sie laichen mit Vorliebe in den Aufzuchtteichen. Die kleinen, gelbschwarzen Eier des Wasserfrosches sind schwieriger zu finden, sie liegen mehr verstreut. Der Laich der Knoblauchskröte ist schwarz und in engen Spiralen um Pflanzenstengel gewunden. Die Larven dieser Kröte sind die größten von allen Froschlurchen und deshalb auch am auffallendsten. Der Wasserfrosch holt seine Nahrung aus der Luft und aus dem Wasser. Mit Vorliebe frißt er Kaulquappen, aber auch junge Karpfen, besonders wenn sie dicht gedrängt in Reusen oder Hältern stehen, oder in sehr kleinen Teichen aufwachsen. Der Frosch bevorzugt zwar die Nähe der Ufer. In kleineren Teichen wird aber der gesamte Wasserraum zu seinem Jagdgebiet. Alte Frösche verstehen es bisweilen meisterhaft, fingerlange Fischchen an den Futterplätzen zu erhaschen.

Wer sich die Mühe macht, Frösche aus kleineren Vorstreckteichen zu entfernen, wird feststellen, daß sie mit der Zeit ihren Feind erkennen, um desto schneller im Wasser unterzutauchen. Fallen Frösche lästig, so gibt es verschiedene Möglichkeiten, sie zu beseitigen. Die einfachste ist, geeignete Reusen auszulegen.

Kaulquappen vermögen junge Fische nicht zu fressen, da sie mit ihren Mäulern nur nagen können. Sie ernähren sich von Algen, insbesondere auch vom Aufwuchs. In den Vorstreckteichen ist es daher unerwünscht, wenn außer den jungen Fischen noch eine Unzahl von Kaulquappen die Nährstoffe des Teiches mitverbrauchen. Auch macht das Abfischen solcher Teiche wenig Freude. Man muß deshalb darauf bedacht sein, den Laich zu entfernen. Er kann auch durch Bestreuen mit Branntkalk ohne viel Mühe vernichtet werden.

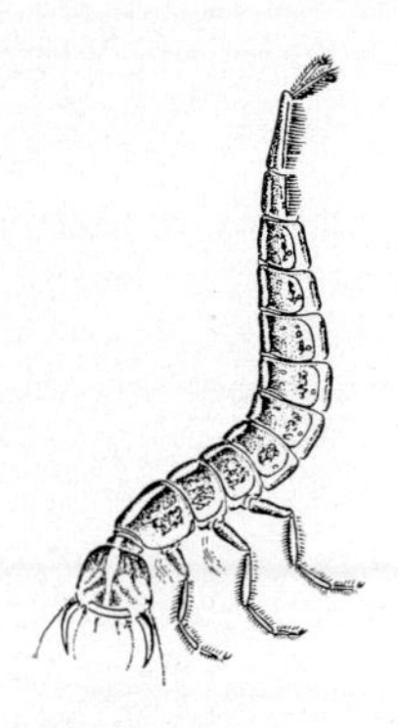

Larve des Gelbrandkäfers

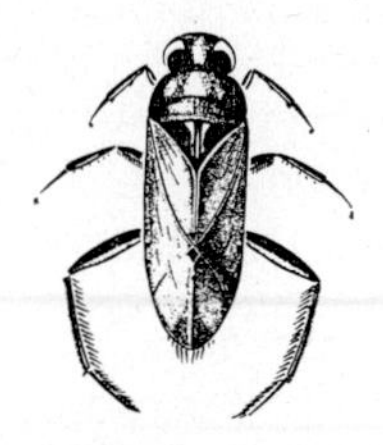

Rückenschwimmer Natürl. Größe 3 cm

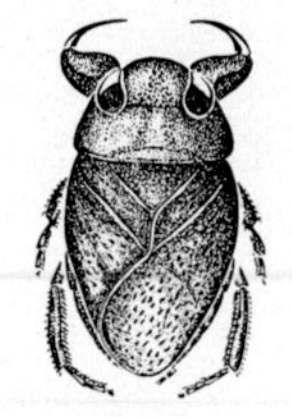

Ruderwanze Natürl. Größe 3 cm

In Teichen, denen Hechte oder Regenbogenforellen beigesetzt sind, halten sich keine Frösche. Auch den Kaulquappen gehen diese Fische nach. Sie räumen sogar mit den Wasserinsekten gründlich auf.

Selbst erst im Laufe des Jahres als H_0 oder H_v beigesetzte Hechte erfüllen noch diese Aufgabe.

Eine Untugend der Frösche und Kröten ist besonders zu erwähnen: Während der Paarungszeit setzen sich brünstige Männchen in Ermanglung von Weibchen häufig auf den Kopf von Fischen. Da sie mit ihren Vorderfüßen nur Halt in den Augenhöhlen des Fischkörpers finden, sind bisweilen tödliche Verletzungen die Folge.

Aus der niederen Tierwelt ist der *Gelbrandkäfer* ein gefährlicher Räuber. Kenntlich ist er, wie schon sein Name sagt, an dem gelben Rand, der seinen Körper einsäumt. Der Käfer wird 3–4 cm lang. Er bewohnt mit Vorliebe ruhige, mit Pflanzen bewachsene Gewässer und ist ein guter Schwimmer. Zum Atemholen muß er jedoch immer wieder an die Oberfläche. Nachts fliegt er auch über weite Strecken.

Im März, April legt der Käfer zum ersten Male Eier. Die Larven beginnen sofort nach dem Schlüpfen zu rauben. Ihr Kopf ist mit zwei großen, sichelförmigen Oberkiefern versehen, die wie eine Zange wirken und der Larve schon äußerlich ein mörderisches Aussehen verleihen. Die Kiefer sind hohl und an der Spitze offen. Durch diese saugt die Larve den flüssig gemachten Leibesinhalt ihres Opfers ein. Nur die Hülle bleibt übrig.

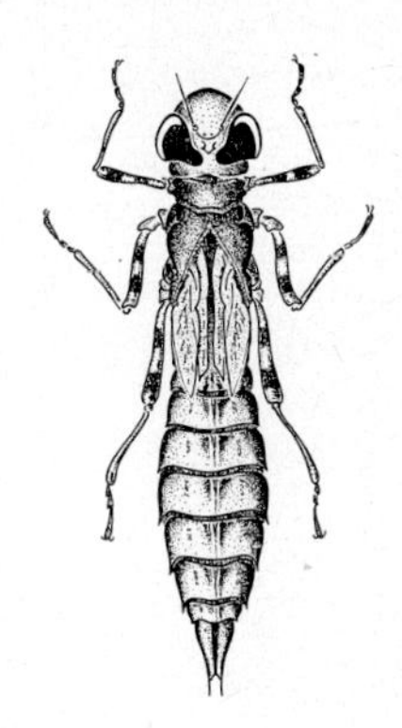
Larve der Libelle

Nach 4—5 Wochen hat die Larve eine Größe von 6 cm erreicht; sie verläßt das Wasser, um sich am Ufer zu verpuppen. Geschieht dies im Spätherbst, so erscheint der Käfer erst im nächsten Frühjahr, sonst schon nach 3—4 Wochen. Bald darauf sorgt er für die Entwicklung der nächsten Generation. In sehr kleinen Teichen kann man sich der Käfer und Larven erwehren, indem man sie mit engmaschigen Keschern fängt, sobald sie zur Atmung an die Wasseroberfläche kommen.

Von den Wasserwanzen am bekanntesten ist der *Rückenschwimmer.* Mit seinen langen, stark behaarten Hinterbeinen rudert er auf dem Rücken liegend durchs Wasser. Sein Rücken ist, gleich der Bauchseite anderer Wassertiere, weißlich gefärbt, sein Bauch hingegen dunkel. Der Rückenschwimmer ist ein arger Räuber. Trotz seiner geringen Größe wird er mit seinem Stechrüssel sogar jungen Fischen gefährlich. In einem ähnlichen Ruf steht die *Ruderwanze,* deren Rücken braun gefärbt ist.

Die Larve der *Libelle* (Wasserjungfer) lebt im Wasser. Ihr Unterkiefer ist zu einem Greifer umgebildet, der zum Erhaschen der Beute vorgeschnellt wird.

Je später die Aufzuchtteiche bespannt werden, desto mehr wird es den Fischfeinden aus der niederen Tierwelt erschwert, vor dem Hochkommen der Jungfische sich in größerer Zahl einzustellen und zu vermehren.

17 Krankheiten des Karpfens

Erkranken unsere Karpfen, so tragen wir als ihre Betreuer daran ein gerüttelt Maß an Schuld, mangelt es uns doch noch an der richtigen Einstellung zu unseren Nutztieren im Wasser. Sie werden lieblos behandelt, selbst von Hobbyteichwirten.

Leider ist der Fisch nun einmal stumm und vermag daher auf gute oder schlechte Behandlung nicht wahrnehmbar zu reagieren. So ist oftmals der Tatbestand der Tierquälerei gegeben, nur wird er nicht gesetzlich verfolgt. Man hört höchstens einmal von einer Verurteilung wegen

Mißachtung der Vorschriften, die für den Verkauf der Fische in Fischhandlungen gelten.

Die Oberhaut des Fisches ist als Schleimhaut nicht verhornt wie die der Landtiere. Trotz dieses Unterschiedes werden die Fische hin und her geworfen, als seien sie Kartoffeln. Man sehe sich die Werkzeuge an, mit denen der Fisch gefangen wird: Hamen mit langen Säcken, in denen er im Schlamm unnütz herumgezogen wird. Transportgefäße werden beladen, daß Schichten von Karpfen wie Sardinen in einer Büchse übereinanderliegen. In Käfigen aus Maschendraht oder aus Gitterstäben, wie sie für Nagetiere passend erscheinen, sollen sich auch Karpfen wohl fühlen.

Karpfen mit Mopskopf

Die neuzeitliche Teichwirtschaft mit ihrer weit höheren Besetzung der Teiche erfordert nicht nur eine sorgsamere Betreuung der Fische, sondern auch besondere Vorkehrungen zur Verhütung von Krankheiten. Standen zu Großvaters Zeiten in einem Wasserraum von 10 000 m^3 100–200 K_2, so sind es heute bis zu 1000. Längst weiß jeder Landwirt, daß hygienische Maßnahmen desto notwendiger werden, je enger Nutztiere im Raume leben.

Der Teichwirt hat noch zu wenig erfaßt, daß er die Ställe seiner Fische nicht einmal misten kann, daß sich die Exkremente der Fische im Wasser zersetzen, daß sie inmitten dieser Exkremente schwimmen und leben. Wer sich von den anfallenden Mengen überzeugen will, fange einen Karpfen während seines Wachstums und setze ihn daheim mit vollem Leib in die Badewanne!

Gesund wie der Fisch im Wasser! Dieser Vergleich hat längst seine Berechtigung verloren. Der Fisch ist durch Seuchen nicht minder gefährdet als andere Nutztiere. Wir haben deshalb allen Grund, diesen Verhältnissen Rechnung zu tragen. Denn Vorbeugen ist immer noch besser als Heilen.

Die hygienische Beseitigung der flüssigen und festen Ausscheidungen ist schon bei Haustieren, noch mehr aber bei Fischen ein Problem. Je dichter die Fische im Raume stehen, desto mehr verschmutzen sie ihre Umwelt. Das ist wohl mit ein Grund, warum laufend neue Infektionskrankheiten auftreten. Als Vorbeugungsmittel haben wir nur Branntkalk und eine Trockenlegung des Teiches den Winter über. Aber gerade dieses wird selbst von Züchtern zur rechten Zeit versäumt. Der Weiher soll nicht nur den Sommer über produzieren, sondern möglichst auch den Winter über unter Wasser stehen, um den Jungfischen eine sichere Bleibe zu bieten. Dies mag einige Jahre gut gehen, doch werden die gefürchteten Rückschläge bestimmt nicht ausbleiben.

Mißbildungen

Bei Abfischungen finden wir mitunter mißgestaltete Fische. Oft werden Fische beim Ausmähen der Weiher verletzt, wobei die Schwanzflosse samt dem Schwanzstiel abgeschnitten sein kann. Trotz dieser Verletzung bleibt der Fisch am Leben, die Wunde verheilt. Mißbildungen können aber auch angeboren sein, z. B. der Mopskopf. Werden möglichst hochrückige Tiere zur Zucht verwendet, können Rückgratverkrümmungen auftreten, wie es z. B. beim Aischgründer der Fall war.

Karpfen mit Rückgratverkrümmung

Verkümmerte und fehlende Flossen, aufgewölbte und verkürzte Kiemendeckel sind möglicherweise Erbfehler, bedingt durch mangelhafte Auslese der Zuchtfische oder durch leichtfertige Inzucht. Die dünne Haut auf dem Kiemendeckel wird leicht abgestoßen, wenn diese etwas aufgewölbt ist. Heilt die Wunde nicht aus, so siedeln sich Algen an, wobei es sogar vorkommen kann, daß sich im Kiemendeckel ein Loch bildet. Atmung und Wachstum sind bei Kiemendeckeln mit Fehlern behindert.

Schmarotzer

Fischegel

Der bekannteste Schmarotzer ist der Fischegel. Er besitzt an beiden Enden Haftschalen, mit denen er sich an seinem Opfer ansaugt. Der Fischegel ist nicht ständig auf einen Wirt angewiesen, er muß sich nur ab und zu voll Blut saugen. Schwersten Befall sieht man bei Abfischungen. Fällt das Wasser, so suchen sich alle Egel anzuheften. Am meisten sind Fische behaftet, die im Schlamm zurückbleiben. Man soll deshalb mit dem Abfischen beginnen, sobald der Wasserstand es zuläßt, und die Abfischung zügig fortführen.

Fische mit Egeln einzuwintern, grenzt an Tierquälerei. Ein Egel ist etwa 5 cm lang, ein Karpfensetzling etwa 25 cm. Dieses Größenverhältnis auf den Menschen übertragen, ergäbe einen Egel in der Größe einer Blindschleiche! Wer möchte einen solchen Sauger, nur eine Nacht, geduldig hinnehmen? Wir aber muten dem Karpfen derartige Plagegeister nicht nur einen Tag, sondern einen ganzen Winter zu. In den Winterungen hat der Karpfen nicht wie im Sommer die Möglichkeit, sich der Egel durch Abstreifen an Holzstücken oder Steinen wenigstens vorübergehend zu entledigen. Erschwerend kommt dabei hinzu, daß die Egel während eines warmen Winters oder wenn die Winterung mit Quellwasser gespeist wird, durchaus nicht ruhen, sondern weitersaugen und sich sogar vermehren. Während meiner Dienstzeit wurde ich oft genug an Winterungen gerufen, in denen die Fische aufgestanden waren: als Ursache kam allein der Befall mit Egeln in Frage. Sie waren dick und fett, die Karpfen hingegen abgemagert, hohläugig und dem Tode nahe.

Fischegel

Den Schmarotzer zu beseitigen, ist deshalb unerläßlich. Bei schwächerem Befall nimmt man Fisch für Fisch in die Hand und streift die Egel ab. Dabei kommt man aber kaum an die heran, die in der Mundhöhle und in den Kiemen sitzen. Bei größeren Fischmengen ist ein solches Absuchen obendrein zu zeitraubend. Das einfachste Mittel, um Fische von Egeln zu befreien, ist das *Tauchen in Kalkmilch.*

Man nimmt eine Wanne mit 50–100 l Fassungsvermögen, gibt 2 g hochprozentigen gebrannten Kalk je 1 l Wasser dazu, rührt die Lösung kräftig um, taucht die Fische mittels eines Hamens 5 Sekunden lang ein und setzt sie ins Wasser zurück. Werden größere Fischmengen gebadet, so ist darauf zu achten, daß das Badewasser rechtzeitig neu bereitet wird; denn durch das Eintauchen der Fische wird die Lösung laufend verdünnt. Zu beachten ist, daß keine ungelösten Kalkteilchen in die

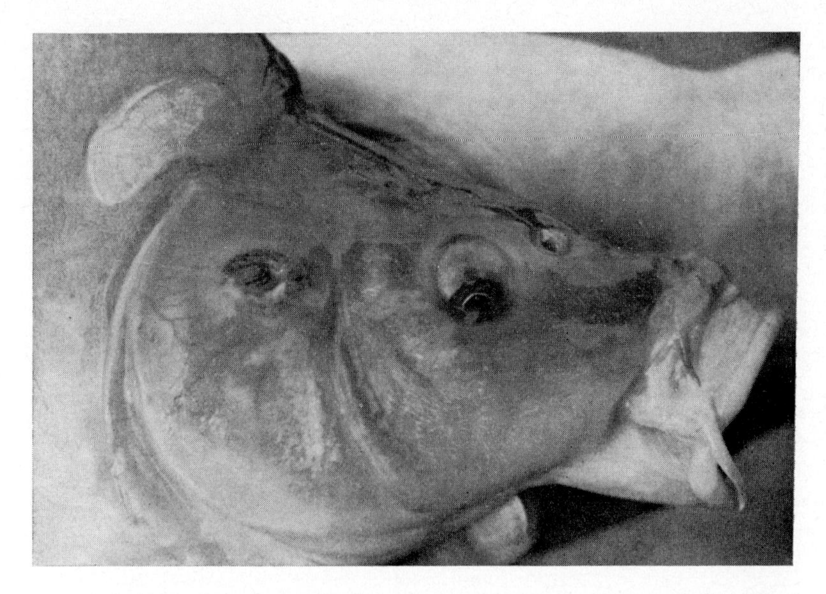

Kiemendeckel mit nicht zugeheilter Wunde. Mund zu einem Rüssel geformt

Mißgebildeter Kiemendeckel, die Kiemen sind sichtbar

Kiemen geraten. Da sich nicht der gesamte Kalk löst und sich ein Teil zunächst auf dem Boden absetzt, ist es zweckmäßiger, die vorgesehene Kalkmenge in einem Eimer zu löschen und die überstehende Kalklauge in eine bereitgestellte größere Wanne zu gießen. Dies wiederholt man so lange, bis die der Kalkmenge entsprechende Flüssigkeitsmenge gewonnen ist. Es ist nicht unbedingt notwendig, eine genau zweiprozentige Lösung herzustellen. Der Teichwirt hat zwar meist den Kalk gut verschlossen in einer Blechbüchse, aber keine Waage zur Hand.

Merke: 200 g sind rund zwei Handvoll. Ist der Branntkalk nicht mehr ganz frisch oder handelt es sich nur um Löschkalk, dann nimmt man eine Handvoll mehr. Auch hochprozentiger Baukalk (Weißkalk), wie ihn Baugeschäfte führen, ist verwendbar.

Bei gesunden Fischen braucht die Badezeit nicht ängstlich eingehalten zu werden. Aber es ist durchaus nicht notwendig, die Badezeit über Gebühr auszudehnen. Im Gegenteil, je kürzer die Zeit ist, während der der Fisch eingetaucht wird, desto weniger kann ihm das Bad schaden. Anfänger meinen es oft zu gut, sie machen nicht nur die Lösung zu stark, sondern belassen die Fische zu lange darin. Man darf auf keinen Fall die Karpfen in die Kalklauge setzen, sondern nur eintauchen. Damit sie von ihr völlig umspült werden, besonders wenn man mehrere zugleich eintaucht, hebt man den Hamen einige Male an oder dreht die Fische mit der Hand. Wem die Übung fehlt, tut gut daran, das Bad erst mit einigen Fischen zu probieren und das Ergebnis abzuwarten. Dies ist schon deshalb geboten, weil der verwendete Kalk oft nicht mehr hochprozentig ist.

Die Egel werden sofort grau, bleiben aber noch kurze Zeit am Fisch kleben. Man darf sich dadurch nicht täuschen lassen und glauben, man hätte die Badedauer zu kurz bemessen.

War das Kalkbad zu stark oder die Badedauer zu lang, so zeigen sich folgende Schädigungen: Trübung der Augen, der Haut, Entblutung der Kiemenspitzen.

Die Karpfen sollen auch beim Einsetzen in die Sommerteiche auf Egel durchgesehen werden, um einem erneuten größeren Befall vorzubeugen. Ein kräftiger Kalkstoß mit 300–400 kg Brannt-, Lösch- oder Weißkalk im Laufe des Sommers, wie er z. B. zur Bekämpfung der Kiemenfäule empfohlen ist, scheint die Egel mitzuvernichten. Auf jeden Fall fällt bei Abfischungen auf, daß die Fische nicht üblicherweise mit Egeln behaftet sind.

Früher half man sich, um die Egel loszuwerden, noch auf folgende Weise: Man setzte die Karpfen nach dem Abfischen in Hälter mit gutem Durchfluß. Die Egel lösten sich dann von selbst ab, besonders wenn die Karpfen die Möglichkeit hatten, durch Reiben an eingelegten Zweigen nachzuhelfen. Da aber die Egel bei diesem Verfahren am Leben bleiben, ist eine gewisse Vorsicht geboten. Die abgeschwemmten Egel dürfen nicht wieder in Teiche geraten.

Die Fische streifen Egel und Läuse gern an derartigen Pflöcken ab

Tauchen der Karpfen in Kalkmilch zum Abtöten der Egel

Der Barsch soll eine Vorliebe für Egel haben. Man kann deshalb Barsche zu den Karpfen in die Winterteiche setzen. Macht man das gleiche in Sommerteichen, so sind für diesen Zweck entweder Männchen oder Weibchen auszusuchen, sonst besteht die Gefahr einer ungehemmten Vermehrung. Da der Barsch im März laicht, ist das Geschlecht bei der Besetzung der Sommerteiche leicht zu erkennen.

Auch der Schleie wird nachgesagt, sie räume mit Ektoparasiten auf. Sie finde beim Absuchen des Bodens deren Eier. Ein Beisatz an Schleien in Teichen, die ein Übermaß an Schlamm aufweisen und schwer trokkenzulegen sind, kann deshalb von Nutzen sein.

In den Teichen kommt noch ein anderer Egel vor, der meist als Blutegel bezeichnet wird. Er ist größer als der Fischegel und schwarz gefärbt. Es handelt sich um den sogenannten Pferdeegel, der nicht Blut saugt, sondern seine Opfer frißt. Der medizinische Blutegel kommt in unseren Teichen höchst selten vor. Er ist mehr in wärmeren Ländern zu Hause und wird dort auch für medizinische Zwecke gezüchtet.

Karpfenläuse, der Schwanzflosse anhaftend (etwas vergrößert)

Karpfenlaus

Weniger bekannt ist die Karpfenlaus, obwohl sie sehr häufig vorkommt. Ihrer Abstammung nach gehört sie zu den niederen Krebsen, die wir als wichtigste Karpfennahrung kennengelernt haben. Das nicht ganz erbsengroße, fast durchsichtige Tier ist nicht leicht zu erkennen, weil es sich mit seinen Saugnäpfen fest an die Haut des Wirtes preßt. Mit Vorliebe sitzt der Schmarotzer an den Flossenansätzen. Hier kann ihn der Karpfen durch Scheuern an Steinen, Pfählen usw. nicht so leicht abstreifen. Noch weniger können sich Jungfische wehren. Man vergleiche die Größe einer Laus mit der eines Fischchens, das erst einige Monate alt ist! Die jungen Fische werden übel zugerichtet und sehen wie angefressen aus, das Fleisch wird sichtbar, von der Rücken- und Schwanzflosse sind oft nur noch kümmerliche Reste vorhanden. Die durch die Karpfenlaus angerichteten Wunden heilen meist nicht aus, sie verpilzen, und man findet den Sommer über laufend tote Fische. Da sie sehr dicht auf der Haut sitzt, ist mit einem kurzen Eintauchen sehr wenig auszurichten. Am besten bewährt sich eine Lösung von 1 g Kaliumpermanganat in 1 l Wasser, in die die Fische 30–45 Sekunden einzutauchen sind. Neuerdings wird Masoten als wirksames Medikament empfohlen.

Je fruchtbarer ein Weiher ist, desto wohler fühlen sich Fischegel und Karpfenläuse und desto höher kann mit dem Fischbesatz auch ihre Zahl ansteigen. Werden aber die Weiher regelmäßig trockengelegt und mit Branntkalk gedüngt (mindestens 600 kg/ha), so sterben die im Schlamm zurückbleibenden Egel und Läuse, wobei wir gleichzeitig einem Überhandnehmen im nächsten Jahre vorbeugen. Erfreulicherweise ist wenigstens der Befall der Fische mit Karpfenläusen zurückgegangen, wohl auch deshalb, weil die jungen Karpfen in ordentlichen Betrieben stets für sich allein und nicht zusammen mit älteren Tieren aufgezogen werden.

Ein der Karpfenbrut oft gefährlich werdender Saugwurm ist der nicht ganz 1 mm große Dactylogyrus. Sein griechischer Name besagt, daß die zwei großen und die zahlreichen kleinen Haken, die er besitzt, wie Fingerhaken gekrümmt sind. Der Schmarotzer sitzt in den Kiemen und saugt Blut. Da er sich sehr schnell vermehrt, kann er in Aufzuchtteichen den gesamten Bestand an Jungfischen vernichten. Äußere Kennzei-

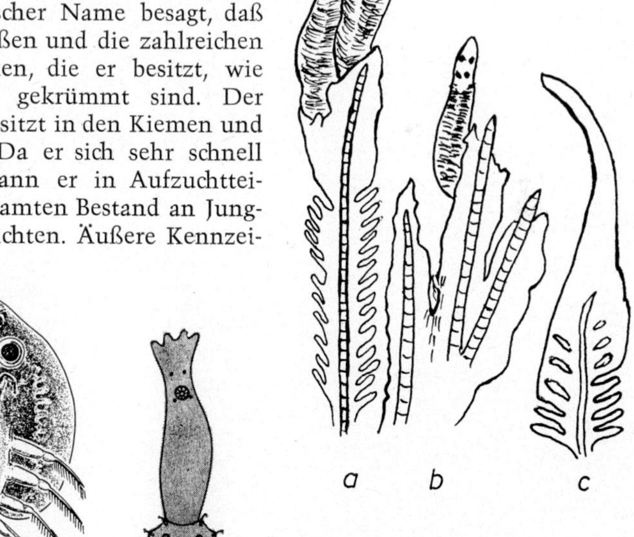

Einwirkung der Dactylogyren auf die Kiemenblättchen. a. Kiemenblättchen mit aufsitzenden Dactylogyren, b. Kiemenblättchen zerfressen, c. Kiemenblättchen mit Zipfelbildung (zwanzigfach vergrößert)

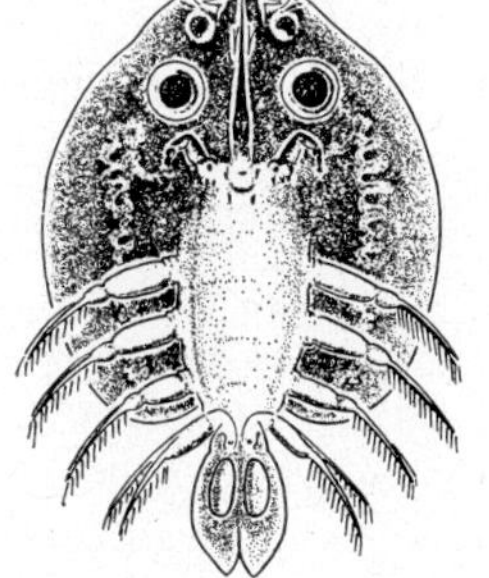

Karpfenlaus (Bauchseite) Natürl. Größe 5 mm

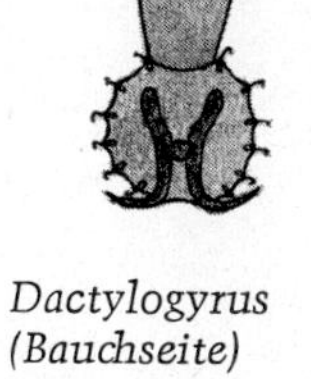

Dactylogyrus (Bauchseite) Natürl. Größe nicht ganz 1 mm

chen des Befalles: die Brut kommt im Wachstum nicht vorwärts, sie wird schwarz, matt und kraftlos. Die Kiemen sind nicht mehr rot, sondern sehen wegen der anhaftenden Saugwürmer eher grau aus, auch weil die Oberhaut der Kiemen unter dem Reiz der Würmer anschwillt und zur Bildung von Zipfeln neigt. Bei starkem Befall vermag der Fisch die Kiemendeckel nicht einmal mehr zu schließen. Die Atmung wird behindert, und der Fisch geht ein. Die Würmer kann man erkennen, wenn man ein Kiemenblättchen unter das Mikroskop legt: Wir sehen, wie die Würmer gleich Säcken an den Kiemen hängen.

Ergasilus

Jungfischen, die über 4–5 cm lang sind, kann der Kiemensaugwurm kaum mehr etwas anhaben. Das sicherste Mittel gegen den Befall ist Vorbeugen. Je stärker der Vorstreckteich besetzt ist, desto schneller ist er leergefressen. Hungert die Brut und kommt sie im Wachstum nicht vorwärts, so hat der Dactylogyrus leichtes Spiel. Der Züchter muß deshalb seine Jungkarpfen aus dem Vorstreckteich rechtzeitig in die Streckteiche überführen. Sie stehen dort weiter auseinander und sind dem Dactylogyrus um so schneller entwachsen, je reichlicher ihr Tisch erneut gedeckt ist.

Ergasilus

Der Ergasilus, ein Verwandter des Hüpferlings, lebt parasitisch in den Kiemen. Ein Befall zeigt sich in Form stecknadelkopfgroßer weißer Punkte auf den Kiemenblättchen. Mit einem Vergrößerungsglas sind die für einen Hüpferling charakteristischen Eiersäcke leicht zu erkennen.

Ergasilus auf den Kiemen einer Schleie

Befallen werden hauptsächlich Schleien, dann auch Forellen, Hechte und Brachsen. Der Parasit ernährt sich von den Zellen der Kiemenblättchen. Er wandert umher, hakt sich immer wieder anderen Blättchen an und zerstört sie. Bei starkem Befall magern die Fische rasch ab und gehen schließlich ein.

In norddeutschen Seen

tritt der Schmarotzer während des Sommers oft in derartigen Massen auf, daß nichts anderes übrigbleibt, als sich mit dem Besatz auf andere Fische umzustellen. Da Karpfen nicht befallen werden, sind in Teichwirtschaften keine großen Schäden zu befürchten.

Hält man jedoch Schleien als Nebenfisch, so sind Verluste sehr wohl möglich. In neuerer Zeit wird ein Befall nicht nur von Schleien, sondern auch von Forellen in den vielfach entstandenen Baggerseen beobachtet.

In der Forellenzucht bieten Kochsalzbäder gegen parasitäre Haut- und Kiemenschmarotzer wirksamen Schutz. Empfohlen werden 10 bis 15 g auf 1 l Wasser und eine Badedauer von 20 Minuten für kleinere Fische, 25 g auf 1 l Wasser und eine Badedauer von 10—15 Minuten für größere Fische. Nach E. WIESNER ist eine Heilung an Ergasilus erkrankter Fische sogar in nicht ablaßbaren Baggerseen mit einer Fläche bis zu 2 ha durch Verspritzen von gelöstem Kochsalz möglich. Es genügen 5—8 g auf 1 cbm Wasser oder grob gerechnet 250—300 kg/ha bei einer mittleren Tiefe von 2 m. Anstatt Kochsalz kann man auch das billigere Viehsalz verwenden.

Sehr zu beachten ist: Schleien, bei denen Verdacht auf einen Befall mit Ergasilus besteht, dürfen nicht als Satzfische verkauft werden.

Ichthyophthirius (Grießkörnchenkrankheit)

Ein Befall der Fische mit Ichthyophthirien ist in Bayern erst seit einigen Jahren zu beobachten. Trotz ihrer Größe sind diese Schmarotzer nur einzellige Tiere. Sie treten bei allen Fischarten und allen Altersstadien auf und können zu Massensterben führen; selbst Laicher sind vor ihnen nicht sicher.

Im ausgewachsenen Zustand ist der Ichthyophthirius auf der Haut als kleines Knötchen in der Größe eines Grießkornes (daher der Name der Krankheit) leicht zu erkennen. Es sitzt zwischen Ober- und Unterhaut. Um sich zu vermehren, löst der Parasit sich aus der Haut und teilt sich in einige hundert Tochterzellen, die ausschwärmen, um neue Wirte zu suchen.

Je enger die Fische stehen, desto eher ist die Möglichkeit eines Befalles gegeben. Die Fische erscheinen dann binnen weniger Tage wie von Grießkörnchen übersät. Die Haut wird durchlöchert und löst sich ab; die Fische gehen ein. Besonders gefährdet sind die Fische in Hältern und Winterungen, wenn es an »Sauberkeit« mangelt, wenn z. B. versäumt wurde, Winterungen vor ihrer Belegung trockenzulegen und zu desinfizieren oder wenn während des Winters weitergefüttert wird und Exkremente und faulende Futterreste die Entwicklung des Parasiten fördern.

Zeigt sich nur schwacher Befall, insbesondere nach der Abfischung der Winterungen, so genügt es, die Fische in die Sommerteiche umzusetzen. Werden aber bereits im Herbst bei einigen Tieren Knötchen festgestellt, ist es ratsam, solch einen Bestand nicht einzuwintern, sondern womöglich noch im Herbst in weiträumigen Abwachsteichen unter Ausscheidung der befallenen Tiere unterzubringen.

Ichthyophtirien auf Schwanzflosse und Kopf

In Forellenzuchten — die Fische werden hier in weit engeren Raumverhältnissen als in der Karpfenzucht gehalten — wird schon seit längerer Zeit Malachitgrün gegen Haut- und Kiemenparasiten wie Costia, Chilodon und Cyclochaeta mit bestem Erfolg angewandt. Malachitgrün ist ein stark färbender grüner Farbstoff, mit dem man sich auch leicht Gesicht, Hände und Kleidung beschmutzen kann, weshalb es angezeigt ist, zum Ansetzen der Lösung eine windgeschützte Stelle aufzusuchen und Nase und Mund mit einem Taschentuch zu schützen. Es gibt zwei Sorten, eine chemisch reine und eine für technische Zwecke. Zur Bekämpfung der Ichthyophthirien genügt die technische Form, die nur halb soviel kostet. Sie ist in Drogerien oder Apotheken zu haben. Man nimmt 1–2 g auf 10 m^3 Wasser. Die nach dem Wasserinhalt des Teiches bzw. Hälters zu berechnende Lösungsmenge ist möglichst gleichmäßig mittels einer Gießkanne auf die ganze Wasserfläche zu verteilen.

Eine Behandlung der Fische ist sogar unter der Eisdecke möglich. Man bohrt etwa 10 Löcher je 100 m^2 und gießt die berechnete Lösungsmenge mittels eines Gummischlauches unter die Eisdecke. Gibt man diese nur in den Zulauf, so mischt sie sich nicht genügend mit dem gesamten Weiherwasser.

Der Zulauf ist möglichst abzustellen, damit sich die Lösung nicht zu sehr verdünnt. Während der Behandlung darf nicht gefüttert werden. In der Praxis hat es sich am wirkungsvollsten erwiesen, Malachitgrün in einem zeitlichen Abstand von jeweils zwei Tagen dreimal zu geben.

In Sommerteichen, die ja im allgemeinen wesentlich größer sind, kann das Mittel kaum angewendet werden; denn Pflanzen, Tiere, ja selbst die Schlammschicht zehren das Malachitgrün auf, so daß die wirksame Konzentration frühzeitig unterschritten wird. Setzt man andererseits größere Fischmengen, die geheilt werden sollen, in Hälter ohne Durchfluß, so ist der im Wasser enthaltene Sauerstoff rasch aufgebraucht. Das Einblasen von Luft oder Sauerstoff ist bei der für die Bekämpfung erforderlichen Zeit von 6 Tagen zu umständlich und zu gewagt.

Weit einfacher ist deshalb, das seither in der Teichwirtschaft übliche Verfahren, die Karpfen in gut durchflossene Hälter zu setzen: Die Schwärmer werden abgeschwemmt und finden keine Zeit, sich an einen Fisch anzuheften.

Masoten zur Bekämpfung von Hautparasiten (Ektoparasiten)

Die Bayerwerke haben zur Bekämpfung von Fischparasiten das wirksame Masoten entwickelt, durch das sich nahezu alle Ektoparasiten, wie Ergasilus, Dactylogyrus, Karpfenlaus bekämpfen lassen. Das Mittel kann sowohl als Kurzbad wie auch im Teich verwendet werden. Bei einer Anwendung im Teich reichen 0,5 g je m^3 Wasser. Man löst die erforderliche Menge unmittelbar vor dem Gebrauch mit der 20–30-fachen Wassermenge in einem geeigneten Gefäß auf und versprüht die Lösung auf das Wasser.

Masoten wäre sonach das ersehnte Mittel zur Bekämpfung des Dactylogyrus; denn man kann K_v, um sie zu baden, nicht zuvor abfischen. Da aber gleichzeitig Fischnährtiere, insbesondere unsere Kleinkrebse mit vernichtet werden, müssen die Jungfische mit geeigneten Mitteln solange gefüttert werden, bis sich die Kleinlebewelt hinreichend erholt hat. Bei sehr großen Teichen ist es sogar geboten, die errechnete Masotenmenge noch weiter zu verdünnen, um sie möglichst gleichmäßig verteilen zu können.

Allerdings kann dieser außergewöhnliche Eingriff in die Lebewelt des Wassers schwerwiegende Folgen haben. Die abgestorbenen Kleintiere, darunter selbst die Larven der Zuckmücke oder gar kleine Weißfische gehen in Fäulnis über, und ein Schwund des im Wasser gelösten Sauerstoffes ist die Folge.

Am gefährlichsten sind deshalb derartige Eingriffe bei hochsommerlichen Temperaturen, in einer Zeit, in der das Wasser am wenigsten mit Sauerstoff gesättigt ist. Masoten führt dann zu ähnlichen Folgen wie die Anwendung von Herbiziden bei der Vernichtung von Wasserpflanzen. Auf jeden Fall sollte es nach der Masotenanwendung möglich sein, reichlich Wasser zuzuführen, um einem Sauerstoffschwund vorzubeugen.

Werden Fische lediglich gebadet, so ist zu raten, die Verträglichkeit erst zu erproben, bei Forellen mit einer Dosis von höchstens 2,5 g je m^3 Wasser. Ähnlich hoch ist die Dosis für jüngere Karpfen zu wählen. Weiter ist auf die Temperatur des Wassers zu achten. Sie darf nicht über 18 °C liegen.

Wird Masoten als Kurzbad zur Tötung der Karpfenlaus verwendet, so sind 25—30 mg je Liter Wasser und eine Badedauer von 5—10 Min. erforderlich. Ein derartiges Bad nimmt aber sehr viel Zeit in Anspruch, insbesondere, wenn erhebliche Mengen an K_2 zu behandeln sind und wenn das Badewasser zugleich noch zu belüften ist.

Masoten kann nur über den Tierarzt bezogen werden. Vorsicht ist beim Hantieren mit diesem Mittel geboten. Menschen und Haustiere können gefährdet werden.

Noch besser als Masoten erscheint zur Bekämpfung des Dactylogyrus das Pflanzenschutzmittel Dipterex. Das Zooplankton wird nicht mit vernichtet. Als Dosis werden empfohlen 3 cm^3 auf 10 m^3 Wasser. Der Erfolg ist zunächst nicht hundertprozentig, er liegt bei 85 %. Deshalb ist eine Wiederholung nach etwa 2—3 Wochen angezeigt.

Bandwürmer

Bisher hatten wir es mit Schmarotzern zu tun, die außen am Fisch sitzen, sogenannte Ektoparasiten. Die Bandwürmer sind Innenschmarotzer (Entoparasiten). Da sie im Darm bzw. in der Leibeshöhle leben, sind sie derart spezialisiert, daß sie sich durch die Haut hindurch ernähren können. Ihnen fehlen Mund, Darm und After. Beim Öffnen des Fisches fallen selbst kleinere Bandwürmer durch ihre weißliche Farbe auf. Wichtig ist: Die Entwicklung vom Ei bis zur Geschlechtsreife vollzieht sich in mehreren Stadien und in verschiedenen Tierarten, sogenannten Zwischenwirten.

Bei Karpfen kommen vor:

Nelkenwurm (Caryophyllaeus), Länge bis zu 3 cm. Mit Hilfe von Falten am Rande des Kopfes ist es ihm möglich, sich an der Darmhaut des Fisches festzuhalten. Diese Falten sehen einer Gewürznelke ähnlich. Das vom Tubifex (Schlammröhrenwurm) aufgenommene Ei entwickelt sich in diesem zu 2 mm großen Larven, aber erst im Fisch, der den Tubifex frißt, zum geschlechtsreifen Tier. Massensterben bei Karpfen und Brachsen sind möglich.

Riemenwurm (Ligula sp.), Länge 20–40 cm, Breite 0,5–1,5 cm, also eine lange Bandnudel, die beim Öffnen des Fisches sofort auffällt. Am lebenden Tier ist ein Befall am aufgetriebenen Leib, insbesondere an dessen vorderen Teil erkennbar. Die aus dem Ei schlüpfende Larve wird vom Hüpferling (Cyclops) gefressen (1. Wirt). Der 2. Wirt ist der Fisch, der diesen Hüpferling frißt. Die Larve durchbohrt die Darmwand und wächst in der Leibeshöhle zur riemenförmigen Vollfinne heran. Aber erst im Darm des Vogels, des Endwirtes, entwickelt sich die Ligula unter Einfluß der höheren Körpertemperatur zum geschlechtsreifen Tier. Mit dem Kot der Vögel geraten die Eier in die Gewässer und der Kreislauf kann aufs neue beginnen.

Schistocephalus, Länge 2–4 cm, Breite 6–9 mm, 1. Wirt: Hüpferling, 2. Wirt: Fisch, zumeist Stichling, Endwirt Wasservogel.

Triaenophorus, Länge bis zu 15 cm, 1. Wirt Hüpferling, 2. und 3. Wirt Fisch, letzterer zumeist ein Hecht. Nicht das Endstadium, sondern ein Befall mit einem 2–2,5 mm langen Zwischenstadium (Plerocercoid) hat ernste Schädigungen, insbesondere eine Zersetzung der Leber zur Folge, so daß deren jauchiger Geruch beim Öffnen des Fisches auffällt.

Fadenwurm (Philometra lusiana). Er wird erst in den letzten Jahren bei Karpfen und auch bei Regenbogenforellen festgestellt. Er ist gut fadendick, bis zu 25 cm lang und kann in einer solchen Zahl im Darm vorhanden sein, daß dessen Volumen nahezu ausgefüllt ist. Im Frühjahr 1973 wurde er häufig in den aus den Oststaaten eingeführten K_1 und K_2 festgestellt. Hüpferlinge sind wahrscheinlich der Zwischenwirt. Der Endwirt ist noch nicht bekannt.

Fadenwurm (Botciocephalus spec.). Kleinkrebse (Wasserflöhe, Hüpferlinge) sind der Zwischenwirt. Der Endwirt ist der Fisch selbst. Mit dem Kot geraten die Eier ins Wasser. Die daraus schlüpfenden Wimperlarven dienen den Kleinkrebsen als Nahrung.

Je jünger die Karpfen, desto mehr sind sie durch den Bandwurm gefährdet, selbst bei K_2 sind erhebliche Verluste zu beklagen. Es liegen noch keine Untersuchungen darüber vor, inwieweit die Eier auch den Darm des Vogels, der den Fisch frißt, unbeschädigt passieren. Vieles spricht für diese Annahme, denn der Fadenwurm breitet sich zusehends aus.

Man nimmt an, die Einfuhr chinesischer Pflanzenfresser trage die Schuld an dem plötzlichen Auftreten. Eine Fütterung der Karpfen mit Mansonil, einem Mittel, das auch bei Schafen verwendet wird, treibt die Bandwürmer ab. Dosiert wird nach O. BANK 500 g Mansonil auf 100 kg Futter. Die Ration höchstens 2 % des Fischgewichtes, 3mal wiederholen in Abständen von je 1 Tag. Schon nach der ersten Fütterung schleifen die Würmer, aus dem After hängend, als weiße Fäden nach.

In den letzten Jahren häufen sich die Beobachtungen über den Befall der Karpfen mit Bandwürmern. Die Ursache ist mit in der übermäßigen Duldung der Wasservögel, namentlich der Möwen zu suchen. Durch eine Trockenlegung und Desinfektion des Teichbodens werden sowohl die Eier des Bandwurmes als auch mögliche Zwischenwirte vernichtet.

Der *Wurmstar* ist ein Bandwurm mit der Schnecke und dem Vogel als Zwischenwirt: Vögel scheiden mit dem Kot die Eier des Wurmes aus, aus denen sich freischwimmende Wimperlarven entwickeln. Diese bohren sich nach kurzer Zeit durch die Körperwand einer Wasserschnecke bis in deren Leber ein (1. Zwischenwirt). In der Leber entsteht durch Jungfernzeugung eine Unzahl neuer Tiere (Redien und Cercarien), die die Schnecke verlassen und freischwimmend nach einem Fisch suchen. Sie bohren sich in diesem ein (2. Zwischenwirt). Der Vogel ist der Endwirt, und der komplizierte Kreislauf beginnt von neuem.

Nach J. Deufel weisen von den Parasiten befallene Fische in der Regel zahlreiche rotunterlaufene oder blutige Punkte auf. Sind die Augen befallen, so werden sie durch Schädigungen der Linse und Hornhaut grauweiß, also blind. Deshalb der Name Wurmstar. Die Hornhaut kann sogar soweit geschädigt werden, daß sie platzt. Dieses Krankheitsbild ist wohl am auffallendsten. Daran sterben aber die Fische seltener. Die Hauptursache sind Larven, die sich im Gehirn oder in Blutgefäßen vorwiegend in den Kiemen festgesetzt haben.

Hauterkrankungen

Die Fischoberhaut ist, wie wir wissen, leicht verletzbar. Daß deshalb die Fische beim Abfischen, Transportieren und Hältern schonend zu behandeln sind, wurde wiederholt betont. Man darf sie auch nicht längere Zeit ohne Wasser in der Kälte belassen. Besonders gefährlich sind enge Hälter. Werden die Fische noch dazu wiederholt durchsortiert, so »stoßen sie sich ab«, eine im Fischhandel gebräuchliche Bezeichnung. Es fallen Schuppen aus, die Flossen zeigen Risse, es bilden sich Wundstellen, besonders an den Kiemendeckeln und den Ansatzstellen der paarigen Flossen. Etwa in 4—5 Wochen gehen derart gehälterte Fische ein.

Verletzungen heilen wohl im Sommer über unter natürlichen Verhältnissen sehr rasch, nicht aber in Hältern, auch nicht im Winter bei gehemmtem Stoffwechsel. Auf den Wunden setzen sich zumeist Schimmelpilze an, und die Fische gehen zugrunde.

Eine milchige Trübung, der sogenannte *Hautschleier,* zeigt sich bei Fischen, die stark von den Parasiten Gyrodactylus, Costia, Chilodonella und Trichodina befallen sind. Der Saugwurm Gyrodactylus, ein Verwandter des Dactylogyrus, sitzt häufiger auf der Haut als auf den Kiemen. Bei einem Befall von Costia, Chilodonella und Trichodina zeigt sich ein blauschimmernder Hautschleier besonders rechts und links der Wirbelsäule.

Diese kleinen Hautschmarotzer vermögen sich nur dann in bedrohlichem Ausmaß zu vermehren, wenn wir den Fischen ungesunde Umweltverhältnisse zumuten, z. B. in engen ungepflegten Winterungen

Schlecht behandelter Karpfen mit Schimmelpilz auf den Wundstellen

oder mangelhaften Hältern, besonders wenn junge Fische diese mit älteren Jahrgängen teilen sollen. Die Hautschmarotzer bleiben hingegen bedeutungslos, wenn wir uns bemühen, den Fischen zusagende Lebensmöglichkeiten zu bieten. Hierzu gehört auch das rechtzeitige Umsetzen in die Sommerteiche, in denen Hauterkrankungen rasch ausheilen.

Pockenkrankheit

Pockenkranke Fische zeigen auf der Haut weiße oder rötliche Wucherungen, die auch unter dem Namen »Weiherblumen« bekannt sind. Es handelt sich bei den Pocken um eine Wucherung der Oberhaut, die zu einer mehr oder weniger starken Verdickung führt. Sie lassen sich deshalb nicht von der Haut entfernen, wie es z. B. bei Hautparasiten und Schimmelpilzen der Fall ist. Die Krankheit ist leicht zu erkennen und verhältnismäßig harmlos. Bei leichtem Befall bleibt das Wachstum hinter dem gesunder Fische kaum zurück. Bei starkem Befall leidet allerdings nicht nur das Äußere des Fisches, sondern der gesamte Organismus. Die Knochen werden weich, das Fleisch unappetitlich.

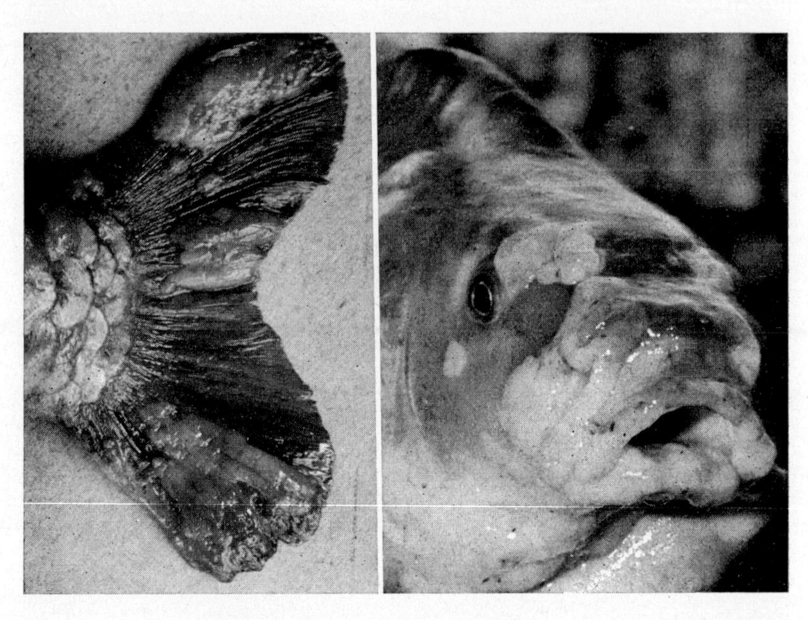

Schwanz und Kopf des Karpfens mit Pocken befallen

Am häufigsten findet man pockenkranke Fische in Weihern, die schlecht gepflegt sind, die Sommer und Winter unter Wasser stehen. In alten Mühlweihern waren daher pockenkranke Karpfen nichts Seltenes. Die Krankheit wird vornehmlich durch Umwelteinflüsse, insbesondere durch die Eigenschaften des Wassers gehemmt oder gefördert. So verlieren Fische ihre Pocken, sobald sie in einen »gesunden« Weiher kommen. Daraus ergeben sich für die Bekämpfung der Krankheit folgende Maßnahmen: gründliche Trockenlegung und ausgiebige Kalkung des Teiches.

Neuerdings zeigt sich die Krankheit aber auch nach wiederholter Kalkung. Meist sind K_2 eher befallen als K_3, junge Tiere neigen eher zu Erkrankungen als ältere. Die Feststellung, daß die Pockenkrankheit zuweilen nach starker Kalkung vorkommt, widerspricht nicht der Tatsache, daß sie in saurem Wasser durch Kalkung ausgemerzt werden kann. Die Fischhaut scheint auf zu laugiges Wasser ähnlich empfindlich zu reagieren wie auf zu saures.

Kiemenfäule

Nach heißen Tagen kann die Kiemenfäule in verhältnismäßig kurzer Zeit zu großen Verlusten führen. Der Erreger der Kiemenfäule ist ein Pilz, der sich in den feinen Äderchen der Kiemen festsetzt und diese verstopft. Die Krankheit läßt sich deshalb bei einer Untersuchung der Kiemen leicht erkennen. Infolge des gestörten Blutkreislaufes sind die Kiemenblättchen nicht mehr gleichmäßig rot, sondern z. T. bläulich-rot, z. T. blutleer und deshalb weiß. Im vorgeschrittenen Stadium sehen sie wie angefressen aus, und auf den abgestorbenen Blättchen bilden sich Pilzrasen.

Karpfen, erkrankt an Kiemenfäule

Die Krankheit bricht aus, wenn organische Stoffe im Wasser in Fäulnis übergehen. Beispiele: Im Übermaß vorhandene Schwebalgen sterben ab. Wasserpflanzen werden

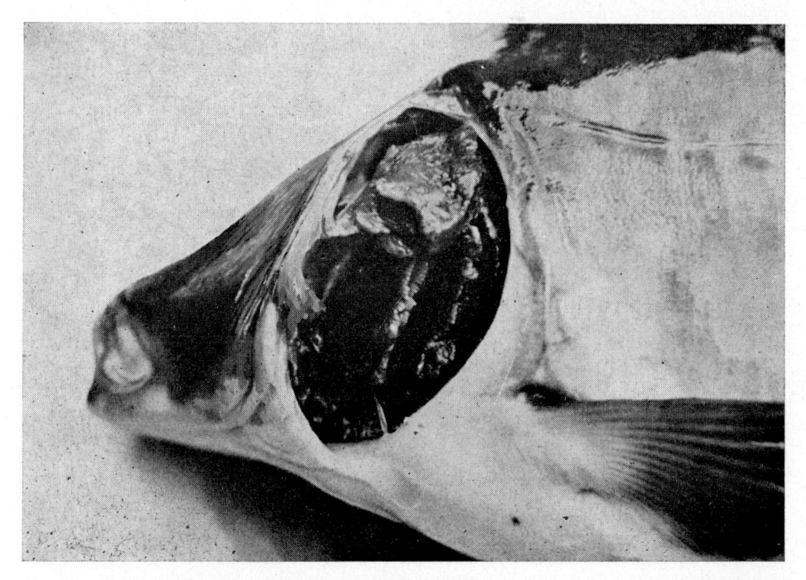

Karpfen nach überstandener Kiemenfäule. Die Spitzen der Kiemenblättchen sind abgestoßen, oben hat sich ein Pilzpfropf gebildet

abgemäht und der Fäulnis im Wasser überlassen oder durch Herbizide vernichtet. Ein Zuviel an organischen Düngemitteln wurde verwendet. Selbst die Haltung von Gänsen und Enten ist durch den ausgeschiedenen Kot bedenklich. Und erst recht tragen die Ausscheidungen der Karpfen selbst zu einer wesentlichen Verschmutzung des Wassers bei, zumal unsere Teiche zunehmend überbelegt werden.

Zeigen sich tote Fische, so sind die Kiemen auf Anzeichen der Krankheit hin zu untersuchen. Gewiegte Praktiker warten nicht auf die ersten eingegangenen Karpfen, sondern fangen, sobald Gefahren erkennbar sind, Karpfen an den Futterplätzen, um die Kiemen auf Anzeichen einer beginnenden Erkrankung zu überprüfen. Sie erkennen auch an dem Verhalten der Fische und der Verfärbung des Teichwassers, daß das normale Leben im Wasser irgendwie gestört ist. Die Fische springen nicht mehr, sie werden träge. Das Wasser erscheint nicht mehr grün, sondern grau oder dunkel und beginnt zu stinken. Ein einmaliger kräftiger Kalkstoß mit 200—300 kg Brannt-, Lösch- oder Weißkalk je ha, möglichst gut verteilt, bringt das Leben wieder ins Gleichgewicht. Eine Gabe von 100—200 kg/ha, wie bisher empfohlen, erweist sich namentlich in schweren Fällen und in tiefen Teichen als unzureichend. Bei Verwendung von Löschkalk darf die Menge sogar so groß sein, daß das Wasser milchig wird. Sofern möglich, ist gleichzeitig reichlich frisches Wasser zuzuführen.

Kiemennekrose (KN)

Neuerdings liegt eine andere Erkrankung der Kiemen im Bereich der Möglichkeit. Im Gegensatz zur Kiemenfäule, die plötzlich dann auftritt, wenn organische Stoffe im Wasser bei höheren Temperaturen in Fäulnis übergehen, ist die Kiemennekrose (Absterben der Kiemenblättchen) eine ansteckende Krankheit. Nach den bisherigen Untersuchungen nimmt man an, der Erreger ist ein noch nicht näher bekannter Virus. Gewisse Umweltbedingungen müssen jedoch gegeben sein, die zum Ausbruch der Krankheit führen, so z. B. eine Überdüngung kalkarmer Teiche mit Stickstoff.

Kennzeichen einer Erkrankung sind im Anfangsstadium helle, abgestorbene Kiemenblättchen. Die Kiemen scheiden in ihrer Masse einen Schleim aus, der wie eine weiße bis weißgraue Deckschicht aussieht. Im weiteren Verlauf stirbt auch Gewebe am Rande der Kiemenblättchen ab. Das Krankheitsbild wird sonach dem der Kiemenfäule ähnlich.

Nach P. LASSLEBEN kann die heimtückische Krankheit zu jeder Jahreszeit auftreten. Sie kann 2 Höhepunkte erreichen, den einen im Frühjahr bei K_1 und K_2 (April bis Juni), den anderen im Spätsommer und Herbst, namentlich bei K_1. Diese sind dann besonders gefährdet. Sogar unter Eis soll noch eine Erkrankung möglich sein.

Daß die KN nicht leichtzunehmen ist, geht aus den Verlusten hervor, die aus Ostländern bekanntgeworden sind. Sie reichen an die der BWS heran. Da der Erreger der KN ein Virus ist, kann er nach H. MANN nicht mit Chemikalien, auch nicht mit Antibiotika, sondern nur mit Chlorkalk (8–10 kg/ha) bekämpft werden. Wiederholung nach 8–10 Tagen, falls die Erkrankung noch nicht abgeklungen sein sollte. Das Auftreten der KN als neue Infektionskrankheit bezeugt, welches Risiko wir bei der Einfuhr von Karpfen immer wieder in Kauf nehmen.

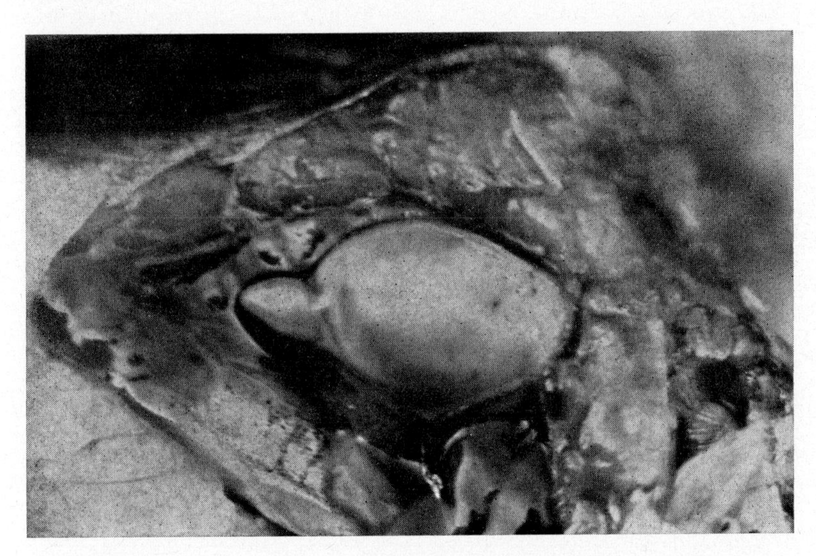

Schwimmblasenentzündung, vorderer Teil der Schwimmblase ballonartig aufgetrieben

Erkrankung der Schwimmblase (SBE)

Erst in neuerer Zeit häufen sich Meldungen über Verluste durch Entzündung der Schwimmblase. Sie ist dabei in typischer Weise deformiert. Meistens ist der hintere Teil der zweiteiligen Schwimmblase zusammengeschrumpft, der vordere wie ein Ballon vergrößert. Der Hohlraum des vorderen Teils oder einzelne Teile der Schwimmblasenwand können mit einer eitrigen Flüssigkeit gefüllt sein. Durch die Vergrößerung des vorderen Teils erscheint die Leibeshöhle prall gefüllt und aufgetrieben, so daß man Zusammenhänge mit der ansteckenden BWS vermuten könnte.

Kennzeichen der Erkrankung sind: Der Karpfen schwimmt nicht mehr normal, er liegt flach auf der Seite oder mit dem Bauch nach oben, er versucht durch Bewegungen im Kreis oder durch Untertauchen wieder in eine normale Lage zu kommen. Im vorgeschrittenen Stadium sind sogar Fische zu erkennen, die senkrecht mit dem Kopf nach unten stehen und sich in dieser Lage zu ernähren versuchen.

Die ersten Anzeichen einer Erkrankung sind Ende Mai, Anfang Juni zu erkennen, auch im Laufe des Sommers. Die Verluste können größer sein als bei der BWS. Ob die Schwimmblasenentzündung nur eine besondere Form der BWS ist oder eine neue Seuche darstellt, ist noch ungeklärt. Eingehende Untersuchungen sprechen für die erste Auffassung. In diese Richtung deuten auch Erfolge, falls man versucht, die Krankheit mit Antibiotika zu bekämpfen.

Bauchwassersucht

Erreger und Merkmale der Krankheit

Die Bauchwassersucht des Karpfens (BWS, auch BW) ist eine Infektionskrankheit, also eine ansteckende Krankheit. Sie führte in allen Teichgebieten Deutschlands und des Auslandes zu großen Verlusten. Wegen

Karpfen an BWS schwer erkrankt mit Merkmalen der akuten und chronischen Form aufgetriebener Leib, Glotzaugen, Wasserblase am Bauchende, offenes Geschwür am Schwanzstiel

unhygienischer Haltung der Karpfen, wegen Unkenntnis der Merkmale einer Erkrankung, wegen leichtfertigen Kaufes und Verkaufes kranker und krankheitsverdächtiger Fische entstehen immer wieder neue Seuchenherde.

Die Krankheit tritt hauptsächlich in zwei Erscheinungsformen auf:

a. Bei der *akuten* Form ist das auffälligste Zeichen die mehr oder weniger starke Flüssigkeitsansammlung in der Leibeshöhle, davon auch

Karpfen mit Geschwüren

der Name der Krankheit. Sie tritt besonders im Frühjahr nach einer Ansteckung im Laufe des Winters auf. Innerhalb weniger Tage zeigen sich die ersten toten Fische, und innerhalb weniger Wochen kann fast der ganze Bestand vernichtet sein.

b. Bei der *chronischen* Form ist das auffälligste Zeichen die Bildung von Geschwüren. Die Haut um das Geschwür ist schwarz, der Rand infolge des abgestorbenen Gewebes weiß und das Innere rot, da das Fleisch bloßliegt. Im Anfangsstadium zeigen sich weiße Flecken oder auch wassergefüllte Blasen. Oft beginnt die Geschwürbildung beim großen Strahl der Rückenflosse oder zwischen den beiden Lappen der Schwanzflosse. Die Leibeshöhle ist bei der chronischen Erkrankung weniger aufgetrieben als bei der akuten Form.

Von Bedeutung ist noch die Frage nach dem Erreger der Krankheit. In früheren Jahren war man der Ansicht, es handle sich um eine bakterielle Infektion. Neuerdings nimmt man bei der akuten Form einen Virus als Erreger an. Bei der chronischen Form ließ sich ein infektiöser Erreger noch nicht nachweisen. Deshalb ist es auch nicht möglich, mit dem Erreger der akuten Form das Erscheinungsbild der Geschwürform hervorzurufen. Wahrscheinlich ist aber nach wie vor, daß Bakterien aus der Pseudomonasgruppe das Krankheitsgeschehen mitbestimmen, sonst ließen sich bei der Bekämpfung der Krankheit Erfolge durch Anwendung von Antibiotika nicht erzielen. Beide Erscheinungsformen haben gemeinsam, daß die Verluste erst im Frühjahr augenfällig werden. Deshalb wohl der Irrtum, es handle sich um ein und dieselbe Krankheit. Gegenteilige Meinungen wurden nicht ernst genommen. So sprach schon W. Wunder 1947 von einer deutschen und einer polnischen Form der BWS.

Nach den Feststellungen von SCHLOTFELDT an der Tierärztlichen Hochschule Hannover ist die frühere sogenannte infektiöse Bauchwassersucht ein Komplex von mindestens 3 Krankheiten unterschiedlicher Erreger, die aber oft gleichzeitig den Fisch befallen können. Die beiden virusbedingten Formen der BWS befallen vornehmlich K_1 und K_2. Wie bei anderen Virusinfektionen unserer Süßwasser-Nutzfische bleiben medikamentöse Behandlungen erfolglos. Die Geschwürbildung, die gleichzeitig auftreten kann, wird durch einen nicht gänzlich erforschten Erregerkomplex hervorgerufen. Sie ist durch Antibiotika, Sulfonamide oder Medizinalfutter heilbar. Sie tritt gehäuft im Frühjahr und Sommer auf.

Die Art der Bekämpfung der beiden bisherigen Erscheinungsformen ist dieselbe, insbesondere was die Vorbeugungsmaßnahmen und die Desinfektion der Teiche anbelangt. Wir behalten deshalb die weiteren Ausführungen über die bisherige Bekämpfung der akuten bzw. Geschwür-Form, ebenso ihre Bezeichnung bis auf weiteres bei. Sie gelten im übrigen auch für andere Infektionskrankheiten.

Stecken sich die Karpfen im Laufe des Sommers an, so fallen bei der Herbstabfischung meist Fische mit Geschwüren und Flecken auf. Tritt die Ansteckung erst im Winter oder gar im Frühjahr ein, so zeigen sich äußere Merkmale meist zu spät: die Tiere können völlig gesund erscheinen. Darin liegt gerade das Heimtückische der Krankheit, das ihrer Verbreitung großen Vorschub leistet. Sowohl Verkäufer als auch Käufer von Satzfischen glauben, kerngesunde Tiere vor sich zu haben, da weder die akute noch die chronische Form der Krankheit im frühen Stadium zu erkennen ist. Zu erkennen ist sie noch am ehesten bei der Geschwürform, zumeist bereits im Herbst, bei der akuten erst im Frühjahr, besonders wenn der Winterteich erst in der 2. Hälfte des März gefischt wird. Aber gerade diese Möglichkeit wird dazu benutzt, Fische mit Symptomen einer Erkrankung auszuscheiden und einen gesunden Bestand vorzutäuschen.

Tritt die akute Form im Herbst bei gehälterten Karpfen auf, so ist mit großen Verlusten zu rechnen. Bei der chronischen Form kann es wohl vorkommen, daß gegen den Herbst zu infizierte Karpfen vereinzelt eingehen. Auch in den Winterungen sieht man, vor allem gegen das Frühjahr, ab und zu tote Karpfen.

Zu Massensterben kommt es in der Regel aber erst nach der Besetzung der Teiche im Frühjahr. Zunächst fressen die Fische noch. Sobald aber Mitte April/Anfang Mai die Wassertemperatur steigt, vermag der kranke Körper den gesteigerten Stoffwechsel nicht mehr durchzuhalten. Es kommt zu Blutstauungen und zum Austritt von Blutserum in die Leibeshöhle. Die befallenen Karpfen schwimmen träge umher oder stehen an den Rändern. Das Weiherwasser wird wieder klar. Es zeigen sich Tote mit folgenden Kennzeichen: kraterartig vorgewölbter After, aufgetriebener Leib, hervorquellende Augen (Glotzaugen) und bei der chronischen Form Geschwüre. Schneidet man den Leib kranker Tiere auf, so sieht man vor allem im Frühjahr: Das Blut gerinnt nicht, es ist wäßrig, die Leber ist verfärbt, die Gallenblase vergrößert, der Darm dünn und farblos, oft mit Eiter gefüllt. Bei beginnender Erkrankung zunächst nur der vordere Teil.

Alle Altersklassen werden betroffen. Erst Mitte Juni klingt das Sterben ab. Die genesenden Karpfen beginnen wieder zu fressen und das Wasser zu trüben. Ausgeheilte Karpfen zeigen dort, wo Geschwüre waren, dunkle Narben. Oft führt die Krankheit zu schweren Körperschäden, bei der akuten Form insbesondere zur Deformation des Körpers, so daß die Fische erheblich im Wachstum zurückbleiben.

Nach der Besetzung der Sommerteiche kann es zu Karpfensterben kommen, die in der zeitlichen Folge ähnlich verlaufen wie bei der Bauchwassersucht, ohne daß aber ausgesprochene Symptome dieser Krankheit, sei es bei den noch lebenden oder bei den schon eingegangenen Fischen, vorliegen. So wird beispielsweise folgendes behauptet: K_2 zeigen keine Anzeichen einer schlechten Überwinterung, nicht ein Fisch fällt durch Hohläugigkeit auf, alle sind quicklebendig. Im eigenen oder in benachbarten Betrieben sind nach der Besetzung der Sommerteiche weder kranke noch tote Fische zu beobachten. Je weiter aber die Karpfen transportiert wurden, desto größere Verluste werden gemeldet. Man steht geradezu vor einem Rätsel. Liegt die Ursache in einer zu großen Sauerstoffzuführung während des Transportes oder in einer vorausgegangenen Schädigung durch Schneewasser? Liegt ein zu hoher Streß durch den langen Transport vor? Handelt es sich um Konditionsschäden allgemeiner Art? Sterben die Fische, bevor sie die charakteristischen Merkmale der Bauchwassersucht zeigen? Sicher sind auch Umwelteinflüsse, die die Widerstandsfähigkeit der Fische beeinträchtigen, für das Ausmaß der Erkrankung von Bedeutung, wie z. B. die Belastung des Teiches mit Abwässern, zu geringer Sauerstoffgehalt, plötzliche Temperaturschwankungen.

Bei den Herbstabfischungen fallen zuweilen Karpfen mit Glotzaugen und aufgetriebenem Leib auf, die kaum an Gewicht zugenommen haben. Schneidet man solche Karpfen auf, dann fließt eine ziemlich klare Flüssigkeit ab. Die Bauchlappen sind so dünn, daß sie fast nur noch aus Haut zu bestehen scheinen. Die Flüssigkeitsansammlung wird wahrscheinlich durch eine Funktionsstörung der Niere verursacht; es handelt sich jedenfalls nicht um die ansteckende Bauchwassersucht.

Übertragung der Krankheit

Der Erreger der Bauchwassersucht wird vor allem durch infizierte Fische verbreitet. Sehr leicht ist dies in dichtbesetzten Teichen möglich. Am meisten sind demnach die Karpfen in den Winterteichen gefährdet, da sie hier am dichtesten beieinanderstehen. Die Krankheit ist, schon ehe sich äußerliche Veränderungen zeigen, ansteckend. Sie kann sowohl durch das Wasser als auch durch den Teichboden auf gesunde Fische übertragen werden. Tritt daher die Bauchwassersucht in einer Weiherkette auf, so sind alle in dieser Kette befindlichen Fische gefährdet. Es ist sogar möglich, daß der Erreger durch Fischereigeräte, Fischfässer, usw. verschleppt wird. Man denkt weiter an eine Übertragung der Krankheit durch Vögel. Oft wird die Krankheit aus Unachtsamkeit, zum Beispiel von Kindern, verbreitet, die kranke Fische aufnehmen und in Teiche werfen. Ja es gibt Nachbarn, die gerne einen kranken Fisch »spendieren«. Eine wesentliche Ursache ist weiter in dem unkontrollierten Satzfischhandel zu suchen, an dem sich zunehmend Züchter sogar mit importierten Fischen beteiligen.

Erfahrungen scheinen dafür zu sprechen, daß auch die Schleie ein Krankheitsträger ist. Zwar ist dieser Fisch weniger anfällig – man beobachtet nur vereinzelt Geschwüre und Verluste –, aber gerade darin liegt die Gefahr, um so mehr, als die Schleie es liebt, von einem Weiher zum anderen zu wandern. Die gleiche Vorsicht ist gegenüber anderen Arten der Familie der Weißfische geboten. Sie erkranken in den freien Gewässern mit ähnlichen Geschwüren.

Es ist weiter möglich, daß Fischparasiten wie Fischegel und Karpfenläuse die Krankheit übertragen. Zumindest ist nachgewiesen, daß sich gerade an Bißstellen Geschwüre bilden.

Die Bauchwassersucht ist wohl eine typische Krankheit der Karpfen unserer Zeit. Zwar muß sie schon früher aufgetreten sein, ohne daß man sie als solche erkannte, so in Mittelfranken nach dem strengen Winter 1928/29. Wenn sie sich jedoch heute zu der gefürchtetsten Karpfenseuche entwickelt hat, so liegt dies darin begründet, daß die Karpfen früher härter, d. h. unter natürlicheren Bedingungen aufgezogen wurden. Man verstand noch nicht, die Erträge der Teiche durch Düngen und Füttern zu vervielfachen. Heute werden die K_2 oft übermäßig getrieben, sogar mit K_3 zusammen gemästet. Während früher fast jeder Betrieb seine eigenen Jungkarpfen erzeugte, ist heute die Satzfischversorgung weitgehend zentralisiert. Dadurch wird der Ausbreitung der Krankheit zwangsläufig Tür und Tor geöffnet.

Nun würde die Ausmerzung bestehender Seuchenherde keine unüberwindlichen Schwierigkeiten bereiten. Die Seuche tritt aber vermutlich auch spontan auf, also ohne nachweisbare Ansteckung. Nicht zu Unrecht vergleicht man den Erreger der Bauchwassersucht mit den Erregern anderer Infektionskrankheiten. Er scheint vielfach im Fischkörper latent vorhanden zu sein, aber erst dann wirksam zu werden, wenn die natürliche Widerstandskraft des Karpfens durch ungünstige Lebensbedingungen, durch Streß, geschwächt wird. Die BWS und andere Infektionskrankheiten sind mit ihren Erregern zur Stelle, ähnlich wie die Ektoparasiten Daktylogyrus, Ichtyophthirius, Ergasilus usw., sobald die Voraussetzungen hierzu gegeben sind.

Das Auftreten und die Verbreitung der BWS kann durch folgende Gegebenheiten gefördert werden:

1. Mischbesatz aus verschiedenen Jahrgängen, insbesondere der immer noch häufige aus K_1 und K_2. Man kann sich die Ausbreitung der Seuche wie folgt vorstellen: Zunächst erkranken nur einige wenige Tiere, ohne daß es auffällt. Erst im Laufe von 2—3 Jahren erfaßt die Seuche den ganzen Bestand. Dies trifft vor allem für Kleinteichwirte zu, die trotz aller Ratschläge von einem Mischbesatz nicht abzubringen sind. Noch verpönter ist ein Mischbesatz der Winterteiche. Kleinteichwirte halten dazu nicht selten neben Karpfen auch andere Fischarten, die dann alle gemeinsam in dem Winterteich untergebracht werden.
2. Mangelnde Pflege der Sommer- und Winterteiche, insbesondere unterlassene Kalkung und zeitweise Trockenlegung. Sehr gefährdet sind z. B. K_2, wenn sie den Winter über in dem Teich verbleiben, in dem sie unter reichlicher Fütterung zu K_2 herangewachsen sind und wenn noch weitere übermäßig gefütterte K_2 aus anderen Teichen hinzugesetzt werden.
3. Frühzeitige Besetzung und verspätete Abfischung der Winterteiche, namentlich wenn die Karpfen darin längere Zeit hungern.
4. Verwendung ausgesprochener Abwachsteiche zur Aufzucht von Satzfischen wegen der dadurch gegebenen besseren Rendite. Hierunter sind übergroße Teiche oder Teiche zu verstehen, die inmitten anderer Teiche liegen und Dritten gehören. Noch mehr gilt dies für Teiche, die mit Abwässern belastet sind. Allein schon das Hältern der Karpfen wenige Stunden in verunreinigtem Wasser kann ein Ausbrechen der BWS auslösen.
5. Verbringen der Karpfen in Sommerteiche, die zunächst keine Nahrung bieten.
6. Hältern der Karpfen längere Zeit auf engem Raum unmittelbar nach der Abfischung der Winterteiche. Speisen der Hälter aus oberhalb liegenden, intensiv genutzten Teichen, anstatt mit möglichst keimfreiem Wasser.
7. Schlechte Behandlung der Karpfen beim Abfischen und Transportieren. Dazu gehört auch die Verschmutzung des Transportwassers durch vorher nicht genügend gewässerte Fische. Man kann sogar behaupten, verschickte Karpfen erkranken desto eher, je weniger sie für den Transport vorbereitet sind und je weiter sie transportiert werden. Allein aus diesem Grund ist der Import von Satzkarpfen aus anderen Ländern ein nicht zu unterschätzendes Risiko.
8. Beim Ankauf von K_1 ist seltener mit einer Erkrankung zu rechnen als beim Ankauf von K_2. K_1 werden zumeist im Aufzuchtteich überwintert. K_2 hingegen werden jeden Herbst aus den Sommerteichen abgefischt, um dann den Winter über dicht gedrängt in einem Winterteich zu stehen. Ist nur einer der K_2 bereits mit BWS infiziert, so

kann der gesamte Bestand angesteckt werden. Die Überlastung des Wassers den Sommer über mit den Ausscheidungen der K_2, namentlich im Intensivstbetrieb, bietet bei dem wesentlich größeren Stoffwechsel der heranwachsenden K_2 die möglichen Voraussetzungen einer Infektion bereits während des Sommers.

9. Anscheinend gibt es mehrere Stämme des BWS-Erregers. Der erworbene Schutz gegen einen Stamm reicht nicht aus, um gegen einen anderen immun zu sein. Man spricht deshalb von einem seuchenbiologischen Gleichgewicht, d. h. man soll nicht Karpfen verschiedener Herkunft unnötigerweise miteinander mischen. Dies gilt sogar für eine kurzfristige Aufbewahrung der Karpfen in den Hältern.

Maßnahmen zu ihrer Bekämpfung

Ist die Seuche festgestellt, so ist die einfachste und wirkungsvollste Maßnahme, sämtliche Karpfen und Schleien abzustoßen und möglichst als Speisefische zu verwerten. Je länger man sich mit kranken Fischen abgibt, desto mehr besteht die Gefahr, daß die Krankheit weiter verschleppt wird, daß nicht nur gesunde Fische des eigenen Betriebes, sondern auch solche anderer Betriebe angesteckt werden. Es hat deshalb nicht viel Sinn, Karpfen, die im Herbst Geschwüre zeigen, zu wintern. Ebenso empfiehlt es sich nicht, Karpfen, die mit diesen Krankheitserscheinungen aus den Winterteichen kommen, in die Sommerteiche zu setzen, selbst wenn nur wenige von ihnen deutlich krank sind.

Der Erreger der Krankheit steckt aber sowohl in den Fischen wie in den Teichen. Unbedingte Voraussetzung für die Sanierung eines Betriebes ist deshalb nicht nur die Beschaffung gesunder Fische, sondern auch die Desinfektion der Teiche, wie sie auf Seite 127 beschrieben ist. Übergroße Teiche lassen sich aber kaum ausreichend desinfizieren, auch nicht Teiche, denen Abwässer zufließen, selbst wenn sie anschließend an die Desinfektion den Winter über trocken liegen. Ihre Bewirtschaftung ist nur noch in der Weise möglich, daß gesunde K_2 im Frühjahr eingesetzt und im Herbst als Speisefische abgesetzt werden. Denn gesunde K_2 halten in der Regel einen Sommer in verseuchten Teichen durch, nicht aber K_1. Sie sind gegen Ansteckung zu wenig widerstandsfähig.

Wir müssen deshalb bei der Sanierung einer Teichwirtschaft mit den Aufzuchtteichen beginnen. Sie sollten möglichst isoliert liegen. Aufzuchtteiche und Winterungen, die aus oberhalb liegenden, nicht desinfizierten Weihern gespeist werden, sind zunächst nicht mehr zu gebrauchen. Auch ganze Teichketten, vor allem wenn die einzelnen Weiher, wie es im Aischgrund der Fall ist, verschiedenen Besitzern gehören, lassen sich nur noch bewirtschaften, wenn alljährlich gesunde K_2 beschafft werden. Gelegentlich können allerdings auch gesunde K_2 vorzeitig eingehen, wenn z. B. verseuchte Weiher zusätzlich mit Abwässern oder durch übermäßige Ablagerungen von Faulschlamm belastet sind.

Anwendung von Heilmitteln

Um das Jahr 1930 zeigten sich in verschiedenen Teichgebieten die ersten Erkrankungen an Bauchwassersucht. Die Krankheit wurde wohl als solche erkannt und beschrieben, aber man wußte kein Heilmittel. Der Teichwirt mußte mit ansehen, wie seine Karpfen nach der Besetzung der Teiche dahinstarben. Es lag deshalb nahe, die Heilung der Seuche mit Antibiotika zu versuchen, wie sie in der Medizin zur Bekämpfung von Bakterien verwendet werden.

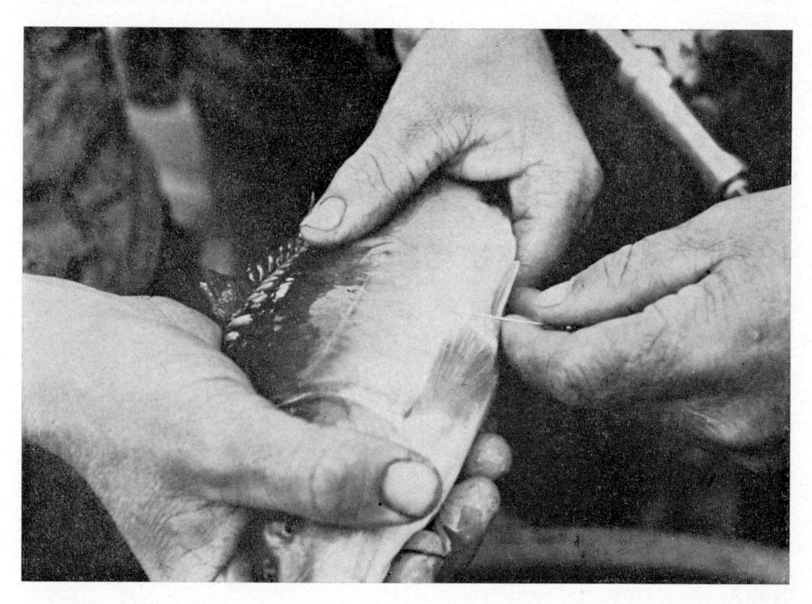

Spritzen gegen BWS

Als wirksamstes Mittel erwies sich Leukomyzin. Die Anwendung eines Antibiotikums ist jedoch, wohlgemerkt, keine Impfung, denn es wird weder ein Serum mit abgeschwächten Erregern noch ein Abwehrstoff in den Körper gespritzt. Antibiotika sind natürliche Wirkstoffe, die aus Pilzmyzel oder pilzähnlichem Myzel hergestellt werden.

Man nimmt 1 mg Leukomyzin, verdünnt in 0,25 ccm Wasser, auf 100 g Körpergewicht. Die Karpfen werden unmittelbar nach der Abfischung der Winterung gespritzt. Noch einfacher ist es, K_1 in leukomyzinhaltigem Wasser zu baden oder beim Transport der Fische dem

Wasser Leukomyzin zuzusetzen. Größeren Betrieben ist zu empfehlen, sich eine Ausrüstung selbst zu beschaffen. Kleinere Betriebe wenden sich an ein fischereiliches Institut, an den Fachberater oder einen Tierarzt. Wichtig ist rechtzeitige Anmeldung.

Die bisherigen Erfahrungen lehren: Nach einer Leukomyzinspritzung sind die Aussichten, daß infizierte Karpfen die Krankheit überleben und normal abwachsen, wesentlich größer. Durchschnittlich gehen die Verluste auf die Hälfte und mehr zurück. Bei der Geschwürform soll sogar gänzliche Heilung möglich sein. Der Erfolg hängt wesentlich vom allgemeinen Gesundheitszustand der Karpfen ab. Soweit irgend möglich, sind die Fische vorher zu füttern. Bei schlecht gewinterten, hohläugigen Tieren, die zu schwach sind, Futter aufzunehmen, hilft auch das Spritzen nichts. Nicht minder wichtig ist, welche Voraussetzungen der Teich für die Gesundung der Fische bietet. Je besser er gepflegt, je weniger er mit organischen Stoffen belastet ist, desto geringer sind die Verluste. Der Schwankungsbereich liegt zwischen 40 bis 80 %.

Ein lehrreicher Fall ist von einer Fischküche bei Ansbach bekannt. Fischhändler, noch ausgesprochener Fischküchen, sind nur an gängigen Größen interessiert. Die zu kleinen werden aussortiert und verbleiben oft sogar bis zum Ende der Karpfensaison in den Hältern. Früher war es üblich, diese in die leergefischten Winterteiche zu setzen und sie frühzeitig, etwa Ende August abzufischen. Fischkrankheiten, insbesondere die BWS, lassen dieses Verfahren nicht mehr ratsam erscheinen.

4 Winterteiche, aus ein und derselben Quelle gespeist, waren mit übriggebliebenen kleineren Karpfen verschiedener Herkunft besetzt. Die Karpfen in 3 dieser Teiche wurden vorher mit Leucomycin gespritzt. Eine Ampulle mit 1 cm^3 wurde auf 1 Liter verdünnt und die Karpfen mit dieser Lösung gespritzt, etwa 1 cm^3 auf 500 g Fischgewicht. Beim 4. unterblieb diese Vorsorge. Es fehlte an der Zeit. Während die gespritzten Fische bis auf wenige wieder gefangen wurden und bis zum Herbst zufriedenstellende Gewichte erreichten, gingen die Karpfen in dem 4. Weiher alsbald nach dem Besetzen größtenteils ein, aber nicht an der Geschwürform, sondern an der akuten, bei der eine Anwendung eines Antibiotikums nicht helfen soll. Gerade dieser Fall aus der Praxis zeigt, daß die Erkrankungen des Karpfens nach wie vor einen Komplex bilden, den auch Wissenschaftler noch nicht völlig aufzuklären vermögen.

Noch ein weiterer Fall aus der Praxis sollte erwähnt werden. Einzelne Kopfsteher waren bereits im Winterteich zu beobachten. Sie konnten als Hinweis gelten, daß die Karpfen in ihrer Masse nicht gesund waren. Tatsächlich gingen anschließend im Sommerteich 70–80 % der K_2 an der akuten Form der BWS zugrunde.

Neuerdings besteht sogar die Möglichkeit, bauchwassersuchtkranke Karpfen durch Beifütterung eines Antibiotikums zu heilen oder einer

Erkrankung vorzubeugen, namentlich noch in den Winterteichen, sobald die Karpfen aufgestanden sind und zu fressen beginnen. Zu diesem Zweck gibt es Spezialfuttermittel, denen ein Antibiotikum beigemischt ist. Das in der CSSR entwickelte Rupin soll sich besonders eignen. Es zerfällt nicht sofort in seine Bestandteile. Rupin eignet sich sowohl zur Vorbeugung (Prophylaxe) wie zur Heilung (Therapie) gegen BWS und SBE. Es soll zu den Zeiten verabreicht werden, in welchen die Fische Nahrung aufnehmen, und zwar am besten an den Stellen, an die die Fische bereits gewöhnt sind. Der dem Rupin anhaftende Anisgeruch dient mit als Lockmittel. Da erkrankte Fische keine Futtermittel annehmen, ist vorher zu überprüfen, inwieweit noch mit Rupin geholfen werden kann.

Die Dosierung errechnet sich aus dem Lebendgewicht der Fische. Zur Vorbeugung: 15 g/kg Lebendgewicht. Diese Dosierung muß 4 – 6mal in 3tägigem Abstand gegeben werden. Zur Heilung: 15 g/kg Lebendgewicht. Diese Dosierung muß 8mal in 2tägigem Abstand verabreicht werden. Die Gesamtdosis beträgt sonach 60 bzw. 120 g Rupin/kg Lebendgewicht Fisch. Rupin ist verschreibungspflichtig, ebenso alle anderen Futtermittel, denen Antibiotika beigegeben sind. Zumeist sind sie durch Vermittlung der Fischereibehörde zu erhalten.

Sowohl die vorbeugende als auch heilende Behandlung der Karpfen durch Spritzen oder Verfüttern von Antibiotika darf in ihrer Wirkung nicht überschätzt werden. Wir wissen aus der Humanmedizin, daß sich mit der Zeit resistente Bakterienstämme entwickeln und sich der Wirkung eines Antibiotikums entziehen. Im übrigen, eine ständige Beifütterung würde den Karpfen nicht zum besten bekommen. Eine mögliche Entzündung der Verdauungsorgane hätte sogar tödliche Folgen.

Trotz aller Erkenntnisse über die BWS, trotz aller Vorschläge, wie der Krankheit vorzubeugen und wie sie zu heilen ist, lastet jedes Jahr nach der Besetzung der Sommerteiche ein Alpdruck auf allen, die sich mit Karpfen beschäftigen. Das Schlimmste ist, wenn Lieferungen eines größeren Satzfischbetriebes erkranken, ohne daß irgendwelche Symptome einer Infektion vorher zu erkennen waren. Es gibt keine Wundermittel, um neue Erkrankungen zu verhüten. Noch besteht keine Meldepflicht beim Auftreten der BWS. Noch können seuchenverdächtige Satzfische verkauft werden. Aber selbst wenn die Bekämpfung der Seuche gesetzlich geregelt wäre, wem würde der nicht leichte Vollzug obliegen?

Nur zu oft wird versichert, die Karpfen seien mit einem Antibiotikum gespritzt und angefüttert worden. Dennoch waren Anzeichen einer Erkrankung kurz nach der Auslieferung der Fische festzustellen. Ein Anlaß für Wissenschaft und Praxis, noch nach anderen Bekämpfungsmethoden zu suchen. O. Bank schreibt, er habe mit dem Baden von K_1 gute Erfahrungen gemacht. In den letzten Jahren konnten Tausende so behandelter Fische ohne Reklamationen verkauft werden, und zwar von Betrieben, die vorher die Zügel hatten schleifen lassen. BANK dosiert nach dem Fischgewicht 1 mg Chloramphenicol auf 100 g Fischmasse. Gebadet muß jedoch mit Belüftung mindestens 24 Stunden werden. Zu achten ist darauf, daß das Wasser nicht zu hart ist. Ist dies der Fall, so gibt man Schwefelsäure zu, bis der pH-Wert etwas unter 7 ist. Die Schwefelsäure schadet den Fischen nicht, da sie den Kalk bindet und sich zu Gips umwandelt. Chloramphenicol ist ein Antibiotikum und muß vom Tierarzt verschrieben werden.

J. PASLER hält die Fische in einem Wasser, das an einen pH-Wert von 10 heranreicht, also bis nahe an die tödliche Schwelle. Für dieses Verfahren war der Gedanke maßgebend: Je höher der pH-Wert durch Kalken gehalten wird, desto hygienischer ist die Umwelt, in der die Fische leben, hat doch eine intensive Betriebsweise eine besonders hohe Belastung des Wassers mit organischen Stoffen zur Folge. Ob und wieweit eine Erhöhung des pH-Wertes die Auswirkungen einer erkannten BWS-Erkrankung mindert, darüber liegen noch keine hinreichenden Erfahrungen vor. Auf jeden Fall wird die Infektionsgefahr verringert, da schwerkranke Tiere innerhalb kurzer Zeit eingehen.

Methylenblau wird von verschiedenen Seiten gegen entzündliche Krankheiten empfohlen. P. LASSLEBEN meint: Vermutlich ist es nicht allein die hemmende oder abtötende Wirkung auf Bakterien, was diesen Farbstoff so nützlich macht, sondern auch die Stoffwechselhemmung im Fisch selbst. Sie bringt entzündliche Vorgänge zum Stillstand. Das gut wirkende Heilfutter Rupin enthält neben anderen Wirkstoffen ebenfalls Methylenblau. Die Russen haben ein kleines Album über die Hauptkrankheiten der Teichfische herausgebracht. Darin heißt es: Gute Ergebnisse zeitigt auch die Anwendung von Methylenblau, zusammen mit dem Futter: 2—3 Milligramm (tausendstel Gramm) je Stück bei heuriger Brut, 3—5 mg bei Fischen im zweiten Sommer. Das zerkleinerte Futter wird 24 Stunden lang mit der Methylenblau-Lösung getränkt. Es wird, Tag für Tag, eine Woche lang verabreicht. Nach einer Pause von 3—4 Tagen wird die »Heilfütterung« wiederholt. Das Ganze soll zwei- bis dreimal gemacht werden. Die Laicher erhalten in der Zeit vor dem Laichen vorbeugend Futter mit 3 g Methylenblau je Kilo Futter.

Wie stark die BWS sich innerhalb weniger Jahrzehnte ausgebreitet hat, geht auch daraus hervor, daß in meinem früheren Dienstbezirk bisher nur ein Zuchtbetrieb von ihr verschont blieb. Beste Behandlung der Fische, strenge Trennung der Jahrgänge in den Sommer- und Winterteichen, mäßige Besetzung der Teiche, in denen K_2 heranwachsen, kennzeichnen diesen Betrieb. Die Umwelt des Fisches darf, wie es bei intensivster Haltung der K_1 und K_2 unvermeidlich ist, nicht mit organischen Stoffen überlastet werden.

Maßnahmen bei Fischkrankheiten

Stehen Karpfen am Einlauf, an den Teichrändern, ohne beim Näherkommen zu fliehen, ist ihre Farbe dunkler geworden, zeigen sich die ersten Toten, so liegt eine Erkrankung vor. Um die Krankheit zu bestimmen, untersuchen wir einige Tiere, am besten noch lebende, nach folgenden Gesichtspunkten: Wie sieht der Fisch äußerlich aus, wie die Kiemen, wie das Innere des Fisches?

Ist sich der Teichwirt über die Krankheit nicht im klaren, so ist es angezeigt, die Fischereibehörde oder ein fischereiliches Institut um Rat zu fragen. Um die Untersuchung zu erleichtern, sind möglichst noch lebende Tiere mit den Merkmalen der Krankheit vorzuweisen. Kleinere Fische kann man auch lebend in einem Plastikbeutel transportieren: Füllen mit wenig Wasser, aufblasen und verschnüren.

An toten Fischen läßt sich meist nur dann etwas feststellen, wenn sie noch frisch sind. Man hält sie deshalb im Sommer auf Eis bereit. Kann der Sachverständige nicht zum Teichwirt oder der Teichwirt nicht zum Sachverständigen kommen, so bleibt nichts anderes übrig, als Fische einzusenden. Stehen nur tote zur Verfügung, so nehme man Plastikbeutel und verpacke diese in einer Kiste oder in einer stabilen Schachtel. Im Sommer bei hohen Temperaturen ist es zweckmäßig, Eis in Plastikbeuteln beizugeben. Tiere zu schicken, die bereits verwesen, hat keinen Sinn. Gleichzeitig mit der Sendung ist schriftlich oder noch besser fernmündlich über das Erscheinungsbild der Erkrankung Auskunft zu geben.

Sind Fische von einer Krankheit befallen, so verendet nicht der gesamte Fischbestand eines Teiches, sondern in der Regel nur eine bestimmte Art oder Altersklasse. Das Sterben verläuft auch nicht schlagartig wie bei einem Fischsterben infolge Sauerstoffmangels oder Einleitung giftiger Abwässer, sondern es steigert sich allmählich, um erst nach einiger Zeit wieder abzuklingen. Lediglich die Kiemenfäule macht eine Ausnahme.

Soweit Heilmittel, insbesondere Bäder empfohlen werden, halte man sich streng an die vorgeschriebene Zeit und Konzentration. Wer glaubt, besonders radikal vorgehen zu müssen, riskiert das Leben seiner Fische. Wem die Übung fehlt, tut gut daran, das empfohlene Mittel zunächst bei einer geringen Anzahl von Fischen auszuprobieren. Besondere Vorsicht ist bei Jungfischen geboten. Sie sind empfindlicher als ältere Jahrgänge.

18 Die Abwässer, ihre Reinigung, ihre Gefahren

Güte der Gewässer

Die in Gewässer (Vorfluter) eingeleiteten Abwässer enthalten neben groben, zu Boden sinkenden Bestandteilen schwebende und gelöste Stoffe. Sie werden, so weit sie fäulnisfähig, also organischer Art sind, in den Gewässern abgebaut, zumeist auf dem Weg durch Oxydation, d. h. der im Wasser enthaltene Sauerstoff wird zu diesem Vorgang verbraucht (sog. Selbstreinigung).

Als Maßeinheit für die organische Schmutzlast gilt der sog. *biochemische Sauerstoffbedarf* des Wassers (BSB_5). Man versteht darunter die Menge Sauerstoff in Milligramm, die von 1 l Abwasser beim biochemischen Ab- und Umbau der organischen Verunreinigungen unter Mitwirkung von Mikroorganismen (Bakterien) in 5 Tagen verbraucht wird.

Die von einem Menschen pro Tag in das Wasser abgegebene Schmutzmenge entspricht, in obiger Maßeinheit ausgedrückt, einem BSB_5 von 60 g. Man bezeichnet sie auch als *Einwohnerwert* (E). Will man nun die organische fäulnisfähige Belastung eines Gewässers durch Industrie- und Gewerbebetriebe mit der eines Menschen vergleichen, so spricht man von *Einwohnergleichwerten* (EGW). Eine Schmutzlast von je 1 EGW fällt z. B. bei der Herstellung bzw. Verarbeitung von 3 l Bier, 3—10 kg Papier oder 35 l Molkereimilch an. Sonach kann eine kleinere Brauerei mit einem täglichen Bierausstoß von 3000 l eine Abwassermenge liefern, die einem Orte mit 1000 Einwohnern gleichkommt. Die organische Belastung des Gewässers beträgt dann 1000 EGW.

Das Wasser wird nach seiner Beschaffenheit in 4 *Gütestufen* – mit Zwischenstufen sind es 7 – eingeteilt:

I unbelastet und I—II geringe Belastung. Diese Güteklasse weisen höchstens noch Bäche auf, die in Kammlagen der Gebirge oder in großen Wäldern entspringen.

II mäßig belastet und II—III kritisch belastet, wie es bei mittleren und kleineren Gewässern der Fall sein kann, vorausgesetzt, daß sich keine größeren Siedlungen oder Fabriken an diesen Gewässern befinden.

III stark verschmutzt und III—IV sehr stark verschmutzt.

IV übermäßige Verschmutzung und völlige Verödung eines Gewässers infolge anhaltender Fäulnisprozesse.

Gut bewirtschaftete Karpfenteiche weisen zumeist die Güteklasse II und III auf.

Abwasserreinigung

Derzeit ist der Stand der Abwasserreinigung trotz der hierfür entwickelten technischen Verfahren noch unbefriedigend. Durch den zunehmenden Lebensstandard, namentlich in ländlichen Siedlungen, weisen heute selbst kleinere und kleinste Vorfluter bereits eine Belastung auf, die eine Speisung mancher Teiche fraglich erscheinen läßt. Bei der Sanierung größerer Fließgewässer wird sich ähnlich wie bei den Seen neben der mechanischen und biologischen noch die dritte, die chemische Reinigungsstufe als notwendig erweisen.

Eine einheitliche *gesetzliche Grundlage* hat die wirtschaftliche Benutzung ober- und unterirdischer Gewässer durch das Wasserhaushaltsgesetz vom 27. 7. 57, in Kraft seit 1. 3. 60, neugefaßt unter dem 16. 10. 76, erhalten. Es ist jedoch ein Rahmengesetz, das durch die Wassergesetze der einzelnen Länder auszufüllen war. Eine besondere Bedeutung gerade für die Teichwirte kommt zweifellos § 22 WHG zu, der die Haftung für Änderungen der Beschaffenheit des Wassers zum Inhalt hat.

In den für uns wesentlichen Teilen lautet diese Bestimmung: »Wer in ein Gewässer Stoffe einbringt oder einleitet oder auf ein Gewässer derart einwirkt, daß die physikalische, chemische oder biologische Beschaffenheit des Wassers verändert wird, ist zum Ersatz des daraus einem anderen entstehenden Schadens verpflichtet. Haben mehrere die Einwirkung vorgenommen, so haften sie als Gesamtschuldner.

Gelangen aus einer Anlage, die bestimmt ist, Stoffe herzustellen, zu verarbeiten, zu lagern, abzulagern, zu befördern oder wegzuleiten, derartige Stoffe in ein Gewässer, ohne in dieses eingebracht oder eingeleitet zu sein, so ist der Inhaber der Anlage zum Ersatz des daraus einem anderen entstehenden Schadens verpflichtet.«

Kläranlagen

Die Reinigung verschmutzter Gewässer bereitet, technisch gesehen, heute meist keine besonderen Schwierigkeiten. Der Bau der Sammelkanäle und Reinigungsanlagen verschlingt allerdings ungeheure Mittel. Stadtabwässer werden in der Regel in mehreren Stufen, *mechanisch* und *biologisch,* gereinigt. Zur mechanischen Vorklärung werden die Abwässer in größere Betonbecken geleitet, in denen sich die mitgeführten Schwimm- und Sinkstoffe während eines Zeitraumes von 1$^{1}/_{2}$ bis 2 Stunden größtenteils absetzen. Die dabei anfallenden Schlammmassen werden dann etwa 3 Monate lang in besonderen Behältern, ebenfalls aus Beton, ausgefault und ergeben den als Dünger bekannten Klärschlamm.

Bei der biologischen Reinigung werden mit Hilfe der Kleinlebewelt die feineren, nicht absetzbaren sowie die im Wasser gelösten Stoffe abgebaut, soweit sie faulfähig sind. Die mechanisch vorgeklärten Abwässer werden dabei meist über sogenannte Tropfkörper versprengt, die mit Lavaschlacken gefüllt sind. Die sich auf der Oberfläche der Schlacken ansiedelnde Kleinlebewelt – sie ist als dichte, helle, schleimige Schicht mit bloßem Auge zu erkennen – zehrt die in dem durchrieselnden Abwasser enthaltenen abbaufähigen Schmutzstoffe auf. Ein solcher Tropfkörper mit einem Durchmesser von 20 m und einer Höhe von 5 m reicht für das Abwasser von 25 000 Einwohnern. Er reinigt es in kaum 10 Minuten, eine imponierende Leistung.

Beim sog. Belebungsverfahren werden die Schmutzstoffe durch die Kleinlebewelt in großen Betonbecken abgebaut. Durch intensive Belüftung wird das Abwasser bewegt und mit Sauerstoff angereichert. Es verwandelt sich in eine brodelnde Gischt. Diese biologische Reinigung nimmt zwar Stunden in Anspruch, der Reinigungseffekt liegt aber höher als bei Tropfkörpern.

Das beim biologischen Verfahren abfließende Wasser enthält Teile der Kleinlebewelt, deren Aufgabe es war, die fäulnisfähigen Stoffe abzubauen oder aufzunehmen. Das Abwasser muß deshalb nochmals in sogenannten Nachklärbecken mechanisch geklärt werden. Der sich absetzende Schlamm wird ausgefault oder den Möglichkeiten entsprechend behandelt. Eine Besetzung dieser Nachklärbecken mit Fischen, gleichsam zur Probe, ist nicht zu empfehlen. Es besteht die Möglichkeit einer seuchenartigen Erkrankung und deren Übertragung auf unterhalb gelegene Teiche.

Das etwa von 95 % seiner organischen Schmutzlast befreite Abwasser enthält noch »Nährsalze«, auch überdüngende Phosphate. In der sogenannten 3. Reinigungsstufe können sie durch Zusetzen von Aluminium- oder Eisenverbindungen als absetzbarer Schlamm weitgehend entfernt werden. Dieses Verfahren wird vor allem angewandt, um Seen vor einer zu großen Eutrophierung (Anreicherung mit Nährstoffen) zu bewahren. Im Zuge der Sanierung unserer Fließgewässer wird sich die dritte Reinigungsstufe, wie erwähnt, auch bei diesen Gewässern als dringend notwendig erweisen.

Für kleinere Städte gibt es *Typenkläranlagen,* die in einem einzigen Bauwerk die mechanische Vorklärung, die biologische Reinigung, die Nachklärung und die Schlammausfaulung umschließen.

Eine behelfsmäßige Sammelkläranlage sind Erdfaulbecken. Sie eignen sich vor allem für Dörfer. Denn ihr Bau ist sehr einfach. Man stellt mittels eines Baggers oder einer Planierraupe eine Grube her. Noch besser ist es, diese in 2 Becken zu teilen. Es setzen sich dann im Vorbecken die ausscheidbaren Schwimm- und Sinkstoffe ab. Im zweiten Becken, das größere Ausmaße erhält, reinigt sich das Abwasser bei einem etwa 20tägigen Aufenthalt weitgehend biologisch. Allerdings enthält der Ablauf bei diesem Ausfaulverfahren größere Mengen von

Schwefelwasserstoff, er ist also sauerstofffrei. Doch genügen meist einige hundert Meter Fließstrecke, um diesen Mangel zu beheben.

Leider aber werden Erdfaulbecken zumeist nur ungenügend gewartet oder ihre Ausmaße sind der zunehmenden Belastung nicht mehr gewachsen, was sich durch ekelerregenden Gestank bemerkbar macht. Die vom Landratsamt zu erlassende Betriebsvorschrift enthält u. a. die Anweisung, daß die Becken zu räumen sind, sobald ein Drittel des Nutzraumes mit Schlamm gefüllt ist. Sonst reißt bereits ein normaler Regenguß zuviel an Schlamm mit. Schlimmer noch wirkt sich bei Starkregen eine absichtliche Sperrung des vor dem Becken angebrachten Überlaufes aus. Die Becken werden durchspült und in bequemer, aber unerlaubter Weise gereinigt.

Das ablaufende Wasser eines Erdfaulbeckens wie auch einer Kläranlage, selbst einer vollbiologischen, sollte deshalb nie einem Fischteich gleichsam als Nachklärbecken zufließen. Falls erforderlich, ist ein gesonderter Teich (Oxydationsteich) dem Erdfaulbecken nachzuschalten, um die noch im Wasser gelösten Schmutzstoffe abzubauen. Selbst wenn eingesetzte Fische nicht vorzeitig durch Tod abgehen, schmeckt ihr Fleisch nach Öl und ist ungenießbar. Hierzu kommt noch, daß die Instandhaltung eines Fischteiches weit größere Arbeitsleistungen, zu gegebener Zeit sogar dessen Räumung erfordert.

Die Erdfaulbecken werden oft auch deshalb ungenügend gewartet, weil sich immer wieder die Frage erhebt: wohin mit dem Schlamm.

Die oft unbefriedigende Leistung behelfsmäßiger Kläranlagen beruht weniger auf technischen Mängeln, sondern eher in ungenügender Wartung. Man neigt deshalb in neuerer Zeit dazu, die Abwässer mehrerer Ortschaften zusammenzufassen und in technisch hochwertigen Kläranlagen zu reinigen, die von fachkundigem Personal gewartet werden.

Wichtig ist für den Fachmann, laufend zu überprüfen, inwieweit die im Abwasser enthaltenen fäulnisfähigen Stoffe in der Kläranlage tatsächlich abgebaut werden.

Bei den dargestellten Reinigungsverfahren werden allerdings die im Abwasser enthaltenen Nährstoffe abgebaut, ohne deren Dungwert voll auszunützen. Wirtschaftlich vorteilhafter erscheint deshalb eine landwirtschaftliche Verwertung der Abwässer, z. B. durch Verregnen und Verrieseln auf Wiesen und Feldern. Dies läßt sich aber häufig nicht verwirklichen, führt doch die zunehmende Motorisierung, der Gebrauch synthetischer Waschmittel den Abwässern Stoffe zu, die u. U. die landwirtschaftlichen Nutzflächen schädigen.

Kanalisierung der Dörfer – eine Gefahr für die Teichwirtschaft

Werden kleinere, überwiegend landwirtschaftlich orientierte Ortschaften kanalisiert, wird zumeist von der Auflage der Errichtung einer zentralen Kläranlage abgesehen. Dafür wird vorgeschrieben: Jauche, Abwässer aus Silos und Kartoffeldämpfmaschinen dürfen der Ortskanalisation nicht zugeführt werden, ölverschmutzte Wässer nur nach vorschriftsmäßiger Ölabscheidung. Spülaborte setzen den Bau von Hauskläranlagen voraus.

Auch wenn zentrale Kläranlagen vorgeschrieben werden, reicht der Reinigungseffekt solcher Anlagen meist nicht aus, um unterhalb liegende Fischteiche nicht zu gefährden. So halten mechanische Kläranlagen nur etwa 25–40 % der Schmutzstoffe zurück. Waschwässer, Urin usw., ganz abgesehen von verbotswidrig eingeleiteter Jauche und Siloabwässern, durchlaufen die Kläranlage, ohne an schädlicher Wirkung zu verlieren. Selbst eine biologische Reinigung bietet keine hinreichende Sicherheit, da kleinere Anlagen meist nur unzureichend gewartet werden. Jede Kläranlage hat sowieso den Nachteil, daß der Regenüberlauf vor der Anlage bei fünffacher Verdünnung der Abwässer von selbst in Tätigkeit tritt. Mit Sicherheit führt dann der erste Schwall eines Starkregens sowohl Schlamm aus der Kläranlage als auch fäulnisfähige Stoffe von den Straßen, den Häusern und den Höfen dem Vorfluter zu, und zwar vor und erst recht nach dem Anspringen des Überlaufes.

Was soll nun ein Teichwirt unternehmen, dessen Teiche unterhalb einer Ortschaft liegen, die kanalisiert wird? Bisher flossen seinen Weihern lediglich die Niederschläge zu, die auf die Ortschaft fielen, auch das Wasser aus den Entwässerungen der Keller, zwar vermischt mit etwas Haus- und Stallabwässern, aber in einem für die Fischwirtschaft noch zuträglichen Verhältnis. Nunmehr werden nicht nur düngende Abwässer im Übermaß zugeleitet, sondern noch dazu schädliche, die unter anderem auch von Waschmitteln herrühren.

Dörfer in der Weise zu kanalisieren, daß Niederschläge und Abwässer getrennt abgeführt werden, scheitert schon an den zu hohen Kosten. Die Folge ist: Das aus der Dorfkanalisation kommende Wasser wird sich in seiner andersartigen Zusammensetzung auf unterhalb liegende Weiher höchstwahrscheinlich schädlich auswirken. Karpfenteiche vertragen ohnehin nur ein geringes Maß an Abwasser, besonders in heißen, niederschlagsarmen Sommern. Es bleibt deshalb nichts anderes übrig, als das aus der Ortschaft abfließende Wasser um die Teiche zu leiten und einen zeitweiligen Wassermangel in Kauf zu nehmen. Als ein möglicher Ausweg bietet sich an, die Speisung in eine Zeit zu verlegen, in der am wenigsten mit Abwässern zu rechnen ist – das wären die Nachtstunden von 22 — 5 Uhr —, oder während einer Regenperiode das Wasser erst dann für die Weiher abzuzweigen, wenn der größte Schmutz bereits abgeschwemmt ist. Selbst wenn es zu keinen Schäden kommt, ist die Bewirtschaftung der Teiche erschwert. Der Teichwirt muß dauernd auf der Hut sein.

Weiher, die durch Abwässer bedroht sind, dürfen nur mit den widerstandsfähigeren K_2 besetzt werden. Sie mit K_1 oder gar mit K_v oder K_0 zu besetzen, ist unklug, allein schon deshalb, da eine Ansteckung mit Bauchwassersucht im Bereich des Möglichen liegt. Bei Winterungen oder ganzen Teichketten häufen sich die Schwierigkeiten. Werden Winterungen aus näher oder weiter entfernt liegenden Quellen gespeist, sind diese zu fassen und das Wasser gesondert zu führen; in Winterungen sollten nicht einmal Spuren von Abwässern erscheinen, weil jede zusätzliche Belastung Schädigungen auslösen kann.

Um Weiherketten wenigstens den Sommer über normal bewirtschaften zu können, sollten als Sicherung gegen einen möglichen Abwasserstoß 1 – 2 Teiche vorgesehen werden, in denen sich die Abwässer noch weiter reinigen können. Die Bewirtschaftung dieser Teiche muß aber in den Händen des Teichwirts liegen, dessen Weiher durch die Abwässer bedroht sind; erfordern doch diese Nachklärbecken immer wieder längere Trockenlegungen zur Sanierung des Teichbodens.

Die Kanalisierung einer Ortschaft bedarf eines wasserrechtlichen Verfahrens, wozu der Teichwirt gehört wird. Für den Teichwirt kann es ratsam sein, daß er sich an den Bau- und Betriebskosten der zur unschädlichen Abführung der Abwässer errichteten Anlagen beteiligt. Er kann dann eher damit rechnen, mit seinen Forderungen ein Entgegenkommen zu finden.

Nun hört man immer wieder, die Auflagen gingen in Ordnung, aber niemand kümmere sich darum, ob sie auch eingehalten werden. Nach den Genehmigungsbedingungen haftet der Unternehmer für alle Schäden, die Dritten entstehen. Wer schlichtet Streitigkeiten, wenn die Auflagen nicht eingehalten werden? Wer führt die Prozesse? Der Sache als solcher ist wenig gedient, wenn der Teichwirt mit den Bewohnern einer kanalisierten Ortschaft in ständigem Streit lebt, um seine Interessen zu wahren. Der Vollzug des Wasserhaushaltsgesetzes setzt – dies muß immer wieder betont werden – ausreichendes Fachpersonal voraus, und hieran fehlt es nach wie vor.

Fischsterben durch Sauerstoffmangel

Sind Verluste auf die Einleitung von Abwässern zurückzuführen, so verenden die Fische eines Gewässers, im Gegensatz zu Verlusten bei Fischkrankheiten, meist schlagartig innerhalb kurzer Zeit. Die Ursachen können Sauerstoffmangel oder Fischgifte sein.

Oft geht dem Tod durch Sauerstoffmangel eine außerordentliche

Entwicklung des Zooplanktons voraus. Eine übermäßige Vermehrung der Algen, also des Phytoplanktons, führt zwangsläufig zu einer übermäßigen Entwicklung des sich davon nährenden Zooplanktons. Die Algen werden dezimiert und fallen dadurch zugleich als Sauerstoffspender infolge der fehlenden Assimilierung weitgehend aus.

Hausabwässer, namentlich solche von Spülaborten, sind für Fische in mäßigen Mengen unschädlich. Unsere Vorfluter vertragen eine gewisse Menge als ertragfördernde Düngung. Werden aber derartige Abwässer im Übermaße eingeleitet, so beginnt das verunreinigte Wasser zu faulen, besonders im Hochsommer. Der nur in begrenzter Menge im Wasser enthaltene Sauerstoff wird dadurch verbraucht. Die Fische vermögen nicht mehr zu atmen und kommen luftschnappend an die Wasseroberfläche. Diese Notatmung halten sie aber nur kurze Zeit durch. Kennzeichen des Erstickungstodes sind abgespreizte Kiemendeckel.

Sehr gefährlich sind kurze, unwetterartige Niederschläge, die nach längerer Trockenheit fallen. So kann der in Kanälen abgelagerte Faulschlamm mit dem darüberstehenden angefaulten Wasser bei einem sommerlichen Platzregen schubartig in die Vorfluter gedrückt werden. Viele Fischsterben unserer Fließgewässer werden durch solche Vorgänge verursacht.

In Teichen ist der Fischbestand durch fäulnisfähige Flüssigkeiten wie Jauche und Hausabwässer noch gefährdeter als in Fließgewässern. Am meisten bedroht sind Dorfweiher, die selten trockengelegt werden. Es sammelt sich zuviel Faulschlamm an, was leicht nachzuweisen ist: Rührt man im Weihergrund mit einem Stock, so steigen, besonders im Sommer, Gasblasen auf, als ob das Wasser kocht. Der dem Stock anhaftende Schlamm riecht nach Schwefelwasserstoff. Bei stärkeren Luftdruckschwankungen (z. B. vor Sommergewittern) entweichen diese Fäulnisgase von selbst, und ein jäher Schwund des Sauerstoffs ist die Folge.

Auch eine Überdüngung von Teichen kann schließlich zu Fischsterben führen, wenn die im Übermaß entwickelten Kleinalgen plötzlich absterben. Dem Fischsterben geht meist eine auffallende Veränderung des Wassers voraus: Es wird braun und riecht nach Fäulnis.

In den frühen Morgenstunden ist das Weiherwasser am sauerstoffärmsten, da die Pflanzen während der Nacht keinen Sauerstoff ausscheiden, sondern selbst Sauerstoff verbrauchen. Besteht Gefahr, so muß man sich um diese Zeit nach seinen Fischen umsehen. Schnappen sie an der Oberfläche nach Luft, ist sofort ein Teil des stinkigen Wassers abzulassen und gleichzeitig Frischwasser zuzuführen, unter Umständen aus der Wasserleitung. Je kühler das zugeführte Wasser, desto rascher stellt sich ein Erfolg ein, da kaltes Wasser nicht nur mehr Sauerstoff bindet, sondern auch fäulnishemmend wirkt. Helfen kann auch das Umwälzen und Versprühen des Wassers mittels einer Pumpe, allerdings nur für kurze Zeit. Auf jeden Fall ist der Weiher sofort zu kalken

(200–300 kg/ha Brannt- oder Löschkalk). Oft läßt sich der Fischbestand nur noch durch Ablassen des Weihers retten. Ist dies nicht möglich, kann man versuchen, die Fische an eine geeignete Stelle durch Zuführen sauerstoffreichen Wassers anzulocken, um sie mit dem Netz abzufangen.

Auf die Möglichkeit, daß Faulschlamm nicht nur sauerstoffzehrend, sondern auch durch entweichenden Schwefelwasserstoff giftig wirken kann, wurde im Kapitel Methan (Sumpfgas) und Schwefelwasserstoff bereits hingewiesen. Um ihn zu neutralisieren, ist mindestens dieselbe Menge an Kalk zu geben, wie zur Behebung des Mangels an Sauerstoff. Diese Kalkung ist gegebenenfalls nach 8 Tagen zu wiederholen.

Fischgifte

wie z. B. Phenole, Säuren, Ammoniak, können auch in Teiche geraten. Weiter sind Spritzmittel gegen Schädlinge, Desinfektions-, Entwesungs- und Reinigungsmittel und viele Unkrautvertilgungsmittel sehr gefährlich, sobald sie ungenügend verdünnt in kleinere Gewässer gelangen. Allein die Reinigung der benutzten Gefäße hatte schon Karpfensterben zur Folge. Teichen kann auch unter natürlichen Verhältnissen schädliches, huminsaures Wasser zufließen, besonders aus Nadelwäldern und im Frühjahr bei der Schneeschmelze.

Ins Wasser eingeleitete Giftstoffe verlieren durch Verdünnung und chemische Umsetzung allmählich ihre Wirkung. *Abwässer, die Gifte enthalten, sind deshalb im Gegensatz zu den fäulnisfähigen Abwässern an der Einleitungsstelle am gefährlichsten.*

Werden kleinkörnige, feste Stoffe, wie z. B. Kohlenabfälle, Sand und Kalk aus Schleifereien laufend einem Teich zugeführt, so wirken sie zwar nicht giftig, sie überdecken aber mit der Zeit den Teichboden derart, daß er seine Funktion als Nährstoffspeicher und Nahrungsspender nicht mehr zu erfüllen vermag.

Geschmacksbeeinträchtigung der Fische durch Abwässer

Verschmutzungen des Wassers durch Öl, Benzin und dergleichen beeinflussen bereits in geringen Mengen den Geschmack des Fischfleisches: es wird ungenießbar. Selbst längeres Hältern der Fische in einwandfreiem Wasser schafft keine Abhilfe, wohl aber, wenn es dem Fischkörper mit Hilfe seines Stoffwechsels möglich ist, die unangenehm schmeckenden Fettstoffe nach und nach auszuscheiden. Demnach verlieren K_2, falls sie den dritten Sommer über in normalem Teichwasser heranwachsen, den störenden Beigeschmack längstens bis zum Herbst.

Bei Einleitung größerer Mengen können solche Abwässer auch zu Fischsterben führen.

Maßnahmen bei Fischsterben durch Abwässer

Entschädigungen werden nur bezahlt, wenn der Tatbestand restlos aufgeklärt ist. An Fischen, die durch Giftstoffe oder an Sauerstoffmangel eingegangen sind, läßt sich die Ursache des Sterbens fast nie nachweisen. Es hat deshalb wenig Zweck, tote Fische zu einer Untersuchung einzusenden.

Das beste Beweismittel ist die chemische Analyse. Deshalb ist geboten, unverzüglich Wasserproben zu entnehmen. Hierbei ist zu beachten:

1. Die Wasserproben, bestehend aus etwa 1 l, sind an solchen Stellen zu entnehmen, wo sich taumelnde oder sterbende Fische zeigen. Weiter ist eine Wasserprobe oberhalb der mutmaßlichen Einleitungsstelle erforderlich, wo möglich noch eine solche aus dem Graben oder aus dem Kanal, durch den das Abwasser eingeleitet wurde.
2. Die verwendeten Flaschen, einschließlich der Verschlüsse, müssen sauber sein. Sie sind zusätzlich gründlich mit dem Wasser zu spülen, dem die Probe entnommen wird. Oft empfiehlt es sich, das verdächtige Wasser mit anderen sauberen Gefäßen (z. B. Eimern) zu entnehmen und dann auf Flaschen umzufüllen. Damit sie bei Erwärmung des Inhaltes nicht platzen, muß unter dem Verschluß noch 3 cm Luft bleiben.
3. Jede Wasserprobe muß deutlich gekennzeichnet werden. Es ist aufzuschreiben, wo und wann (Datum und genaue Uhrzeit) und von wem sie entnommen wurde.
4. Um bei einer späteren Feststellung des Schadens sichere Beweismittel zu haben, empfiehlt es sich, die Wasserproben in Gegenwart von Zeugen, nach Möglichkeit von Amtspersonen, sowohl zu entnehmen als auch zu verpacken und zu versenden.
5. Die Wasserproben sind auf schnellstem Weg an die zuständige Stelle einzusenden. Viele Giftstoffe zersetzen sich verhältnismäßig schnell, so daß sie nach einiger Zeit nicht mehr nachweisbar sind.
6. Fernmündlich oder schriftlich werden meist noch folgende Angaben benötigt:
   a. Wann, wo und von wem wurde das Fischsterben zuerst beobachtet?
   b. Wie verhielten sich die Fische, wie andere Wassertiere?
   c. Bei Fischsterben in Teichen und Hältern ist es üblich und zumutbar, die eingegangenen Fische nach Art, Zahl und Gewicht möglichst genau festzustellen, eine Niederschrift hierüber anzufertigen und diese durch Zeugen beglaubigen zu lassen. Das Entschädigungsverfahren wird dadurch wesentlich vereinfacht.

d. Welche Farbe, welchen Geruch hatte das verunreinigte Wasser? Schillerte die Oberfläche, bildete sich Schaum? Waren Schwimm-, Schweb- oder Sinkstoffe oder was war sonst Auffälliges wahrzunehmen?
e. Welche Temperatur hatte das Wasser?
f. Was wird für das Sterben als Ursache angenommen?

19 Rückblick und Ausblick

Die Blüte der Teichwirtschaft fällt in die Zeit zwischen 1350 bis 1500, ihr Tiefstand in die Zeit um 1800. Für ihre schwindende Rentabilität lassen sich mehrere Ursachen nachweisen. Zum einen hatte der Teichbau im Mittelalter einen zu großen Umfang angenommen. Außerdem nahm die Vorliebe für Fischfleisch nicht zu, sondern ab. Hinzu kommt, daß sich Teiche in ihrer Substanz schwerer erhalten lassen als landwirtschaftlich genutzte Flächen. Schließlich trug der Dreißigjährige Krieg zur Verwilderung der Teiche im besonderen Maße bei. Alles in allem konnten sich die Einnahmen aus der darniederliegenden Teichwirtschaft mit denen aus einer aufblühenden Landwirtschaft nicht mehr messen.

Einen Wandel leitete erst die um 1880 einsetzende Industrialisierung ein. Der steigende Wohlstand, die zunehmende Nachfrage nach tierischen Erzeugnissen führten allgemein zu einem nachhaltigen Aufschwung der Tierzucht und damit gleichzeitig der Fischzucht.

Unsere nunmehr frohwüchsigen Karpfenstämme verdanken wir, ähnlich wie es auf allen Gebieten der Pflanzen- und Tierzucht der Fall ist, einigen wenigen begnadeten Züchtern. Bei der überaus großen Fruchtbarkeit des Karpfens ergab es sich dann von selbst, daß Klein- und Kleinstteichwirte keine eigenen Laichkarpfen mehr hielten, sondern ihren Bedarf an Satzfischen aus größeren Betrieben deckten. Die Teichwirte in ihrer übergroßen Zahl von den Vorteilen einer richtigen Pflege, Düngung und Besetzung der Teiche zu überzeugen, fiel schließlich nicht mehr schwer.

Nach dem 2. Weltkrieg erfüllte sich der sehnlichste Wunsch der Teichwirte. Sind sie doch nunmehr in der Lage, zu der längst fällig gewordenen Melioration der Teiche Maschinen einzusetzen und somit Erdbewegungen durchzuführen, wie sie nicht einmal im Mittelalter als lohnend erschienen. Die allerorten vorgenommenen Entlandungen bilden in der Geschichte der Teichwirtschaft ebenso einen Markstein wie damals der Bau von Teichen im Mittelalter. Hierbei handelte es sich durchaus nicht um reine Verlandungen, sondern oftmals um Flächen, die schon beim seinerzeitigen Bau der Teiche zu seicht geblieben waren.

Die Erhaltung alter und der Bau neuer Teiche liegen nicht zuletzt im Interesse einer vernünftigen Wasserwirtschaft. Der Tropfen Regen, der vom Himmel fällt, darf nicht, wie es die früher geübte Praxis der Entwässerung mit sich brachte, möglichst schnell zu Tal laufen. Die Niederschläge sollen vielmehr, soweit möglich, aufgehalten und gespeichert werden, um das Kleinklima zu verbessern und die Gefahren der Hochwasser abzuschwächen. Es ist deshalb auch nicht ungewöhnlich, bei Flurbereinigungen den Bau von Teichen mit einzuplanen, sofern sich geeignetes Gelände anbietet.

Die erheblich vermehrte Teichfläche und ihre fortschrittliche Bewirtschaftung führen zu steigender Produktion, die im Bundesgebiet jährlich rund 5000 t Karpfen beträgt. Es wäre leicht möglich, diese Mengen unterzubringen, wenn nicht auf der anderen Seite Jahr für Jahr sehr erhebliche Importe, hauptsächlich aus den Oststaaten, aber auch aus Frankreich, erfolgten. Daß die umfangreichen Einfuhren auf die Inlandpreise drücken, versteht sich von selbst. Gegen Ostern, zu einer Zeit also, in der der Karpfenpreis wegen des Gewichtsschwundes der Fische während des Winters am höchsten sein sollte, neigt er sich jetzt der Talsohle zu.

Der Karpfenkonsum ist zudem in den letzten Jahren im Gegensatz zu jenem der Forelle nicht wesentlich gestiegen. Das mag u. a. daher rühren, daß den Karpfen immer noch das Kriterium des Saisonfisches belastet, aber auch, daß bisweilen über die Qualität des Karpfens geklagt wird. Überfette Karpfen sind gewiß keine Leckerbissen. Eine immer intensivere Bewirtschaftung der Teiche mit dem Ziel steigender ha-Erträge geht nicht selten auf Kosten der Qualität des Fisches. Die Erzeugung von Qualitätsfischen ist aber eine besonders wichtige Aufgabe der Teichwirte.

Selbst wenn es nicht allzu aussichtsreich erscheint, müssen wir bestrebt sein, möglichst billig zu produzieren, zumal im Hinblick auf die ausländische Konkurrenz, die dank ihres zumeist wärmeren Klimas und billigeren Futters in zwei Sommern einen marktgängigen Speisekarpfen produziert.

Die Möglichkeiten einer kostengünstigeren Erzeugung sind noch nicht ausgeschöpft. Vor allem sollte eine überbetriebliche Zusammenarbeit in Form von Erzeugergenossenschaften dort ins Auge gefaßt werden, wo sich Klein- und Kleinstbetriebe in den Talniederungen aneinanderreihen, wie dies namentlich auf die Aischgründer Teichwirtschaft zutrifft. Liegt nicht der Gedanke nahe, aus Teichen, erst recht wenn sie im Wasser voneinander abhängen, eine wirtschaftliche Einheit zu bilden, die in Aufzucht und Unterbringung ihrer Satzfische gemeinschaftlich verfährt, zumal um sich vor Fischkrankheiten zu schützen?

Eine besonders wichtige Aufgabe ist es, die Satzfischproduktion zu steigern, um so mehr, als von Jahr zu Jahr der Bedarf, nicht zuletzt bei Anglervereinen und Einzelanglern erheblich steigt. Deshalb gilt es, fehlende Aufzucht- und auch Winterteiche zu erstellen.

Die Teichwirtschaft hat auch weiterhin gute Entwicklungschancen. Flächen, die sich weder landwirtschaftlich noch forstwirtschaftlich mit Erfolg nutzen lassen, erbringen, zu Teichen umgestaltet, eine beträchtlich bessere Rendite. Ein Maßstab zu landwirtschaftlich genutzten Flächen sind die weit höheren Pachtpreise für Teiche. Nach wie vor gilt das Wort Karls des Großen, der um das Jahr 812 n. Chr. folgende Empfehlung gegeben hat:

»Jeder Amtmann soll auf unseren Landgütern Fischweiher halten, wo sie schon waren, ja, er soll sie mehren, wo dies möglich ist, und wo früher noch keine waren, solche aber jetzt sein können, soll er sie neu anlegen.«

Sachregister